Gerda Maeck

Die Weltchronik des Albert von Stade

Ein Zeitzeugnis des Mittelalters

Studien zur Geschichtsschreibung Alberts von Stade

Abbildung auf dem Einband: Prolog aus Reiner Reineccius, (Hrsg.), Chronicon Alberti, Abbatis Stadensis, a conditio orbe usque ad auctoris aetatem, Helmstedt 1587. Dieser Edition der Kurzfassung des Geschichtswerkes liegt der ebenso wie die Originalchronik Alberts von Stade verschollene Codex des Heinrich Ranzovius zugrunde, einem holsteinischen Ritter, in dessen Besitz sich 1585 die Handschrift befand.

Lehrte 2001

Umschlagsgestaltung: Thilo Maeck

Herstellung: Books on Demand GmbH

ISBN 3-8311-1687-3

Inhaltsverzeichnis

Einleitung

Albert von Stade hat in der neuzeitlichen historischen Forschung wenig Würdigung erfahren, und seine Weltchronik hat bisher als Gesamtwerk geringe Beachtung gefunden. Dies ist vor allem auf den Verlust des reichhaltigeren, weiterführenden Urtextes einer vermuteten, verlorengegangenen Originalchronik und auf die schlechte Überlieferungs- und Editionslage des erhaltenen Textes der Kurzfassung ursächlich zurückzuführen, wodurch die Ermittlung exakter und alles umfassender Untersuchungsergebnisse von vornherein in Frage steht. Erschwerend kommen der schwache literarische Wert und die Dürftigkeit der Aussagen im selbständigen Teil seiner Weltchronik hinzu. Ungeachtet dessen soll in dieser Arbeit zunächst ermittelt werden, welche Auswahl von Vorlagenautoren Albert von Stade für seine kompilatorische Darstellung der Missionsgeschichte im europäischen Norden und östlich der Elbe trifft und wie er mit den Quellentexten umgeht. Schwerpunkte der Untersuchung im selbständigen Teil seines Geschichtswerkes sind vor allem seine Darstellungen der Stedingerkonflikte, aber auch der Kaiser-, Papst- und Kirchengeschichte. Die interpretatorische Untersuchung dieser Darstellungen und der autobiographischen Selbstzeugnisse sollen unter Berücksichtigung der bereits bekannten biographischen Angaben Aufschluß über die geschichtstheologische, die historiographische und die politische Prägung Alberts von Stade geben. Es soll ermittelt werden, wie der Chronist geschichtsheologisch und historiographisch einzuordnen und welcher politischen Interessengruppe seiner Zeit er zuzuordnen ist. Auf dieser Grundlage soll erkundet werden, wie er im einzelnen bei der Darstellung der turbulenten Auseinandersetzungen zwischen den beiden Universalmächten die Rolle von Papst- und Kaisertum gewichtet. Auch soll aufgezeigt werden, wie weit die Ursachen für die Parteinahme und die Engagiertheit des Chronisten bei der Darstellung seiner Themen in seiner Biographie begründet liegen.

Im Vordergund soll die Frage stehen, ob er mit seiner Thematik, seiner Tendenz, seinen Wertvorstellungen, mit seiner Denkungsart und seiner ganzen Mentalität nach franziskanischem Gedankengut und minoritischer Lebenform sowie den zentralen Gesichtspunkten der zeitgenössischen Mendikantengeschichtsschreibung entspricht, ob er überhaupt zurecht als franziskanischer Autor gelten kann. In diesem Zusammenhang sollen seine Beziehung zum zentralen Anliegen der Franziskaner und sein Umgang mit den turbulenten ordensinternen und -externen Konflikten seiner Zeit in den Blickpunkt gerückt werden. Abschließend soll ein Einblick in die Rezeptions- und die Wirkungsgeschichte der Weltchronik gewährt werden.

Hauptteil

I Biographisches über den Autor

A Zeitgeschichtlicher Hintergrund, Lebensdaten, Herkunft und geistliche Laufbahn

Albert von Stade (geb. 1087?, gest. 1256-1260) war ein Geschichtsschreiber der ausgehenden Stauferzeit. Seine politische Gegenwart war die Regierungszeit Friedrichs II. und seine Auseinandersetzungen mit den Päpsten und den lombardischen Städten, die Zeit seiner Söhne Heinrich VII. und Konrad IV., die Zeit der Gegenkönige Heinrich Raspe und Wilhelm von Holland bis zum Beginn des Interregnums. Er war Zeitzeuge des tiefgreifenden Wandels im Franziskanerorden, der aufgrund seiner mächtigen Expansion und des Seßhaftwerdens seiner sprunghaft angestiegenen Mitgliederzahl in eigenen Niederlassungen europaweit in eine schwere Orientierungskrise gestürzt wurde. Dieser folgenschwere Konflikt, in dem es um das zeitgemäße Verständnis der franziskanischen Lebensform und damit um das Selbstverständnis der Minoriten ging, führte zu ordensinternen Richtungskämpfen zwischen den radikalen Verfechtern der urfranziskanischen „vita minorum" und den Befürwortern der Anpassung an die veränderten gesellschaftlichen Bedingungen und an die Lebensweise und die Organisationsformen der traditionellen monastischen Orden. Die päpstlich unterstützte Klerikalisierung des Ordens sowie die Wissenschaftsförderung und die Privilegierung von Bettelordensangehörigen an der Pariser Universität lösten im Mendikantenstreit schwere Auseinandersetzungen der Minoriten mit den Weltklerikern aus, die sich zusätzlich verschärften, als Innozenz IV. Erzbistümer und Bistümer zunehmend mit Mendikanten besetzte.[1] Mit heftigen Pressionen und vergeblichen Beschwerden bei der Kurie wehrte sich der Säkularklerus gegen das wachsende Eindringen der Bettelorden in den kommunalen Seelsorgebereich und kämpfte um seine Pfarrechte, weil er sich in seiner ökonomischen Existenz bedroht sah.[2] Die unaufhaltsame Einbindung der Bettelorden in kuriale Dienste zur Durchsetzung der machtpolitischen Interessen der Päpste, vor allem für deren publizistische Kampagne gegen Friedrich II., führte darüber hinaus innerhalb und außerhalb des Ordens zu schweren Auseinander-

---

1 s. D. Berg, Papst Innozenz IV. und die Bettelorden, S. 467

2 D. Berg, Staufische Herrschaftsideologie, S. 193

setzungen zwischen Kaiseranhängern und -gegnern, denen im deutschen Reich die Aufgabe zufiel, die staufische Herrschaft zu destabilisieren und die Position der Gegenkönige zu stärken.[3] Die Inquisition erreichte 1231 durch Gregor IX. ihren Höhepunkt durch die Übertragung der Ketzerverfolgung auf die Bettelorden, einer Ketzerverfolgung, die zunehmend von weltlichen und geistlichen Machthabern zur Durchsetzung ihrer politischen Ziele und territorialen Interessen eingesetzt wurde.

Beheimatet im niederdeutschen Sprachgebiet des Niederweserraumes war Albert standortnaher Zeitzeuge der Dänenkriege, der Friesenaufstände und insbesondere der Revolte und der Verketzerung der Stedinger sowie des Kreuzzugs gegen sie. Als Bewohner der wohlhabenden, wirtschaftlich erblühten Stadt Stade, die dank seines noch nicht versandeten Schwingehafens eine wichtige Station im mittelalterlichen Verkehrsnetz darstellte und Ausgangspunkt für einen lebhaften Pilgerstrom nach Santiago, St. Gilles und Jerusalem war,[4] flossen dem Benediktinerabt und späteren Minoriten durch Klosterbrüder, Kaufleute, Pilger und Kreuzfahrer als zeitgenössische Nachrichtenzuträger reichlich Informationen zu. Er war auch Zeitzeuge des wirtschaftlichen Aufschwungs in den prosperierenden Städten Hamburg, Bremen und Lübeck, die nach der Schlacht bei Bornhoevede (1227) entscheidend den Verlauf der Reichsgrenze im Norden mitbestimmten, sowie auch Zeitzeuge des Beginns der Hanse mit dem Städtebund von Hamburg und Lübeck.

Das Leben Alberts von Stade ist wenig dokumentiert. Er ist vermutlich in den letzten beiden Jahrzehnten des 12. Jahrhunderts in Niederdeutschland geboren. Geburtsort und -jahr entziehen sich bisher genauerer historischer Kenntnis. Bernd Ulrich Hucker setzt das Geburtsjahr noch vor 1187 an, da der Chronist beim Antritt seines Amtes als Domherr im Jahre 1206 bereits im Mindestalter für die Subdiakonatsweihe von 20 Jahren gewesen sein mußte. [5]

Auch die Frage nach Alberts Herkunft liegt weitgehend im Dunkeln. Sie wird in der Forschung kontrovers diskutiert. Die Ansicht Lappenbergs, Albert sei niederer Herkunft gewesen, wird auch von Wachter[6] und Merzdorf[7] geteilt. Diese These glaubt Lappenberg aus

---

[3] s. D. Berg, Papst Innozenz IV. und die Bettelorden, S. 464 u. 477

[4] vgl. Krüger, Herbert, Das Stader Itinerar des Abtes Albert aus der Zeit um 1250, Sonderdruck aus den Stader Jahrbüchern 1956/57/58, S. 84 f: Die Schwinge war noch nicht versandet und der Stader Hafen schiffbar.

[5] B. U. Hucker, Herrschaft und Freiheit, S. 337

[6] Wachter, Einleitung, S. V

zwei Stellen der Chronik herleiten zu können. Zum einen wäre es die herablassende Art, mit der der Chronist 1255 von Mainzer Bürgern spricht, die zum Schutz gegen die Wegelagerei einen Städtebund gründen wollten, der jedoch bei Fürsten und Rittern auf Ablehnung stieß. So maßten sich diese Kaufleute auf ungebührliche Weise an, eine Art Herrschaft über Angehörige der feudalen Oberschicht auszuüben. Zum anderen ließe auf eine niedere Herkunft schließen, daß Albert 1256 die Ritter von Bederekesa als „berüchtigte Beutemacher“[8] bezeichnet.[9] In beiden Fällen wäre aus der Art zu urteilen und aus der Sichtweise des Chronisten seine Zugehörigkeit zur Oberschicht auszuschließen. Dieser These widerspricht jedoch Karl Fiehn. Man könne erstens das persönliche Urteil des mittelalterlichen Chronisten nicht ohne weiteres voraussetzen, da dieser möglicherweise eine zeitgenössische Quelle herangezogen hätte, zweitens gäbe es eine andere Bemerkung (im Jahresbericht 1112) der Chronik, die diese Auffassung widerlege: ***„... et Fridericus comes cum testibus, plebeis videlicet. quos ad quidlibet iurandum compellare poterat.“***[10] Graf Friedrich hätte plebeische Zeugen (Bauern) erstellt, die zu jedem Eidesschwur bereit gewesen wären, den seine Gegner als leichtfertiges Zeugnis abgelehnt hätten. Hier distanziere sich Albert deutlich von Niedriggeborenen. Daher ließen sich über seine Herkunft und seinen Stand keine Aussagen machen.[11]

Bernd Ulrich Hucker widerlegt dagegen anhand von anderen Beispielen aus der Chronik beide Thesen. Als Domherr von Bremen wäre der spätere Abt von Stade mit großer Wahrscheinlichkeit sehr wohl entweder dem Hochadel oder zumindest der Ministerialität zuzuordnen, denn nur diese hätten in dieser Zeit Zugang zum Domkapitel gehabt. Für seine ministerialische Herkunft spräche außerdem auch, daß Albert in seiner Chronik bevorzugt die Verhältnisse des Adels und im besonderen die verwandtschaftlichen Verbindungen innerhalb der Stader und der Bremer Ministerialität

---

[7] Merzdorf, Troilus praef. VI, zitiert nach Fiehn, Albertus Stadensis, S. 536

[8] Nach B. U. Hucker, Herrschaft und Freiheit, S. 334, handelt es sich hier um ein Mißverständnis aufgrund eines Übertragungsfehlers der Stelle in Lappenberg, Ann. Stad., S. 374, 9-10: ***“... caesis ibidem plurimus, inter quos erant nobiles aliqui, milites multi, praedones famosi.“*** Hier wären lediglich die am Kriege beteiligten Gruppen: Edelherren, Ritter, Beutemacher aufgezählt.

[9] vgl. auch Wachter, Einleitung, S. V - Fiehn, Alb. Stad., S. 536 f

[10] Lappenberg, Ann. Stad., S.321, 22-23

[11] Lappenberg, Ann. Stad., S. 321, 22-23, zitiert nach Fiehn, Alb. Stad., S. 537

thematisiere.[12] B. U. Huckers weiteren Recherchen zufolge gehörte Alberts Familie zur Dienstmannschaft des Erzbistums Bremen.

Genealogie der Ministerialen von Stelle nach Bernd U. Hucker[13]

Erpo I
1080 - 1106

Erpo II
1139

Theoderich
1176 - 1189,
Mundschenk

Otto I.	**? Albert ?**
1202 - 1222	**1187 - (1256?)**
	Bremer Domherr
	Abt v. St. Marien
	vor Stade

Heinrich	? Amelung	Friedrich	Otto II.	Albero I.
1222-1245	233-1260	1222-1248	1236-1264	1222-1248
			Mundschenk	verh. mit Ida, Tochter des Edelherren Heinrich v. Hilligsfelde

N N.	Otto III.	Albero II.
1247 Nonnen in Osterholz	1246	1273-1287

Zur Erforschung der Familienzugehörigkeit des Chronisten stellte er spekulativ bemerkenswerte genealogische und sprachanalytische Untersuchungen an: Er verglich bestimmte, im Dialog zwischen den Klosterbrüdern Tirri und Firri spielerisch genannte Vornamen mit solchen, wie sie derzeit in der Ministerialität und im Patriaziat Bremens gebräuchlich waren, schloß folgerichtig auf mögliche

---

12 B. U. Hucker, Herrschaft und Freiheit, S. 333

13 Ebd., S. 342

Verwandte Alberts in diesen Kreisen und glaubte diese in der erzstiftbremischen Ministerialenfamilie von Bexhövede in Stelle, Osterstade gefunden zu haben. Bernd U. Hucker hält diese Familienzugehörigkeit Alberts für sehr wahrscheinlich, gibt aber auch zu wissen an, daß er den schlüssigen Beweis dafür schuldig bleiben muß.[14]

Nach Ansicht von Karl Fiehn hatte Alberts geistliche Laufbahn im Kloster Ramesloh (bei Lüneburg) begonnen, in dem er zuletzt als Propst tätig gewesen war.[15] Bernd Ulrich Hucker vermutet, daß er nach dem Empfang der Diakonatsweihe als Domherr im Jahre 1206[16] zugleich die mit der Ramsloher Probststelle verbundene Domherrenstelle innegehabt hätte, da er als Propst von Ramesloh gleichzeitig 1217 und 1232 als Bremer Kanoniker bezeugt wäre. Zudem wäre er Benediktiner und Prior gewesen.[17] Dies wird von Heinz-Joachim Schulze in Frage gestellt. Albert wäre vielmehr als Säkularkleriker, Domherr und Probst in einem Kollegiatsstift Benediktiner geworden, unter dem politischen Druck des Bremer Erzbischofs Gerhard II. von Bremen zum Prior erhoben und zum Abt gewählt worden.[18]

Nach eigener Aussage im Jahresbericht 1232 als Nachfolger des Abtes Christoph von Stade (eine kurze Zeit lang) als Prior in der Benediktinerabtei St. Marien vor Stade tätig,[19] wird Albert noch im gleichen Jahr nicht durch den zuständigen Erzbischof von Bremen, sondern durch den Zisterzienser Balduin von Alna, dem Legaten von Livland, zum Abt des Klosters geweiht. Dieser hatte kurz zuvor mit Albert, derzeit noch Propst von Ramelsloh, gemeinsam die Gründungsurkunde des Zisterzienserklosters Turupe-Lilienthal unterzeichnet.[20]

---

14 B. U. Hucker, Herrschaft und Freiheit, S. 338-342; Frühgesch. des Minoritenklosters, S. 517 f

15 Alb. Stad., S. 537, Vogt, Monumenta ined. II, 19

16 B. U. Hucker, Herrschaft und Freiheit, S. 337 f

17 Fiehn, Albertus Stadenses, S. 538

18 Schulze, Heinz-Joachim, Zisterzienserinnen im Kloster Midlum? Auch ein Beitrag zur Geschichte des Abtes Albert von Stade, S. 153-172, spez. S. 164, in: Kultur-Geschichte-Strukturen, Beiträge des Landkreises Stade zu regionalen Themen, Band 5, Beiträge zum Bilde der Landschaft zwischen Weser und Elbe, Festschrift für Thassilo von der Decken, Stade 1986

19 Lappenberg, Annales Stadenses, S. 361, 17-18: ***„Christoforus Abbas Stadensis obiit, cuius Albertus, eiusdem ecclesia prior, successit."***

20 B. U. Hucker, Herrschaft und Freiheit, S. 335 - Schulze, Heinz-Joachim: Stade, in: Faust, Ulrich (Hrsg.): Die Benediktinerklöster in Niedersachsen, Schleswig-Holstein und Bremen. St. Ottilien 1979 (Germania Benedictina, 6:

B. U. Hucker führt mehrere Gründe an, weshalb Albert als Stader Benediktinerabt weiterhin seine Verbindung zum Bremer Domkapitel aufrecht erhielt. Möglicherweise hätte er dort die Domschule besucht, wäre außerdem vielleicht sogar mit dem Bremer Scholastiker Heinrich nahe verwandt und schiene aus Bremen nach wie auch weiterhin seine Domherrenpfründe bezogen zu haben, da er zugleich als Bremer Kanoniker erwähnt wurde.[21] Darüber hinaus spricht eine Stelle in der originalen Fortsetzung der Stader Annalen für eine enge Beziehung des Chronisten zu einem Hamburger Kanoniker und Ritter (Gervasius), der 1261 bei der Verteidigung von Plön gefallen war und zuerst in Segeberg, danach aber von seinen Mitdomherren ehrenvoll in Hamburg beigesetzt wurde: ***„In cuius defensione quidam miles probus et fidelis, cui parcat Deus, cadens mortuus est, et primo Segeberghe sepultus; sed canonici Hamburgenses, qui eorum canonicus fuerat, Hamburch defunctum sepelierunt; ipse requiescat in pace."***[22]

Bemerkenswert erscheint B. U. Hucker, daß Albert von Stade gleich zweimal, nämlich als Zeuge sowohl in der Gründungsurkunde von 1232 als auch in der Urkunde zur Verlegung des Zisterzienserinnenklosters Turupe-Lilienthal im Jahre 1235 erwähnt wird.[23] Dies zeige deutlich, daß Albert politische Bestrebungen der dreißiger Jahre des 13. Jahrhunderts befürwortet hat, Zisterzienserklöster als Gegengewicht zu den genossenschaftlich strukturierten Landesgemeinden der Marschen aufzubauen. Mit dieser Zielsetzung nämlich gründeten

---

Norddeutschland), S. 463-482, hier S. 468 - Schulze, Zisterzienserinnen, S. 163 – O. H. May (Bearb.), Regesten der Erzbischöfe von Bremen, Bd. 1 (787-1306), Nr. 870, Hannover u. Bremen 1937; älterer Druck J. Vogt, Monumenta inedita rerum Germanicarum praecipue Bremensium, Bd. 2, 1763, S. 17 ff.

21 B. U. Hucker, Herrschaft und Freiheit, 337-338: Es war keine Seltenheit, daß Ordensgeistliche gleichzeitig Inhaber von Domherren- und Probsteistellen waren.

22 Lappenberg, Hamburger Annalen in MGH SS, S. 385, 7-9 (in der originalen Fortsetzung der Stader Annalen)

23 siehe auch Fiehn, Albertus, S. 538: „Albertus abbas Stadensis" erscheint vielfach in den Urkunden der Jahre 1235, 1236, 1238, 1240, (Vogt, Johann, Hrsg.): Monumenta inedita rerum germanicarum praecipue Bremensium. Ungedruckte zur Historie des Landes und der Stadt Bremen, auch angränzender Oerter, gehörige Nachrichten, Documente und Urkunden, gesammelt und nun erst and Lichte gestellet, Band 2, Bremen 1752, S. 28 – Lappenberg, Johann Martin (Hrsg.): Hamburgisches Urkundenbuch, Bd. 1: 786-1300 (Hamburg 1842) ND Hamburg 1907, S. 434 und 438 – Westphalen, Ernst J. von (Hrsg.) Monumenta inedita rerum germanicarum praecipue Cimbriacarum et Megapolensium, Bd. 4, Leipzig 1744, Nr. 3495

in dieser Zeit hochadlige Familien unter starker Beteiligung der Ministerialität Zisterzienserklöster in Midlum, Lilienthal, Hude und Uetersen sowie in Himmelspforten, wo es ausschließlich Ministeriale waren. Dies spräche überdies deutlich für Alberts ministeriale Herkunft.

Der politisch hoch motivierte Benediktinerabt entwickelte einen starken Reformeifer, der sich darin äußerte, daß er in seiner Abtei die strengere Zisterzienserregel einführen wollte.[24] Heinz-Joachim Schulze ist davon überzeugt, daß Albert im Auftrag des Bremer Erzbischofs Gerhard II. gehandelt hatte. Dieser hätte ihn dem Kloster St. Marien vor Stade aufoktroyiert, um ihn mit der Aufgabe der Umwandlung der Benediktinerabtei in ein Zisterzienserkloster zu betrauen.[25] Nach eigenem Bericht in seiner Chronik zum Jahr 1240 trat Albert 1236 eigens aus diesem Grunde eine Romreise an, um hierfür vom Papst Gregor IX. die Erlaubnis einzuholen.[26] Diese wurde ihm auch für den Fall gewährt, daß eine Reform durch strenge Einhaltung der ordenseigenen Regel nicht durchzusetzen sei.[27] Der Papst beauftragte jedoch den Erzbischof Gerhard II. von Bremen brieflich mit der Durchführung der Reform, der zwar daraufhin den Konvent von St. Marien im Stader Bischofshof zur Reformbesprechung einberief,[28] hinsichtlich der Durchführung der Reform jedoch nichts unternahm.

Die politischen Hintergründe und insbesondere die Frage, weshalb der Erzbischof 1237 sein urprüngliches Ziel der Umwandlung der Benediktinerabtei in ein Zisterzienserkloster aufgab, erläutert Heinz - J. Schulze überzeugend in seinem Beitrag zur Geschichte des Abtes Albert von Stade. Gerhard II. hätte durch die Umwandlung der Benediktinerabtei St. Marien in ein Zisterzienserkloster die dortige welfische Hochvogtei wertlos machen und den Welfen eine wichtige Position abnehmen wollen. Nachdem es jedoch 1236 zum großen Friedensschluß zwischen der Bremer Kirche und den Welfen gekommen wäre, und die beiderseitigen Machtsphären abgegrenzt worden wären, sei für Gerhard II. die welfische Vogtgewalt über St. Marien in den Hintergrund getreten. Die Umwandlung hätte Gerhard aufgegeben, weil er auf St. Marien als Benediktinerabtei seinen

---

[24] B. U. Hucker, Herrschaft und Freiheit, S. 335

[25] Schulze, Zisterzienserinnen, S. 164

[26] Lappenberg, Ann. Stad., S. 366, 25-31

[27] Ebd., S. 366, 30-45, Wortlaut des Papstbriefes an den Erzbischof von Bremen.

[28] Ebd., S. 366, 47 - S- 367, 1

Machteinfluß in weit höherem Maße geltend machen konnte, als auf ein fest in den Zisterzienserorden integriertes Kloster.[29]

Zur Vergeblichkeit der Bemühung Alberts, das Stader Marienkloster im Stil der Zisterzienser zu reformieren, muß noch ergänzt werden, daß dies im deutschen Reich zu jener Zeit kein Einzelfall war. Nahezu einhellig lehnten die Mönche aller reformbedürftigen Benediktinerklöster die Annahme der strengeren Zisterzienserregel ab. Verständlicherweise wehrten sie sich gegen diesen Eingriff in ihr Leben.[30] Karl Fiehn nennt als Ursache der von Albert scharf kritisierten gelockerten Klosterdisziplin den andauernden Kriegszustand, unter dem die Mönche im ungeschützt liegenden Kloster in hohem Maße zu leiden gehabt hätten.[31]

Ulrich Faust bestreitet dagegen die den Mönchen angelastete Vernachlässigung der Klosterdisziplin und bezeichnet sie als Vorwand des Benediktinerabtes, sein politisches Ziel durchzusetzen. Er vertritt die Ansicht, daß sich Abt Albert den Unmut seiner Mönche zugezogen habe, indem er rücksichtslos ihre traditionelle Bindung an den Ilsenburger Kreis mit der Junggorzer Reformrichtung mißachtete. Darauf weise auch der Tatbestand hin, daß mit seiner Erhebung zum Abt gleichfalls wegen der Behauptung der Zerrüttung die Auflösung des Dobbertiner Tochterkonvents und dessen Umwandlung in ein Nonnenkloster vorgenommen worden war. Faust stellt die Reformbedürftigkeit des Stader Marienklosters in Frage. Er bezeichnet diese als Vorwand, den Albert als Reformeiferer in seinem Kampf für die Einsetzung der Zisterzienserregel benutzte, um die Voraussetzung für die Umwandlung der alten Benediktinerabtei in ein Zisterzienserkloster zu schaffen. Selbst der Papst hätte Albert mißtraut und trotz all seiner Hochschätzung der Zisterzienser der Reform nur bedingt zugestimmt. In vollem Wortlaut zitiert Albert die päpstliche Bulle, in der Gregor IX. den Erzbischof von Bremen beauftragt, die Reform zunächst durch strengere Einhaltung der gewohnten Benediktinerregel zu versuchen und erst, wenn sich dies als undurchführbar erwiese, die Zisterzienserregel einzuführen. Auch sollten die Mönche,

---

29 H.-J..Schulze, Zisterzienserinnen, S. 169-170: Insbesondere bei seinen Männerklöstern nahm der Zisterzienserorden die Aufsichts- und Visitationsrechte selbst wahr und gestattete den Diözesanbischöfen kaum noch mehr als formale Einwirkung. Darüber hinaus wehrten sich die Zisterzienser gegen jede weltliche Vogtei.

30 vgl. Fiehn, Alb. Stad., S. 542

31 Fiehn, Die Geschichte der Marienköster, S. 293 - vgl. Faust, S. 467

die sich weigerten, das Zisterziensergewand anzulegen, zu anderen Benediktinerniederlassungen versetzt werden.[32]

Nach Ansicht von U. Faust wollte Albert durch seine absichtlich negative Darstellung der zerrütteten Verhältnisse im Marienkloster seine Reform gegen den Widerstand der Mönche durchsetzen. Für diesen Widerstand der Mönche führt er mehrere Gründe an. Zum einen hätten sich die Benediktinermönche im westelbischen Norden traditionell dem Ilsenburger Kreis zugehörig gefühlt, zum anderen wäre ihnen Albert, der zuvor noch nicht einmal Benediktiner gewesen war, „oktroyiert" worden.[33] Als mutmaßliche Betreiber seiner Wahl nennt Faust die Familie der Stader Vögte, die in der Ostmission engagiert, unter Umgehung des zuständigen Bremer Erzbischofs die Weihe Alberts durch den Legaten für Livland veranlaßt hätten. Sie hätten dann aber den Abt, nachdem er sich wohl wegen seiner Unbeliebtheit aufgrund seines allzu großen Reformeifers als „nicht mehr tragbar" erwiesen hätte, in einem für ihn adäquaten „Asyl" im gerade erst neugegründeten oder im Entstehen begriffenen Stader Franziskanerkonventsgebäude St. Johannes[34] untergebracht.[35] Im Gegensatz zur eigenen Darstellung des Chronisten[36] geht U. Faust von der Vorstellung aus, daß Albert nicht ganz freiwillig aus dem Amt

---

32 Lappenberg, Ann. Stad., S. 366, 32-46 - vgl. H. J. Schulze, Zisterzienserinnen, S. 165

33 Faust, Stade, S. 466: Wie aus der Gründungsurkunde des Mutterklosters Harsefeld hervorgeht, war das Stader Marienkloster dem Ilsenburgerkreis zugeordnet und damit mit der Junggorzer Richtung und Reformtendenz traditionell und rechtlich verbunden. Die freie Abtswahl wurde zwar nicht gefordert, aber garantiert. Alle Äbte stammten bis zur Erhebung Alberts von Stade 1240 aus dem eigenen Konvent oder aus dem Harsefelder. Albert war aber nach eigener Angabe nur kurze Zeit Prior und wurde den Mönchen als Abt „oktroyiert". Möglicherweise lagen schon hier die Ursachen für den Streit zwischen Abt Albert und seinen Mönchen.- vgl. auch Schulze, Zisterzienserinnen, S. 164

34 hierzu sei verwiesen auf Mindermann, Arend, Zur Gesch. des Stader Franziskanerklosters St. Johannis, in: Baumeister, Theofried, u. Freyer, Johannes Baptist (Hrsg.), Wissenschaft u. Weisheit, Band 63, 1, Werl 2000, S. 61-85, spez. S. 65 - vgl. auch B. U. Hucker, Bernd Ulrich, Zur Frühgeschichte des Minoritenklosters zu Stade. Mit dem Text eines Nekrologfragments, in: Archivum Franciscanum Historicum 74 (1981), S. 509-518, spez. S. 509 f und S. 512 f.

35 Faust, S. 469

36 Lappenberg, Ann. Stad., S. 367, 7-8: ***„Abbas autem intelligens sine effectu se laborasse, ad minores fratres praedicto tempore, scilicet anno gratiae 1240 intravit."***

geschieden sei, sondern daß ihm diese Entscheidung zumindest nahe gelegt worden wäre. Auch gibt er zu bedenken, daß Albert noch als Abt möglicherweise mit Unterstützung der Stader Vögte am Aufbau des Franziskanerkonventgebäudes St. Johannes, das unmittelbar gegenüber einem der städtischen Vogtshöfe lag, selbst entscheidend mitgewirkt haben könnte, so daß sich für ihn der Einzug in das neue Konventsgebäude als akzeptable Alternative ergeben hätte.[37]

Auch Heinz-J. Schulze bestreitet die Zerrüttung des Konvents von St. Marien. Albert praktiziere mit der Macht des Erzbischofs im Rücken, der ihn aus politischen Gründen als Benediktinerabt eingesetzt hätte, die ganz und gar nicht neue, immer wiederkehrende Methode von Reformatoren, ihre Wertvorstellungen als Norm zu setzen, alles dieser Norm nicht Entsprechende für reformbedürftig zu halten und bei Widerstand mit dem Vorwurf der Verkommenheit und der Zerrüttung aufzuwarten.[38]

Die Tatsache, daß Albert als radikaler Verfechter des Reformkurses im Auftrage des Erzbischofs die beschwerliche Romreise unternommen hatte, um mit Unterstützung des Papstes seinen Mönchen gegen ihren Willen die strenge Lebensform der Zisterzienser aufzuzwingen, für seine eigene Person aber die Lebensform der Franziskaner wählte, löst Befremden aus und läßt den Chronisten unglaubwürdig erscheinen. B. U. Hucker sieht die Ursache, weshalb Albert seiner Glaubensüberzeugung zuwiderhandelte, darin, daß es in der Stader Umgebung noch keine Zisterzienserniederlassung gab, und Albert seinen Heimatort Stade nicht verlassen wollte.[39]

Albert von Stade hatte mit seinem intensiven Einsatz für die Umwandlung der Benediktinerabtei St. Marien in ein Zisterzienserkloster nicht ausschließlich, aber hauptsächlich die politischen Ziele seines Erzbischofs verwirklichen wollen und suchte nach dem Scheitern seines Reformplanes resigniert, und im Alter von mehr als fünfzig Jahren auch schon bejahrt, nur noch Muße und einen freien

---

37 vgl. Faust, S. 469 - s. B. U. Hucker, Zur Frühgesch. d. Minoritenklosters zu Stade: Dieser Konvent gilt als einer der ältesten Niederlassungen in Norddeutschland. Einer Aufzeichnung von 1620/22 zufolge (Gerhard Uhlhorn, Beiträge zur Geschichte der Ausführung des Restitutions-Edicts in den Herzogtümern Bremen u. Verden, in: Vierteljahresschrift f. Theologie u. Kirche, 3. Folge, 1. Jahrg., 2. Heft, Hannover 1852, S. 151) ist das Kloster sogar noch zu Lebzeiten des Hl. Franz von Assisi gegründet worden.

38 Schulze, S. 164 f

39 B. U. Hucker, Herrschaft und Freiheit, S. 335

Handlungsspielraum für seine literarischen Tätigkeiten. Beides fand er als Minderbruder in der Stader Franziskanerniederlassung.[40]

Entgegen seiner eigenen Darstellung in der Chronik[41] hatte Albert wohl nicht einmal die Freiheit der Wahl, sondern war von seinen Förderern, den Stader Vögten, vielleicht auch sogar durch Veranlassung des Erzbischofs, zu den Franziskanern versetzt worden, nachdem sich seine Einsetzung als Benediktinerabt als Fehlschlag erwiesen hatte.

Über Alberts Leben als Franziskanerbruder ist bis auf eine Erwähnung als Minorit am Anfang des „Troilus" sowie in einer Hamburger Urkunde[42] nichts bekannt.

Durch die Erwähnung des Namens Alexander Minoritas im Zusammenhang mit dem Zitat aus dessen Apokalypsenkommentar im Jahresbericht 1250: ***„Sed frater Alexander in expositione apokalypsis..."***[43] gelangte Albert von Stade zu der historiographischen Bedeutung, als erster Chronist den Autor dieses Kommentars[44] beim Vornamen genannt zu haben. Der Apokalypsenkommentar war nämlich bis in die jüngste Vergangenheit überwiegend anonym oder unter dem falschen Namen Joachims verbreitet und tradiert worden.[45] Aufgrund dieses Zitats suchten Historiker, wie Bernd Ulrich Hucker, Alois Wachtel und Sabine Schmolinsky, den Apokalypseexegeten im Umkreis von Albert von Stade. B. U. Hucker identifizierte ihn mit Alexander Bexhövede, der einer Ministerialenfamilie entstammte, mit der Albert verwandt sei.[46] Diese Identifikation wird jedoch von A. Wachtel bestritten.[47] Ebenso könne die Behauptung B. U. Huckers, Alexander Minorita wäre einer von zwei Geistlichen gewesen, die mit Albert von Stade zusammen 1240 in den Franziskanerorden eingetre-

---

40 Ebd.

41 Lappenberg, Ann. Stad., S. 366. 24-25: ***„Abbas Albertus Stadensis se ad fratres minores reddidit in Stadio 13. Kal. Septembris feria."***

42 Hamb. U.B. I, S. 467,

43 Lappenberg, Ann. Stad., S. 372, 46

44 Schmolinsky, S. 26 oben: Das einzige Selbstzeugnis: *„allevans tenebras"* im Kommentar Alexander Minoritas hat Ernst Bernheim entdeckt und mit Hilfe des Liber interpretationis Hebraicorum des Hieronymus *als Alexander* deuten können.

45 Ebda, S. 31

46 B. U. Hucker, Frühgesch. d. Minoritenklosters, S. 517 f - Smolinsky, S. 27, Anm. 83

47 Alois Wachtel, Alexander Minorita, Expositio in Apokalypsium. Einleitung, S. VIII-X - Schmolinsky, S. 27 und Anm. 82

ten seien, nicht belegt werden.[48] Unklar ist, ob Albert von Stade und Alexander Minorita einander persönlich gekannt haben, ob ein persönlicher wechselseitiger literarischer Austausch zwischen beiden stattgefunden hatte, oder ob sie nur dieselbe Bibliothek benutzt hatten. Sicher ist nur, daß Alexander die Chronik Alberts als Vorlage für seine historischen Ausführungen benutzt und daraus zitierend Textteile übernommen oder bearbeitet hat, die datierte Ereignisse bis 1237 erfassen. Fraglich ist jedoch, ob Albert von Stade selbst Redaktor der seiner Originalchronik entnommenen historischen Erweiterungen der Handschrift C des Apokalypsenkommentars war.[49]

Unbestimmt ist auch das Todesjahr Alberts von Stade, das man entweder nach dem Zeitpunkt der letzten Eintragung in seiner Chronik auf das Jahr 1256 oder aber mit der letzten Eintragung im Papstkatalog mit Urban IV.[50] auf das Jahr 1264 ansetzt, was voraussetzt, daß diese Eintragung von Albert selbst stammt und nicht später durch Bearbeiter der Chronik ergänzt worden ist. Im Hamburger Urkundenbuch ist der Chronist letztmalig 1250 als Zeuge erwähnt.[51] Der Äbtekatalog verzeichnet ohne Angabe der Jahreszahl als Todestag Alberts lediglich den 9. Februar.[52]

---

48 B. U. Hucker, Herrschaft und Freiheit, S. 335 und Anm. 1694 - Schmolinsky, Anm. 77

49 Schmolinsky, S. 48 und S. 75 - Wachtel, Alois, Alexander Minorita, Expositio Apokalypsium, Einleitung, S. XXVII unten

50 Lappenberg, Ann. Stad., S. 300, 7

51 vgl. B. U. Hucker, Herrschaft und Freiheit, S. 333

52 vgl. Fiehn, Alb. Stad., S. 546

B Die theologischen und epischen Werke und die Bedeutung des Stader Itinerars

Als Benediktinerabt hat Albert seine schriftstellerische Laufbahn als Chronist und Dichter „Albertus Stadensis“ begonnen.[53] Außer der Weltchronik und einiger theologischer Schriften hat er noch andere Werke verfaßt, die alle im Bordesholmer Katalog[54] aufgeführt sind. Der 1249 entstandene *„Troilus“*[55] ist als letztes und mit 5320 Versen längstes Trojaepos des Mittelalters das bekannteste Werk. Albert hat darin in Distichen den Tojastoff frei nach dem Werk des Dares Phrygius gestaltet.[56] Der Germanist Markus Wesche hat dieses Werk in seinen „Studien zu Albert von Stade“ quellen- und stilkritisch untersucht und einige historisch interessante Details bezüglich des bildungsgeschichtlichen Hintergrunds offengelegt.[57]

In der germanistischen Literatur hat Albert von Stade vor allem als Properzbenutzer Bedeutung erlangt. Markus Wesche bestreitet jedoch die Behauptung von C. J. Crowley, daß Albert gute Kenntnis des

---

[53] B. U. Hucker, Herrschaft und Freiheit, S. 337

[54] Karl Fiehn, Albertus Stadensis, S. 547: Es handelt sich um den Katalog des Augustinerchorherrenstifts Bordesholm, Neumünster (Kieler Universitätsbibliothek MS. Bord. 1, a b fol.), die 1488 unter A fol. 1^{V} folgende Werke Alberts verzeichnet:

- Alberti abbatis Stadensis Troilus G XVIII. (in gleichem Titel noch einmal unter T fol 79^{v} und im Standortregister fol. 90^{v})

- Auriga Alberti abbatis in Stadis continens concordantias ewangeliorum F XV (in fast gleichem Titel noch einmal unter A fol. 6 ^{r} <bei Auriga>, nur daß hier „ewangelistarum“ angegeben ist, und im Standortregister fol. 90^{r} Auriga Alberti abbatis Stadensis).

- Alberti abbatis Stadensis chronica usque ad annos MCCXL (fol. 18^{r} unter C: Chronica a principio creationis mundi usque ad annum 1240; und fol 90^{v} im Standortregister: Chronica Alberti abbatis Stadensis a principio mundi usque ad annum dommini MCCLVI (!)

- Alberti abbatis Stadensis Raymundus metricus N XXVI (in gleichem Titel noch einmal unter fol. 63^{r} unter R und dann noch einmal im Standortregister fol 95^{v} mit vollständigerem Titel Summa Raymundi metrica Alberti Stadensis abbatis)

[55] hrsg. von Merzdorf, Th., nach Hs. Wolfenbüttel Gud. 278, Troilus Albertus Stadensis, Leipzig 1875 (D. Berg, Albert von Stade, S. 425, Anm. 21)

[56] s. D. Berg,Albert von Stade, S. 425

[57] Wesche, Markus, Studien zu Albert von Stade, Frankfurt/Main 1988 (Europäische Hochschulschriften, Reihe I: Deutsche Sprache und Literatur, Bd. 1059)

Properz gehabt hätte,[58] bestätigt ihn lediglich als Florilegienbenutzer, da ihm möglicherweise eine Auswahl von Properzversen innerhalb einer verlorenen Kurzfassung des Florilegs (Paris BN lat. 15155) vorgelegen habe.[59]

In einem Selbstzeugnis im Troilus weist Albert auf ein weiteres seiner Werke hin, das in den Jahren zwischen 1234 und 1244 entstanden war:[60]

> ***Sudavit nostris per te Raymundus in armis:***
> ***Scit tibi bis binis ire Quadiga rotis*** [61].

Es handelt sich hierbei um die metrische Bearbeitung eines verloren gegangenen moralisch-kasuistischen Handbuchs, der „Summa de poenitentia et matrimonio“ des Dominikaners Raymund von Pennaforte, den Albert offenbar während seines Romaufenthalts 1236/37 persönlich kennengelernt hatte.[62] Von einem weiteren Albert von Stade zugeordneten Werk mit dem Titel „Quadriga“ sind einige Verse erhalten, die den Namen des Klosters Rosenfeld (identisch mit Kloster Harsefeld) in frommer Schwärmerei poetisch umschreiben.[63] Albert verleiht darin seiner Verehrung des Klosters Harsefeld als Mutterkloster des Stader Marienklosters dichterischen Ausdruck. Diese Verse weisen stilistische Parallelen zum Troilus auf und sind nach Ansicht von Markus Wesche wie auch von Johann Martin Lappenberg und Karl Fiehn[64] höchstwahrscheinlich mit der statt ihrer im Bordesholmer Bibliothekskatalog verzeichneten Realkoncordanz „Auriga continens concordantias evangeliorum“ identisch, einer nur auszugsweise bekannten Paraphrase der vier Evangelien.[65] Dies ist eine „Lebensbeschreibung Christi nach den vier Evangelien“ in Form einer allegorischen Ausdeutung Christi gemäß den sieben Artes.[66]

---

[58] C. J. Crowley, Echoes of Propertius in the Troilus of Albert von Stade, in: Romanitas 7/1965, S. 83-89, zitiert nach Wesche, S. 8, Anm. 3

[59] Wesche, S. 8-9

[60] D. Berg, Albert von Stade, S. 425

[61] Troilus 2, 123 f, zitiert nach Wesche, S. 123

[62] J. Stohlmann, Verfasserlexikon 1, Stichwort: Albert von Stade, S. 145 - Faust, S. 469 - B. U. Hucker, Herrschaft und Freiheit, S. 335

[63] Wesche, S. 123 - vgl. Fiehn, Alb. Stad., S. 540

[64] Stohlmann, Verfasserlexikon 1, Stichwort: Albert von Stade, S. 145-146

[65] Wesche, S. 123

[66] Ebd., S. 137

Als Vorlagen für seine dichterischen Werke dienten Albert von Stade die klassischen Schriftsteller, u. a. Horaz, Lucian, Ovid, Dares und Phrygius.

Über Alberts dichterische Qualitäten äußert sich Wesche recht abwertend. Geprägt von der Dichtersprache seiner Zeit, von der „platonisch inspirierten Dichtkunst", böte Albert von Stade „eine Auflösung und Übersteigerung dieser Sprache". Er lasse Fachtermini wie „Fremdkörper" aus den Bereichen der Rechtssprache, der scholastischen Begrifflichkeit und von Situationen aus dem Schulunterricht in seine Dichtung einfließen.[67] Die Verse des Troilus nennt Wesche einen „bunten Flickenteppich" ohne „stilistische Kohärenz". Es fänden sich darin viele Beispiele für „das naiv Kommentierende, das Pedantische und ohne Witz Gesuchte".[68]

In die Chronik abrupt eingefügt[69] und nicht eigentlich zum Geschichtswerk gehörig, aber dennoch erwähnenswert, erscheint das von Herbert Krüger ausführlich beschriebene „Stader Itinerar des Abtes Albert", in dem spielerisch in Form eines Dialogs zwischen zwei Klosterbrüdern die Wege nach Rom und nach Jerusalem beschrieben werden. Ohne literarische Vorlage hat Albert von Stade hier in bis dato nicht bekannter Genauigkeit ein Itinerar geschaffen, das erst- und einmalig in der mittelalterlichen Literatur „literarischer Selbstzweck" geworden ist. Es bot zeitgenössischen Wanderern und Pilgern durch vielseitige, detaillierte Routenbeschreibungen Reiseorientierungshilfen und vermittelt der Nachwelt wertvolle Einblicke in das Straßennetz und in die Reise- und Verkehrsverhältnisse im Mittelalter. Krüger nennt das Stader Itinerar das weitaus genaueste unter allen zeitgenössischen Itineraren, weil es alle nennenswerten Orte aufführt und die Entfernungen nicht nur nach Tagereisen, sondern präzise in deutschen, französischen und italienischen Meilen bestimmt. Zudem zeige Albert darin gebietskundig Nebenwege für den Fall von Überschwemmungen auf, weise auf die jahreszeitlichen Reiseverhältnisse hin, mache Anmerkungen über Staats- und Sprachgrenzen, gäbe Ortsnamen in der Landessprache an und berichte sogar gelegentlich über historische und legendäre Ereignisse. Darüber hinaus gäbe er Hinweise zur Warnung vor Wegelagerern auf diesbezüglich gefährdeten Teilstrecken.[70]

---

67 Ebd., S. 119

68 Ebd., S. 122

69 Lappenberg, Ann. Stad., S. 332,50 bis S. 344, 6

70 Herbert Krüger, Das Stader Itinerar des Abtes Albert aus der Zeit um 1250, S. 81-83; vgl. D. Berg, Albert von Stade, S. 424-425

C Zu Alberts möglichem Bildungsweg

Seine Werke weisen Albert von Stade als theologisch, historisch und literarisch gebildeten Geschichtsschreiber und Dichter aus. Markus Wesche bescheinigt dem dichtenden Geistlichen in seinen literarischen Studien über den „Troilus“ gute astrologische,[71] aber nur mäßige, nicht über die Allgemeinbildung hinausgehende medizinische Kenntnisse.[72] Er hält Albert von Stade, der in Versen „die wichtigsten Bereiche der Medizin Revue passieren läßt“, für einen „Polemiker gegen das Vordringen der medizinischen Wissenschaften in den Bereich der Artes“.[73]

Über Alberts Erziehung, seine schulische Ausbildung, seinen Erwerb von Bildung und seine literarischen Kenntnisse über antike Klassiker und historiographische Zeugnisse, wie Urkunden, Briefe, Traktate, Quellen usw., gibt es keine Zeugnisse. Wir wissen weder, welche Klosterschule er besucht hatte, noch welche Klosterbibliotheken er nutzte. Über die Bibliothek seines Benediktinerklosters vor Stade ist nichts überliefert. Es muß deshalb offen bleiben, ob er die von ihm kompilierten Vorlagen und eingesehenen Werke in der klostereigenen Bibliothek oder in anderen Klöstern vorfand.[74] Möglicherweise hat er auf die heute verlorene Klosterchronik von St. Paul in Bremen zurückgreifen können.[75]

Ebensowenig ist über seine berufliche Qualifikation als weltgeistlicher Prior, als Benediktinerabt und als Franziskanerbruder bekannt. Lappenberg fand lediglich Alberts Magistergrad in drei Urkunden aus den Jahren 1205, 1217 und 1224 bezeugt.[76] Über den Erwerb seines Magistertitels gibt es jedoch weder Zeugnisse von Zeitgenossen noch Selbstzeugnisse in der Chronik und in den anderen Werken des Autors.[77]

Führt man sich die Italien, Frankreich und England gegenüber um etwa 150 Jahre rückständige Bildungssituation im deutschen Reich zu Beginn des 13. Jahrhunderts vor Augen, so käme für den jungen Niederdeutschen nur ein Magisterstudium an einer der auswärtigen Universitäten in Frage. Möglicherweise hatte Albert zuvor eine auf das

---

71 Wesche, S. 77 ff

72 Ebd., S. 58

73 Ebd., S. 61

74 vgl. Faust, S. 477

75 Ebd., S. 148

76 vgl. Karl Fiehn, Albertus Stadensis, S. 537: 1206 Hamb. U:B., S. 313; 1217 Hamb. U.B., S. 358 und 1224 Hamb. U.B., S. 418

77 Fiehn, S. 537

Studium vorbereitende Klosterschule etwa in Bremen oder Stade besucht, an der er die Elementarfähigkeiten Lesen, Schreiben und Rechnen erlernt sowie auch die Grundkenntnisse der lateinischen Sprache und der artes liberales erworben hatte. Mit großer Wahrscheinlichkeit ist er von dem möglicherweise nahe mit ihm verwandten[78] Scholastiker Heinrich von Bremen unterrichtet worden. Albert von Stade erwähnt ihn als seinen persönlichen Informanten und Augenzeugen u. a. in den Jahresberichten 1172 und 1173 im Zusammenhang mit den Auseinandersetzungen Friedrich Barbarossas mit den oberitalienischen Städten. Heinrich wurde 1137 geboren. Als Notar des Erzbischofs Christian von Mainz hatte er diesen auf seinem Italienfeldzug begleitet. Auf dem Laterankonzil 1179 wird er als Teilnehmer erwähnt und 1183 zu Papst Lucius II. entsandt, um den Erzbischof von Bremen gegen die Anklagen der Bremer Kanoniker zu verteidigen.[79] Ihm hat Albert vor allem viele Informationen für seine Darstellung der Geschichte des Erzbistums Bremen zu verdanken.

Die Vermutung liegt nahe, daß Albert im Anschluß an den Erwerb der Elementarkenntnisse etwa im Mindestalter von vierzehn Jahren möglicherweise in Paris studiert hat, da er diese Stadt zweimal in der Chonik nennt. Zum einen erwähnt er im Jahr 1246 freudig die Rückkehr der beiden sechzehnjährigen Söhne seines Mitbruders, des Grafen Adolf IV. von Holstein in Hamburg nach zweijährigem Studienaufenthalt in Paris,[80] zum anderen berichtet er flüchtig über den Mendikantenstreit 1229: ***„Parisius inter clerum et populum maxima orta est dissensio, et multi sunt clerici trucidati, ita ut studium in Andegaviam transferretur".***[81] Diese äußerts knappe Darstellung des Mendikantenstreites erweckt den Anschein, als hielte der Chronist absichtlich Informationen und Hintergrundwissen darüber zurück. Offenbar fühlte sich Albert als Bettelordensangehöriger in diesem Streitfall befangen. Ohne Kommentierung berichtet er daher nur vordergründig über den spektakulären Anlaß der teilweisen Verlegung der Pariser Universität, über Wirtshausstreitereien und Tötungen mehrerer Studenten, nichts aber über die ursächlichen Zusammenhänge, nämlich über den Konflikt zwischen

---

78 B. U. Hucker, Herrschaft und Freiheit, S. 337 f

79 Lappenberg, Einleitung, S. 280, 4-15

80 Lappenberg, Alb. Stad., S. 371, 6 - Aus der Chronik der Grafen von Schaumburg des Hermann von Lerbeck, in der Übersetzung von H. Rausch, in: Die schaumburgisch-lippische Heimat 11, 1951, S. 41 erfährt man, daß es ein Studienaufenthalt war.

81 Lappenberg, Alb. Stad., S. 260. 38-40

dem Weltklerus und den päpstlich unterstützten Bettelorden, die sich nicht nur als Inquisitoren einen schlechten Ruf erworben hatten. Sie hatten darüber hinaus den Weltklerus aus dem Bereich der Seelsorge gedrängt und damit deren Einkünfte empfindlich geschmälert. Insbesondere hatten sie sich auch einen Weg in den Bildungsbereich gebahnt, der bis dato die Domäne der Weltgeistlichkeit war, indem sie wiederum mit päpstlicher Hilfe Lehrstühle an der theologischen Fakultät der Pariser Universität besetzt hielten.[82] Zusätzlich unbeliebt hatte sie ihre Nichtbeteiligung am vorübergehenden Auszug nahezu der gesamten Pariser „universitas" in den Jahren 1229-1231 gemacht. Durch dieses unsolidarische Verhalten hatten sie weiteren Konfliktstoff geboten. Dies waren offensichtlich die Gründe für den Minoriten Albert von Stade, den Mendikantenstreit nicht in aller Ausführlichkeit zu thematisieren.

Auch diese einzige Nachricht seiner Chronik über eine Universität gibt uns keine Antwort auf die Frage, ob er seinen Magistergrad in Paris erworben hatte - möglicherweise an der Pariser Kathedralschule, die dank des Unterrichts von Wilhelm de Champeaux seit der ersten Hälfte des 12. Jahrhunderts immer mehr ausländische Studenten aus ganz Europa anzogen, weil sie führend auf dem Gebiet der Bibelexegese und der Artes liberales waren. Vielleicht hat Albert aber auch eine der zahlreichen privaten Schulen in der Gegend des Petit Pont, der Montagne und der Abtei St. Genevieve oder der Abtei St. Victor besucht, die seit der Lehrtätigkeit des Peter Abaelard zukunftsweisend in der Dialektik waren.[83]

Alberts Erwähnung des Petrus Lombardus ***„Fluruit tunc temporis Petrus Longobardus, qui fecit librum sententiarum."***[84] im Jahresbericht 1162 läßt vermuten, daß ihm beim Studium, wie derzeit allgemein üblich, dessen Sentenzenbücher[85] als Lehrstoff vermittelt worden

---

[82] Zwischen 1229 und 1236 erhalten die beiden Bettelorden insgesamt drei Lehrstühle an der theologischen Fakultät in Paris, die Dominikaner Roland von Cremona 1229 und Johannes von St. Gilles 1230 und der Franziskaner Alexander von Hales 1236

[83] J. Verger, Lexikon des Mittelalters, Bd. 6, Stichwort: Paris, Schulen u. Universitäten, S. 1718

[84] Lappenberg, Alb. Stad,. S. 344, 52-53

[85] L. Hödl, Petrus Lombardus in Lex Ma, Bd. 6, S. 1977: Das zwischen 1150-58 entstandene und 1157/58 ergänzte, vierbändige Sentenzenwerk hatte Petrus Lombardus seinem Unterricht zugrunde gelegt. Es wurde durch Alexander von Hales zum Schulbuch gemacht und galt bis zur Reformation als theologisches Unterrichtswerk. P. interpretierte die Bibel den traditionellen Glossen entsprechend, diskutierte die aus Text und Überlieferung

waren. In den Hamburger Annalen findet sich im gleichen Jahresbeitrag ganz im Stil Alberts ein diesbezüglicher Hexameter, der als möglicher Bestandteil seiner Originalchronik erwähnenswert ist. In Form eines Jahresrätsels wird hier schwärmerisch auf die Bücher des Petrus Lombardus angespielt, zu denen der Versdichter offenbar eine innige Beziehung hatte. Auch wird hier zahlenspielerisch möglicherweise auf Thomas von Aquin hingewiesen:

„Unde versus:
M. C., sex decies annosque recollige binos.
Tunc Petrus sparsit istius odore librinos;
Addideris si forte novem, quod passio Thomae
Pontificis fit ibi, quem cantet Cantua pro me.“ [86]

Als mittelalterlicher Student mußte Albert zunächst als Fundament und Voraussetzung für das Studium der höheren Wissenschaften, die Propädeutiken im Bereich der Artes liberales, d. h. Kenntnisse in den Grundwissenschaften Grammatik, Rhetorik und Dialektik (Trivium) sowie Arithmetik, Geometrie, Astronomie und Musik (Quadrivium) erwerben. Nach etwa drei Jahren könnte Albert bei seinem Magister das Examen für den Grad des Baccalaureus artium bestanden und der Regel entsprechend nach weiteren drei Jahren sein Studium der artes liberales mit dem Erwerb des Magistergrads abgeschlossen haben. Er hätte nun den Titel eines „Magister artium“ führen können und wäre damit befugt gewesen, nach Verleihung der „licentia docendi“ möglicherweise durch den Kanzler der Kathedrale Notre Dame,[87] jüngere Studenten in den Artes liberales zu unterrichten. Diesen Weg hatte Albert jedoch nicht gewählt, denn wir finden ihn im Alter von zwanzig Jahren etwa um 1206 bereits im Amt eines vollberechtigten Domherrn von Bremen.

---

resultierenden Fragen und sammelte diese in den vier Sentenzenbüchern. In den ersten beiden Bänden behandelt P. Trinität, Schöpfer und Schöpfung, wobei er die Darlegungen von Abaelards "theologica“ und der „sacra pagina“ Anselms von Laon miteinander verband. Die Bände drei und vier beinhalten Abhandlungen über Christologie und Erlösungslehre, Sakramente und Eschatologie. P. vertritt dabei die Habitustheorie. Auf dem IV. Laterankonzil 1215 erfuhr Petrus Lombardus wegen seiner Sentenzen eine besondere Anerkennung. Seine Schüler schufen in der zweiten Hälfte des 12. Jhs. die Sentenzenglossen.

[86] Lappenberg, Hamb. Annalen in: MGH SS XVI, S. 382, 23-26

[87] J. Verger, Lexikon des Mittelalters, Bd. 6. Stichwort: Paris, Schulen u. Universitäten. S. 1718

D Autobiographische Selbstzeugnisse des Reformers und Kirchenkritikers - Vom Benediktinerabt zum Minderbruder[88]

1.) *Alberts Kritik an den Benediktinern und seine Reformbemühungen*

Albert von Stade selbst führt uns durch wenige autobiographische Selbstzeugnisse, die klare Rückschlüsse auf seine Persönlichkeitsstruktur zulassen, unmittelbar in eines der Schwerpunktthemen seiner Geschichtsschreibung ein: in die Darstellung seiner Reformvorstellungen.

Durch die poetische Beschreibung seiner Reformbemühungen in Versen in den Hamburger Annalen im Jahresbericht 1238, denen die verlorengegangene, erweiterte Chronik Alberts als Vorlage zugrunde lag, hat er sich selbst ein Denkmal gesetzt. Es handelt sich hier offenbar um Originaltext aus der verschollenen Originalfassung: ***„Tres ubi crescit olus, nec erant tunc sydera, solus Abbat Albertus posuit radiatia quercus."***[89] Abt Albert habe drei Eichen dorthin gesetzt, wo sonst nur minderwertiger Kohl gedeihe. Sinnbildlich ist die Eiche als Symbol der Glaubensstärke, und die Zahl drei als Trinität zu deuten. Der minderwertige Kohl dagegen stellt versinnbildlicht eine Anspielung auf die Sittenlosigkeit der Benediktinermönche, auf die schlechte, reformbedürftige Zucht und Ordnung im Marienkloster dar.[90] Durch dieses Selbstzeugnis dokumentiert der Chronist, daß er sich nicht nur als dichtender Autor, sondern auch als tiefgläubiger Reformator gewürdigt wissen wollte.

In einem weiteren Selbstzeugnis bekundet Albert, wie sehr er bereits jahrelang unter der Sittenlosigkeit der Klosterbrüder gelitten habe, die trotz seiner Reformbemühungen weiterhin in gotteslästerlicher Weise gegen die Benediktinerregel verstoßen hätten und deshalb Gefahr liefen, wie alle, die Gott verspotteten, ewiger Verdammnis anheimzufallen. Dies brachte den Benediktinerabt in seiner Funktion als Stellvertreter Christi, geistlicher Vater und Lehrer seiner Mönche nach eigener Darstellung in größte Gewissensnot und ließ ihn *„schwerste*

---

88 hier sei verwiesen auf den gleichlautenden Aufsatz von Gerda Maeck, Vom Benediktinerabt zum Minderbruder. Studien zur Geschichtsschreibung Alberts von Stade, in: Baumeister, Theofried, und Freyer, Johannes Baptist (Hrsg.), Wissenschaft und Weisheit, Franziskanische Studien zu Theologie, Philosophie und Geschichte, Band 63, 1, Werl/Westfalen 2000, S. 86-135

89 Fiehn, Alb. Stad., S. 543

90 Ebd., S. 543 f

Gefahr für das Heil ihrer Seelen" befürchten, für das er als ihr zuständiger Seelsorger vor Gott die Verantwortung nicht mehr tragen könne. Er hätte deshalb im Jahre 1236 beim Papst Gregor IX. in Rom die Erlaubnis zur Durchsetzung seines Reformplanes erwirkt, sein Kloster in eine Zisterzienserniederlassung zu verwandeln: ***„Abbas Albertus Stadensis se ad fratres minores reddidit in Stadio 13. Kal. Septembris feria 2. ...Abbas siquidem Albertus saepius in regula beati Benedicti, quam professus erat, animadvertit hunc articulum, ubi dicitur, quod qui eam servare tenetur et non servaverit, sciat se a Deo dampnari, quem irridet. Romanam adierat sedem Anno Gregorii papae 11, videlicet anno Domini 1236, papa supplicans, ut locum suum in Cysterciensem ordinem commutaret, ut sic fratres ibidem commorantes sub observatione sanctae regulae possent diem extremum et adventum districti iudicis sine gravissimum animarum suarum periculo exspectare.."*** [91]

In einem weiteren Beispiel seiner Selbstdarstellung läßt Albert keinen Zweifel darüber aufkommen, daß es seine eigene Entscheidung und nicht die der Stader Vögte war, im Alter von mehr als fünfzig Jahren abrupt sein hohes, einflußreiches Amt als Benediktinerabt niederzulegen, um den Rest seines Lebens als einfacher Franziskanerbruder zu verbringen, nachdem er die Ausweglosigkeit seiner intensiven Reformbemühungen erkannt und drei Jahre lang vergeblich auf die Durchsetzung der Reform durch den Erzbischof gewartet hatte: ***„Abbas autem intelligens sine effectu se laborasse, ad minores fratres praedicto tempore, scilicet anno gratiae 1240 intravit."***[92] Dieses autobiographische Selbstzeugnis zeigt die Radikalität seiner Reformvorstellungen und seine tiefe Resignation darüber, daß er die Reform nicht realisieren konnte. Schmerzlich mußte er hinnehmen, daß er sich trotz der beschwerlichen Reise nach Rom und trotz aller seiner Bemühungen als Reformer nicht durchzusetzen vermochte. Der Papst hatte ihn bitter enttäuscht. Vom Erzbischof fühlte er sich verraten. Dieser hätte doch von Anfang an voll und ganz hinter dem Reformplan gestanden! Nach seinem Wunsch und Willen hätte er die Romreise angetreten. Auch hätte er ihm seinen treuen Rat und seine Unterstützung für die Durchführung der Reform versprochen: ***„Huic negotio archiepiscopus a prima fronte interfuit, et abbas ad curiam de ipsius voluntate et conscientia processit, cui etiam***

---

91 Lappenberg, Ann. Stad., S. 366, 25-31

92 Lappenberg, Ann. Stad., S. 367, 7-8

et eiusdem rei executionem fidum concilium et firmum auxilium repromisit." [93]

Albert sah sich vom Gipfel seiner geistlichen Karriere gestoßen. Dies war ein tiefer Einschnitt in sein Leben und bedeutete eine totale Veränderung seiner Existenz. Seiner tiefen Verbitterung darüber verlieh er durch eine nahezu wie eine scharfe Drohung ausgestoßene Prophezeiung göttlicher Vergeltung beim Jüngsten Gericht deutlichen Ausdruck. Den Erzbischof von Bremen und die Bischöfe von Verden und Lübeck gotteslästerlicher Vernachlässigung ihrer Seelsorgepficht bezichtigend,[94] fährt Albert anklagend fort und weist eindeutig darauf hin, was die vom Papst mit der Reformation Beauftragten am Weltende erwarte, wenn sie sich vor dem himmlischen Richter verantworten müßten: ***"Si vero in monasterio memorato secundum verbum domni papae non absque divini offensa nominis salus neglegitur animarum, hii, qui mandatum receperunt apostolicum super reformatione huius modi, videant, quid in die respondeant creatori."*** [95]

Aber nicht nur die mangelnde Klosterdisziplin der Benediktiner stellt Albert von Stade an den Pranger. Er übt auch Kritik an Vorgängen bei der Bischofsinvestitur in Schwerin und in diesem Zusammenhang auch indirekt an Papst Gregor, der diese zuließ. Als gläubiger Benediktinerabt und strenger Reformer konnte er die unklaren Entscheidungen Gregors nicht gutheißen, der zum Beispiel die Ernennung des unehelich geborenen Schweriner Propstes Dietrich zum Bischof in seinem Brief halb befürwortete und nicht konsequent auf einer kanonischen Wahl bestand, sondern die endgültige Entscheidung darüber dem Erzbischof von Bremen überließ.[96] Seine Art der Berichterstattung verrät deutlich, daß Albert die sofort nach dem Empfang des Papstbriefes in verdächtiger Eile vollzogene Bischofsinvestitur zutiefst mißbilligte: ***„Archiepiscopus Bremensis et Verdensis episcopus recepta littera, in domo minorum fratrum in Stadio evocato ad hoc lubicensi episcopo Johanne conveniunt, ibique***

---

93 Ebd., S. 366, 47-49

94 vgl. hierzu Schulze, Zisterzienserinnen, S. 165: „Das waren Worte der Enttäuschung und des Grolls. Albert fühlte sich im Stich gelassen und desavouiert. Sein einst gutes, vielleicht sogar vertrautes Verhältnis zum Erzbischof war offenkundig zerstört. In St. Marien konnte er auf die Dauer nicht mehr bleiben. Der Schritt zu den Franziskanern, die ihm offenbar schon vorher nahegestanden haben, ergab sich fast als logische Konsequenz. Es war ein Rückzug."

95 Lappenberg, Ann. Stad., S. 367. 8-11

96 Ebd., S. 365, 41- S. 366, 19, Wortlaut des Papstbriefes Gregors IX.

praepositus una et eadem die, scilicet 4. Kal. Augusti, legitimatur, eximinatur, confirmatur, et in episcopum consecratur."[97]

Als wäre das Maß seiner Duldsamkeit nun endgültig erschöpft, läßt er unmittelbar im Anschluß daran abrupt die Nachricht von seiner Amtsniederlegung folgen. War seine geplante Reform nicht auch an Gregor IX. gescheitert? Es ist naheliegend, daß Albert im Papst letztendlich indirekt den Urheber seiner Amtsniederlegung und seines Ordenswechsels im Jahr 1240 sah. Dieser hätte ihm seinen schicksalsschweren Schritt ersparen können, hätte er sofort in Alberts Reformvorschlag eingewilligt. Die Gründe des Papstes, die Entscheidung dem Erzbischof von Bremen zu überlassen, legt Albert scheinbar ohne eigene Parteinahme offen dar, indem er zuvor mehrere Male Gregors erfolglosen Propagandafeldzug gegen Kaiser Friedrich II. in Deutschland deutlich hervorhebt: „***Non minus papa sollicitavit archipiscopos et epicopos, ut imperatorem denunciarent. Sed episcopi Theutoniae, ne hoc fieret, supplicabant. ... Papa archiepiscopos et episcopos sollicitavit ad denunciationem imperatoris, sed modicum profecit, nisi in Francia et Dacia. Archiepiscopi et episcopi Teutoniae papae rescripserunt, supplicantes ei, ut pro scandalo ecclesiae evitando de pace inter se et imperium cogitaret. Papa tamen imperatori omnes, quod potuit, adversarius , suscitavit crucem predicari faciens super omnes, qui sedem apostolicam infestabant.***" [98]

Diese zweideutigen Entscheidungen Gregors in seinen Briefen bezüglich der Bischofsinvestitur und insbesondere hinsichtlich der Durchsetzung von Reformen mußte der sittenstrenge Chronist wie päpstliche Zugeständnisse an den Erzbischof von Bremen und die Bischöfe von Verden und Lübeck empfinden. Stets hatte der Papst das Ziel vor Augen, Erzbischöfe und Bischöfe im Reich für die Durchsetzung der Exkommunikation Friedrichs II. zu gewinnen.

Welche Stellung Albert von Stade in den Auseinandersetzungen zwischen den beiden Universalgewalten bezog, soll an Hand seiner chronikalischen Darstellungen im einzelnen noch näher erörtert werden. Hier sei zunächst darauf hingewiesen, daß der Chronist bezüglich seines schicksalsschweren Entschlusses, von der Höhe seiner geistlichen Laufbahn abzusteigen und den Rest seines Lebens als einfacher Franziskanerbruder zu verbringen, letztendlich - zumindest indirekt - vom Papst-Kaiser-Konflikt mit allen seinen Konsequenzen auch ganz persönlich betroffen war.

---

[97] Ebd., S. 366, 20-23

[98] Ebd., S. 365, 23-24 und 34-38

Ein gewisser Trost war für ihn, daß sein Nachfolger, der Abt Dietrich (Thiderich, Theoderich), den er im „Troilus" als seinen Freund „Tirricus" rühmt,[99] ebenso reformbestrebt war wie er selbst. Diesem war es in kürzester Zeit gelungen, auch ohne Einführung der Zisterzienserregel die von Albert beanstandete Zucht und Ordnung im Stader Marienkloster wiederherzustellen, das unter seiner Leitung prosperierte, und das er schrittweise aus dem Engagement für die Ostmission gelöst hatte. Darüber hinaus war es von großem Vorteil für Albert von Stade, daß er, wie seinen Jahresberichten zu 1243 und 1255 zu entnehmen ist, auch nach seinem Eintritt in den Franziskanerorden den Kontakt mit den Benediktinern aufrechterhalten konnte, und daß Abt Dietrich sich ihm freundschaftlich verbunden zeigte und ihm großzügig weiterhin den Zugang zur Bibliothek des Marienklosters zur Nutzung für seine literarischen Tätigkeiten gewährte.[100]

2.) *Alberts Einstellung zum Franziskanerorden*

Noch während seiner Amtszeit als Benediktinerabt hatte Albert im Zusammenhang mit den Reformverhandlungen im Stader Bischofshof eine erste Begegnung mit zwei seiner späteren Franziskanerbrüder, die er in der Chronik namentlich nennt: ***„Duo de minoribus fratribus, videlicet Eilbertus de Danneberch et frater Heinricus de Halverstad, et Iohannes, monachus de Rarstede, qui etiam se postea ad minores fratres reddidit, huis intererant actioni."***[101] Auch ist nicht auszuschließen, daß er bereits als Benediktinerabt im Auftrag der Stader Vögte den Aufbau des Stader Franziskanerkonventsgebäudes St. Johannes gefördert hatte,[102] dem er 1240 beitrat.[103]

---

[99] Fiehn, Alb. Stad., S. 538

[100] vgl. D. Berg, Studien zur Geschichte und Historiographie der Franziskaner, S. 141, Anm. 190: Trotz des Eklats beim Ausscheiden Alberts aus dem Stader Benediktinerkloster blieb der ehemalige Abt auch als Minderbruder im Kontakt zu seinen Confratres, wie aus den chronikalischen Nachrichten zu 1243 und 1255 zu ersehen ist. - vgl. Faust, Stade, S. 469 f

[101] Lappenberg, Alb. Stad., S. 367, 1-3 - vgl. B. U. Hucker, Bernd Ulrich: Zur Frühgeschichte des Minoritenklosters zu Stade. Mit dem Text eines Nekrologfragments, in: Archivum Franciscanum Historicum 74 (1981), S. 517 - vgl. auch Mindermann, Arend: Zur Geschichte des Stader Franziskanerkonvents St. Johannis, in: Wissenschaft und Weisheit, Franziskanische Studien zu Theologie, Philosophie und Gesch., Band 63, 1, Werl 2000, S. 62 und Anm. 2

[102] vgl. Faust, S. 469 - s. Mindermann, Zur Geschichte des Stader Franziskanerklosters St. Johannis, S. 64 f.

[103] Lappenberg, Ann. Stad., S. 366, 24-25

Alberts Entscheidung, Minorit zu werden, obwohl er seiner Glaubensüberzeugung nach den Zisterziensern näher stand und diese überaus hoch einschätzte, zeugt von dem großen Ansehen und dem enormen Zulauf, den der Franziskanerorden zu dieser Zeit selbst in Kreisen der Oberschicht hatte. Die Ausführlichkeit und die Wärme, mit der er in den Jahresberichten 1241 und 1244 über den Franziskaner und ehemaligen Grafen Adolf IV. von Holstein und seine Familie berichtet, zeugen von seiner guten Beziehung und seiner Nähe zu seinen franziskanischen Mitbrüdern.[104]

Dennoch findet sich an keiner Stelle der Chronik, wie überhaupt in seinem gesamten literarischen Schaffen, kein einziger Bezug zu den zentralen Anliegen der Minoritengemeinschaft und zu Gesichtspunkten der zeitgenössischen Mendikantenchronistik. Selbst die Darstellung des Franziskanerordens fällt außerordentlich knapp und unvollständig aus. Außer dem kurzen, unkommentierten Zitat aus dem Apokalypsenkommentar des Alexander Minorita[105] und einigen wichtigen Ereignissen aus dem Leben seiner sächsischen Franziskanerprovinz, zum Beispiel dem Ordenseintritt des Grafen Adolf IV. von Schaumburg, werden darin weder franziskanische Ordensangelegenheiten noch interne Konflikte seiner Mitbrüder, nicht einmal die Absetzung des Generalministers Elias von Cortona durch Gregor IX. 1239 oder die des Crescentius von Jesi 1247[106] durch Innozenz IV., ebensowenig wie die eschatologische Bedeutung seines Ordens

---

[104] Ebda, S. 368, 41–369,7, 1244 berichtet Albert von der Romreise des Franziskaners und ehemaligen Grafen Adolf IV. von Holstein, die dieser antrat, um beim Papst die Dispensation zu erwirken, die er als Mann, der im Krieg Blut vergossen hatte, brauchte, um für die geistlichen Würden berechtigt zu sein. Als (vom Papst) zum Subdiakon geweiht wäre er mit einem Schreiben vom Papst mit dem Dispens zurückgekehrt und vom Bischof Johannes, einem Dominikaner, zum Diakon und vom Lübecker Bischof Johannes am 20. Dezember zum Presbyter geweiht worden. Seine erste Messe hätte er an einem sehr einsamen, von den Minoriten als Eremitensitz genutzten Ort in Zwentina gehalten und am Tag des heiligen Gregor (12. März) in Hamburg, wo er Graf gewesen wäre, bei den Minderbrüdern in der von ihm selbst erbauten Maria-Magdalenen-Kirche gefeiert. 1241 wäre die Rückkehr seines [Bruder Adolfs] Sohnes nach zweijährigem Aufenthalt in Paris mit großer Freude von der Geistlichkeit und vom Volk gefeiert worden. Diesem sei die noch sehr junge Tochter des Herzogs von Sachsen zur Ehe versprochen worden.

[105] D. Berg S. 330, 13-15 - vgl H. Grundmann, Geschichtsschreibung, S. 67 und 74 - S. Schmolinsky, Der Apokalypsenkommentar - A. Wachtel, Alexander Minorita, Expositio in Apokalypsium

[106] D. Berg, Papst Innozenz IV. u. die Bettelorden, S. 476

thematisiert.[107] Selbst Franz von Assisi erwähnt Albert zwar emotional engagiert, aber nahezu desinformiert in außerordentlich kurzen Ausführungen. So erfährt der Leser über die Person des Heiligen lediglich Jahr und Ort seiner Geburt, den Namen seines Vaters,[108] seine Abwendung von den „Nichtigkeiten dieser Welt"[109] sowie Todesjahr und -ort.[110] Noch knapper werden im Jahresbericht 1209[111] die Entstehung des Franziskanerordens und - fehlerhaft - die Gründung des Predigerordens vermeldet.[112] Etwas ausführlicher und mit bewegter religiöser Anteilnahme schildert Albert dagegen im Jahresbericht 1228 den Vorgang der Heiligsprechung des Franziskus durch Papst Gregor IX.[113] Diese Dürftigkeit der Berichterstattung über alle Ordensangelegenheiten der Minoriten vermittelt den Eindruck, daß Albert von Stade sich ihnen weniger aus Überzeugung als vielmehr aus pragmatischen Gründen angeschlossen hatte. Der Franziskanerorden war für ihn attraktiv geworden, weil er durch die päpstlich unterstützten strukturellen Veränderungen im Sinne einer Anpassung an die Lebensweise und Organisationsformen der traditionellen monastischen Orden mit intensiver Wissenschaftsförderung zu großem sozialen Ansehen gelangt war. Zudem konnte Albert, wie bereits erwähnt, durch seinen fortbestehenden Kontakt zu seinem Nachfolger, dem Abt Dietrich, weiterhin die nahe gelegene Bibliothek des Marienklosters für seine literarischen Tätigkeiten nutzen.[114] So war für den bereits bejahrten, in seinen Reformbemühungen gescheiterten, tief enttäuschten, vom traditionellen Benediktinertum geprägten, jedoch aus politischen Gründen dem Zisterzienserorden zuneigenden Geistlichen der Eintritt ins Konventsgebäude der Franziskaner in Stade eine gute alternative Lösung. Hier fand er den nötigen Freiraum und die Muße für die Arbeit an seiner Weltchronik.

Trotz seiner Zugehörigkeit zur Mendikantengemeinschaft während der letzten beiden Jahrzehnte seines Lebens läßt er darin jedoch

---

[107] D. Berg, Studien zur Gesch. und Historiographie der Franziskaner, S. 142, - D. Berg, Vita minorum, S. 185

[108] Lappenberg, Ann. Stad., S. 350, 1-2

[109] Ebd., S. 354, 34

[110] Ebd., S. 358, 18-20, in Klammern gesetzt

[111] Ebd., S. 355, 11

[112] Der Dominikanerorden erhielt erst 1216 seine päpstliche Bestätigung durch Honorius III.

[113] Lappenberg, Ann. Stad., S. 26-34

[114] Ebd., S. 368, 20-40 und S. 374, 1-2 - vgl. D. Berg, Studien zur Gesch. und Historiographie der Franziskaner, S. 141, Anm. 190 - vgl. Faust, Stade, S. 469 f

Beiträge zur Geschichte und zur weiteren Entwicklung seines Ordens in seiner Gegenwart weitgehend vermissen. Nicht einmal andeutungsweise thematisiert er darin ordensinterne Auseinandersetzungen um das rechte Verständnis der „vita minorum" oder Fehlentwicklungen, die mit der mächtigen Expansion des Ordens in den zwanziger und dreißiger Jahren des 13. Jahrhunderts durch das sprunghafte Ansteigen der Mitgliederzahl und mit dem Seßhaftwerden der Minoriten in eigenen Niederlassungen einhergingen und zum Richtungsstreit über das Armutspostulat führten.[115] Wie oben erwähnt, informiert er ohne Kommentierung und nur vordergründig über den Mendikantenstreit 1229 in Paris.[116]

Nirgendwo stellt der Chronist einen Bezug zum spezifisch zentralen Anliegen des Ordensgründers her, zur Christusnachfolge, zur pax, zur paupertas, zur freiwilligen, verinnerlichten, spirituell verstandenen Armut, die nicht nur persönliche paupertas, sondern auch die Besitzlosigkeit der Ordensgemeinschaft beinhaltet, zur Wertschätzung der „simplicitas" und zur Skepsis gegenüber dem scholastischen Wissen sowie zur Ablehnung von Hierarchie und Ämtern. Dagegen thematisiert Albert von Stade in seiner Chronik über weite Strecken Fürstengenealogien und Erbstreitigkeiten. Besonders engagiert und ausführlich berichtet er im Jahresbeitrag 1112 über die feudalen Herrschaftsverhältnisse der Grafen von Stade. Häufig ist die Rede von großen Geldsummen, mit denen Erbanwärter entschädigt oder Gefangene losgekauft werden. Mit dieser weitgehend auf materielle Dinge, hierarchische Strukturen und militärische Auseinandersetzungen ausgerichteten Thematik führt der Chronist das zentrale Anliegen des Franziskus, die „Überwindung einer als sündig empfundenen Welt" und das Armutspostulat nahezu ad absurdum. Sie verrät eine Mentalität des Autors, die seine Prägung durch seine Tätigkeit als Probst deutlich macht, dem als wirtschaftlicher Leiter die Aufsicht über Gut und Besitz eines Klosters oblag, und offenbart seine Prägung durch seine weltliche Funktion als Benediktinerabt. Sie entspricht in keiner Weise franziskanischer Denkungsart, in der die radikale Abwertung von materiellen Dingen bis hin zum Verbot, Geld anzunehmen und zu berühren, sowie die Ablehnung von jeglicher Hierarchie oberstes Gebot waren, und in der sozialer Stand und adlige Herkunft keine Rolle spielten. Alberts bevorzugte Thematik,

115 vgl. D. Berg, Vita minorum, S. 184-185

116 Lappenberg, Alb. Stad., S. 260. 38-40

insbesondere die langatmigen genealogischen Darstellungen[117] der sächsischen Adelsgesellschaft, lassen eindeutig sein ständisches Denken und seine Prägung durch die Zugehörigkeit zur wohlhabenden Oberschicht erkennen, die ja auch die Voraussetzung für seine Aufnahme in den Benediktinerorden gewesen war, und die ihm seine geistliche Karriere erst ermöglicht hatte. Vor allem seine detaillierten Kriegsdarstellungen spiegeln seine Tendenz zu machtpolitischem Denken wider und widersprechen in höchsten Maße dem zentralen franziskanischen Gebot der Gewaltlosigkeit und den Grundprinzipien der „vita minorum", unter Verzicht auf jegliche Herrschaftsausübung für Eintracht und Frieden in der Welt zu sorgen.[118]

Mit der Zielrichtung seiner Reform, der Wiedereinführung der strengen monastischen Lebensweise und Klosterdiziplin steht Albert von Stade im Gegensatz zum Anliegen der zeitgenössischen Mendikantenchronisten, die in der Angleichung an die Lebensweise und Organisationsformen der alten monastischen Orden eine Fehlentwicklung ihres Ordens erkannten, diese zuweilen offen kritisierten und durch den Rückgriff auf die franziskanische Frühgeschichte eine Rückbesinnung auf die urfranziskanische „vita minorum" bewirken wollten. Albert von Stade setzt deshalb völlig andere Schwerpunkte als franziskanische Autoren. Dies wird besonders darin deutlich, daß er in keiner Weise die Thematik der frühfranziskanischen Hagiographie der Gründerviten[119] aufgreift. Nirgendwo findet sich ein Hinweis

---

117 s. B. Schneidmüller, Stemma in der Chronik Alberts von Stade in: Luckardt, Jochen/Niehoff, Franz (Hrsg.): Heinrich der Löwe und seine Zeit, Herrschaft und Repräsentation der Welfen 1125-1235, Katalog der Ausstellung Braunschweig 1995 im Herzog Anton Ulrich Museum, Bd. I, München 1995, S. 74, B 6: Das genealogische Interesse Alberts von Stade wird insbesondere deutlich durch ein Stemma mit Fürsten vom 10. bis zum 13. Jahrhundert zum Jahr 1152, das zunächst die billungischen Herzöge Sachsens von Hermann Billung bis Magnus (gest. 1106) und dann über mehrere Linien verteilt dessen Nachfahren zusammenstellt. Das Stemma soll nicht nur die Verwandtschaft, sondern auch die familiären Verbindungen der großen hochmittelalterlichen Adelshäuser dokumentieren, indem sich Welfen, Askanier und Staufer unter Vernachlässigung ihrer agnatischen Bezüge als Abkömmlinge sächsischer Fürstentöchter begegnen. Die welfisch-askanischen Ehen des 13. Jahrhunderts garantierten die Kontinuität herzoglicher Herrschaft von Billungern, Welfen und Askaniern.

118 1 Cel 23 f, 19 f, zitiert nach D. Berg, Vita min, S. 161

119 Hier sei verwiesen auf: D. Berg, Studien zur Geschichte und Historiographie und D. Berg, Vita Minorum

auf die Erhöhung des Franziskus zum „novus evangelista" oder „homo alterius saeculi", der zur „heiligen Erneuerung der gesamten Kirche" bestimmt sei,[120] wie in der ersten Gründerlegende des Thomas von Celano (1228), oder auf die heilsgeschichtliche Sendung des Heiligen in der zweiten Franziskusvita Celanos von 1244, die hinsichtlich der Darstellung der franziskanischen Lebensform als Höhepunkt frühfranziskanischer Hagiographie gilt und in den späteren Franziskusviten bis zum Ende des 13. Jahrhunderts tradiert wurde.[121] Weder stellt Albert einen Bezug zum Reimoffizium (1231/32) noch zur Franziskusvita (1232-36) des Julian von Speyer her, der Franziskus in seiner „Imitatio Christi" als ein „Werkzeug Gottes zur Errettung der Menschheit" darstellt.[122] Ebensowenig lassen sich in seinem Geschichtswerk Berührungspunkte mit der Drei-Gefährten-Legende finden, in der die drei Gefolgsleute des Franziskus Leo, Rufin und Angelus im Jahre 1244 aus ihrer Erinnerung Franziskus durch ein Florilegium von erbaulichen Taten idealisieren und die kirchenreformerische Funktion der Minoritengemeinschaft als gewahrt betrachten.[123] Von seiner benediktinischen Vergangenheit geprägt läßt Albert von Stade alle zentralen Gesichtspunkte der zeitgenössischen Mendikantenchronistik vermissen. Er nimmt weder eine Charakterisierung des Ordensgründers vor, noch bezieht er Stellung zum zentralen Anliegen seines Ordens.

Es scheint, als hätte Albert von Stade keinen Anteil an franziskanischer Spiritualität und an der für Minoriten bis in die Gegenwart entscheidenden Frage, wie franziskanisches Leben nach dem Vorbild des Franz von Assisi geführt werden müsse. Diese völlige historiographische Ignoranz franziskanischer Ordensfragen und Anliegen erweckt den Eindruck, als fühle sich der in seinen Reformversuchen gescheiterte ehemalige Benediktinerabt, aus einer reichen, privilegierten Klostergemeinschaft kommend, den armen Franziskanerbrüdern in ihrer armutsbetonten Gemeinschaft nicht recht zugehörig und schließe sich durch seine Denkungsart selber vom Ordensleben aus. Durch sein geringes Interesse an franziskanischen Anliegen und Ordensangelegenheiten erweckt Albert den Eindruck eines Außenseiters in der Minoritengemeinschaft.

---

[120] D. Berg, Vit. min, S. 161

[121] Ebd., S. 167

[122] Ebd., S. 162-163 - D. Berg, Julian von Speyer, in: Die deutsche Literatur des Mittelalters: Verfasserlexikon. Zweite neu bearbeitete Auflage, Band 4, Berlin, New York 1982, 901-904

[123] Ebd., S. 164 f

Insbesondere wegen des Fehlens zentraler Gesichtspunkte der Mendikantenchronistik in seiner Weltchronik kann die Zuordnung Alberts von Stade zu den franziskanischen Chronisten nur nominell verstanden werden. Der Tradition der älteren monastischen Geschichtsschreiber verhaftet, bleibt er ihr treu und setzt sie in seinen Werken fort.

Die interpretatorische Untersuchung seiner Darstellung der Stedingerkonflikte und -kriege wird zeigen, daß der Chronist auch als Minderbruder in der Rolle eines Kreuzzugspredigers unbeirrt weiterhin die territorialpolitischen Ziele seines Standes und seines Landesherrn verfolgte, die er als Benediktinerabt nicht hatte realisieren können. Auch war es nach wie vor sein ganz persönliches Anliegen, mit seiner Weltchronik das Ansehen seiner ehemaligen Benediktinerabtei zu vermehren. Ebenso bringt er mit seiner Freude über den Erwerb von kostbaren Reliquien durch seinen Nachfolger, den Abt Tirricus,[124] deutlich zum Ausdruck, daß er trotz seiner Zugehörigkeit zur Minoritengemeinschaft emotional und seiner ganzen Mentalität nach der Benediktinerabt geblieben war, der ehrgeizig dafür eintrat, daß sein Heimatkloster immer mehr an Bedeutung und Reichtum gewann.

E Der politische Hintergrund der Beziehung Alberts von Stade zum Zisterzienserorden im Vorfeld der Stedingerkriege

Schon die äußerst präzise und ausführliche Datierung der Gründung des Zisterzienserordens[125] im Jahresbericht ***1098*** deutet auf Alberts tief empfundene Hochachtung für diesen Orden hin: ***„Luna paschali 18. scilicet 12. Aprilis, indictione 6, epacta 15, concurrente 4. sumpsit initium Cistersiense collegium.“***[126] Angaben über den Gründer und den Ort der Gründung läßt der Chronist jedoch vermissen. In anderen Darstellungen der Chronik erscheinen Zister-

---

[124] Chronik zum Jahr 1243, Lappenberg, Ann. Stad., S. 368, 20-40

[125] Robert von Molesme (etwa 1027-1111) gründete 1098 das 1. Zisterzienserkloster in der Einöde von Cîteaux. Gekennzeichnet ist der Zisterzienserorden durch die strikte Befolgung einer strengeren Auslegung der Benediktinerregel, durch ein Leben in harter Arbeit und durch die Ernährung von den Erträgen der ordenseigenen landwirtschaftlichen Betriebe, die die Zisterzienser in abgelegenen Gebieten gründeten. Durch ihre aktive Teilnahme an der Landerschließung gewannen sie große Bedeutung für die Ostkolonisation. Der bedeutendste Zisterzienser war Bernhard von Clairveaux, unter dessen Einfluß sich der Zisterzienserorden ausbreitete.

[126] Ebd., S. 317, 17-18

zienser als gebildete, äußerst vertrauenerweckende, glaubwürdige hohe geistliche Würdenträger, zum Beispiel der päpstliche Legat für Frankreich, Kardinalbischof von Präneste[127] und der Bischof von Halberstadt und spätere Zisterzienser, der den Tod des wahren Balduin von Flandern und Kaisers von Konstantinopel glaubwürdig bezeugte.[128] Äußerst knapp dagegen berichtet Albert von Stade über den bedeutendsten Zisterzienser Bernhard von Clairveaux. Er hebt ihn im Zusammenhang mit dem Briefwechsel der Hildegard von Bingen lediglich als ***„vir per omnia sanctissimus“*** hervor.[129] Mit erheblicher Kürzung des ausführlichen Vorlagentextes berichtet er über die Kreuzzugspredigt Bernhards in Gegenwart König Konrads III. und des Papstes Eugen (III.) auf dem Hoftag in Frankfurt (1146) und von der Wunderheilung eines blinden und lahmen Knaben durch den Heiligen Bernhard in Anwesenheit des Grafen Adolf. Sich von der Vorlage Helmolds[130] lösend, preist er die gewaltige Überzeugungskraft der Kreuzzugspredigt Bernhards und dessen Fähigkeit zu heilen: ***„... Bernardus Clarevallensis abbas, virtutibus insignis, in curia Frankenvorde crucem praedicavit, ubi etiam puerum caecum et claudum in praesentia Comitis Adolfis sanavit.“***[131] Danach gibt er nur noch das Todesjahr Bernhards 1151 bekannt.[132]

Im Jahresbericht ***1186*** notiert er die Errichtung des Zisterzienserklosters Reinefeld (ein Flecken in Wagrien) neben der Quelle Cusmer (Heilsaue).[133]

Seine überaus große Wertschätzung und Bewunderung galt insbesondere dem Zisterzienser Bernhard III. von der Lippe, den er im Jahresbericht 1228 in einer nahezu panegyrischen Darstellung verherrlicht, in der er zugleich seine eigene Mentalität und seine persönlichen Wertvorstellungen nicht trefflicher zum Ausdruck bringen konnte: ***„Hic erat filius nobilis Bernardi, domini de Lippia, qui a suae tempore iuventutis in omnibus dominii vel militiae suae actibus strennue se gessit, ita ut circa maturam aetatem, quamvis esset debilis et contractus, in sporta ad proelium deferretur, et inimicos potita victoria superaret. Hic laudabilem vitam quoad seculum, laudabilis in Deo complens, apud Wadenhart Cisterciensi ordini se reddidit, et***

---

127 Ebd., S. 367. 31

128 Ebd., S. 358, 17-20

129 Ebd., S. 330, 5-23

130 Helmold, Slawenchronik, I, c. 59

131 Reinecciusausgabe der Chronik, Anno 1147

132 Lappenberg, Alb. Stad., S. 327, 30

133 Ebd., S. 351, 8-9

primum ibidem factus abbas, non modicum post in Livoniam profecturus, Seloniensibus populis episcopus consecratur, ita ut in vinea Dei egregie praedicando fideliter laboraret. Mira res."[134] *„Dieser (Berhard IV. von der Lippe) war ein Sohn des edlen Bernhard, des Herrn von der Lippe, der sich von Jugend an in allen Handlungen seiner Herrschaft und Ritterschaft als tüchtig erwies, so daß er sich im reiferen Mannesalter, obwohl er schwächlich und gelähmt war, in einem Tragekorb in den Kampf tragen ließ und seine Gegner siegreich überwand. Er wollte sein in weltlichen Dingen lobenswertes Leben noch lobenswerter in Gott vollenden, deshalb trat er in Wadenhart (Marienfeld) in den Zisterzienserorden ein und wurde dort Abt. Nach längerer Zeit wurde er, als er im Begriff war, nach Livland zu reisen, (1217) zum Bischof von Seleburg in Semgalen geweiht, um so im Weinberg Gottes durch treffliche Predigt treu zu arbeiten. Wunderbare Sache!"* In Bernhard finden sich alle nur denkbaren Fähigkeiten, Qualitäten und Tugenden sowohl im weltlichen als auch im geistlichen Bereich vereint, nicht nur Herrscherqualitäten, Rittertugenden und heldenhafter Kampfgeist, der jegliche Gebrechlichkeit zur Vernichtung der Gegner überwindet, sondern auch die hohe Qualifikation zum Abt und Bischof mit hervorragender Predigtkunst in der Missionsarbeit. Die in höchster Bewunderung geäußerte Bemerkung: ***„Mira res"*** läßt erahnen, wie sehr Albert von Stade eine ähnliche geistliche Karriere angestrebt haben mochte, die sich für ihn auch hätte realisieren können, wäre sein Reformplan nicht gescheitert.

Aus Alberts Biographie in Verbindung mit dem historischen Hintergrund seiner Zeit, aus dem Ablauf seiner geistlichen Karriere und aus seinen politischen Aktivitäten wird deutlich, daß seine hohe Wertschätzung der Zisterzienser in hohem Maße auch politisch motiviert war. Viele Faktoren lassen Alberts starkes politisches Interesse erkennen, an den Bestrebungen der dreißiger Jahre des 13. Jahrhunderts, Zisterzienserklöster als Gegengewicht zu den genossenschaftlich strukturierten Landesgemeinden der Marschen aufzubauen, zu denen auch die Stedinger gehörten. Dafür sprechen zum einen seine Zeugenschaft in Gründungsurkunden von Zisterzienserklöstern, zum anderen der Tatbestand, daß er von der in der Ostmission engagierten Gründerfamilie des Stader Marienklosters, den Stader Vögten, als Benediktinerabt eingesetzt und durch deren Vermittlung vom Zisterzienser und päpstlichen Legaten für Livland, dem Bischof von Semgalen Balduin von Aulne, geweiht wurde. Dafür steht vor allem sein intensives Bemühen, mit dem Vorwurf der Regelübertretung seiner eigenen Abtei, dem Marienkloster in Stade, die

[134] Lappenberg, Ann. Stad., S. 360, 16-22

Zisterzienserregel aufzuzwingen. Für den mutmaßlichen Angehörigen einer erzstiftbremischen Ministerialenfamilie von Stelle war es naheliegend, sich mit den Förderern und Trägern dieser Gründungswelle von Zisterzienserklöstern solidarisch zu fühlen und mit ihren Zielrichtungen gleichzuziehen. Dies wird in seinem Reformversuch deutlich.

Im Vorfeld der Stedingerkriege erreichte die Gründungswelle von Zisterzen ihren Höhepunkt. Zu den Gründern der Zisterzienserniederlassungen in Midlum und Lilienthal gehörten Bernhard IV. zur Lippe[135] und dessen Sohn, Erzbischof Gerhard II. von Bremen, der Lilienthal zum Gedenken an seinen gegen die Stedinger gefallenen Bruder Hermann von der Lippe gründete. Ebenso entstand 1233 zu Ehren des anderen von Drenther Bauern erschlagenen Bruders Gerhards II., des Bischofs von Utrecht, als Stiftung des Utrechter Bischofs Wilbrand von Oldenburg und des Grafen von Holland das Zisterzienserkloster Assen. Von Gerhard II. gefördert, entstanden etwa gleichzeitig 1232 und 1234 im Grenzgebiet zu den freien Marschen auch die Zisterzen Uetersen und Hude.[136] Ursache der Gründungswelle von Zisterzienserklöstern war nicht nur das Interesse der Gründer an Hausklöstern als Familiengedächtnisstiftungen. Die Klöster sollten vor allem zum Ausbau und zur Sicherung ihrer Landesherrschaft dienen. Sie sollten insbesondere als wirtschaftspolitisches Machtinstrument gegen die Stedinger Bauern eingesetzt werden.[137] Diesen Gründern von Zisterzienserniederlassungen und Hauptgegnern der Stedinger ist Albert von Stade politisch zuzuordnen. Ihre Interessen vertritt er in seinem Kampf für seinen Reformplan als Benediktinerabt mit seinem großen Einsatz für die Umwandlung des Stader Marienklosters in ein Zisterzienserkloster. Nicht durch freie Abtswahl aus den Reihen der Benediktiner war er ins Amt gekommen, denen er nach eigenen Aussagen in der Chronik

---

[135] B. U. Hucker, Herrschaft und Freiheit, S. 220 f – vgl. Schulze, Zisterzienserinnen, S. 162.

[136] B. U. Hucker, Herrschaft und Freiheit, S. 220 f

[137] Die Zisterzienserklöster verdrängten die vor ihnen angesiedelten Bauern, indem sie die für ihren Eigenbetrieb benötigten großen Bau- und Ackerflächen, große Ländereien samt den für ihr asketisches Leben erforderlichen Fischteichen von adligen oder kirchlichen Grundeigentümern kauften, pfändeten oder als Stiftungen geschenkt erhielten. Konflikte mit den Bauern wurden mit Gewalt gelöst.

(eine kurze Zeit lang) als Prior vorgestanden hatte,[138] sondern er war auf Betreiben der Stader Vögte oder auf Veranlassung des Bremer Erzbischofs Gerhard II. zum Benediktinerabt gewählt worden. Als mutmaßlicher Angehöriger einer erzstiftbremischen Ministerialenfamilie von Stelle vertrat er die politischen Interessen seiner Förderer, den Gründern von Zisterzen und Hauptgegnern der Stedinger. So war er im Vorfeld der Stedingerkriege engagierter an der Gründungswelle von Zisterzen zur Sicherung der Landesherrschaft beteiligt als am Aufbau der Stader Franziskanerniederlassung, sofern er diese überhaupt gefördert hatte. Vor diesem regionalhistorischen Hintergrund ist die extrem fanatische Parteinahme des Chronisten gegen die Stedinger Bauern zu sehen, die in einem der folgenden Kapitel ausführlich behandelt wird.

---

[138] Lappenberg, Ann. Stad., S. 361, 17-18: *„Christophorus abbas Stadensis obiit, cuius Albertus, eiusdem ecclesiae prior, successit."*

II Das Geschichtswerk Alberts von Stade

A Überlieferung, Editionslage, Titel und Gattungsmerkmale des Geschichtswerkes

Die Weltchronik Alberts von Stade wird als erstes historiographisch bedeutsames Werk eines Minoriten hervorgehoben. Weshalb sie dennoch kein Werk „spezifisch franziskanischer Provenienz" darstellt, liegt in der oben behandelten Biographie des Autors begründet.[139] Der bereits etwa fünfzigjährige Benediktinerabt, der aus Resignation über seinen gescheiterten Reformversuch dem Stader Minoritenkonvent beitrat, setzte im Jahr 1240 als gerade erst konvertierter Franziskanerbruder sein möglicherweise schon 1232 als Abt begonnenes Geschichtswerk fort. Diese Entstehungsgeschichte seiner Weltchronik erklärt, daß er vor allem von der Tradition der monastischen früh- und hochmittelalterlichen Weltchronistik geprägt ist, und daß sein Werk für die Entwicklung der spätmittelalterlichen Bettelordenshistoriographie wenig Bedeutung hat.[140]

Die eingangs bereits erwähnte schlechte Überlieferungs- und Editionslage erschwert den Zugang zum Werk, so daß es leider nicht möglich ist, die Geschichtsschreibung und die Geschichtstheologie Alberts von Stade in ihrem ganzen Umfang zu erfassen. Die Chronik ist uns leider nur als Auszug oder verkürzte Ausgabe einer größeren, verlorengegangenen Weltchronik erhalten. Verloren sind heute nicht nur die vermutete reichhaltigere und weiterführende Originalfassung der Weltchronik Alberts von Stade, sondern auch das einzige Überlieferungsexemplar der Kurzfassung des Geschichtswerkes, der Codex des *Heinrich Ranzovius*, einem holsteinischen Ritter, in dessen

[139] D. Berg, Studien zur Gesch. u. Historiographie der Franziskaner im flämischen u. norddeutschen Raum im 13. u. beginnenden 14. Jh., S. 141

[140] Ebd., S. 141 f: Die Ordensgeschichte der Franziskaner bleibt darin bis auf wenige wichtige Lebensdaten ihres Gründers weitgehend unerwähnt. - s. auch D. Berg, Vita minorum, Zum Wandel des franziskanischen Selbstverständnisses, S. 185: Auch läßt Albert von Stade franziskanisches Gedankengut gänzlich vermissen und verzichtet auf „eine Charakterisierung des neuen Ordens" und eine „Würdigung der eschatologischen Bedeutung seines Ordens, obwohl ihm nicht nur die Lehre des Abtes Joachim, sondern auch der joachitisch beeinflußte Apokalypsenkommentar des deutschen Minoriten mit einer diesbezüglichen Würdigung der Franziskanergemeinschaft bekannt war."

Besitz sich 1585 die Handschrift befand.[141] Auf diesem *Codex Rantzovianii* basieren alle der insgesamt fünf Texteditionen der Chronik:[142]

1. Reiner Reineccius Helmstedt 1587,
2. wiederholt Wittenberg 1608,
3. I.G. Kulpsii Volum. rerum Germanicarum Argentorati 1685, mit Anmerkungen von I. H. Boecler versehen , fol. pag. 123-336, ohne die Dialoge zwischen Tirri und Firri;
4. Schilteri scriptoribus rerum Germanicarum Argentorati 1702 [143] sowie
5. Johann Martin Lappenberg, „Annales Stadenses" (Auswahl) in: MGH SS XVII, S. 271-379, Hannover 1859

Der hier benutzten Lappenbergausgabe lag die älteste, die Reiner Reineccius-Edition zugrunde[144], deren Titel und Untertitel dieser Ausgabe ***„CHRONICON [145] ALBERTI, ABBATIS STADENSIS, A CONDITO ORBE USQUE AD AUCTORIS AETATEM, id est, annum Iesu Christi 1256"*** bereits auf die Zuordnung des Werkes zum Genus der Chronik hindeutet. Ins Kreuzfeuer der Kritik geriet Lappenberg, weil er in seiner Ausgabe die Einleitung mit: *„Annales Stadenses auctore Alberto"* und das eigentliche Geschichtswerk mit *„Annales Alberti Abbatis Stadensis, a condito orbe usque ad annum Iesu Christi 1256"* überschrieb und hierdurch die Weltchronik als Annalenwerk einstufte. Er berief sich dabei auf einen häufigen Benutzer des Werkes, Albert Crantzius, der in Metropolis VIII, 2 schreibt: „Albertus Stadensis abbas, quem sequimur authorem in antiquitatibus huius regionis, scripsit enim *temporum annales.*"[146] Diese Titeländerung lehnt W. Wattenbach entschieden ab, da das Werk vom Autor eindeutig als Weltchronik geplant worden sei, nicht aber nur der Darstellung eines Annalenwerks von Stade entspreche.[147] Auch Karl Fiehn findet Lappenbergs Bezeichnungen nicht stichhaltig begründet und gibt zu bedenken, daß Crantzius mit „temporum annales" das Werk lediglich

---

141 Karl Fiehn, Albertus Stadensis, S. 548

142 Lappenberg, Alb. Stad., S. 283, 1-8:

143 Lappenberg, Ann. Stad., S. 383, 1-8

144 Lappenberg, Alb. Stad., S. 283, 3

145 Krüger, die Universalchroniken, S. 14: „Chronica als Universalchronik bedeutete in der Spätantike und im Frühen Mittelalter eine übersichtliche Wiedergabe nicht unbedingt aller, insbesondere auch der heilsgeschichtlichen <Weltbegebenheiten> von Anfang an und in zeitlicher Folge."

146 Lappenberg, Alb. Stad. S. 280, 27-29

147 vgl. W. Wattenbach, Einleitung zur Übersetzung von Franz Wachter, Die Chronik des Albert von Stade, in: Die Geschichtsschreiber der Deutschen Vorzeit, 2. Gesamtausgabe, Band 4, S. VIII, Leipzig, 1896

allgemein charakterisieren, nicht aber den Titel bezeichnen wollte. Auch sei Lappenberg entgangen, daß das Werk im Katalog der Bordesholmer Klosterbibliothek[148] als „Chronica" aufgeführt sei, und daß auch im Codex Guelfibitanus, den er für seine Ausgabe benutzt hätte, „a manu satis recenti" geschrieben sei: „Chronica Alberti abbatis Stadensis cum supplementis". Als dritte Überlieferungsquelle nennt Fiehn die Reinecciusausgabe[149] aus dem Jahr 1587, der ja die Lappenbergausgabe zugrundeliege.[150] Darin bemerke Reineccius in der Einleitung, daß der Titel nicht feststehe, das Werk aber in einem alten Register (nach Fiehn der Bordesholmer Katalog) mit „Chronica Alberti Abbatis" bezeichnet sei: *„Item, Registrum antiquum intitulat hunc librum, Chronica Alberti Abbatis"*, weshalb er sich für den Titel „Chronicon Alberti Stadensis" entschieden habe. Zudem deute dieser Titel den Inhalt des Buches am vollständigsten an. Dies alles rechtfertige, die Geschichtswerke Alberts von Stade, die verlorene erweiterte und die erhaltene kurze Fassung, nicht als Annalen, sondern als Chroniken zu bezeichnen.[151]

Es ist nicht zu leugnen, daß die uns erhaltene Kurzfassung ihrem äußeren Erscheinungsbild nach typische Merkmale eines Annalenwerks aufweist. Dafür sprechen zum einen seine an der Jahresfolge orientierten Aufzeichnungen, zum anderen die oft kurzen, knappen und neutralen, nur an Fakten orientierten Ausführungen ohne sachlichen Zusammenhang, insbesondere aber auch drittens die additive Aneinanderreihung von Ereignissen, die jeglicher Reflexion von Seiten des Autors entbehren und die keine Tendenz und keine Intention erkennen lassen. Auch Unwichtiges wird berichtet, und so manches wichtige Zeitereignis weggelassen, als wäre es nicht das Werk eines Historikers.[152] Betrachtet man dagegen jedoch Umfang und Konzeption des Werkes und bedenkt, daß es sich unserer Kenntnis entzieht, wieviel reichhaltiger möglicherweise die verscholle-

---

148 Karl Fiehn, Albertus Stadensis, S. 547: Es handelt sich um den oben S. 18, Anm. 54 aufgeführten Katalog des Augustinerchorherrenstifts Bordesholm-Neumünster (Kieler Universitätsbibliothek MS. Bord. 1, a b fol.)

149 Fiehn, S. 548: Der Reinecciusausgabe liegt der Codex Rantzovianus zugrunde, der sich im Besitz des holsteinischen Ritters Ranzovius befand und heute verloren ist.

150 Lappenberg, Alb. Stad., S. 280, 33-42

151 Fiehn, Alb. Stad., S. 548

152 vgl. Bernard, Histoire et culture, S. 204: „En sommes, ces notations annuelles que sont des annales sont la matière première de l`histoire mais peuvent être le fait de n`importe qui: ce nèst pas un travail d`historien."

ne Originalfassung gewesen war, so werden in Alberts Geschichtswerk zumindest vom Umfang und von der Konzeption her auch charakteristische Merkmale einer Universalchronik deutlich.

Das Geschichtswerk Alberts von Stade enthält deutliche Charakteristika zweier der drei nach ihren Darstellungsinteressen von A. D. von der Brincken definierten Haupttypen von Weltchroniken.[153] Es weist Merkmale des chronologischen, an Eusebius/Hieronymus, Isidor und Beda orientierten Typs, der *series temporum,* auf, zum Beispiel die Ordnung nach einzelnen Jahren, Jahrzehnten, nach *generationes* oder Regierungszeiten (regna), sowie stilistische Besonderheiten, wie Knappheit, einfache Syntax und parataktische Berichtsform. Andererseits läßt sein Werk aber auch Elemente des Typs der Erzählchronik, der *mare historiarum,* erkennen, wie Satzperioden, Darstellungen von kausalen Zusammenhängen und Urteile über Personen, ohne jedoch von der Form der annalistischen Weltchronik abzuweichen, aber auch ohne Reflektionen über Weltgeschichte zu beinhalten. Ebenso zutreffend für das Werk Alberts von Stade erscheint eine noch präzisere Unterscheidung dieser beiden Typen von Weltchroniken durch Bernard Guenée anhand eines Vergleichs der „*Historia ecclesiastica*“ und der Chronik des Eusebius von Caesarea[154]: “*L`Histoire* privilégiait le récit; la *Chronique* privilégiait la chronologie. L´Histoire était <un récit tout à fait complet>; la Chronique était <un abrégé> qui résumait l`histoire du monde en tableaux chronologiques.“[155] Im Gegensatz zu Annalen, die manches historisch Irrelevante wiedergeben, die aber auch manches wichtige politische Zeitgeschehen unerwähnt lassen, stelle eine Chronik das bewußt und gewissenhaft erarbeitete Werk eines Historikers dar,[156] der nach dem Modell des Eusebius versuche, die Vergangenheit in chronologischer Reihenfolge zu rekonstruieren. Zudem gehe ein Chronist so weit wie möglich in die Vergangenheit zurück (a conditio orbe). Priorität hätte die Darstellung der Zeit. Wesentlich sei, jedes Ereignis entweder nach dem Datum der Eintragung oder des Geschehens genau zu datieren. Zudem sei die Darbietungsweise in kurzer, knapper Form notwendig

---

153 A.-D. von den Brincken, Die lateinische Weltchronistik, S. 47, 58, 69 f

154 Guenée, S. 207: „Eusèbe de Césarée a cultivé les deux genres.“

155 Ebd., Histoire et culture, S. 203

156 F.J. Schmale hebt den dokumentarischen Charakter der Historiographie hervor. F.J. Schmale, Mentalität und Berichtshorizont, Absicht und Situation hochmittelalterlicher Geschichtsschreiber, S. 14, in Historische Zeitschrift, Band 226, 1978

und ausreichend.[157] Albert von Stade strukturiert den Ablauf der Zeit durch die Einteilung in die sechs *aetates*, in Regierungszeiten der Herrscher (regna) und nach der christlichen Zeitrechnung.

Im selbständigen Teil des Geschichtswerks Alberts von Stade scheinen beide Typen von Weltchroniken nach Ann-Dorothee von der Brincken beziehungsweise beide Modelle des Eusebius nach Bernard Guénée kombiniert: die Exaktheit der Chronik beziehungsweise der „series temporum" mit ihrer präzisen Datierung und die Erzählchronik beziehungsweise „Histoire" mit ihrer Weitschweifigkeit und dem gelegentlichen Wunsch des Autors, den Leser zu unterhalten. Offenbar entspricht es der Absicht Alberts von Stade, daß das erstgenannte dominiert. Bereits im Titel und im Vorwort zu seiner Weltchronik[158] weist er nicht nur auf den Umfang und die Darstellungsform seines Werkes hin, sondern auch auf seine Absicht, in kurzer Form ein Kompendium der Ereignisse der Weltgeschichte von der Schöpfung bis zu seiner Zeit darzustellen: ***„Sumentes igitur a mundi principio exordium, succincta narratione usque ad nostra tempora procedemus, ..."***. Der in der Überschrift angegebene Umfang: ***„ ... a conditio orbe usque ad auctoris aetatem, id est annum Iesu Christi 1256"*** bezeugt den Anspruch des Autors, Universalgeschichte in der Darstellungsform einer Chronik zu schreiben, als ***„chronicon Alberti Abbatis Stadensis"***, wie sein Werk in der ältesten uns erhaltenen Ausgabe, der Reineccius-Edition, betitelt ist.

Ohne Zweifel lassen Umfang und Konzeption in seinem Werk charakteristische Merkmale einer Universalchronik erkennen. Der Autor stellt in gestraffter und gekürzter Form die gesamte für ihn erreichbare literarische Weltgeschichte dar. Das Werk umfaßt sowohl profane als auch biblische und kirchliche, kulturelle und naturgeschichtliche sowie auch insbesondere lokalgeschichtliche Ereignisse innerhalb eines bestimmten zeitlichen Rahmens. Darüber hinaus liegt der Darstellung eine heilsgeschichtliche Konzeption zugrunde.[159] In der bevorzugten Auswahl der Themen und in der Tendenzhaftigkeit der Darstellung lassen sich eine bestimmte eigene Konzeption und gewisse Intentionen des Autors erkennen. Überzeugend ist zum Beispiel die Darstellung der religiösen Realität seiner Zeit im Bericht über den Stedingerkonflikt, worin Albert von Stade offenbar in

---

[157] Guenée, S. 203-205 - S. 205: „ ... les chroniques dont le principal souci était de noter les temps et de rappeler succinctement les événéments."

[158] vgl. Bernard Guenée, Histoire et culture historique dans l´Occident medieval, S. 200-202

[159] vgl. K. H. Krüger, Die Universalchroniken, S. 13, Definition

individueller Absicht trotz seiner Konformität mit der kirchlichen Verurteilung dennoch seine Distanz zum Ketzervorwurf bekundet. Auch zeichnet sich in seiner Darstellung des Spannungsverhältnisses zwischen der Kurie und Friedrich II. nach anfänglich papstkonformer Haltung seit 1239 eine durchaus prostaufische Einstellung ab, die mit Sicherheit durch seine persönliche enttäuschende Erfahrung mit Papst Gregor IX. ausgelöst worden ist. Darüber hinaus übt Albert im Gegensatz zu manchen seiner franziskanischen und dominikanischen Bettelordensbrüder, die zum Kreuzzug gegen den abgesetzten Kaiser aufriefen, deutliche Kritik an der antistaufischen päpstlichen Hetzkampagne. Wiederholt hebt er ausdrücklich den Appell der Fürsten hervor, es stehe aufgrund des Wahlrechtes der Kurfürsten dem Papst nicht zu, den Kaiser abzusetzen. Albert von Stade sah in den staufischen Kaisern die Nachfolger des römischen Kaisers Augustus. Deshalb behält er auch die Durchzählung der Kaiser *ab augusto* bis in seine Gegenwart bei. Dies verdeutlicht, daß er als Universalchronist die Geschichte als Ganzes betrachtet, d. h. sie strukturiert.[160]

Oft sind seine Darstellungen tendenziös. Einerseits vermittelt Albert von Stade den Eindruck eines fanatischen, moralisierenden Glaubenseiferers, andererseits will er zuweilen durch das Aufgreifen von Gerede und Gerüchten, die er manchmal mit Übertreibungen entstellt, seine Leser unterhalten.

Die von Lappenberg ausgesparten und nur stichwortartig angegebenen Vorlagentexte müssen im kompilatorischen Teil aus der Reinecciusausgabe ergänzt und mit den Werken der zahlreichen jeweiligen Quellenautoren verglichen werden. Aus dem Vergleich der vervollständigten Kompilation mit den Vorlagentexten wird erkennbar, wie der Chronist seine Quellentexte ausgewertet hat, was er daraus inhaltlich übernommen, was er ignoriert und unter welchen Gesichtspunkten er Textauszüge gezielt zusammengefügt hat. Auf diese Weise kann die Konzeption des Autors ermittelt werden. Wegen der überaus großen Fülle des Stoffes kann dies für den rein kompilatorischen Teil des Werkes nur andeutungsweise und auf jeweilige Schwerpunktthemen bezogen geschehen. Dies für die gesamte Zeitspanne der Chronik durchzuführen, würde den Rahmen dieser Arbeit sprengen. Deshalb wird die historiographische Auswertung des Geschichtswerks vorwiegend auf die selbständigen Teile der Chronik beschränkt. Die in diesem Zeitraum vom Chronisten jeweils herangezogenen Quellen werden mitberücksichtigt.

---

[160] Ebd., S. 32

Die einzige Übersetzung der uns erhaltenen Kurzfassung der Chronik aus dem Lateinischen ins Deutsche stammt von *Franz Wachter*[161] aus dem Jahre 1896. Als Teilübersetzung erfaßt sie jedoch nur den selbständigen Teil der Chronik. Darüber hinaus enthält sie in Anmerkungen einige Ergänzungen zur Kurzfassung aus den Bremer und den Hamburger Annalen, die Wachter als Teile der verlorengegangenen Originalchronik aus L. Weilands Werk *„Zur Quellenkritik der Sachsenchronik"* eingefügt hat. Hierbei handelt es sich vor allem um lokalgeschichtliche norddeutsche, Bremer und holsteinisch-dänische Beiträge.[162]

B Entstehungszeit, Redaktionen der erhaltenen Kurzfassung, Spuren der verschollenen Originalfassung und Fortsetzung der Chronik

In der Vorrede zu seiner Chronik nennt Albert von Stade das Jahr 1240[163] als Entstehungzeit. Im Bordesholmer Katalog hat der Verfasser nach dem Blatt der Vorrede das Abschlußjahr 1240 der Chronik gleich zweimal vermerkt. Erst später hat er die Weiterführung des Werkes bemerkt und das Abschlußjahr 1256 am Ende des Katalogs ins Standortsregister eingetragen.[164] Es ist zu vermuten, daß Albert von Stade bereits vor 1240 als Benediktinerabt das reichhaltige Quellenmaterial mit Hilfe seiner Mönche gesammelt hat, die möglicherweise auch an der ersten Ausarbeitung seines Werkes beteiligt waren. Dies geht aus der Reinecciusausgabe hervor, die aus dem Codex des Ranzovianus eine nur hier überlieferte Notiz enthält: *„Librum hunc conscribi fecit Albertus, Abbas S. Mariae virginis in Stadio, postea Minor frater ibidem, perducens narrationem rerum usque; ad annum Domini M.CCXL, scilicet usque ad annum Gregorii Papae decimum quartum, Frederici II. vigesimum etc."*[165] 1240 wird Albert von Stade sein Werk zu einem ersten Abschluß gebracht, mit der Vorrede versehen und es danach als Minorit weitergeführt haben. Zu dieser Schlußfolgerung kommt L. Weiland, da die Ereignisse aus dem Jahre 1240 bereits im Jahr 1202 niedergeschrieben sind: *„Senior vocabatur Redwinus, iunior*

---

161 Wachter, Franz, Die Chronik des Albert von Stade, Übersetzung von Lappenbergs Ausgabe der Ann. Stad. (MGH SS XVII, S. 271-379), in: Die Geschichtsschreiber der deutschen Vorzeit, Band 4, Leipzig 1896

162 Weiland, Zur Quellenkritik der Sachsenchronik, S. 171

163 Lappenberg, Ann. Stad., S. 283, 45-46

164 Fiehn, Alb. Stad., S. 550, s. Anm. 114

165 Reineccius, Chronicon Alberti Abbatis, Einleitung 10. Seite, zitiert nach Fiehn, Alb. Stad., S. 549

Ethelerus, ambo adhuc superstites, scilicet anno 1240."[166] Für eine spätere Überarbeitung durch den Chronisten selbst beziehungsweise durch andere sprechen mehrere Faktoren: erstens, daß das Jahr 1256 im Jahresbericht 532 erscheint, zweitens, daß dem Katalog der Verdener Bischöfe im Jahresbericht 767[167] ein Ereignis aus dem Jahre 1256 angefügt ist, und drittens, daß der Papstkatalog mit Urban IV. endet, dessen Todesjahr 1264 war.

Da die einzige uns erhaltene Fassung mitten in der Darstellung der Wurster Kriege mit dem Jahr 1256 abrupt abbricht, geht man in der Forschung von der Annahme aus, daß es eine verlorengegangene, größere, bis möglicherweise 1264/65 reichende Fassung seines Geschichtswerkes gegeben hat[168] und daß die Kurzfassung möglicherweise nur Teil dieser ausführlicheren Fassung einer größeren Weltchronik ist. Unbekannt bleibt jedoch, ob sie ein kürzerer Entwurf, ein Auszug aus der Originalfassung oder eine eigenständige Redaktion der Chronik ist.[169]

Eine Lücke in der Berichterstattung im Jahresbericht 1194 läßt die Schlußfolgerung zu, daß die Kurzfassung der Chronik einen Auszug aus der Originalchronik darstellt. Der Bemerkung, daß die Bremer Kanoniker viel Unbill von den Bremer Bürgern hätten erleiden müssen, weil sie den Erzbischof Hartwig wieder aufgenommen hätten, von dessen Verlassen der Stadt jedoch zuvor nichts berichtet wird, fehlt jeglicher Bezug zu vorangegangenen Ereignissen, die das Verhalten der Bremer Bürger hätten erklären können.[170]

Richard G. Hucke ordnet die Chronik Alberts von Stade als umfangreichsten Teil einer großen, von Albert selbst verfaßten und über das Jahr 1256 hinausgeführten Weltchronik zu, die er „Annales Stadenses majores" nennt. Diese „Annales Stadenses majores" sind uns nur fragmentarisch als „Annales Hamburgenses" und „Chronicon Rosenvaldense" erhalten.[171]

---

[166] Weiland, Zur Quellenkritik der Sachsenchronik, S. 164 - D. Berg, Albert von Stade, S. 423 - Fiehn, Alb. Stad., S. 549 - Lappenberg, Ann. Stad., S. 354, 8-9

[167] Lappenberg, Alb. Stad., S. 307-308

[168] Wie Weiland in der Quellenkritik zur Sachsenchronik durch Vergleich mit den Bremer und den Hamburger Annalen nachwies; - vgl. D. Berg, Albert von Stade, S. 424

[169] Ebd.

[170] Lappenberg, Ann. Stad., S. 352, 31-32

[171] Hucke, Richard G., Die Grafen von Stade, S. 205-210; vgl. B. U. Hucker, S. 333 und Anm. 1486

Teile dieser verschollenen Originalchronik hat L. *Weiland* [172] in verschiedenen Annalenwerken, den *Hamburger* und den *Bremer Annalen*, im *Chronicon Rosenfeldense* u. a. aufgespürt, denen sie als Vorlage gedient hatte.

Als Ergänzung der Kurzfassung im Sinne einer Rekonstruktion der verlorenen Rezension der Chronik werden diese Zusätze bei der Beurteilung der Geschichtsschreibung Alberts von Stade mitberücksichtigt.

Den Urtext in den Hamburger Annalen ließ Lappenberg in seiner Ausgabe der Annales Stadenses unbeachtet, weil er sie für einen „dürren Auszug" aus Alberts Chronik hielt. Dies gilt nach Ansicht von *Friedrich Reuter* (1885) jedoch nur für den Zeitraum bis 1256. Darüber hinaus böten die Hamburger Annalen nach Reuter jedoch „in Ermangelung von Besserem" im Anschluß an die Stader Annalen für den Zeitraum von 1256 bis 1265 eine Ergänzung der Chronik Alberts mit dem „Wert der originalen Fortsetzung".[173]

Auf der Aussage von *Philippus Jaffé* (1860) und von *Karl Koppmann*[174] (1871) basierend hat *Ludwig Weiland* (1873) durch Textvergleich der Stader Annalen mit den Bremer und den Hamburger Annalen, der Sächsischen Weltchronik und der Lübischen Chronik Detmars Auszüge aus der verschollenen Originalfassung der Chronik nachgewiesen, die demzufolge diesen Werken als Vorlage gedient haben muß.[175]

Als Beweis für die Existenz einer allen vier Quellen gemeinsamen Vorlage, nämlich der verlorenen reichhaltigeren Chronik, führt L. Weiland mehrere Stellen an. Drei davon betreffen Alberts ureigenstes Gebiet, seinen Wohnort und das Liebfrauenkloster vor Stade, die vierte nennt ihn persönlich als Abt des Stader Marienklosters. Der Jahresbericht 1142 der Stader Annalen beschreibt ausführlich die Gründung des Liebfrauenklosters mit namentlicher Angabe der Stifter Dudo, Adeko und Ricbert. Die Bremer Annalen geben diesen Bericht gekürzt und statt der Stifternamen deren Amt wieder: *„... ab advocatis eiusdem civitatis"*, das in den Stader Annalen im Jahresbericht 1164 als Amt des Gründers Ricbert, der bei der Sturmflut ertrank: ***„Submersus***

---

172 Weiland, L., Zur Quellenkritik der Sachsenchronik, S. 164 ff

173 Friedrich Reuter, Annales Hamburgenses, S. 400

174 Karl Koppmann in: Hansische Geschichtsblätter 1871, S. 64, zitiert nach Friedrich Reuter, Annales Hamburgenses, in: Quellensammlung der Gesellschaft für Schleswig-Holstein-Lauenburgische Geschichte IV, 1885, S. 401

175 Weiland, Zur Quellenkritik, S. 163-188, vgl. Köhn, Die Stedinger in der Geschichtsschreibung, S. 157

est etiam Rcbertus advocatus Stadensis.“[176] erscheint. Ebenso ist es im Stammbaum der Gründerfamilie des St. Marienklosters eingetragen.[177] Als zweites Beispiel wird die urkundlich bestätigte Nachricht der Bremer Annalen von der Gründung der St. Georgskirche in Stade im Jahr 1144 genannt, die nicht in den Stader Annalen erscheint. Albert von Stade müßte von dieser Gründung gewußt haben. Er hat sie mit Sicherheit in seiner Originalchronik erwähnt. Als drittes Beispiel enthalten die Hamburger Annalen im Wortlaut der Stader Annalen im Jahresbericht 1210 die Nachricht von der Nachfolge des Bischofs Berthold von Lübeck nach dem Tod Thiderichs: ***„Thidericus Lubicensis obiit, cui Bertholdus eiusdem ecclesiae canonicus succesit.“*** und fügen mit dem Bezug auf Alberts Wohnort hinzu: *„Quem Yso Verdensis episcopus in ecclesia b. Virginis apud Stadium consecravit.“* (den der Bischof Yso von Verden in der Kirche der Heiligen Jungfrau bei Stade weihte.) Als viertes Beispiel führt Weiland überzeugend die Verse aus den Hamburger Annalen im Jahresbericht 1238 an, die den Abt Albert von Stade persönlich betreffen: *„Tres ubi crescit olus, nec erant tunc sidera, solus Abbas Albertus posuit radiantia quercus.“* Diese Verse werden von Karl Fiehn glaubwürdig als Selbstzeugnis des Autors, als poetische Form seiner vergeblichen Reformbemühungen gedeutet.[178] Darüber hinaus hält Weiland es für wahrscheinlich, daß auch die Sachsenchronik aus der Originalchronik Alberts geschöpft hat und belegt auch dies mit Parallelstellen im Textvergleich. Er führt in der Sachsenchronik insbesondere als „dem echten Albert“ entnommen den im Jahr 1219 geschlossenen Friedensvertrag über die Grafschaft Stade zwischen dem Rheinpfalzgraf Heinrich und dem Erzbischof Gerhard von Bremen an, der in den Stader Annalen fehlt.[179] Bei den meisten Auszügen der Sachsenchronik aus der verschollenen Originalchronik handelt es sich selten um reichsgeschichtliche Beiträge, sondern vor allem um lokalhistorische Berichte zu norddeutschen, Bremer und holsteinisch-dänischen Verhältnissen.[180] In den Hamburger Annalen ist diese Fassung bis zum Jahr 1200 zu

[176] Lappenberg, Ann. Stad., S. 345, 16

[177] Lappenberg, Ann. Stad., S. 374

[178] Fiehn, Alb. Stad., S. 543 f

[179] s. Weiland .S. 171: Der Vertrag über die Grafschaft Stade zwischen dem Erzbischof Gerhard von Bremen und dem Rheinpfalzgraf Heinrich wird nach Weiland hier übergangen, wird aber als möglicher Teil der Originalchronik in der Sachsenchronik ausführlich erwähnt.

[180] Ebd., S. 171

großen Teilen exzerpiert worden.[181] Ebenso findet man in den „Annales Bremenses" eine deutliche Rezeption der verlorenen erweiterten Chronik Alberts.[182]

Parallelberichte fand Alois Wachtel in der Handschrift C des Apokalypsenkommentars des Alexander Minorita. Auch er vermutet hier Exzerpte aus der Originalfassung.[183]

Darüber hinaus fand Friedrich Reuter in den *„Annales Hamburgenses brevissimi"*, dem verkürzten Auszug aus den Hamburger Annalen, in den Jahresberichten für den Zeitraum von 1256 bis 1265 eine Ergänzung der Chronik Alberts mit dem „Wert der originalen Fortsetzung". Dieses kleine Annalenwerk stimmt bis auf wenige Ergänzungen und Erweiterungen in den Jahresberichten 810, 900, 1149 und 1162 mit den Hamburger Annalen überein und beinhaltet sonst aber hauptsächlich nur die Geschichte Hamburg-Bremens und Dänemarks.[184] Lappenberg ließ es in seiner Ausgabe der Hamburger Annalen leider unberücksichtigt, weil er darin nur einen „dürren Auszug" aus Alberts Chronik sah. Dies gilt nach Ansicht von Friedrich Reuter jedoch nur für den Zeitraum bis 1256. Möglicherweise basiert auch das niederdeutsche Erzählfragment von der Ermordung der Könige Erich und Wenceslaus auf der Originalchronik Alberts.[185]

Schließlich finden sich in Alberts Jahresberichten inhaltliche und teilweise wörtliche Übereinstimmungen mit den Pegauer Annalen und Braunschweiger Fragmenten, was vielleicht sogar auf eine allen genannten Werken gemeinsam zugrundeliegende Vorlage schließen läßt, die möglicherweise in Braunschweig entstanden war.[186]

In den *„Annales Lubicenses"*[187] (1264-1324), denen gleichfalls die verschollene größere Fassung der Chronik Alberts als Vorlage

---

181 D. Berg, Albert von Stade, S. 426

182 Ebd., S. 427

183 Alois Wachtel, Hrsg., Alexander Minorita , Expositio in Apokalypsium, in: MGH Quellen zur Geistesgesch. des Mittelalters, Die Deutschen Geschichtsquellen des Mittelalters 500-1500, Band 1, München 1983 (ND Weimar 1955), Einleitung S. XXXVII-XXXVIII - vgl. Schmolinsky, Der Apokalypsenkommentar d. Alex. Minorita, S. 48 u. Anm. 164

184 Reuter, Annales Hamburgenses, S. 400 in: Quellensammlung der Gesellschaft für Schleswig-Hosteinisch-Lauenburgische Geschichte 4 (1874/75)

185 Ebd., S. 439-441

186 D. Berg, Albert von Stade, S. 424

187 s. D. Berg, Albert von Stade, S. 426, Anm. 22: Das Werk ist überliefert im Anschluß an den Text der Cronica Alberts in der HS. Wolfenbüttel, Helmst. Nr. 466, 14. Jh.; erstm. hrsg. vor allem Hojer 1720, jetzt in der Ausg. v. J. M. Lappenberg, in MG. SS. 16 (1859) 411-429 zu benutzen. Eine dänische

zugrunde gelegen hatte, erfährt Alberts Weltchronik im Jahre 1325 durch einen anonymen Verfasser eine Fortsetzung. Man hielt ihn zunächst für einen lübischen Minoriten, den Lübecker Ratsschreiber und späteren *Ratsmann Alexander Hune,*[188] identifizierte ihn jedoch nach neueren Forschungsergebnissen, von Lappenberg[189] bereits zuvor vermutet und von Klaus Wriedt bestätigt, mit einem Minoriten aus dem Lübecker Katharinenkloster.[190]

Nachweislich hat auch Hermann von Lerbeck für sein „Chronicon comitatus Schawenburgensis"[191] neben den Hamburger Annalen und der Sächsischen Weltchronik die Weltchronik Alberts von Stade als Quelle benutzt. Nach den Aussagen von D. Berg beinhalten die Hamburger Annalen bis 1200 in langen Passagen ebenfalls Exzerpte aus der verlorenen Originalchronik Alberts und greifen im selbständigen Teil von Albert bevorzugt behandelte Themen auf, zum Beispiel die Geschichte des Bremer Erzbistums, Berichte über religiöse Strömungen der Zeit und Beiträge zur Geschichte der Welfen, Holsteins und Dänemarks. Die verkürzte Ausgabe der Hamburger Annalen, die *„Annales Hamburgenses brevissimi"*, die vor allem die Geschichte Hamburg-Bremens und Dänemarks behandeln, stimmen bis auf wenige ergänzende Erweiterungen zu den Jahresberichten 810, 900, 1149 und 1162 mit der vollständigen überein. Außer in den Bremer Annalen finden sich möglicherweise auch in dem niederdeutschen Erzählfragment von der Ermordung der Könige Erich und Wenceslaus Auszüge aus der Originalchronik Alberts von Stade, das sich überdies an die Jahresberichte 1250 und 1252 aus den Hamburger Annalen anlehnt.[192]

Übersetzung v. E. Jorgensen, Erik Klipping og hans sonner (1927), S. 229-239. Vgl. F. Bruns, Der Verfasser der Lübecker Annalen, in: Lübische Forschung, Jahrhundertausgabe des Vereins für Lübische Gesch. u. Altertumskunde (1921), S. 255-266; K. Wriedt, Die Annales Lubicenses und ihre Stellung in der Lübecker Geschichtsschreibung des 14. Jhs., DA. 22 556-586.

188 D. Berg, Albert von Stade, S. 426

189 MGH SS XVI, S. 412, 38

190 Klaus Wriedt, Geschichtsschreibung in den wendischen Hansestädten, in: Vorträge und Forschungen, Bd. XXXI, Hans Patze (Hrsg.) Geschichtsschreibung und Geschichtsbewußtsein, S. 406

191 Meibom. Scr re Germ I, 1688, S. 479-521, zitiert nach Hans Patze, Geschichtsschreibung u. Geschichtsbewußtsein, S, 406, 417, 438

192 D. Berg, Albert von Stade, S. 426 f

C Auswahl der Quellenautoren, zeitgenössische Informationsträger

Allgemein haben mittelalterliche Chronisten Texte von älteren Geschichtsschreibern, die als Quellenautoren anerkannte Autoritäten waren, unkritisch übernommen, weil diese der eigenen Darstellung Glaubwürdigkeit und Bedeutung verliehen. Die schriftlich fixierten Aussagen älterer Geschichtsschreiber stießen auf das gleiche Vertrauen wie die Exegese der Kirchenväter.[193] Und viele Geschichtsschreiber waren ja auch zugleich Verfasser von exegetischen Werken, zum Beispiel Hieronymus, Isidor von Sevilla, Beda venerabilis, ferner Guilbert von Nogent, Hugo von Fleury, Hugo von St. Viktor oder Gerhoch von Reichersberg.[194] Im Gegensatz zur heute verlangten kritischen Auseinandersetzung mit Literatur stand im Mittelalter die Repräsentanz und die Kompetenz solcher Autoritäten außer Zweifel. Ihre Texte wurden nicht kritisch hinterfragt. Das wörtliche Kopieren von Quellentexten ohne Angabe von Autoren galt für mittelalterliche Chronisten nicht als Plagiat und strafrechtlicher Tatbestand. Fehler, Irrtümer und Tendenzen der Darstellungen wurden mitübertragen. Quellenangaben waren unnötig, weil das Leserpublikum, an das die Chronik adressiert war, fast ausschließlich aus eigenen Standesgenossen, d. h. hier aus lateinkundigen Klerikern (litterati) bestand, denen die Texte der großen Quellenautoren ohnehin bekannt waren. Lediglich Randbemerkungen und Zusätze weisen daraufhin, daß der Chronist auf ältere Autoren zurückgreift, die thematisch verwandte Darstellungen aufgezeichnet haben.

Indem der Chronist eine ganz bestimmte Textauswahl traf, bestimmte Abschnitte wegließ und andere in großen Auszügen wortwörtlich wiedergab, hob er die für seine Darstellung wichtigen Themen und Sachverhalte hervor und ließ für ihn Unwichtiges in den Hintergrund treten. Durch diesen Umgang mit der Vorlage setzte er Akzente, ergänzte den Text zum gleichen Thema mit Berichten anderer Quellenautoren und mit eigenen Beiträgen aus seiner Zeit. Auf diese Weise nahm er Einfluß auf die Kompilation und gestaltete nach eigenen Gesichtspunkten einen neuen Text, der mosaikartig aus Vorlagenfragmenten verschiedener Quellenautoren und eigenen Beiträgen zusammengesetzt war.

Ähnlich ist Albert von Stade beim Erstellen seiner Weltchronik vorgegangen. Er hat die in Klerikerkreisen bekanntesten, bezüglich seines Themenkatalogs bedeutendsten Chronistenpersönlichkeiten,

---

193 vgl. F. J. Schmale, Funktionen und Formen, S. 74

194 Ebd., S. 203

wie Beda Venerabilis, Ekkehard von Aura, Adam von Bremen und Helmold von Bosau, ausgewählt und einige ihrer Werke derart materialreich und zum Teil in großen Passagen wortwörtlich ausgeschrieben, daß Heinz Stoob nicht zu Unrecht von einer „kompilatorischen Weltchronik" Alberts von Stade spricht.[195] Durch Textvergleiche mit den zahlreichen jeweiligen Vorlagen werden im kompilatorischen Teil des Werks (bis 1021) ignorierte Stellen der Quellentexte erkannt, Gesichtspunkte, unter denen der Chronist Textauszüge gezielt zusammengefügt hat, ermittelt und auf diese Weise die Konzeption des Autors erarbeitet. Wie bereits erwähnt, kann dies im Rahmen dieser Arbeit für den rein kompilatorischen Teil des Werkes, der sich weit über die Hälfte der Chronik erstreckt, nur andeutungsweise und auf Schwerpunktthemen bezogen geschehen, da sich die historiographische Auswertung hauptsächlich auf den selbständigen Teil der Chronik beschränken soll.

Bereits in seiner Vorrede gibt Albert von Stade seine Wurzeln und die Tradition der Form seines Geschichtswerks zu erkennen. Auch der ausgedehnte Vorspann, der als reine Kompilation etwa die Hälfte der Chronik, der jedoch als ab 1021 zunächst mit einzelnen, ab 1112 mit immer häufiger eingestreuten selbständigen Beiträgen durchsetzter Kompilation bis zum gänzlich selbständigen Teil ab 1165 mit etwa fünf Sechsteln den größten Teil der Chronik einnimmt, offenbart eine Vielzahl von Vorlagen monastischer Geschichtsschreiber, an denen sich Albert orientierte. Von ihnen hat er chronikalische Strukturelemente in sein Werk übernommen, die er im selbständigen Teil weiterführte. In seiner Vorrede erwähnt er die zu seiner Zeit vielbenutzte Chronik des frühmittelalterlichen *Beda Venerabilis*, auf dessen Chronographie sich die gesamte fränkische Weltgeschichtsschreibung und Annalistik gründet.[196] Von Beda überträgt er das „chronologisch fundierte," aber „räumlich sehr enge Weltbild", das für die vorchristliche Zeit von der Geschichte des Alten Testaments, für die christliche Zeit von der Geschichte Roms und für die Karolinger Zeit vom Werdegang der Franken bestimmt wurde.[197] Beda war neben Isidor von Sevilla Vermittler des Geschichtsbildes des Orosius, der um 417/418 auf Veranlassung des Augustinus sein Hauptwerk *„Historia-*

---

195 Stoob, Einleitung zur Slawenchronik Helmolds von Bosau, S. 18

196 Brincken von den, Anna-Dorothee, Die „Nationes Christianorum" im Verständnis der lateinischen Historiographie von der Mitte des 12. Jahrhunderts bis in die zweite Hälfte des 14. Jahrhunderts, Köln und Wien 1973, S. 36

197 Ebd., S. 420

rum adversum paganos libri VII", eine in dieser Form erstmalige christlich-theologische Deutung der gesamten Weltgeschichte schrieb, das auf der Grundlage der heidnischen Geschichtsschreibung und der Chronik des Hieronymus basiert. Erstmalig wird hier von Orosius in einem von der göttlichen Vorsehung her bestimmten Geschichtsablauf die Geschichte des Römischen Reiches in die jüdisch-christliche Heilsgeschichte miteingebunden. In einer Symbiose von Christentum und Römertum bildet Rom nach der Vorstellung des Orosius in der Spätantike den politischen Rahmen für die Christianisierung. Seine geschichtstheologische Deutung, daß der Gang der gesamten Weltgeschichte nach dem göttlichem Heilsplan abläuft, und seine Idealvorstellung einer weltweiten römischen Herrschaft über die Christenheit, in der das römische Kaisertum verherrlicht wird, beeinflußten in hohem Maße das Geschichtsbild der mittelalterlichen Weltchronisten.[198] Welch überaus große Bedeutung die Gedanken des Orosius für die mittelalterliche Geschichtsschreibung hatten, ist an der außerordentlich großen Anzahl der Handschriften seiner *„Historia"* zu ermessen.[199] In seiner Vorrede würdigt Albert von Stade Orosius als hervorragenden Geschichtsschreiber, nimmt Bezug auf dessen Vorstellung von den nach den Himmelsrichtungen verteilten „Vier Weltreichen"[200] und gibt dessen vom tiefen Glauben geprägten Leitgedanken wieder, der Einheit von Gott und Reich. [201]

Die von der Schöpfung an bis 1106 von Albert von Stade benutzten beiden Hauptquellen waren die auf *Augustins* und *Isidors* Lehre von den sechs Weltzeitaltern und die auf der Weltchronik des *Eusebius* basierende Weltchronik *"Libellus de sex aetatibus mundi"* des *Beda Venerabilis*[202] sowie die *„Frutolf-Ekkehard-Chronik"*. Beide waren im Mittelalter weit verbreitet. Bedas Werk hat Albert vollständig bis zum

---

198 H.W. Goetz, Stichwort: Orosius in Lexikon des Mittelalters, Band VI, S. 1474-1475

199 F. J. Schmale, Funktionen und Formen, S. 46: Die „Historia" ist in fast jeder mittelalterlichen Bibliothek nachzuweisen, noch heute sind uns 250 Handschriften des 6.-17. Jhs. erhalten. - „Hieronymus, der die Chronographie lieferte, und Orosius, der sie interpretierte, bestimmten weit über das Hohe Mittelalter hinaus das Geschichtsbild, die Ansicht von der Bedeutung und dem Gang der irdischen Geschichte."

200 Krüger, Die Universalchroniken, S. 25

201 Lappenberg, Ann. Stad., S. 283, 28-29

202 Spitzbart, Beda, der Ehrwürdige, Einleitung, S. 3: Als Chronica Minora" gehört sie zu „De Temporibus", als „Chronika Maiora" zu „De Temporum Ratione"; S. 3, Anmerkung 9: Beide Chroniken wurden herausgegeben von Th. Mommsen, MGH AA 13, S. 247 ff

Jahr 728 kopiert und damit nicht nur dessen Datierungssystem der relativen Zeitrechnung nach Herrscherjahren,[203] sondern auch dessen Ausdeutung der sechs Weltzeitalter analog zur Schöpfungswoche als Orientierungsrahmen für die Weltgeschichte übernommen. Nach dieser Periodisierung wird das erste Zeitalter von Adam bis Noah, das zweite von Noah bis Abraham, das dritte von Abraham bis David, das vierte von David bis zum babylonischen Exil, das fünfte vom babylonischen Exil bis Christi Geburt eingeteilt. Das sechste beginnt mit Christi Geburt,[204] datiert nach der erstmalig von Beda nach *Dionysius Exiguus´ „Liber de paschate"* verwendeten christlichen Zeitrechnung als Inkarnationszählung. Albert von Stade erwähnt dies ausdrücklich in seiner Vorrede: ***„Beda venerabilis presbyter nichil aliud legitur in descriptione temporum protulisse."***[205] Bedas Zeitrechnung lag der Osterkalender Cyrills von Alexandria, jedoch mit Ausnahme der Jahre der Diokletianischen Verfolgung, zugrunde. Dionysius Exiguus ging vom Geburtsjahr Christi aus, das er mit dem Jahr 747 seit der Gründung Roms gleichsetzte. Beda hatte im lateinischen Westen dieser Inkarnationszählung zum Durchbruch verholfen.[206]

Unter Berufung auf Orosius und anhand einzeln aufgeführter, der Chronik Ekkehards entnommener biblischer und weltgeschichtlicher Zeitabschnitte errechnet Albert von Stade das Weltalter. [207]

Für die reichsgeschichtliche Berichterstattung und die Kreuzzugsdarstellung benutzte Albert die Weltchronik *Frutolfs von Michelsberg* und *Ekkehards von Aura*. Die durch viele Kompilationen äußerst stoffreiche Weltchronik Frutolfs umfaßt den Zeitraum von der Schöpfung bis 1099.[208] Sie stellt die bestgeordnetste Chronographie des

---

[203] F. J. Schmale, Funktionen und Formen, S. 92: Die Chroniken Bedas wie auch die Isidors und Reginos von Prüm „zählten noch nicht die einzelnen Jahre, sondern nur Herrschaftsjahre insgesamt und wiesen die Einzelereignisse nur diesen Zeiträumen zu."

[204] K. H. Krüger, Die Universalchroniken, S. 26

[205] Lappenberg, Ann. Stad., S. 383, 22-23

[206] J. Leclerc, R Th 14, 1947 in Lex. MA, Stichwort: Beda Venerabilis, Bd. II, S. 1777 - F. J. Schmale, Funktionen und Formen, S. 34f

[207] Lappenberg, Ann. Stad., S. 283, 49-50 – s. Anm. 243

[208] F. J. Schmale, Frutolfs u. Ekkehards Chroniken, Einleitung, S. 9-11: Frutolf verwendete als Hauptquelle die Chronik des Hieronymus, die er mit dessen Titel fortsetzen wollte. Er bereicherte seine umfangreiche Kompilation u. a. mit Auszügen aus der Heiligen Schrift, den Werken des Josephus Flavius, des Orosius, des Augustinus und des Frechulf von Lisieux. Darüber hinaus schöpfte er aus weiteren Quellen wie Jordanus, Paulus Diaconus`Historia

frühen Mittelalters[209] dar. Beginnend mit Herrschertabellen der durch Hieronymus bekannten Reiche, an deren Spitze Frutolf stets das jüdische Volk setzt, stellt er die Geschichte des römischen Reiches[210] und mit Karl dem Großen die fränkische Geschichte, die ostfänkische und die deutsche Geschichte der frühen Salierzeit dar, jedoch ohne eine theologische und typologische Ausdeutung weder zu den sechs Weltaltern noch zur Translation der Weltreiche aus der Chronik Frechulfs von Lisieux, noch zu Augustinus` geschichtstheologischen Gedanken in „De civitate Dei" zu bieten.[211] Frutolf behandelt vorrangig die politische Reichsgeschichte. Die Geschichte der Könige und Kaiser und die Papst- und Kirchengeschichte haben in seiner Chronik wenig Raum und Priorität. Selbst zu den Ereignissen seiner Gegenwart, vor allem zum Streit zwischen regnum und sacerdotium bezieht er kaum Stellung.[212] Nirgendwo in seiner Chronik findet man persönliche Kritik am Handeln von Personen. Doch stellt er in seinem Bemühen um genaue Datierung der Ereignisse und um kritische Auseinandersetzung mit dem Stoff in seiner weitgehend kompilatorischen Weltchronik im Gegensatz zu anderen mittelalterlichen Chronisten, die überlieferte literarische Vorgaben unreflektiert und kritiklos übernahmen, vielfach differierende Quellenaussagen nebeneinander. Hiermit wollte er den Leser auf Widersprüche oder

---

Romana u. aus anderen anonymen Geschichtsdarstellungen sowie aus Annalenwerken wie das Chronicon Wirziburgense, die Historia miscella und die Karolingischen Reichsannalen. In dem von Beda übernommenen chronologischen System setzt er in Anlehnung an Hieronymus, der an der Septuaginta orientiert ist, die Weltära von der vierten aetas ab um 10 Jahre niedriger an als Beda, da dieser der Vulgata folgt. Darüber hinaus zählt Frutolf die Jahre seit der Gründung Roms, die Olympiaden, die Jahre nach Christi Geburt, die Inkarnationen, die Jahre nach der Verheißung Abrahams, die Jahre nach der Zerstörung und der Wiedererrichtung des Tempels.

209 F. J. Schmale, Stichwort: Frutolf von Michelsberg, in Literatur des Mittelalters, Verfasserlex. Bd. 2, S. 995

210 F. J. Schmale, Frutolfs und Ekkehards Chroniken u. die anonyme Kaiserchronik, Einleitung, S. 12: „Die Geschichte der Juden und die Anfänge des Röm. Reiches treten durch eingehende Darstellung deutlicher hervor als die Begründung des Christentums und der Kirche."

211 F. J. Schmale, Stichwort: Frutolf von Michelsberg, in Literatur des Mittelalters, Verfasserlexikon, Band Bd. 2, S. 996 - F. J. Schmale, Frutolfs und Ekkehards Chroniken, Einleitung S. 112:

212 F. J. Schmale, Frutolfs u. Ekkehards Chroniken, Einleitung S. 14: Frutolf polemisiert weder gegen die Päpste, noch äußert er Zweifel am Recht Heinrichs VI.

Ungenauigkeiten darin aufmerksam machen, die er zuweilen, wenn ihm dazu nur eine einzige Quelle vorlag, korrigierte.[213] Als selbständiges, namenlos überliefertes Werk,[214] das wegen der außerordentlich geringen Zahl der Handschriften wenig unmittelbare Wirkung zeigte, wurde Frutolfs Weltchronik erst in der Bearbeitung und zusammen mit den Fortsetzungen *Ekkehards von Aura*, zumeist auch unter dessen Namen, zur weltgeschichtlichen Grundlage fast der ganzen deutschen Chronistik im 12. und 13. Jahrhundert.[215]

Durch seine Teilnahme an der Kreuzfahrt Welfs von Bayern 1101/1102 besser informiert, korrigiert und ergänzt Ekkehard Frutolfs Kreuzzugsdarstellung in den Jahresberichten zu 1098 und 1099 und setzt sie mit reichsgeschichtlichen Berichten von 1102 bis 1106 fort (Rezension I). Eine Abschrift davon widmete er 1107 Heinrich V. (Rez. II). Diese diente dem anonymen Verfasser der Kaiserchronik für Heinrich V. neben der Chronik Sigeberts von Gembloux als Vorlage, der sie bis 1113 mit eigenen Berichten fortsetzte. Auf Wunsch des Abtes Erkembert von Corvey erstellte Ekkehard von Aura um 1116 auf der Quellengrundlage dieses so entstandenen Gemeinschaftswerks eine Fassung, aus der er den erweiterten Kreuzzugsbericht herausnahm und als Anhang mit dem Titel „Hierosolymita" verselbständigte (Rez. III). Auf der Grundlage der zweiten und dritten Rezension entstand durch kontinuierliche Fortsetzung bis 1125 seine Rezension IV,[216] die, gemessen an den Handschriften und an der Benutzung in anderen Werken,[217] zusammen mit der Chronik Frutolfs als Ganzes und als Quelle für andere Chroniken als die im Mittelalter möglicherweise am weitesten verbreitetste Chronik gilt.[218] Prägend für das Geschichtsbild Ekkehards war seine tiefe Gläubigkeit, die an der „Einheit mit der Römischen Kirche und dem Papsttum orientiert" war. So hebt er in Anlehnung an Frutolf zwar die Bedeutung des Römischen Reiches hervor, betont jedoch deutlicher als dieser Christi

---

213 Ebd., S. 15 f

214 Der Autor wurde erst 1895 von Bresslau identifiziert.

215 Grundmann, Geschichtsschreibung im Mittelalter, S. 21 - F. J. Schmale, 2, S. 997 - F. J. Schmale, Stichwort: Frutolf von Michelsberg, in Lex. des Mittelalters, Band IV, S. 1002

216 F. J. Schmale in Lexikon des Mittelalters, Band III, Stichwort: Ekkehard von Aura, S. 1765-1766

217 F. J. Schmale nennt hier beispielhaft: Otto von Freising, Chronica regia Colonensis, Annalisto Saxo, Helmold von Bosau, die Pöhlder Annalen, die Pegauer Annalen, Burchard von Ursberg, Hermann von Altaich.

218 F. J. Schmale in Verfasserlexikon Band 2, Stichwort: Ekkehard von Aura, S. 443-446

Geburt als welthistorisch relevantes Ereignis und verleiht der Herrschaft Karls des Großen so wie auch insbesondere seiner eigenen Zeit mehr welthistorisches Gewicht. Als tief religiöser Mensch sieht er Gottes unmittelbares Wirken in der Geschichte, erkennbar am konkreten Geschehen. Ohne die Investiturfrage direkt zu thematisieren und eindeutig dazu Stellung zu beziehen, bekundet er als Repräsentant der Hirsauer Reform und als entschiedener Anhänger des Reformpapsttums seine Ablehnung Heinrichs IV. und seine anfängliche Parteinahme für Heinrich V. und verurteilt diejenigen Könige und Bischöfe, die gegen die Einheit mit dem Papst verstießen, beziehungsweise lobt dagegen papstkonformes Handeln oder Verhalten.[219]

Für die Darstellung der Geschichte des Bremer Erzbistums und der nordischen Mission diente Albert von Stade ab 755 die *„Historia ecclesiastica" Adams von Bremen* (gest. 1085) als Vorlage, deren erste drei Bücher er zum größten Teil wortwörtlich ausschrieb, wobei er bis 1072 auch die Scholien berücksichtigte. Neben Helmold von Bosau gehörte er zu den wenigen Benutzern dieser Werke, deren Wirkung auf die mittelalterliche Geschichtsschreibung recht mäßig war. Über den Vorlagenautor und sein Schaffen wird im Kapitel über die Kompilatorische Darstellung der Geschichte des Erzbistums Bremen nach der „Gesta Hammaburgensis ecclesiae Pontificum" Adams von Bremen in der Zeit von 755 bis 1072 berichtet.

Zur Darstellung der Christianisierung der Westslawen im ostelbischen Raum exzerpierte Albert ab 1066 die ersten beiden Bücher der *Slawenchronik Helmolds von Bosau* (1120-11276) nahezu vollständig. Ausführlicher werden Quellenautor und Werk im Kapitel über die Kompilatorische Darstellung der Christianisierung der Westslawen vorstellt.

Zwischen die überaus zahlreichen Vorlagenfragmente der oben genannten Quellenautoren, die ausschließlich monastische Geschichtsschreiber waren, hat Albert von Stade ab 1089 aus den *Rosenfelder Annalen*, ab 1101 aus den *Magdeburger Annalen* und zu den Jahren 1146, 1148 und 1150 Einzelnachrichten aus den *Pöhlder Annalen*[220] eingefügt.

Zu Texten von Papsturkunden und -briefen hatte der Chronist über das *„Chronicon pontificum et imperatorum Romanum Gilberti"* Zugang. Die Angaben Gilbertis ergänzte er durch Passagen aus *Pseudoliutprand.*

---

219 Ebd., S. 446 - F. J. Schmale, Irene Schmale-Ott, Die Chroniken Frutolfs und Ekkehards u. die anonyme Kaiserchronik, Einleitung, S. 29-31

220 Lappenberg, Ann. Stad., S. 327

Ferner hat er aus den Quellen des *Hieronymus*, des *Methodios*, des *Orosius*, *Isidors von Sevilla* und des *Paulus Diaconus* geschöpft. Als Vorlage zum Papstkatalog diente ihm von Papst Bonifaz VII. bis Innozenz III. das „*Chronicon pontificum et imperatorum Romanum Gilberti*", aus dem er einen Teil des Katalogs gänzlich in seine Chronik eingefügt hat. Den ersten Teil bis 890 hat er jedoch durch Passagen aus „*De Vitis Romanorum pontificum*" des *Pseudoliutprand* ergänzt. Außerdem sind Beiträge *Adams von Bremen zu* Adrian I., Gregor IV., Stephan V., Sergius III., Johann X., Leo VI. und Benedikt IX. sowie Berichte *Helmolds von Bosau* über die Taten Gregors VII. und Innozenz II., ferner Angaben des *Hieronymus* zu Victor I. und aus den „*Gesta Trevirorum*" zu Zacharias I. nachzuweisen. Der Papstkatalog enthält von den Anfängen des Pontifikats bis Urban IV., d. h. bis zum Jahr 1261, Angaben über Namen, Herkünfte, Geburtsdaten, Amtszeiten und Todestage, denen auch Taten und Verfügungen der Päpste beigefügt sind.[221]

Als ersten selbständigen Beitrag läßt Albert im Jahresbericht 1021 eine Heiligenlegende einfließen,[222] die an mehreren Orten in unterschiedlicher Form überliefert ist, zum Beispiel durch *Wilhelm Malmesburiens* in den *Gesta regum Anglorum* zum Jahr 1012, der sie seinerseits von *Vincent. Bellov.* aus dem *Speculum hist.* A. D. 1012 exzerpiert hat.[223]

Überraschend beruft sich Albert von Stade auf den *Jeremiaskommentar*[224] und die Prophetien *Joachims von Fiore.*[225] Er zitiert *Alexander Minorita* im Jahresbericht 1250, erwähnt dessen *Apokalypsenkommentar* und bestätigt als erster den richtigen Autorennamen Alexander Minoritas.[226] Dies hat Historiker dazu veranlaßt, den Apokalypseexegeten, von dem in seinem Kommentar nur ein verstecktes Selbstzeugnis existiert,[227] und der in den vergangenen Jahrhunderten bis in die jüngste Vergangenheit überwiegend anonym

---

221 Ebd., S. 277, 22 - 279,2

222 Ebd., S. 313, 22-45

223 Ebd., S. 313, Anm. 2

224 Albert mußte ihn aus dem Apokalypsenkommentar Alexander Minoritas kennen, da laut S. Schmolinsky, (S. 50) der mutmaßliche Redaktor der Erweiterungen der Handschrift C des Kommentars in seinem gesamten Oeuvre keinerlei Kenntnis des joachitischen Jeremiaskommentars verrät.

225 Lappenberg, Alb. Stad., S. 276, 23-25

226 Schmolinsky, Der Apokalypsenkomment. d. Alexander Minorita, S. 25

227 Ebd., S. 26

oder unter dem falschen Namen Joachims von Fiore tradiert wurde,[228] im Umkreis Alberts zu suchen und zu identifizieren.[229]

Von seinen persönlichen Informanten erwähnt Albert von Stade lediglich den Scholastiker Heinrich von Bremen (geb. 1137), der als Notar des Erzbischofs Christian von Mainz Augenzeuge von dessen heroischem Einsatz 1172 gegen die Städte Oberitaliens für Friedrich Barbarossa gewesen war. Im Jahre 1179 hatte der Scholastiker am Laterankonzil teilgenommen und war 1183 zu Papst Lucius III. entsandt worden, um den durch Bremer Kanoniker der Prunksucht bezichtigten Bremer Erzbischof Siegfried zu verteidigen. Alberts Darstellung der Italienpolitik Friedrich Barbarossas ist eindeutig gefärbt durch die Augenzeugenberichte Heinrichs, der ihm vor allem auch bei der Darstellung der Geschichte des Erzbistums Bremen dienlich war.[230] Heinrich von Bremen hatte das volle Vertrauen Alberts, weil er als Augenzeuge den Wahrheitsbeweis des Berichteten erbrachte. Andere zeitgenössische Nachrichtenzuträger, wie Klosterbrüder, Kaufleute und vor allem Pilger, lassen sich im mittelalterlichen Stade vermuten, das dank seines Schwingehafens eine wichtige Station im mittelalterlichen Verkehrsnetz darstellte und vor allem Ausgangspunkt für einen lebhaften Pilgerstrom nach Santiago, St. Gilles und Jerusalem war.[231] Viel Wissenswertes wird Albert auch selbst auf seinen Reisen, insbesondere auf seiner Romreise gehört und in Erfahrung gebracht haben.

In einer Hinwendung zum Leser, der einzigen in seinem Geschichtswerk, weist der Autor im Vorwort darauf hin, daß Chroniken für das Leserpublikum durch Belehrung und Unterweisung eine moralische Funktion erfüllten, indem einerseits die in den menschlichen Taten dargestellte Bosheit der Bösen und deren Bestrafung als Warnung, andererseits die Tugenden der Guten als vorbildliches Beispiel dienten: ***„Malorum malitia et eorum correctio vel vindicta, si***

---

228 Ebd., S. 31

229 Schmolinksky, S. 25-27 und Anm. 78-81: Nach neuester Kenntnis der Archivalien durch B. U. Hucker, Herrschaft und Freiheit, käme als Apokalypseinterpret nur Alexander von Bexhövede in Betracht, der von 1232 bis 1235 als Kanoniker, von 1237 bis 1238 als Scholastiker im Bremer Domkapitel nachweisbar ist, der seine geistliche Laufbahn vielleicht schon 1230 bis 1231 begann und irgendwann nach 1238 in den Franziskanerorden eingetreten war.

230 Lappenberg, Ann. Stad., S. 347,15-19 - ebenda, Alb. Stad., S. 280, 5-10

231 vgl. Krüger, S. 84 f: Die Schwinge war noch nicht versandet und der Stader Hafen schiffbar.

recte proferatur in lucem, in exemplum erit aliis et cautelam. ... Nonne quecunque scripta sunt, ad nostram doctrinam sunt? Ideo ergo gesta scribuntur hominum, ut lectores auditoresque de bonorum bonitate proficiant, et de malorum malitia cauti fiant."[232] Der Leser solle ungeachtet der Widersprüche in den Berichterstattungen der Alten, ungeachtet der Irrtümer oder der Nachlässigkeit der Geschichtsschreiber nicht am Wahrheitsgehalt der Chroniken zweifeln.[233] Dieses Topos läßt sich wiederholt in den Prologen mittelalterlicher Chronisten finden. Die Überzeugung, daß der Nachwelt die bösen Taten zur Abschreckung, die guten zum Vorbild dienen mögen, entspricht der für das Mittelalter typischen Grundmentalität. Diese besteht im Erkennen von Wertnormen, an denen menschliches Tun zu messen ist, und vor allem in der Erkenntnis, daß Geschichte von Gott bestimmte Heilsgeschichte der Menschheit ist. [234]

D Aufbau und Chronologie des Geschichtswerkes

Die Weltchronik Alberts von Stade umfaßt die Zeitspanne von der Schöpfung bis ins Jahr 1256 der erhaltenen Fassung beziehungsweise bis ins Jahr 1264 der verlorengegangenen erweiterten Fassung der Chronik.

Bis zum selbständigen Teil der Chronik, der mit dem Jahresbericht 1021 allmählich beginnt, läßt sich ein durchdachter Aufbau im Geschichtswerk Alberts von Stade schwerlich erkennen. Ereignisberichte aus den verschiedenen Quellen werden additiv aneinandergereiht, lediglich chronologisch durch das zeitliche Ordnungsprinzip vor allem der erstmalig durch Beda Venerabilis eingeführten christlichen Zeitrechnung[235] und der genauen chronologischen Einordnung des Frutolf von Michelsberg[236] erfaßt, inhaltlich aber zusammenhangslos und nicht ohne chronologische Irrtümer[237] wortwörtlich ausgeschrieben. Als Universalchronist strukturiert Albert von Stade die Geschichte nach den Vorlagen seiner monastischen

---

232 Lappenberg, Ann. Stad., S. 284, 6-10

233 Ebd., S. 284, 10-12

234 F. J. Schmale, Mentalität und Berichtshorizont, Absicht und Situation hochmittelalterlicher Geschichtsschreiber in Histor. Zeitschrift Band 226, 1978, S. 4 und Anm. 6

235 W. Becker, Beda Venerabilis, in: Lex MA, Bd. II. S. 1777

236 vgl. Schmale, Einleitung zur Übersetzung der Chronik Frutolfs von Michelsberg, S. 8

237 D. Berg, Albert von Stade, S. 425

Quellenautoren, indem er wie diese die Geschichte als Ganzes betrachtet.[238]

In der Absicht, seine Gegenwart universalhistorisch einzugliedern, nimmt er in der Vorrede zu seiner Chronik gleichsam eine zeitgeschichtliche Standortbestimmung für das Jahr 1240 vor, in dem Gregor IX. bereits 13 Jahre lang Papst gewesen war, in dem sich Friedrich II. als der 89. Kaiser nach Augustus im 20. Regierungsjahr befand, in dem Erzbischof Gerhard II. der Bremer Kirche bereits 23 Jahre lang vorstand, in dem König Waldemar als Siebzigjähriger 38 Jahre lang regiert hatte und in dem Rom schon nahezu 2000 Jahre[239] bestand: ***„Tempora vero nostra sunt hec. Millesimus ducentesimus quadragesimus annus gratie iam effluxit. In sede Petri Gregorius nonus iam 13 annis sedit. Negotia imperii Fridericus secundus huius nominis, 89. ab Augusto, 20 annis gubernavit. Onus Bremensis ecclesie Gerardus archiepiscopus secundus iam 23 gessit annos. Rex Waldemarus 38 annis, ipse iam septuagenarius, regnum Dacie gubernabat. Urbs Romana iam per duo milia annorum steterat, decem tantum minus.“*** [240]

Wie die meisten mittelalterlichen Universalchronisten hat Albert auf Isidors „Etymologiae“ oder „Origines“ basierend die Zeitenfolgen von Abraham bis zu seiner Zeit eingeordnet, wobei er die Jahreszählung bezüglich der Geschichte des Alten Testaments nach „generationes“ (Zeugungsaltern) vorgenommen hat. Die der Chronik Ekkehards entnommene, auf Orosius basierende Aufzählung umfaßt bis Christus 2016 Generationen.[241] Nach Moses erfolgt die Zählung der Jahre nach „regna“, nach Regierungs- oder Herrscherjahren von Königen und Hohenpriestern. Aus der Parallelisierung mit den Regierungszeiten der heidnischen Könige und durch Hinzuziehung der jüdischen Geschichtsschreibung ergibt sich die biblische Jahresfolge als Zeitsystem, als Weltära, für die in der mittelalterlichen Vorstellung linear verlaufende Universalgeschichte. Der Chronologie des Geschichtswerks Alberts von Stade liegt die Zählung der generationes und der Weltjahre der Septuaginta zugrunde, die schon Eusebius und Hieronymus in ihrer Chronik benutzt hatten. Nach der Septuaginta

---

[238] vgl. K. H. Krüger, Die Universalchroniken, S. 32

[239] Da Dionysius Exiguus , wie oben erwähnt, das Geburtsjahr Christi mit dem Jahr 747 seit der Gründung Roms gleichsetzte, dürfte im Jahre 1240 Rom genau 1987 Jahre bestanden haben.

[240] Lappenberg, Alb. Stad., S. 283, 45-49

[241] Lappenberg, Ann. Stad., S. 284, 58-59

fällt das Geburtsjahr Christi auf das Weltjahr 5198.[242] Auf dieser Zahlenangabe basiert das vom Chronisten 1240/41 in seiner Vorrede unter Berufung auf Orosius angegebene Weltalter von 6439 Jahren: ***„Mundus secundum Horosium et 70 interpretes 6 milia 439 habuit annos."***[243]

In den Gesta und dem Katalog der Päpste von Petrus bis Urban IV. erfolgt die Zählung nach Pontifikatsjahren.[244] Danach beginnt die christliche Zeitrechnung ab Kaiser Augustus. Da Albert von Stade in den staufischen Kaisern die Nachfolger des römischen Kaisers Augustus sah, behält er die Durchzählung der Kaiser *„ab augusto"* bis in seine Gegenwart bei. Auch dies verdeutlicht, daß er als Universalchronist die Geschichte als Ganzes betrachtet, d. h. sie strukturiert.[245]

E Literarischer Wert der Chronik

Der kompilatorische Teil der Chronik hat keinen literarischen Eigenwert, da der Autor nicht interpretierend in den Handlungsablauf eingreift, die Quellenberichte in keinen entwicklungsgeschichtlichen Zusammenhang stellt und die Ereignisse jeglicher Reflexion von seiten des Chronisten entbehren. Die kommentarlos und ohne Ergänzungen übergangslos aneinandergereihten Textpassagen verschiedener Quellenautoren, die für die Darstellung der Kirchengeschichte vor allem Adam von Bremen und Helmold von Bosau, für die Aufzeichnung der Reichsgeschichte insbesondere Ekkehard von Aura entlehnt sind, erwecken im unselbständigen Teil der Chronik den Eindruck eines rein kompilatorischen Geschichtswerkes, in das kurze Annalen zur römischen Geschichte vom Ende des Königtums bis

---

242 Krüger, S. 18, Lappenberg, Ann. Stad., S. 293, 11: Albert gibt irrtümlicherweise die Jahreszahl 1589 an.

243 Lappenberg, Ann. Stad., S. 283, 49-50 - F. J. Schmale, Funktionen und Formen, S. 32: „Eusebius zuerst, in der Praxis für das lateinische Abendland aber vor allem sein Übersetzer Hieronymus, vollbrachten die für das Zeit- und Geschichtsbewußtsein Europas und des Abendlandes grundlegende Leistung, die relativen Zeitsysteme der ehemals selbständigen politischen Gemeinschaften des Mittelmeerraumes, einschließlich Roms, in einen diachronen und synchronen Zusammenhang mit dem <absoluten> jüdisch-christlichen System zu bringen. Erstmalig gab es damit ein für die gesamte Menschheit ... umfassendes Zeitsystem. ... Mit Hilfe der Bibel werden die Jahre seit der Erschaffung der Welt gezählt"- mit „kleinen Unterschieden", je nachdem, ob man die Vulgata oder die Septuaginta zugrunde legte.

244 Lappenberg, Ann. Stad., S. 293, 38 bis S. 300,7

245 vgl. K. H. Krüger, Die Universalchroniken, S. 32

Caesar, die Gesta und der Catalogus pontificum Romanum eingefügt sind.[246]

Aber auch im selbständigen Teil der Chronik findet man keine verbindlichen Übergänge. Lokalgeschichtliche Nachrichten werden abrupt und mit ständigem Standorts- und Themenwechsel an Berichte reichsgeschichtlichen Inhalts gesetzt. An den engagierten eigenen Beitrag zu Hildegard von Bingen und die nachfolgenden Auszüge aus ihren Schriften[247] wird zum Beispiel zusammenhangs- und übergangslos der seitenlange Dialog zwischen den beiden Klosterbrüdern Tirri und Firri bezüglich eines Rechenspiels und möglicher Reisewege nach Rom und Jerusalem[248] gefügt, dessen Bedeutung Herbert Krüger, wie oben erwähnt, in seinem Buch *"Das Stader Itinerar des Abtes Albert aus der Zeit um 1250"* hervorgehoben hat. Auch setzt der Chronist ebenso abrupt mitten in die Kompilation von Helmolds Schilderung des Investiturstreits und der Reichspolitik Heinrichs V.[249] langatmig seine eigene lokalgeschichtliche Darstellung des Erbschaftsstreites um die Grafschaft Stade im Jahresbericht 1112. Durch dieses „Wechselbad" der Themen, das den Leser ständig zur Suche nach dem roten Faden nötigt, wirkt das Werk insgesamt wenig gefällig, recht spröde und literarisch wenig ansprechend.[250]

Sprachstilistisch ist die Chronik in einfachem Latein verfaßt, die Wortwahl ist phantasielos und wenig abwechslungsreich. Ständige Wiederholungen einfachster Redewendungen lassen eine große Diskrepanz zur Sprachgewandtheit der von Albert benutzten großen Quellenautoren erkennen, wie Ekkehard von Aura, Adam von Bremen und Helmold von Bosau, die seinem Werk zu Glaubwürdigkeit, Bedeutung und Vollständigkeit verhelfen sollten, die es jedoch im selbständigen Teil um so dürftiger erscheinen lassen. Auch nimmt Albert keinen Bezug zu eingefügten Texten von Quellenautoren oder Nachrichten aus anderen Annalen, die seinen eigenen, mosaikartig aus Einzelnachrichten, zum Teil auch aus Gerüchten und knappen Berichten übergangslos zusammengesetzten Beiträgen kommentarlos eingefügt sind. Die nur zeitlich geordneten, aber kunterbunt und ohne Übergang aneinandergereihten Nachrichten, Kurzmeldungen, Geschichten, Briefe, Genealogien, Dialoge, Wunderlegenden und Märtyrergeschichten erwecken nicht nur im „Troilus", sondern auch

---

246 Ebd., S. 289, 20 - 292

247 Ebd., S. 289-292, S. 330-332

248 Ebd., S. 332-344

249 Helmold, Slawenchronik, liber I, 40

250 vgl. Fiehn, Alb. Stad. S. 544 - D. Berg, Albert von Stade, S. 425

im Geschichtswerk Alberts von Stade den Eindruck eines „bunten Flickenteppichs ohne stilistische Kohärenz."[251] Selten stellt der Autor eine Verbindung zwischen den Ereignissen her oder ordnet Geschehenes in eine Entwicklung ein. Auch sind die Angaben über die aktuellen Ereignisse zu Lebzeiten des Autors oft enttäuschend knapp, dürftig und unergiebig, weshalb Albert von Stade in der Forschung nicht den bedeutenderen Chronisten seiner Zeit zugeordnet werden kann.[252]

Dagegen ist zuweilen ein leichter Hang zu Sensationsgeschichten zu erkennen, zum Beispiel bei der ausführlichen Schilderung der Bemühungen um die Identifizierung des vermeintlichen Grafen Balduin von Flandern.[253] Diese Geschichte war offenbar ein tagespolitisch sehr aktuelles und höchst brisantes Thema, das lange Zeit die Gemüter erregt hatte. Ebenso greift der Chronist genüßlich das Gerede von der simulierten Schwangerschaft Konstanzes von Sizilien auf und entstellt es zusätzlich durch Übertreibungen.[254] Deutlich ist hier die Absicht des Autors zu spüren, seine Leser zu unterhalten.

Schier endlos und fast unüberschaubar sind die Darstellungen der Fürstengenealogien und der Erbstreitigkeiten um die Grafschaft Stade in den Jahresberichten 1112 und 1144, deren genealogische Ausdeutung nur mit Hilfe des Personenregisters von Franz Wachter gelingt.[255]

Lesenswert sind dagegen viele Passagen, die eine engagierte Anteilnahme des Chronisten verraten, zum Beispiel der Bericht über Hildegard von Bingen zum Jahresbeitrag 1151. Besonders beeindrukkend bringt Albert von Stade auch in der Darstellung des Kinderkreuzzugs 1212 die Erschütterung und die Ratlosigkeit zum Ausdruck, die dieses religiöse Phänomen in der Bevölkerung seiner Zeit auslöste: ***„Circa idem tempus pueri sine rectore, sine duce, de universis omnium regionem villis et civitatibus versus transmarinas partes avidis gressibus cucurrerunt, et dum quereretur ab ipsis, quo currerent, responderunt: <Versus Iherusalem, quaerere terram sactam.> Plurimi***

---

251 wie es Markus Wesche, S. 122, bezogen auf die Troilusverse, trefflicher nicht formulieren konnte.

252 v. d. Brincken, Anna-Dorothee, Die „Nationes Christianorum Orientalium", S. 447: Dennoch gehört er zu den Autoren, die nach 1240 „eine Einordnung der Ostchristen in das Weltbild der Lateiner vornahmen."

253 vgl. Weiland, Zur Quellenkritik der Sachsenchronik, S. 164.

254 Lappenberg, Ann. Stad., S. 357, 1-30

255 Franz Wachter, Die Chronik des Albert von Stade, in: Geschichtsschreiber der deutschen Vorzeit, 2. Gesamtausgabe, 13. Jahrhundert; Band 4, Leipzig 1896

ex eis a parentibus claudebantur, in vanum tamen. quia fractis clausuris aut parietibus exilierunt. Papa auditis hiis rumoribus, ingemiscens ait: >Hii pueri nobis inproperant, quod ad recuperationem terrae sanctae eis currentibus nos dormimus.> Adhuc, quo devenerint, ignoratur. Sed plurimi redierunt, a quibus dum quaereretur causa cursus, dixerunt se nescire."[256] *(„Zur gleichen Zeit liefen Knaben ohne Anführer, ohne Leiter aus sämtlichen Weilern und Städten aller Gegenden mit eilenden Schritten zu den überseeischen Ländern und antworteten, wenn sie gefragt wurden, wohin sie gingen: <Nach Jerusalem, das Heilige Land zu suchen.> Sehr viele von ihnen wurden von den Eltern eingeschlossen, aber vergeblich, da sie Türen und Wände durchbrachen und entwichen. Als der Papst von diesen Gerüchten hörte, sagte er seufzend: <Diese Kinder beschämen uns, weil wir schlafen, während sie zur Wiedereroberung des Heiligen Landes eilen.> Bis jetzt weiß man nicht, wohin sie gekommen sind. Aber sehr viele kehrten zurück, und als man sie nach der Ursache ihres Zuges fragte, sagten sie, sie wüßten es nicht.")*

Emotional und haßerfüllt stimmt der Chronist dagegen in die Kreuzzugspredigten gegen die Stedinger im Jahresbericht 1234 ein. Im Bewußtsein des gerechten Krieges[257] gegen die Feinde der Kirche läßt er in seiner Darstellung nach Beendigung des Gemetzels Geistliche zum Zeichen des gottbestimmten Sieges Lobeshymnen anstimmen. Persönlich in der Rolle eines moralisierenden Glaubenseiferers, eines fanatischen Parteigängers und päpstlichen Handlangers gegen die Stedinger vermittelt Albert von Stade vom nahen Schauplatz des Geschehens aus der Nachwelt einen erschütternden Eindruck von der harten Realität der überaus turbulenten religiösen Situation seiner Zeit.

Geradezu in Verzückung gerät der Franziskaner jedoch bei der detaillierten Beschreibung der „ruhmwürdigsten" Reliquien, die sein Amtsnachfolger für das Marienkloster in Stade erworben hatte.[258] Dies verrät, daß ihn seine dreijährige Zugehörigkeit zur Minoritengemeinschaft nicht verändert hatte und daß er emotional und seiner ganzen Mentalität nach immer noch der Benediktinerabt war, der mit wahrer Sammlerleidenschaft für den Erwerb von kostbaren Reliquien

---

256 Lappenberg, Ann. Stad., S. 355, 33-39

257 Der Vorstellung vom gewaltsamen Vorgehen gegen innere Feinde der Kirche basiert auf dem von Augustinus geprägten Begriff des „bellum iustum". Die Anwendung von Gewalt beim Vorgehen gegen die Feinde der Kirche wird gerechtfertigt mit der Begründung, der Staat müsse vor äußeren (Heiden) und inneren Feinden der Kirche (Häretikern) geschützt werden.

258 Lappenberg, Ann. Stad., S. 368, 20-40

für das Stader Marienkloster eintrat, ehrgeizig darauf versessen, Bedeutung und Reichtum seines Heimatklosters zu vermehren. Hier findet unverkennbar Alberts Prägung durch seine Benediktinerlaufbahn ihren literarischen Ausdruck.

IV Die geschichtstheologische Grundkonzeption

A Das traditionelle, bibelexegetisch geprägte Geschichtsbild

Alberts Weltchronik läßt das traditionelle, bibelexegetisch geprägte Geschichtsbild des Mittelalters mit dem deterministisch christlichen Heilsplan erkennen. Es enthält Elemente des durch Beda Venerabilis und Isidor von Sevilla vermittelten Geschichtsbildes des *Orosius* in seiner *„Historia"*. Wie oben bereits erwähnt, schrieb Orosius um 417/418 auf Veranlassung des Augustinus sein Hauptwerk *„Historiarum adversum paganos libri VII"*, eine in dieser Form erstmalige christlich-theologische Deutung der gesamten Weltgeschichte, die auf der Grundlage der heidnischen Geschichtsschreibung und der Chronik des Hieronymus basiert. Erstmalig wird hier von Orosius in einem von der göttlichen Vorsehung her bestimmten Geschichtsablauf die Geschichte des Römischen Reiches in die jüdisch-christliche Heilsgeschichte miteingebunden. Orosius stellt die heilsgeschichtliche Rolle des römischen Reiches heraus und verbindet insofern die römische mit der christlichen Geschichte. In einer Symbiose von Christentum und Römertum bildet Rom seiner Vorstellung nach in der Spätantike den politischen Rahmen für die Christianisierung. Seine geschichtstheologische Deutung, daß der Gang der gesamten Weltgeschichte nach dem göttlichem Heilsplan abläuft, und seine Idealvorstellung einer weltweiten römischen Herrschaft über die Christenheit, in der das römische Kaisertum verherrlicht wird, beeinflußten in hohem Maße das Geschichtsbild der mittelalterlichen Weltchronisten.[259]

Albert von Stade würdigt in seiner Vorrede Orosius als hervorragenden Geschichtsschreiber, nimmt Bezug auf dessen Vorstellung von den nach den Himmelsrichtungen verteilten „Vier Weltreichen"[260] und gibt dessen vom tiefen Glauben geprägten Leitgedanken, der Einheit von Gott und Reich, wieder: ***„Sed et Horosius presbyter, famosus historiarum cognitor, quatuor regnorum metas per similes***

---

[259] H.W. Goetz, Stichwort: Orosius in Lex. des Mittelalters, Band VI, S. 1474-1475

[260] Krüger, Die Universalchroniken, S. 25

annos studuit adaptare, ostendens, quod solus Deus et regnum est dispositor et regnorum".[261]

Ausgangspunkt ist das Alte Testament, die Darstellung der ältesten Menschheitsgeschichte, die zugleich Offenbarungsgeschichte ist, in der Gott den vorhergewußten, -bestimmten und vorhergewollten, für alle Menschen gültigen Plan für den gesamten Ablauf der Menschheitsgeschichte offenbart. Der Ablauf der Geschichte, nicht nur der biblischen Offenbarungsgeschichte als „Typus der Geschichte",[262] sondern der gesamten Geschichte bis in die jeweilige Gegenwart verlief in der Vorstellung des mittelalterlichen Menschen nach dem Heilsplan Gottes. Er war von Gott bewirkt und durch die „divina providentia" gelenkt und daher göttliche Offenbarung.[263] Der Mensch fühlte sich als Teil der gottgewollten Ordnung geborgen. So war der Glaube extrem geschichtlich orientiert, und das Geschichtsbild gewann für den gläubigen Menschen des Mittelalters eine zentrale Bedeutung für seine Welt- und Lebensanschauung. Geschichtliche Ereignisse hatten einen göttlichen Sinn und waren auf ein Ziel gerichtet. Sie waren eingegliedert in „eine zweckvoll ausgerichtete Entwicklung",[264] in einen von der Schöpfung bis zum Jüngsten Gericht göttlich gelenkten Geschichtsablauf.

Geschichtsschreibung hatte im Mittelalter die Funktion, in der Vergangenheit bestimmte Prinzipien des Wirkens Gottes zu erkennen, für die Gegenwart eine Standortsbestimmung innerhalb des Geschichtsablaufs vorzunehmen und daraus Aussagen für die Zukunft zu machen. Auch war mit Hilfe der Geschichtsschreibung der Glaube zu beweisen. Sie konnte den Beweis für die richtige, die

---

[261] Lappenberg, Ann. Stad., S. 283, 28-29 - J. F. Schmale, Funktionen u. Formen mittelalterlicher Geschichtsschreibung, S. 46: „Für Orosius hatte die faktische Entwicklung der Geschichte insgesamt und nicht nur die des auserwählten Volkes, also auch noch nach dem Erscheinen Christi (Existenz des Römischen Reiches, Konstantinische Wende) eine Rolle im Heilsplan Gottes. ... Auch irdische und staatliche Geschichte erhalten somit für Christen eine positive, ja heilsgeschichtliche Wertigkeit. Sie hatte eine Funktion in der Förderung und Verbreitung des Heils; sie war Geschichte des Fortschritts auf dem Weg zum Heil, das keineswegs nur außerhalb der Zeit lag. Auch der jeweils geschichtliche Zustand hatte Anteil daran."

[262] F. J. Schmale, Funktionen und Formen, S. 77

[263] Ebd., S. 204

[264] vgl. Schmidt, Roderich, Aetates mundi, S. 288

gottgewollte Ordnung erbringen und damit auch als Orientierungshilfe und als Handlungsanweisung dienen.[265]

Das Jüngste Gericht vor Augen wollten die Menschen richtiges, gottgefälliges Verhalten aus der Vergangenheit lernen, d. h. durch Bibelexegese Prinzipien aus der Vergangenheit erkennen und in der Gegenwart anwenden, um in näherer oder ferner Zukunft beim zu erwartenden Weltende vor Gottes Gericht bestehen zu können.

Wir finden in der Weltchronik Alberts von Stade wie bei der Mehrzahl der mittelalterlichen Chronisten die Einteilung in sechs Zeitalter (aetates) in Analogie zu den sechs Schöpfungstagen. Das sechste Zeitalter beginnt als christliche aetas mit Christi Geburt, datiert nach der erstmalig von Beda verwendeten christlichen Zeitrechnung. Diese Einteilung bildet den Orientierungsrahmen für die Weltgeschichte, die die Zeitspanne vom Weltbeginn[266] über die Gegenwart bis zum in näherer oder ferner Zukunft liegenden, heilsgeschichtlich vorausbestimmten Weltende mit dem Jüngsten Gericht umfaßt, auf das auch Albert in seinem eigentlich mehr zeitlich und örtlich begrenzten Geschichtswerk andeutungsweise einige Male anspielt.

Auch er wollte seine Gegenwart universalhistorisch eingliedern. Innerhalb der von Gott gesetzten Zeitordnung stellt er deshalb stets den Bezug von biblischen zu historischen Gestalten und Ereignissen her. In seiner Vorrede nimmt er als Orientierungshilfe für die Eingliederung seiner Gegenwart sozusagen eine zeitgeschichtliche Standortbestimmung für das Jahr 1240 vor, in dem Gregor IX. bereits 13 Jahre lang Papst gewesen war, in dem sich Friedrich II. als der 89. Kaiser nach Augustus im 20. Regierungsjahr befand, in dem Erzbischof Gerhard II. der Bremer Kirche bereits 23 Jahre lang vorstand, in dem König Waldemar als Siebzigjähriger 38 Jahre lang regiert hatte und in dem Rom schon nahezu 2000 Jahre[267] bestand: ***„Tempora vero nostra sunt hec. Millesimus ducentesimus quadragesimus annus gratie iam effluxit. In sede Petri Gregorius nonus iam 13 annis sedit. Negotia imperii Fridericus secundus huius nominis, 89. ab Augusto, 20 annis gubernavit. Onus Bremensis ecclesie Gerardus***

---

265 vgl. Franz -Josef Schmale, Funktionen und Formen mittelalterlicher Geschichtsschreibung, S. 50-52

266 Bei Beda nach der Vulgata um 1246 Jahre später als bei Eusebius-Hieronymus nach der Septuaginta, vgl. Grundmann, Geschichtsschreibung im Mittelalter, S. 19

267 Da Dionysius Exiguus , wie oben erwähnt, das Geburtsjahr Christi mit dem Jahr 747 seit der Gründung Roms gleichsetzte, dürfte im Jahre 1240 Rom genau 1987 Jahre bestanden haben.

archiepiscopus secundus iam 23 gessit annos. Rex Waldemarus 38 annis, ipse iam septuagenarius, regnum Dacie gubernabat. Urbs Romana iam per duo milia annorum steterat, decem tantum minus."[268] Unter Berufung auf Orosius und die Septuaginta, derzufolge Christi Geburt auf das Jahr 5198 fällt, bestimmt Albert das Weltalter für seine Gegenwart, für das Jahr 1240, mit 6439 Jahren:[269] ***„Mundus secundum Horosium et 70 interpretes 6 milia 439 habuit annos."*** [270]

Albert beabsichtigte vor allem, wie andere mittelalterliche Chronisten, den gottgewollten und vorherbestimmten Geschichtsablauf zu dokumentieren und bis zu seiner Gegenwart darzustellen. Er stellt dabei eine Verbindung von der Vergangenheit zu seiner Gegenwart her. Ohne eigene geschichtstheologische Reflektionen darzustellen, nimmt er darüber hinaus in seiner Weltchronik einige Male zukunftsweisend Bezug auf die Endzeiterwartung.

B Elemente der Rezeption joachimitischen Gedankenguts und Bezug zum Apokalypsenkommentar des Minoriten Alexander

Es ist bereits darauf hingewiesen worden, daß Albert von Stade in seiner Chronik franziskanisches Gedankengut und „eine Würdigung der eschatologischen Bedeutung seines Ordens"[271] vermissen läßt, weil er der traditionellen Thematik und Denkungsart der Benediktiner verhaftet war. Während in seiner Gegenwart eigentlich andere Leitbilder des Glaubens, zum Beispiel Dominikus, Franziskus und Elisabeth von Thüringen vorherrschten, blieb er ein großer Verehrer Hildegards von Bingen und ein Befürworter ihrer Schriften. Hierfür spricht insbesondere seine große Vorliebe für die prophetischen Schriften und Episteln aus dem *„Liber divinorum operum"* Hildegards, deren heilsgeschichtliche eschatologische Visionen dem zum Allthergebrachten neigenden Albert von Stade mehr entsprachen als die revolutionäre Geschichtstheorie Joachims von Fiore. In langen Passagen kopiert er Teile dieses Werkes.[272] Im Jahresbericht 1152 beschreibt er sehr engagiert und in einer für ihn ungewöhnlichen

---

[268] Lappenberg, Alb. Stad., S. 283, 45-49

[269] Krüger, K. H., Die Universalchroniken, S. 26: Der Gesamtablauf der Vier Weltreiche und entsprechend der sechs Weltalter wird mit 6000 Weltjahren gleichgesetzt, analog zu den sechs Schöpfungstagen, da bei Gott nach Psalm 89,4 ein Tag 1000 Jahre sind.

[270] Lappenberg, Ann. Stad., S. 283, 49-50 - s. Anm. 242

[271] D. Berg, Vita minorum, S. 185

[272] Lappenberg, Ann. Stad., S. 330-344 - Lappenberg, Alb. Stad. Auctore Alberto, S. 279, 3 b

Ausführlichkeit das Leben Hildegards. Er bezeugt darin seine große Verehrung für die Heilige, insbesondere für ihre Jungfräulichkeit. Er nimmt Bezug auf das Werk der großen Mystikerin „Wisse die Wege (des Herrn)" oder „Drei Bücher über Geschichte und Offenbarungen" (Scivias seu visionum ac revelationum, libri III), in denen Hildegard allegorische Erklärungen über ihre Visionen gibt, die auf die prophetischen Offenbarungen in der Apokalypse des Johannes hinweisen, und aus denen sie ihre Glaubenslehre von der Erschaffung und der Erlösung der Welt durch die Vereinigung der menschlichen Seele mit Gott, der „unio mystica", entwickelte. Albert berichtet über die Kanonisierung ihrer Schriften durch Papst Eugen[273] auf dem Konzil in Trier. Insbesondere hebt er ihren Briefwechsel mit den Großen ihrer Zeit, mit Päpsten, mit den staufischen Herrschern und mit den derzeit bedeutendsten Geistlichen, vor allem mit Bernhard von Clairveaux hervor, den er einen ***„vir per omnia sanctissimus"*** nennt.[274] Im Jahresbericht ***1151*** weist er kurz auf Hildegards Vorstellung von der Endzeiterwartung hin. Dabei läßt er jedoch Konkretes vermissen und geht über eine Andeutung nicht hinaus. Hildegard hätte in ihren Schriften „viel Nützliches von den Zeiten und vom Antichrist" prophezeit und die üble Lage der Kirche durch ihren prophetischen Geist vorausgesehen und vorhergesagt: ***„...in quibus valde quaedam utilia de futuris temporibus et de antechristo prophetavit, et miserum statum ecclesiae futurum praevidit spiritu prophetico et praedixit."***[275]

In welchem Maße Albert trotz seiner benediktinisch geprägten, herkömmlichen Endzeitvorstellung und Geschichtsauffassung[276] dem geschichtstheologischen Gedankengut Joachims von Fiore[277] nahe

---

[273] 1148 auf Veranlassung Bernhards von Clairveaux

[274] Lappenberg, Alb. Stad., S. 330, 5-23

[275] Lappenberg, Ann. Stad., S. 330, 13-15

[276] E. Paztor, Stichwort: Joachim von Fiore, Lex. MA, Bd. 5, S. 486: Nach herkömmlicher mittelalterlicher Geschichtsauffassung käme am Ende des Zweiten Zeitalters mit dem Erscheinen des Antichrist das ständig erwartete, doch nie eintretende Weltende.

[277] Die weltgeschichtliche Konzeption des kalabrischen Zisterzienserabts und einflußreichsten prophetischen Geschichtstheologen des Mittelalters Joachim von Fiore (1130-1202) sieht analog zur Trinität und aus der Erkenntnis der Parallelität zwischen dem Alten Testament, gedeutet als Gottvater, und dem Neuen Testament, dem Zeitalter Christi, eine Gliederung der Weltgeschichte in drei Weltzeitalter (Status) vor. Das 1. reicht als Zeitalter des Gesetzes vom Beginn der Erde bis zu Christi Geburt, das im Alten Testament niedergelegt ist. Das 2. als Zeitalter Christi war bestimmt vom Ordo clericorum

stand, wird besonders in seinem Kreuzzugsbericht über die Niederlage bei Hittin (1187) im Jahresbericht ***1188*** deutlich. Albert verbindet darin Saladins Eroberungen im Heiligen Land, die christliche Niederlage bei Hittin 1187 und die Einnahme Jerusalems mit der Prophetie Joachims. Als Anhänger des traditionellen chronikalischen Schreibstils stellt er hierbei jedoch keinen direkten Bezug der Person Saladins zum Antichrist her, sondern lediglich durch die Art seiner Formulierung: ***„Saladinus ascendit Ierosolimis et cepit eam; fixit papilionem suam in monte olivet,"***[278] eine

und dauerte, basierend auf den bei Matthäus 1 aufgezählten Generationen zu je 30 Jahren von Abraham bis Christus, beziehungsweise nach den 42 Monaten oder 1260 Tagen der Apokalypse, Kap. 11, beginnend bei Christi Geburt, bis ins 13. Jahrhundert. Joachim sah die Erfüllung des Alten im Neuen Testament. Nach herkömmlicher mittelalterlicher Geschichtsauffassung käme am Ende des 2. Zeitalters mit dem Erscheinen des Antichrist das ständig erwartete, doch nie eintretende Weltende. Joachim dagegen verlagerte den Endzeitgedanken in die Zukunft: AT und NT vergleichend sah er Parallelen und Wiederholungsvorgänge des Alten im Neuen Testament. Er schloß damit auf eine gleiche Wiederholungstendenz in einem neuen Zeitalter, das er als Drittes, als Zeitalter der Vier Evangelien und als Zeitalter der Zukunft prophezeite, an dessen Ende erst das Weltende stehen würde. Der 3. Status sollte unter der Herrschaft des Heiligen Geistes stehen und vom Ordo monachorum geprägt sein, die den Menschen die sog. „libertas" bringen sollte. In diesem Weltzeitalter sollte das Evangelium aeternum wirken und von neuen Mönchsorden geprägt sein, deren Mitglieder als "vires spiritualis" vom Heiligen Geist mit der „intelligentia spiritualis" begabt und im Besitz der göttlichen Weisheit auf „das gesamte zeitgenössische Buchstabenwissen" verzichten könnten. Für Joachim befand sich die Weltgeschichte in seiner Gegenwart am Übergang vom 2. zum 3. Status. Er erwartete in nächster Zukunft erneute Verfolgungen der Kirche durch das Auftreten des Antichrist, dessen Erscheinen spätere Interpreten seines Werks auf 1260 datierten. In diesem Zeitalter würden weltliche und kirchliche Mißstände aufgehoben sein. Eine neue, eine Geistkirche, unter der Leitung eines neuen Ordens würde mit einer ungenannten Persönlichkeit der Kirche an der Spitze entstehen, von der der Antichrist zu Beginn des prophezeiten Dritten Zeitalters besiegt würde. Revolutionär war, daß Joachim mit dem Dritten Zeitalter die Vorstellung von einer Menschheit verband, die in ihrer gottbegnadeten Vollkommenheit Papsttum, Sakramente, Priesterschaft und etablierte Kirche nicht mehr benötigte, weil paradiesische Zustände auf Erden die Vermittlung von Heil und Gnade überflüssig machten. Nach dem Geschichtsmodell Joachims wurde das Ende des 2. Weltalters von Interpreten errechnet und nach christlicher Zeitrechnung von vielen Gläubigen im Jahre 1260 mit dem gleichzeitigen Erscheinen des Antichrist und des Endkaisers erwartet. - vgl. E. Paztor, Lex. MA, Bd. 5, Stichwort: Joachim von Fiore, S. 486

[278] Lappenberg, Ann. Stad., S. 351, 25

Formulierung, die mittelalterliche Kommentatoren allgemein dem Danielkommentar des Hieronymus entnahmen, und die den Zug des Antichrist zum Ölberg beinhaltet.[279] Ohne eigene endzeitliche Vorstellungen darzulegen, weist der Chronist hier auf Inhalte der Prophetie Joachims hin, derzufolge „an die Stelle der traditionellen Prophetie des Antichrist der Islam als seine Erfüllung trat."[280] Joachim hatte Saladin als Vertreter des Islam und Gegner der Christen die Rolle des Vorläufers des noch im Verborgenen existierenden Antichrist öffentlich zugewiesen und in ihm den gegenwärtigen, vorletzten Unterdrücker erkannt.[281] Diese Rolle findet in Alberts negativer Darstellung der Person Saladins eine Entsprechung. Albert beschreibt Saladin im Jahresbericht ***1186*** als skrupellosen machtgierigen Menschen, der als Sohn eines armen Schusters und gekaufter Diener des Königssohns Norendin wegen seiner Klugheit zum Verwalter avanciert wäre und als Günstling der Königin nach Ermordung Norendins und Ehelichung der Königin die Macht an sich gerissen hätte. Später hätte er durch die Tötung des Patriarchen von Babylon die Herrschaft über Babylon, Äthiopien, ganz Ägypten, Damaskus und Mekka gewonnen. In diesem Zusammenhang offenbart der Chronist gleichzeitig sein Bild von den Heiden, ein extrem negatives Bild vom Islam und den Muslims, indem er Mekka als Ort der Grabstätte Mohammeds nennt und diesen als den Gott der Muslime bezeichnet, den die Schweine zerrissen hätten.[282]

Albert deutet die Niederlage bei Hittin zwar als düsteres Omen einer baldigen Erfüllung der joachimitischen Prophezeiung und zitiert in diesem Zusammenhang den im Mittelalter unter dem Namen Joachims weit verbreiteten Antichristvers: ***„Eodem anno abbas Ioachim sic de antechristo prophetavit: Cum fuerint expleti 1260 anni, nascetur antichristus."***[283] Er stellt jedoch keine Beziehung zu Friedrich II. als dem Endkaiser her.

Als sicheres Zeichen für das Eintreffen des konkret durch Joachim von Fiore prophetisch Angekündigten deutet Albert das katastrophale Ergebnis des ersten Kreuzzugs Ludwigs IX. Zukunftsweisend zitiert er hierzu im Jahresbericht ***1250*** die Prophezeiung Joachims von Fiore. Der Franzose sei überwunden, der Papst gefangen genommen worden

---

279 Schmolinsky, S. 84 und Anm. 275

280 Ebd., S. 86

281 Ebd., S. 77,

282 Lappenberg, Ann. Stad., S. 351, 13-19

283 Lappenberg, Ann. Stad. S. 351, 28, 29 - Lappenberg, Alb. Stad., S. 276, 23-25 - Schmolinsky, Der Apokalypsenkommentar, S. 76 f

und der Herrscher der Deutschen würde die Oberhand gewinnen: ***„Superabitur Francus, capietur pontfex summus, praevalebit imperans Alemannis."***[284] Bemerkenswert ist jedoch, daß der Chronist auch in diesem Zusammenhang keinen Bezug dieses Zitats zu Friedrich II. herstellt. Auch offenbart die dem Zitat vorangestellte Bemerkung Alberts, daß sich einige, als sie die Nachricht von der Kreuzzugsniederlage vernahmen, an die Prophezeiung des Abtes Joachim erinnert hätten: ***„Hiis auditis rumoribus, prophetiam abbatis Joachim quidam reduxerunt ad memoriam,..."***,[285] erneut seine persönliche Distanzierung zur Aussage des Zitates. Ohne eigene Ausführungen zur Prophetie Joachims, fügt Albert ein Zitat aus dem Apokalypsenkommentar des Minoriten Alexander[286] ein. Die Kirche bete darum, daß, was als Unheil verkündet sei, sich zum Segen umkehre: ***„Sed frater Alexander in expositione apokalypsis eandem prophetiam tangens, subicit sic: <Sed ecclesia orat, ut quod dictum est in ultionem, transeat in salutem.>"***[287] Diese hoffnungsvolle Bemerkung trifft den Kernpunkt der Aussage Alexander Minoritas[288] und bezeugt Kenntnis

---

[284] Lappenberg, Ann. Stad., S. 372, 45-46

[285] Ebd., S. 372, 44,45

[286] Lappenberg (Albertus Stadensis, S. 372, Anmerkung 4) ordnet den Apokalypsenkommentar nicht mit Sicherheit einem Minoriten Alexander Halensis zu - Herbert Grundmann (Ausgewählte Aufsätze, Teil 2 Joachim von Fiore, S. 63 f, in Schriften der MGH, Band 25,2, Stuttgart 1977) ebenso unsicher dem norddeutschen Minoriten und früheren Domscholastiker von Bremen Alexander von Bexhövede.

[287] Lappenberg S. 330, 13-15 - vgl. Grundmann, Geschichtsschreibung, S.67 und 74:. Der norddeutsche Minorit Alexander wollte die Ausdeutung der ganzen Apokalypse auf den gesamten Ablauf der Weltgeschichte und bezog erstmalig die Apokalypse des Johannes Vers für Vers auf Ereignisse und Gestalten seit Christus bis zu seiner Gegenwart.

[288] Der Apokalypsenkommentar des Alexander Minorita ist das erste unstimmige Zeugnis für die Rezeption joachitischen Ideengutes in der Minoritengemeinschaft. Als Quelle hatte Alexander der pseudojoachitische Jeremiaskommentar vorgelegen. In der 1249 entstandenen, erweiterten Fassung der Expositio versuchte Alexander die Offenbarung des Johannes als Prophetie für den Lauf der Kirchengeschichte von der Zeit Christi bis zu seiner Zeit historisch zu interpretieren. Analog dazu, daß die Prophetie des Alten Testamentes seine Erfüllung im Neuen Testament fand, wendete er für seine Deutung das gleiche Prinzip von Verheißung und Erfüllung an, d. h. die Prophetien des Johannes fanden ihre Erfüllung in bestimmten Ereignissen der Weltgeschichte. Er gliederte den gesamten Geschichtsverlauf in sechs Epochen, deren fünfte geprägt war von den Kämpfen zwischen Imperium und Sacerdotium in seiner Gegenwart, d. h. zwischen Gregor IX. beziehungsweise

und Nähe Alberts von Stade zu dessen historisch-spiritueller Deutungstheorie. Mit Sicherheit teilte er die Überzeugung Alexanders, der zwar die Herrschaft Friedrichs II. als nahezu beendet,[289] der den Bestand der Kirche jedoch noch nicht als ernsthaft gefährdet ansah.[290]

Fest und unbeirrt glaubte er an das Fortbestehen der Kirche, die ihn geprägt hatte, mit der er sich nach wie vor eng verbunden sah, und der er sich durch die Ordensregel des Franziskus und durch die Benediktiner Regel streng verpflichtet fühlte. Mit seiner Kritik an den Benediktinern im Jahresbericht ***1240*** weist er deutlich darauf hin, daß er in der strikten Befolgung der Ordensregel die Vorbereitung auf die Endzeit erkannte, da die Nichteinhaltung der Regel die größte Gefahr für die Seele bedeute und beim jüngsten Gericht die Verdammung durch Gott als höchstem Richter nach sich ziehe: ***„Abbas siquidem Albertus saepius in regula beati Benedicti, quam professus erat, animadvertit hunc articulum , ubi dicitur , quod qui eam servare tenetur et non servaverit, sciat se a Deo damnari, quem irridet.“***[291] Seinen unerschütterlichen Glauben daran finden wir in seinem autobiographischen Selbstzeugnis im Jahresbericht 1240 belegt: ***„Romanam adierat sedem anno Gregorii papae 11, videlicet anno Domini 1236, papae supplicans, ut locum suum in Cisterciensem***

Innozenz IV. und Friedrich II.. Nach dieser Zeit der Bedrängnis würde nach dem Erscheinen des Antichrist im Jahre 1315, der dreieinhalb Jahre lang wüten würde, das Letzte Gericht auf Erden eintreten. In der sechsten Epoche würde eine Friedenszeit folgen, die von der Lebensform der Bettelorden und von einem Messiaskaiser geprägt sein würde. Die immer wiederkehrenden Kämpfe zwischen Imperium und Sacerdotium während des gesamten Ablaufs der Weltgeschichte werden von Alexander spirituell als kontinuierliche Bedrückung und Verfolgung der Kirche durch verschiedene Antichristen, als Angriffe Satans auf die Kirche gedeutet. Alexander verband den Begriff Antichrist mit der historischen Gestalt Friedrichs II, ohne dabei auf Kritik innerhalb oder außerhalb des Ordens zu stoßen. Den Mendikantenorden wird eschatologische Bedeutung zugewiesen. Von ihren Gründern in „mystischer Ehe mit dem Herrn“ geboren, stellen sie ein neues Geschlecht dar als Wegbereiter des zukünftigen Reiches. In ihrer von Einfalt, Demut und Selbstverleugnung, Armuts- und Christuspostulat bestimmten Vita hätten sie die Aufgabe, als Vorkämpfer der Civitas Dei Kirche und Welt zu reformieren und die urchristliche Lebensform wiederherzustellen.

289 Schmolinsky, Der Apokalypsenkommentar, S. 112 und Anm. 360: „Tyrannus Fredericus, qui modo regnavit, sicut in plurimus factis satis manifeste ...“ (Alexander Minorita, Expositio, S. 507, 3 f)

290 Ebd., Anm. 361, Alexander Minorita S. 508, 1-8

291 Lappenberg, Ann. Stad., S. 366, 25-28 - vgl. Wachtel, Einleitung zu Alexander Minorita, S. XXVIII unten

ordinem commutavit, ut sic fratres ibidem commorantes sub observatione sanctae regulae possent diem extremum et adventum districti iudicis sine gravissimo animarum suarum periculo exspectare."[292] Glaubwürdig macht ihn, daß er sein Leben nach seiner Glaubensüberzeugung ausgerichtet und die für ihn bittere Konsequenz gezogen hat, auf seine Abtsstellung zu verzichten und den Ordenswechsel für sich zu vollziehen. Nicht ohne die zuständigen Bischöfe und vor allem den Erzbischof von Bremen gotteslästerlicher Vernachlässigung ihrer Seesorgepflicht anzuklagen, legt er deutlich seine Gründe für diesen Entschluß dar. Als Seelsorger seiner Mönche könne er deren Übertretungen der Ordensregel und deren Lebensführung vor Gott nicht mehr verantworten.

Wenig Beachtung schenkt Albert von Stade den „Antichristvorwürfen" in dem auch auf eschatologischer Ebene geführten Kampf zwischen Papst und Kaiser. So läßt er einerseits die Hauptanklagepunkte des Manifestes „Ascendit de Mari" vermissen, in dem Gregor IX. unter Verwendung eschatologischen joachitischen Gedankengutes den Kaiser „mit stärksten Ausdrücken der Apokalypse"[293] als Vorläufer des Antichrist diffamieren ließ, und als dem Meer entsprungene, die Welt und den katholischen Glauben vernichtende Bestie bezeichnet.[294] Andererseits verschweigt der Chronist auch die Gegenreaktion Friedrichs II., in der dieser seit 1239 in Propagandaschreiben Gregor IX. persönliche Verfehlungen unterstellte und ihn als „Fürsten der Finsternis" und seinerseits als ein wildes, dem Meer entsprungenes Tier, das der Welt den Frieden raube, und schließlich als Antichrist bezeichnete. [295] Dieter Berg weist auf die weitreichenden Konsequenzen des Manifestes hin: zum einen steigerte Gregor IX. den

---

[292] Lappenberg, Ann. Stad., S. 366, 28-31

[293] Klaus J. Heinisch, Kaiser Fr. II. in Briefen u. Berichten seiner Zeit, Kap. 5, Der Hammer der Welt, S. 423

[294] Böhmer, Regesta, Nr. 7245; HB V, 327-340 - MGH Epp. saec. XIII, S. 646; Übersetzung bei Steinen, Wolfram von den (Hrsg.): Staatsbriefe Kaiser Friedrichs des Zweiten, Breslau 1923, S. 61f. - Graefe, Friedrich, Die Publizistik in der letzten Epoche Kaiser Friedrichs II. Ein Beitrag zur Geschichte der Jahre 1239-1250. Heidelberg 1909 (Heidelberger Abhandlungen zur mittleren und neueren Geschichte, 24), S. 29 ff. - Heinisch Kaiser, S. 423 ff

[295] Böhmer, Regesta, Bd. 1, Nr., 2455 – Winkelmann, Eduard (Hrsg.): Acta imperii inedita saeculi XIII et XIV. Urkunden und Briefe zur Geschichte des Kaiserreichs und des Königreichs Sicilien in den letzten Jahren 1198-1273, Bd. 1. (Innsbruck 1880) ND Aalen 1964, S. 314f., Nr. 355, übersetzt bei Graefe, Publizist, S. 41ff. - Heinisch, Kaiser, S. 424 ff. - vgl. D. Berg, Stauf. Herrschaftsideologie, S. 37, darin Anm. 71

Kampf gegen Friedrich II. hierdurch in eine „neue, geschichtstheologische Dimension"; zum anderen schürte er damit auch die tief in der zeitgenössischen Volksfrömmigkeit wurzelnde Angst vor dem Antichrist.[296] Darüber hinaus würde die joachitische Bewegung innerhalb der Minoritengemeinschaft in ihrer Tendenz bestärkt, Friedrich II. mit dem Antichrist zu identifizieren, da sie gegen Ende der vierziger Jahre des 13. Jahrhunderts dem ordo minorum eine heilsgeschichtliche, endzeitliche Bedeutung zumaßen,[297] die mit den eschatologischen Ansprüchen und den ideologischen Vorstellungen Friedrichs II. vom Endkaisertum unvereinbar war. Für die joachimitischen Franziskaner galt Joachim von Fiore als Prophet ihres Ordens.[298] Für sie stellte der Heilige Franziskus die ungenannte Persönlichkeit der Kirche dar, von der der Antichrist zu Beginn des von Joachim prophezeiten Dritten Zeitalters besiegt würde.[299] Diese „konkurrierenden eschatologischen Ansprüche" machten einen friedlichen Ausgleich zwischen Friedrich II. und den Minoriten unmöglich, die besonders nach der Absetzung des Kaisers auf dem Lyoner Konzil fast ausschließlich auf päpstlicher Seite engagiert waren.[300]

Vergeblich sucht man nach einem Zeichen für die Identifikation des Chronisten mit dem neuen Orden, da er weder die Lebensform noch die eschatologische Bedeutung des Franziskanerordens auch nur andeutungsweise erwähnt.[301] Eine Zuordnung Alberts von Stade zur joachimitischen Strömung innerhalb des Minoritenordens ist deshalb mit Sicherheit auszuschließen.

Der Chronist stellt weder einen Bezug zur oben zitierten Prophezeiung Joachims von Fiore zu Friedrich II. als Endkaiser her, noch bringt er den Kaiser in eine Verbindung mit dem Antichrist. Nirgendwo läßt sich in seiner Weltchronik eine eschatologische Interpretation der Herrschaft Friedrichs II. finden.[302]

---

[296] D. Berg, Stauf. Herrschaftsideologie, S. 36

[297] Ebd., S. 36-37

[298] vgl. H. Grundmann, Geschichtsschreibung im Mittelalter, S. 74

[299] E. Paztor, Lex MA, Bd. 5, Stichwort: Joachim von Fiore, S. 486

[300] D. Berg, Studien zur Gesch. u. Historiographie der Franziskaner im flämischen u. norddtsch. Raum, in: F.S. 65, 1983, Heft 2-3. S. 139-140

[301] D. Berg, Vita minorum, S. 185

[302] D. Berg, Vita minorum, Zum Wandel des franziskanischen Selbstverständnisses, S. 184 f - vgl. auch D. Berg, Studien zur Gesch. u. Historiographie der Franziskaner im fläm. u. norddtsch. Raum, S. 140: Ebensowenig läßt Albert auch nur ansatzweise Spuren der Auseinandersetzungen der Minoriten mit den Kaisertreuen im deutschen Reich und den daraus resultierenden negativen Auswirkungen auf das Ordensleben in den deutschen Provinzen erkennen.

Offensichtlich war Albert von Stade durch seine Benediktinerlaufbahn zu lange vorgeprägt und nicht mehr jung genug, um von dieser innovativen joachimitischen Bewegung erfaßt zu werden, die nach den Worten von Herbert Grundmann wie eine „gewaltige geistige Welle“ durch ganz Europa zog, sich bereits in den ersten Jahren ihrer Entstehung bis in norddeutsche Franziskanerniederlassungen ausgebreitet hatte[303] und später für die Spiritualen eine reformerische geistige Kraft darstellte. Möglicherweise erschien es dem Chronisten etwas heikel, Joachim von Fiore zu thematisieren, da dessen Werke bei aller Anerkennung des großen Geschichtstheologen von der Kirche nicht ganz unumstritten waren. Schließlich war Joachim wegen seiner gegen Petrus Lombardus gerichteten These in seiner Schrift „De unitate seu essentia Trinitatis“ 1215 auf dem vierten Laterankonzil durch Papst Innozenz III. verurteilt worden.[304] Möglicherweise nahm Albert von Stade auch Anstoß an Joachims Kritik an Petrus Lombardus, dem er, wie oben beschrieben, in einem Hexameter, den man seiner Originalchronik zuordnet, schwärmerisch große Verehrung entgegengebracht hatte.[305]

Mehr als einen kurzen Hinweis auf die Sentenzenbücher des Petrus Lombardus, enthält die uns erhaltene Chronikfassung jedoch nicht,[306]

---

303 Grundmann, Apokalypsenkommentar des Minoriten Alexander, S. 68

304 Die Schriften Joachims von Fiore waren umstritten, weil dessen Geschichtsdeutung quasi auf eine Infragestellung der gesamten Kirchenstruktur und -hierarchie und auch der gesamten weltlichen Hierarchie abzielte. Seine revolutionäre Geschichtstheorie löste ein neues Epochenbewußtsein aus. Wegen seiner These in seiner Schrift: "De unitate seu essentia Trinitas", in der er Petrus Lombardus bezichtigt, er habe eine Quaternitas eingeführt, wurde er zwar durch Papst Innozenz III. auf dem 4. Laterankonzil 1215 angeklagt. Er wurde jedoch von der Kirche nie als Häretiker bezeichnet. Im Gegenteil: der Papst profitierte von Joachims Geschichtstheorie, weil er darin eine Möglichkeit sah, die Kirchenspaltung zu verhindern. Er nutzte sie für ein neues Reformprogramm.

305 s. oben - Hamb. Annalen zum Jahr 1162 in: MGH SS XVI, S. 382, 23-26

306 L. Hödl, Petrus Lombardus in Lex Ma, Bd. 6, S. 1977: Das zwischen 1150-58 entstandene und 1157/58 ergänzte, vierbändige Sentenzenwerk hatte Petrus Lombardus seinem Unterricht zugrunde gelegt. Es wurde durch Alexander von Hales zum Schulbuch gemacht und galt bis zur Reformation als theologisches Unterrichtswerk. P. interpretierte die Bibel den traditionellen Glossen entsprechend, diskutierte die aus Text und Überlieferung resultierenden Fragen und sammelte diese in den vier Sentenzenbüchern. In den ersten beiden Bänden behandelt P. Trinität, Schöpfer und Schöpfung, wobei er die Darlegungen von Abaelards "theologica" und der „sacra pagina“ Anselms von Laon miteinander verband. Die Bände drei und vier beinhalten

so daß wir aus beiden Hinweisen nur vage auf einen möglichen Einfluß dieses Theologen auf Alberts theologische Grundkonzeption schließen können.

Zusammenfassend kann man sagen, daß in der Weltchronik Alberts von Stade geschichtstheologische Reflexionen weitgehend fehlen. Der Chronist beschränkt sich auf nur wenige kurze Zitate, Hinweise und Andeutungen, ohne eigene Interpretationen zu eschatologischen Themen anzubieten und ohne eigene theologische Vorstellungen zu entwickeln. Die aus seinen Andeutungen erkennbare theologische Grundkonzeption ist hauptsächlich durch die heilsgeschichtlichen eschatologischen Visionen Hildegards von Bingen bestimmt. Doch auch hier weist Albert lediglich darauf hin, daß die heilige Hildegard „viel Nützliches von den Zeiten, vom Antichrist und von der üblen Lage der Kirche" prophezeit hätte, und verzichtet auf konkretere Aussagen. Auch eine theologische Prägung des Chronisten durch Petrus Lombardus ist möglich. Alles weist darauf hin, daß Albert von Stade der traditionellen Thematik und Denkungsart und der benediktinisch geprägten Geschichtsauffassung, Endzeit- und Antichristvorstellung verhaftet war, aus der er sich trotz seiner Kenntnis des joachimitischen Gedankenguts und des Apokalypsenkommentars nicht löste. Selbst seine mögliche Nähe zu seinem Mitbruder Alexander Minorita änderte daran nichts.

Seine autobiographischen Selbstzeugnisse und seine Kritik an den Benediktinern offenbaren seine Überzeugung, daß er in der strikten Befolgung der Ordensregel die Vorbereitung auf die Endzeit erkannte, und daß dagegen deren Nichteinhaltung größte Gefahr für das Seelenheil bedeute und beim Jüngsten Gericht die Verdammung durch Gott als höchstem Richter nach sich ziehe.

Andeutungen der Nähe seiner Endzeitvorstellung zur prophetischen Aussage Joachims von Fiore, der Saladin als Vertreter des Islam und Gegner der Christen die Rolle des Vorläufers des noch im Verborgenen existierenden Antichrist öffentlich zugewiesen hat, finden sich verschlüsselt in Alberts negativer Darstellung Saladins im Jahresbericht 1188 im Zusammenhang mit der christlichen Niederlage bei Hittin und Saladins Eroberungen im Heiligen Land. Doch auch

---

Abhandlungen über Christologie und Erlösungslehre, Sakramente und Eschatologie. P. vertritt dabei die Habitustheorie. Auf dem IV. Laterankonzil 1215 erfuhr Petrus Lombardus wegen seiner Sentenzen eine besondere Anerkennung. Seine Schüler schufen in der zweiten Hälfte des 12. Jhs. die Sentenzenglossen.

hier stellt der Chronist keinen direkten Bezug der Person Saladins zum Antichrist her.

Ebenso läßt Albert von Stade eine Erwähnung der eschatologischen Bedeutung seines Ordens und eine eschatologische Interpretation der Herrschaft Friedrichs II. vermissen. Auch stellt er weder zu dem unter dem Namen Joachims weitverbreiteten Antichristvers im Jahresbericht 1188 noch zu seinem Zitat der Prophetie Joachims von Fiore im Jahresbericht 1250 einen Bezug zu Friedrich II. als Endkaiser her. Überdies bringt er nirgendwo in seiner Chronik den Kaiser in eine Verbindung mit dem Antichrist. Mit Sicherheit ist daher eine Zuordnung Alberts zur joachimitischen Strömung innerhalb des Franziskaner Ordens auszuschließen, für die es nahe lag, Friedrich II. mit dem Antichrist zu identifizieren. Seine kurze Aussage aus dem Apokalypsenkommentar Alexander Minoritas läßt zwar darauf schließen, daß er wie dieser den Fortbestand der Kirche nicht als gefährdet ansah. Die Dürftigkeit der eschatologischen Zitate und das Fehlen einer Auseinandersetzung mit der Geschichtstheorie Joachims von Fiore und mit den Aussagen im Apokalypsenkommentars Alexander Minoritas lassen jedoch keine sicheren Aussagen über einen möglichen Einfluß dieses Ideengutes auf seine theologische Grundkonzeption zu.

Wie Albert aufgrund seiner geschichtstheologischen Prägung im einzelnen die Rolle von Papst- und Kaisertum gewichtet und wie er die Auseinandersetzung zwischen beiden Universalmächten darstellt, wird in den folgenden Kapiteln dargelegt.

V Schwerpunkte der Geschichtsschreibung Alberts von Stade

A Darstellungen der Kaiser- und Papstgeschichte, der Reichs- und Kirchengeschichte

1.) Die Geschichte der Salierkaiser Heinrich IV. und Heinrich V. und der Investiturstreit

a) Heinrich IV. im Vorfeld des Investiturstreites und seine politische Auseinandersetzung mit der Fürstenopposition

Aus der Frutolf-Ekkehard-Chronik erwähnt Albert im Jahresbeitrag ***1056*** die Übergangsregierung der Kaiserin Agnes.[307] Sie hätte *„weise und tüchtig"* geherrscht. Nach der Entführung ihres unmündigen Sohnes und Thronfolgers Heinrich durch den Erzbischof Anno von Köln hätte sie ihr Leben in einem italienischen Kloster beendet. Albert zeigt die negative Bilanz Frutolfs auf, daß *„seitdem im Reich Zwietracht, in der Kirche Verwirrung, Verfall der Klöster, Mißachtung der Geistlichkeit, Zerfall von Gerechtigkeit und Frömmigkeit"* begonnen hätten.[308]

In wesentlichen Sätzen zusammengefaßt ergänzt er im Wortlaut Adams von Bremen, daß *„zum großen Schaden für das Kaisertum eine Frau und ein Kind"* gefolgt wären, daß die Fürsten sich ungern *„durch die Amtsgewalt einer Frau eingeengt"* und *„vom Gebot eines Kindes regiert"* gesehen und daß *„sie sich ihre alten Freiheiten"* gesichert hätten, *„um nicht dienen zu müssen"*. Nach Beendigung der bewaffneten Fürstenaufstände sei die Leitung der Staatsgeschäfte von den Entschlüssen der Erzbischöfe Anno von Köln und Adalbert von Bremen[309] abhängig gewesen, die zuvor zu den höchsten Ratgebern ernannt worden wären.[310]

Im Wortlaut Frutolfs zeichnet Albert im Jahresbericht ***1068*** ein negatives Bild vom Lebenswandel des jugendlichen Kaisers. Nur noch in Sachsen lebend, säe dieser Zwietracht durch Mißachtung der

---

307 s. Anm. 144 zu Adam III, 34: Regentschaft der Kaiserin Agnes 1056-1062 für den 1050 geb. Heinrich IV: gegen die fürstliche Opposition.

308 Frutolf 1056, S. 72, 1-26

309 s. Anm. 147, Adam III, 34: Heinrich IV. stand 1062/63 unter der Leitung des rücksichtslosen Anno von Köln. Adalbert nahm als „Patronus regis" nachweislich an der Regierung teil seit Juni 1063 und verdrängte Anno bald, der 1064 in Italien die Papstfrage zu lösen suchte.

310 Adam von Bremen, liber III, S. 368, 23 - S. 370, 7

Fürsten, Unterdrückung des Adels und Betreiben einer zweifelhaften Heiratspolitik, wodurch er sich Feinde fürs Leben und für seine Herrschaft schaffe. Im übrigen setze er die Burgbesatzungen aus Eigenleuten zusammen und widme sich mehr der Jagd und dem Spiel als der Rechtsprechung. Viele führten dies Verhalten auf den verwerflichen Einfluß Adalberts von Bremen zurück.[311]

Aus der Slawenchronik Helmolds von Bosau zeichnet er im Beitrag ***1071*** die Ereignisse der Jahre 1071-1075 in Sachsen auf, von der Zerstörung der Harzburg, die der König *"zur Unterdrückung von ganz Sachsen"* hätte errichten lassen, durch die sächsische Fürstenopposition bis zur Niederschlagung des Aufstands des sächsischen Adels mit dem Sieg Heinrichs IV. an der Unstrut.[312]

Im gleichen Jahresbeitrag berichtet Albert in einem knappen wörtlichen Auszug aus der Frutolf-Ekkehard-Chronik, wie Heinrich IV. dem Herzog Otto von Bayern aufgrund einer Verleumdung unrechtmäßig wie einem „Majestätsverbrecher" das Herzogtum Bayern entzogen und es dem Schwaben Welf übertragen hätte.[313] Die Deutung dieses Vorgangs durch den Quellenautor als Ursache und Anfang allen Übels, *„aller Kämpfe und Aufstände, Plünderungen und Brandschatzungen, Schismen und sogar von Irrlehren..."* läßt er jedoch unbeachtet.[314] Später greift er jedoch diesen Vorwurf gegen Heinrich IV. in einem eigenen kritischen Beitrag im Jahresbericht 1093 auf. Sich mehr auf die Sachinhalte beschränkend, fährt er aus gleicher Vorlage mit dem Jahresbericht **1072** fort. Heinrich IV. hätte durch Verfolgung und Zerstörung von Ottos Gütern und Burgen diesen *„ganz wie einen Feind des Staates völlig zu vernichten"* getrachtet. Otto hätte andererseits, *„um sich für das ihm angetane Unrecht zu rächen"*, nicht nur an der Verschwörung der Sachsen gegen den König mitgewirkt, er wäre auch Urheber *„lästerlicher und unerhörter Beschuldigungen* (gegen Heinrich IV.) *beim Apostolischen Stuhl..."* gewesen. Überdies hätte er im ganzen Reich Bundesgenossen gegen den Monarchen gesucht, so daß sich dieser, *„erschreckt über diese Umtriebe,"* aus Sachsen zurückgezogen hätte.

Aus gleicher Vorlage berichtet er im Jahresbeitrag ***1073***, daß die Bischöfe von Köln und Bamberg dem König einen Papstbrief überbracht hätten, in dem Papst Alexander Heinrich IV. aufforderte,

---

311 Frutolf, 1068, S. 78, 14-24

312 Helmold, Slawenchronik, cap. 27 S. 120, 13 - S. 122, 14 und cap. 28, S. 122, 15-19

313 Frutolf 1071, S. 80, 4-24

314 Ebd., S. 80, 22-24

Genugtuung für Simonie zu leisten.[315] In einem weiteren Auszug aus gleicher Quelle zeigt er noch einmal das wütende Treiben der Sachsen, die bereits erwähnte Zerstörung der Harzburg, aber auch das Niederreißen des Münsters und der Wohnhäuser der Kanoniker sowie die Schändung des Grabs des Königssohnes auf.[316] Im Jahresbericht ***1074*** greift er die über Gregor VII. kursierenden Gerüchte auf. Der Papst sei nicht kanonisch, sondern allein durch die Gunst der Römer ins Amt gekommen, und einige Bischöfe hätten ihn für abgesetzt erklärt.

b) Heinrich IV. vor und nach Canossa

Der Slawenchronik entstammt die im Jahresbericht ***1074*** verdeutlichte Kritik der sächsischen Fürsten an der Laieninvestitur des Königs. Sie hätten darüber beim Papst Beschwerde eingelegt. Der König entziehe den Kirchen bei der Bischofsinvestitur die Freiheit der kanonischen Wahl und bestelle die Bischöfe nach seinem Belieben. Darüber hinaus mache er nach der Art der Nikolaiten seine Ehefrau öffentlich zur Dirne und begehe vieles andere Sittenlose, weshalb ihn der Papst zum Verhör vor den apostolischen Richterstuhl berufen hätte. Der König aber hätte die ersten drei Vorladungen mißachtet.[317]

Im Vorgriff auf die Zeit nach der Exkommunikation Heinrichs IV. und abweichend von der Vorlage, in der Ekkehard sich teilweise an

---

315 Frutolf, 1073, S. 82, 13-18 - vgl. Egon von Boshof, Heinrich IV., S. 54-55: Als Heinrich IV. den durch seinen vergeblichen Kampf gegen die mit dem Reform-Papsttum verbündete Pataria amtsmüden Erzbischof Wido von Mailand auf dessen Wunsch hin absetzte und den königstreuen Subdiakon Gottfried als neuen Erzbischof von Mailand investierte, erregte er damit den Widerstand der Pataria unter der Führung des aus der Kapitanenschicht stammenden Erlembald. Dieser Widerstand wurde von Papst Alexander II. unterstützt. Unter Mißachtung des Investiturrechts des deutschen Königs exkommunizierte Alexander Gottfried wegen Simonie. Erlembald setzte daraufhin gegen den Widerstand eines großen Teils des Mailänder Klerus und der Bürger die Wahl des Klerikers Atto zum neuen Mailänder Erzbischof durch. Hierdurch war ein lokaler Investiturstreit in Mailand entbrannt. Ungeachtet dessen veranlaßte Heinrich durch eine Gesandtschaft an die lombardischen Bischöfe auf einer Synode der Mailänder Suffragane die Weihe Gottfrieds. Offenbar im Einvernehmen mit der Kaiserin Agnes reagierte der Papst mit einer deutlichen Warnung. Er bannte auf der Fastensynode fünf Ratgeber des Königs unter der Anklage der Simonie. Wegen des Todes Alexanders war es jedoch nicht zu einem offenen Konflikt gekommen.

316 Frutolf, 1073, S. 82, 13-25

317 Helmold, cap. 28, S. 122, 16-28

der Aufständischenliste des Lampert von Hersfeld orientiert,[318] bezeichnet Albert von Stade in einem seiner ersten kurzen selbständigen Beiträge Anno von Köln, Siegfried von Mainz, Bucco von Halberstadt, Wezelo von Magdeburg und alle sächsischen Fürsten als papsttreu. Als kaisertreu dagegen erwähnt er insbesondere den Erzbischof Liemar von Bremen.[319] Bereits im Jahresbericht 1072 hebt er den gebürtigen Bayern und Nachfahren von Dienstmannen des Königs als einen wissenschaftlich gebildeten, klugen Mann hervor, den Kaiser Heinrich IV. selbst investiert hätte.[320] Ergänzend fügt er im Jahresbeitrag 1081 hinzu, daß Liemar als erster Ratgeber des Kaisers Heinrich IV. auf seiner Reise nach Rom begleitet hätte.[321] Er stellt die konsequente Königstreue des Erzbischofs heraus, verschweigt aber dessen Suspendierung und Exkommunikation durch Gregor VII. im Jahre 1075.[322]

Im Jahresbericht ***1075*** erwähnt Albert stichwortartig die Schlacht an der Unstrut, über die er aus der Slawenchronik bereits im Jahresbeitrag 1071 informiert hat.[323]

Im Wortlaut Frutolfs berichtet der Chronist im Jahresbeitrag ***1076*** über das Konzil in Worms. Alle deutschen Bischöfe, mit Ausnahme der sächsischen, hätten Gregor VII. für abgesetzt erklärt. Auf der bedeutenden, in Oppenheim einberufenen Versammlung hätten noch im gleichen Jahr nahezu alle Reichsfürsten, insbesondere die Sachsen und Alemannen, Heinrich IV. in seiner Abwesenheit ihren Treueid aufgekündigt, weil dieser zweimal gebannt worden wäre und zweimal die Vorladung vor den Heiligen Stuhl mißachtet hätte. Unter diesem Druck wäre Heinrich demütig nach Rom, nach Canossa gezogen. Hier hätte er drei Tage lang vor dem Tor der Burg ohne jeglichen königlichen Aufwand ausgehalten. Im Wortlaut der Frutolf-Ekkehard-Chronik zitiert Albert: *„Er ließ nicht eher ab unter vielen Tränen die Hilfe und den Trost päpstlichen Erbarmens zu erflehen, als bis er dank der Bitten und Tränen aller Anwesenden vom Bann gelöst und in die Gemeinschaft und den Schoß der Mutter Kirche wiederaufgenommen wurde,*

318 Ebd., S. 80, 25 - S. 82, 12

319 Lappenberg, Ann. Stad., S. 316, 11-13

320 Ebd., S. 316, 4-8

321 Ebd., S. 316, 27-28

322 Franz Wachter, S. 5, Anm. 5

323 Reineccius-Ausgabe, A. D. 1075

nachdem er zahlreiche Sicherheiten geleistet hatte, in Zukunft sein Leben zu bessern."[324]

Aus der Slawenchronik schildert er die demütige Buße Heinrichs in Rom, das der Kaiser ein Jahr lang nicht hätte verlassen dürfen. In niederer Kleidung hätte er gebetet und gefastet. *„Als nun die Kardinäle und Angehörigen der Kurie nun sehen, wie die weltlichen Mächte aus Furcht vor dem apostolischen Stuhle zittern und die Beherrscher des Erdkreises sich beugen, legen sie dem Papste nahe, das Reich einem anderen Manne zu übertragen; sie bezeichnen es als unwürdig, daß ein solcher regiere, der öffentlicher Schandtaten überführt sei."* Dem rechtschaffenen, friedliebenden und „so hoher Stellung" für würdig befundenen Herzog Rudolf von Schwaben hätte der Papst eine goldene Krone mit der Inschrift: „Christus gab Rom dem Petrus, und dir der Papst diese Krone" geschickt. Den Erzbischöfen von Mainz und Köln und den übrigen Bischöfen und Fürsten hätte er Anweisung gegeben, Rudolfs Partei zu unterstützen und ihn als König einzusetzen.[325] Die Sachsen und Schwaben hätten das Wort des Papstes befolgt und Rudolf zum König gewählt, die übrigen Fürsten jedoch, die Städte am Rhein sowie das ganze Volk der Franken hätten ihn nicht angenommen, weil sie den Heinrich geschworenen Eid nicht hätten brechen wollen. Von all den Ränken gegen ihn hätte der in Rom Büßende nichts geahnt.[326]

Aus der Frutolf-Ekkehard-Chronik erwähnt Albert im Jahresbericht ***1077*** die Erhebung Rudolfs von Schwaben zum Gegenkönig, *„der keinerlei Verbindung mit dem Stammbaum der Könige"* besessen hätte. Diese hätte unter der Mitwirkung des Bremer Metropoliten Siegfried, des Bischofs von Würzburg, des Herzogs von Kärnten und einiger anderer Fürsten in Gegenwart päpstlicher Legaten in Mainz stattgefunden. Anschließend hätte sich aber ein Volksaufruhr erhoben und Rudolf und sein Gefolge wären vertrieben worden.[327]

Wiederum der Slawenchronik entstammt die legendäre Schilderung, wie der eng mit Heinrich IV. befreundete Bischof von Straßburg zum bußfertigen Kaiser an die Gräber der Märtyrer nach Rom eilte und ihm eröffnete, daß man einen neuen Herrscher gewählt hätte, und daß seine Rückkehr nach Deutschland dringend nötig sei. Er hätte dem

---

324 Frutolf, 1076, S. 84, 17- S. 86, 13 - Mit geringen Veränderungen entspricht der Text Gregors VII. Reg. IV, 12 a.

325 Nicht der Papst, sondern Heinrichs Gegner unter den deutschen Fürsten haben am 13. März 1077 die Wahl des Gegenkönigs Rudolf von Schwaben durchgesetzt.

326 Helmold, I, 28, S. 124, 1-23

327 Frutolf, 1077, S. 88, 5-19

zögerlichen König erklärt, daß die „ganze unselige Verschwörung römischer Treulosigkeit entsprungen sei". Zur Freude der Rheinstädte und aller seiner Parteigänger wäre Heinrich zurückgekehrt und hätte ein großes Heer gegen Rudolf gesammelt, auf dessen Seite die Heere der Sachsen und Schwaben gestanden hätten.[328]

Die Berichte über die kriegerischen Auseinandersetzungen zwischen Heinrich IV. und Rudolf, die Schlacht an der Streu ***1078*** und die Schlacht bei Flarchheim ***1079*** entstammen der Frutolf-Ekkehard-Chronik.[329]

Aus gleicher Quelle wird im Jahresbericht ***1080*** das von Heinrich anberaumte Treffen von 30 Bischöfen und einer bedeutenden Anzahl von Fürsten aus Deutschland und Reichsitalien in Brixen beschrieben. In Abwesenheit des Papstes Gregor VII. sei das Urteil gegen ihn gesprochen worden, daß er vom apostolischen Stuhl zu vertreiben sei. Zugleich sei der Erzbischof Wigbert von Ravenna zum Papst (zum Gegenpapst Clemens III.) ernannt worden.[330] Frutolfs Zitat aus dem Dekret der Brixener Synode läßt Albert unbeachtet. In kurzen Worten faßt er dagegen den von Frutolf zitierten Brief des Anselm von Lucca an Wibert[331] inhaltlich zusammen. Vorlagengetreu charakterisiert er Anselm als gebildeten, intelligenten, redegewandten und gottesfürchtigen Mann. In diesem Brief bezeichne Anselm Wibert als pflichtvergessen und vermessen und benenne Hildebrand als den wahren Papst.[332]

Die letzten dramatischen Worte des in der Schlacht an der Elster tödlich getroffenen, von Zweifeln geplagten Gegenkönigs Rudolf zitiert Albert aus der Slawenchronik.[333]

Im Jahresbericht ***1081*** hebt er, wie bereits erwähnt, in einem eigenen kurzen Beitrag den Bremer Erzbischof Liemar als ersten Ratgeber und Begleiter Heinrichs IV. auf seinem Romzug hervor: ***„Rex Heinricus Romam profectus est, habens in comitatu suo Liemarum, Bremensem archiepiscopum, penes quem tunc summa consilii erat."***[334] Anschließend berichtet er aus der Frutolf-Ekkehard-Chonik über die zweijährige Belagerung der Stadt Rom vor der Burg von St. Peter und

---

328 Helmold, I, 29, S. 124, 23-S. 126, 10

329 Frutolf, S. 90, 2-17

330 Ebd., S. 90, 24-32

331 Der Text ist ein Auszug aus dem Liber contra Wibertum, in MG. Lib. de lite I, 521, Z. 31-41

332 Frutolf, S. 92, 17 - S. 94,5

333 Helmold, S. 126, 13-21

334 Lappenberg, Ann. Stad., S. 316, 27-28

über den Widerstand, den Gregor dem Kaiser mit Hilfe der Stadtrömer entgegensetzte.[335]

Im Jahresbericht ***1082*** hören wir aus gleicher Quelle die Nachricht von der Aufstellung Hermanns zum Gegenkönig (in Ochsenfurt am Main) durch die Sachsen und die Alemannen. Hermann wird als reich und kriegerisch beschrieben. Nach der Annahme des Königstitels sei er jedoch mißachtet worden und hätte alle seine Anhänger verloren. Zudem sei er ***1083*** feindlich in Franken eingedrungen.[336]

Aus gleicher Vorlage berichtet Albert über die Einnahme der Stadt Rom durch Heinrich IV., während Gregor VII. in der Engelsburg eingeschlossen gewesen sei. Er berichtet vorlagengetreu über den Bau einer Befestigung auf dem Palatin (vielmehr Palatiolus) durch den Kaiser und über die großen Verluste, die Heinrich aufgrund der Sommerhitze (möglicherweise Malaria) in der Besatzung und in seinem Heer hinnehmen mußte.[337] Die Römer hätten dem König zwanzig vornehme Geiseln übergeben und ihn um einen Termin für ein Treffen gebeten, an dem alle Senatoren und der Papst vor ihm erscheinen sollten. Gregor sei jedoch nicht zum festgesetzten Termin gekommen und nach Salerno geflohen, wo er sich bis zu seinem Tode aufgehalten hätte.[338] Die Aussage, daß sich die Römer einmütig vom Papst losgesagt und sich Heinrich ergeben hätten, wird von Albert jedoch übergangen.

Aus gleicher Vorlage fährt der Chronist mit dem Jahresbericht ***1084*** über Heinrichs Eroberungen Campaniens und Apuliens fort. Er erwähnt die Übergabe der Stadt Rom durch die Römer, auf deren Wunsch Wigbert von Ravenna zum Papst ernannt worden sei. Wigbert wäre am 22. März als Papst Clemens (III.) inthronisiert worden und hätte König Heinrich und der Königin Bertha zu Ostern die Kaiserweihe verliehen. Anschließend sei er nach Deutschland zurückgekehrt, um das von den Alemannen belagerte Augsburg einzunehmen.[339]

Über das in Anwesenheit römischer Gesandter auf der Mainzer Synode gefällte Urteil, wonach alle Bischöfe, die gegen den Kaiser opponierten, abgesetzt werden sollten, berichtet Albert aus gleicher Quelle im Jahresbericht ***1085***. Die übrigen Bischöfe wären mit dem

---

335 Frutolf, S. 94, 17-21

336 Ebd., S. 94, 30 - S. 96, 7

337 Ebd., S. 96. 8-16

338 Ebd., S. 96, 19-26

339 Ebd., S. 96, 31 - S. 98, 12

Bann belegt worden. Auf gemeinsamen Rat hin sei ein Gottesfriede[340] verkündet worden. Die abgesetzten Bischöfe hätte Heinrich neu bestellt.[341] Albert erwähnt die Neuinvestierung des Würzburger Bischofs Meinhard.

Vorlagengetreu notiert er den Tod Gregors VII. in Salerno und die Nachfolge des römischen Kardinals Desiderius, des Abtes von Monte Cassino.[342] Dieser wäre als wahrer Diener Christi dank der Zustimmung der Normannen und der in Reichsitalien mächtigen Frau Mathilde gewählt worden.[343]

In kurzer „Rückblende" berichtet Albert aus der Slawenchronik über das Schisma. Die als vollkommener Geltenden wären Anhänger Gregors, Clemens hingen die übrigen an, die *„sich von der Angst vor dem Kaiser und seiner Gunst leiten ließen. Das Schisma dauerte 25 Jahre, denn nach Gregor folgte Desiderius, auf den Urban, sodann Paschalis - sie alle taten den Kaiser und seinen Papst in den Bann und hielten sich bei den Königen von Frankreich, Sizilien und Spanien auf, welche die rechtgläubige Partei schützten."*[344]

Im Jahresbericht ***1086*** werden nach der Frutolf-Ekkehard-Chronik die weiteren kriegerischen Auseinandersetzungen Heinrichs IV. mit den Sachsen und den Alemannen um Würzburg, die Schlacht bei Pleichfeld und die Reinvestierung sowie die erneute Vertreibung des Bischofs Adalbero beschrieben.[345]

Aus der Slawenchronik überträgt Albert im Jahresbeitrag ***1087*** den Bericht vom Ende des von den Sachsen zum Gegenkönig erhobenen Hermann Knoblauch. Nach zwei Siegen als Eroberer sei Hermann in eine Burg eingezogen und durch ein „merkwürdiges Gottesurteil" von einem aus den Angeln gerissenen Tor erschlagen worden.[346] Hierdurch sei das Unternehmen der Sachsen erfolglos zusammengebrochen, und diese hätten davon Abstand genommen, einen neuen König zu wählen und die Waffen gegen den Kaiser zu erheben.[347]

---

340 Ebd., s. S. 99, Anm. 17: Die Landfriedensbewegung bestand in Deutschland bis zum Mainzer Reichslandfrieden von 1235.

341 Ebd., S. 98, 15-23

342 Viktor III. war Papst von 1086 bis 1087.

343 Frutolf, S. 102, 1-6

344 Helmold, S. 128, 2-10

345 Frutolf, S. 102, 2-19

346 Helmold, S. 129, Anm. 8: Hermann Knoblauch fiel in einer Fehde an der Lahn oder an der Mosel.

347 Helmold, I, 30, S 128, 11-17

Im Jahresbericht ***1089*** schildert der Chronist im Wortlaut der Frutolf-Ekkehard-Chronik Heinrichs ergebnislose Belagerung der Burg Gleichen in Thüringen, während der der Markgraf Ekbert den Kaiser in die Flucht geschlagen hätte. Hierbei sei der die Heilige Lanze des Kaisers tragende Bischof Buchard von Lausanne getötet worden.[348]

Erneut erwähnt der Chronist in einem selbständigen kurzen Beitrag den Erzbischof Liemar von Bremen. Dieser wäre vor Gleichen vom Herzog Lothar (von Süpplingenburg), dem späteren Kaiser, gefangen genommen worden und hätte für seine Freilassung und die Wiedereinsetzung in sein Bistum Lothar die Vogtei Bremen sowie 300 Mark Silber übergeben: ***„Ibi (Gliche) etiam Liemarus, Bremensis archiepiscopus, captus est a comite Ludero, qui postea regnavit. Qui dedit pro redemptione sua advocatiam Breme et 300 marcas argenti; et ita restitutus est episcopatui suo. ...“***[349]

Im Jahresbericht ***1090*** erwähnt Albert aus der Frutolf-Ekkehard-Chronik den erneuten Italienzug Heinrichs IV., der sieben Jahre andauern sollte.[350]

Aus gleicher Quelle notiert er im Jahresbericht ***1093***, daß sich der Sohn Heinrichs IV. und der Kaiserin Bertha Konrad gegen den Vater erhoben hätte. In der Vorlage wird jedoch nur mitgeteilt, daß Konrad dessen bezichtigt worden sei.[351]

In einem eigenen Beitrag läßt Albert von Stade im gleichen Jahresbericht seine antikaiserliche Haltung und seine Parteinahme für das Reformpapsttum erkennen. Es geht um die vermeintliche Entehrung der Kaisergemahlin Praxedis/Adelheid[352] durch Heinrich IV. Albert verurteilt diese „Schandtat“ auf das Heftigste, zu der Heinrich sogar seinen eigenen Sohn Konrad habe anstiften wollen, und behauptet nicht ohne Genugtuung, daß der Papst ihn aufgrund dieses

---

348 Frutolf, S. 104, 6-14

349 Lappenberg, Ann. Stad. S. 316. 40-43

350 Frutolf, S. 104, 15-16

351 Ebd., S. 106, 3-4

352 Schwiegertochter Odas, der Frau Udos II. von der Nordmark und Witwe des verstorbenen Markgrafen Heinrichs des Langen, die Heinrich IV 1089, 12 Monate nach dem Tod seiner Frau Bertha, heiratete und bald darauf unter unerfreulichen Umständen wieder verließ; vgl. Faust, Harsefeld, S. 138. Adelheid flieht vor den entehrenden Nachstellungen des Kaisers nach Italien, wo ihr Mathilde, die Markgräfin von Tuscien, Zuflucht gewährt und sie gleichzeitig den Schutz Papst Urbans II. findet, der Heinrich IV. 1080 ein zweites Mal bannt.

„so abscheulichen Verbrechens“ erneut gebannt hätte.[353] Auch macht der Chronist keinen Hehl daraus, daß er, wie alle rechtgläubigen Katholiken, Kaiser Heinrich zutiefst verabscheute und vollends dem Zitat des derzeit angesehenen Bischofs und Kaisergegners Anselm von Cantuaria zustimmte, der Heinrich in einem Brief den *„Nachfolger Neros und Julians, des Apostaten gegen den Stellvertreter Christi“* genannt habe.[354]

Aus der Ekkehard-Chronik berichtet Albert im Jahresbeitrag ***1097***, daß der Kaiser nach seiner Rückkehr aus Italien in Regensburg den Juden, die man zur Taufe gezwungen hätte, den Gebrauch ihres eigenen Gesetzes gestattet hätte.[355]

Im Jahresbeitrag ***1098*** notiert Albert aus dem Jahresbericht 1099 der gleichen Quelle, daß Heinrich IV. unter Zurückweisung seines älteren Sohnes Konrad, den er zuvor gekrönt hätte, seinen jüngeren Sohn Heinrich (V.) zum König krönen ließe.[356] Auch berichtet er vorlagengetreu vom Abfall Konrads von seinem Vater und übernimmt die Charakterisierung Konrads.[357]

Im gleichen Jahresbericht vermerkt er quellengleich den Tod Urbans (II.), der wegen der Unruhe in der Kirche zahlreiche Konzilien abgehalten und ebenso viele Dekrete verkündet hätte, der (auf dem Konzil 1095) etwa 200 Väter in Piazenza zusammengerufen und, wie seine Vorgänger, Kaiser Heinrich (IV.) aus der Gemeinschaft der Kirche ausgeschlossen hätte. Auch hätte die ebenfalls anwesende Gemahlin des Kaisers Adelheid auf dieser Synode viel Verabscheuungswürdiges gegen Heinrich hervorgebracht.

Bevor Urban verschieden sei, hätte er den Kardinal Rainer von Clemente zu seinem Nachfolger designiert. (Albert überträgt die gesamte Würdigung Rainers.) Die ganze Römische Kirche hätte diesen, obwohl er widerstrebt hätte, unter dem Namen Paschal (im August 1099) zum Hirten geweiht.[358]

Im Jahresbericht ***1100*** notiert der Chronist vorlagengetreu den Tod des Papstes (des Kaisers) Clemens (III.) und übernimmt wortgleich Ekkehards kritischen Nachruf. Dieser betont, daß Clemens sein Amt

---

353 Der 1080 von Papst Gregor VII. verhängte zweite, endgültige Bann und die Absetzung Heinrichs IV. bleibt im deutschen Reich in ihren Auswirkungen gering und zieht eine Einbuße päpstlicher Autorität nach sich.

354 Lappenberg, Ann. Stad., S. 316, 51-56 - S. 317, 1-8

355 Frutolf, S. 108, 21-23

356 Ebd., S. 118, 5-7 und wiederholt Ekkehard, S. 128, 10-13

357 Ekkehard, S.128, 14-27

358 Ebd., S. 158, 19-30

nicht gut versehen hätte, daß er gezwungenermaßen gegen einen lebenden Papst aufgestiegen wäre, daß er drei aufeinander folgende Päpste überlebt hätte, während er von beiden Sitzen, Rom und Ravenna, ausgeschlossen wäre und nach eigener Aussage lieber niemals den apostolischen Titel angenommen hätte.[359] Aus der Slawenchronik ergänzt der Chronist, die Spaltung sei beigelegt worden und die ganze Kirche sei zu Paschalis zurückgekehrt.[360]

Der Jahresbericht ***1101*** enthält im Wortlaut Ekkehards die Nachricht vom Tode Konrads. Dieser hätte während seiner Regierungszeit in Reichsitalien stets vom Rat der (Markgräfin) Mathilde (von Toscana) und des Papstes Gebrauch gemacht, der, wie manche glaubten, durch Gift umgekommen sei, und dessen Begräbnis durch einige Wunder verherrlicht worden sei.[361]

Im Jahresbericht ***1102*** notiert Albert Ekkehards Bericht von einer Unterredung Heinrichs IV. mit den Fürsten,[362] bei der der Kaiser angekündigt hätte, für den Februar ein allgemeines Konzil einzuberufen zu wollen. Auf diesem Konzil sollte seine und des Papstes Sache nach kanonischem Recht erörtert werden, und die Einheit der königlichen und der geistlichen Gewalt, die so viele Jahre gespalten gewesen wäre, wieder gefestigt werden. Sicher sei, daß Heinrich weder selbst (nach Rom) gekommen wäre, noch daß er dem Papst eine Botschaft mit der Erklärung seiner Unterwerfung gesandt hätte. Auch sei es nicht verborgen geblieben, daß er, jedoch ohne Erfolg, einen Gegenpapst gegen Paschalis aufzustellen versucht hätte.[363] Aus der Slawenchronik ergänzt Albert, daß Paschalis, sobald er fest auf dem päpstlichen Stuhl gesessen hätte, den Kaiser durch alle Bischöfe und Diener der katholischen Kirche hätte exkommunizieren lassen.[364]

Vorlagengetreu berichtet Albert im Jahresbeitrag ***1103***, daß Heinrich IV. durch den Bischof Emehard (von Würzburg) hätte bekanntgeben lassen, er werde König Heinrich alle Gewalt überlassen und das Grab des Herrn besuchen. Hierdurch hätte er die Gunst des Volkes, der Fürsten und der Geistlichen im ganzen Reich erlangt und durch seine Erklärung viele Menschen aus verschiedenen Teilen des Reiches bewegt, ihn auf diesem Weg zu begleiten.[365]

---

359 Ebd., S. 162, 14-21
360 Helmold, I, 32, S. 130, 6-7
361 Ekkehard, S. 162, 22 - S.164, 3
362 Ebd., S. 179, Anm. 92: offenbar auf einem Hoftag zu Weihnachten 1100.
363 Ebd., S. 178, 28 - S. 180, 4
364 Helmold, I, 32, S. 130, 8-10
365 Ekkehard, S. 182, 24 - S. 184, 3

c) Das Ende Heinrichs IV. und Heinrich V.

In der Darstellung Heinrichs V. folgt Albert von Stade, wie oben bereits erwähnt, dem Werturteil Ekkehards, der dessen Papstkonformität lobt, dessen Abfall vom Papsttum jedoch verurteilt.

Aus der Ekkehard-Chronik notiert er im Jahresbericht ***1105***, Heinrich V. hätte in Bayern auf Betreiben des Markgrafen Diepold (von Vohburg), des Grafen Berger (von Sulzbach) und eines Adligen Otto (möglicherweise der Graf von Kastl-Habsberg) Vorkehrungen für einen Aufstand gegen den Vater getroffen. Zunächst hätte er die oben genannte Irrlehre[366] verurteilt und dem Papst den schuldigen Gehorsam (in Bezug auf die Investiturfrage) versprochen. Danach hätte er ein Bündnis mit den bayerischen Fürsten und einigen Adligen Alemanniens und Ostfrankens geschlossen und sich nach Sachsen begeben, wo er, ehrenvoll aufgenommen, Ostern in Quedlinburg gefeiert hätte und in kurzer Zeit Herr aller Städte Sachsens geworden wäre. Mit Rat und Hilfe der Bischöfe Ruothard von Mainz und Gebhard von Konstanz, der Stellvertreter des Papstes Paschalis, hätte er ganz Sachsen in die Gemeinschaft der Römischen Kirche zurückgeführt. Die Bischöfe und die Geistlichkeit hätte er für den 4. Juni[367] zu einer Synode in die Pfalz Nordhausen eingeladen. Hier sollte über die „verderbte Kirchenzucht" verhandelt werden.[368] In allen Details gibt Albert Ekkehards überaus lobenden Worte über Heinrichs bewunderungswürdig kluges, besonnenes und königliches Verhalten auf der Synode wieder. König Heinrich hätte auf diesem Konzil durch seine große Demut und sein Ansehen Hoffnung auf gute Anlagen erweckt, *„... in allem bewahrte er für sich selbst in wunderbarer Weise die Bescheidenheit des jungen Mannes und erwies den Priestern Christi die angemessene Ehrerbietung. Dabei rief er unter Tränen den König des Himmels selbst und die ganze himmlische Heerschar zu Zeugen an, daß er nicht aus Herrschsucht die Herrschergewalt des Vaters an sich reiße und keineswegs wünsche, daß sein Herr und Vater des Römischen Reiches verlustig gehe, daß er vielmehr dessen Halsstarrigkeit und Ungehorsam stets das schuldige Mitleid entgegenbringe; für den Fall aber, daß dieser sich nach dem christlichen Gesetz dem heiligen Petrus und seinen Nachfolgern*

366 Ekkehard nimmt hier Bezug auf die von Albert nicht erwähnte Fastensynode von 1102

367 Ekkehards Datum ist falsch. Nach eigener Aussage feierte Heinrich V. am 29. Mai das Pfingstfest.

368 Ekkehard, S. 188, 26 - S. 190, 14

unterwerfen werde, versprach er, ihm im Reich Platz zu machen und untertänig dienen zu wollen..."[369]

Im Wortlaut der Rosenfelder Annalen ergänzt der Chronist, daß Heinrich V., nachdem er die kirchlichen Angelegenheiten so klug und kenntnisreich geordnet hätte, mit römischen Gesandten in Bayern und Sachsen eingedrungen wäre, die Invasoren überwältigt und die „Begünstiger der Häresie" (die Bischöfe Heinrichs IV.) ihres Amtes enthoben und sie gedrängt hätte, sich der Prüfung des apostolischen Herrn zu unterziehen.[370]

In Verbindung mit der Todesnachricht Ottos von Northeim fällt Albert in einem eigenen Beitrag zum gleichen Jahresbericht sein vernichtendes Urteil über Heinrich IV. Er stellt ihn mit Bezug auf Ekkehards Jahresbericht von 1071 als skrupellosen Herrscher dar, der mit „ausgesuchter Kunst" (seinen bis dahin einflußreichsten Berater,) den gebürtigen Sachsen Otto von Northeim[371] durch einen gewissen Egino, von niederer Herkunft, aber durch Kraft und Kühnheit hervorragend, des versuchten Mordanschlags auf seine kaiserliche Person und damit der Majestätsbeleidigung hätte anklagen lassen: ***„accusare fecit iam dictum Ottonem de crimine lese maiestatis, ..."***, um ihn letztendlich (1070) enteignen zu können. Der Kaiser hätte Otto des Herzogtums Bayern beraubt, um es dem Schwaben Welf I. zu übertragen.[372]

Die Söhne Ottos von Northeim führt Albert im Jahresbericht 1105 als Hofbesitzer und großzügige Stifter von Klostergütern in der Grafschaft Stade auf. Hieraus wird verständlich, daß sein negatives Urteil über Heinrich IV. für Albert auch einen lokalpatriotisch gefärbten Hintergrund hatte. Anschließend leitet er in die Geschichte des Streites um die Grafschaft Stade und die Geschichte der Klöster seiner Heimatregion über.

---

369 Ebd., S. 190, 14 - S. 192, 14

370 Rosenfeld, S. 102, 34-37

371 Nach Ansicht von Karl Jordan, S. 15, haben die Grafen von Northheim neben den Udonen in der Reichsgeschichte des 11. und des frühen 12. Jahrhunderts eine wichtige Rolle gespielt. Aus Allodialgut, Grafschafts- und Vogteirechten hätten sie an der Leine und an der Oberweser ein großes Herrschaftsgebiet aufgebaut. Jordan bezeichnet Otto von Northeim, der von 1061 bis zu seiner Absetzung 1070 Herzog von Bayern war, als die bedeutendste Persönlichkeit seines Geschlechts.

372 Lappenberg, Ann. Stad., S. 317, 44-48

Im Jahresbericht ***1106*** hebt der Chronist in Übereinstimmung mit den Angaben Ekkehards[373] mit präziser Datierung den Herrschaftsantritt Heinrichs V. ganz besonders hervor: *„Im 1857. Jahr seit der Gründung Roms, im 5058. Jahr seit Erschaffung der Welt trat Heinrich, der 5. seines Namens als der 88. Herrscher seit Augustus die Herrschaft seines Vaters an."* Alle Fürsten Deutschlands und alle Legaten des römischen Stuhls hätten an Weihnachten auf einem Konvent den Bannspruch gegen Heinrich IV. und seinen Ausschluß aus der christlichen Gemeinschaft bestätigt. Es wäre beschlossen worden, Heinrich IV. das Diadem abzuerkennen, und es auf den Sohn zu übertragen. Die Fürsten wären ihm deshalb nach Ingelheim entgegengekommen.[374] Ekkehards objektive Begründung, daß die Fürsten einen Volksaufstand hätten verhindern wollen, da die Menge mehr der Partei des Vaters als des Sohnes zugeneigt hätte, läßt Albert jedoch vermissen.

Hier verläßt der Chronist die Vorlage Ekkehards und setzt seine kompilatorische Darstellung nicht, wie zu vermuten wäre, mit Auszügen aus der anonymen Kaiserchronik,[375] sondern aus der Slawenchronik fort. Die Erzbischöfe von Mainz und Köln und der Bischof von Worms wären Heinrich IV. entgegengekommen, um ihm die Insignien abzunehmen. Sie hätten ihm Simonie bei der Einsetzung von Äbten und Bischöfen vorgeworfen. Albert zitiert Helmolds dramatische Antwort Heinrichs IV. in wörtlicher Rede.[376] Aus gleicher Vorlage schildert er, wie die Geistlichen zuerst gezögert, dann aber der Eingebung des Mainzer Erzbischofs gehorcht und den Kaiser angegriffen hätten, ihm anschließend die Krone vom Haupt gestoßen und sich der Insignien bemächtigt hätten. Dabei hätten sie ihre Ohren vor den Vorwürfen des Kaisers verschlossen. Danach hätten sie sich zum Sohn begeben, um diesem die Imperialien darzureichen.[377] Im Wortlaut Helmolds zitiert Albert: *„Und der Sohn verdrängte den Vater aus der Regierung."*

Anschließend faßt er den Text der Vorlage mit eigenen Worten zusammen. Der Kaiser wäre (auf der Flucht vor seinem Sohn) ins Herzogtum Limburg gezogen. Dort hätte er einen Fürsten getroffen, dem er zuvor das Herzogtum entzogen hätte. Dieser hätte sich jedoch barmherzig gezeigt, achthundert Geharnischte gesammelt und den Kaiser nach Köln geleitet. Die Kölner hätten den Kaiser aufgenommen.

---

373 Ekkehard, S. 204, 10-13

374 Ebd., S. 203, 16-31

375 Es ist fraglich, ob Albert von Stade die Kaiserchronik kannte.

376 Helmold, I, 32, S. 132,21 - S. 134, 14

377 Ebd., S. 134, 14-28

Von seinem Sohn belagert und eingeschlossen, wäre Heinrich IV. bei Nacht nach Lüttich geflohen und hätte angesichts seiner großen Anhängerschaft beschlossen, den Kampf aufzunehmen. Doch bevor die Heere an der Maas aufeinandergetroffen wären, hätte er noch für den Fall seines Sieges um Schonung für seinen Sohn gebeten. Nachdem die Schlacht zunächst für den Vater vorteilhaft ausgegangen wäre, sei er jedoch beim erneuten Kampf besiegt und gefangen genommen worden.

Nun stimmt Chronist in den klagenden Nachruf Helmolds ein: Wieviele seiner unwürdigen Beleidigungen hätte dieser wunderbare Mann doch erdulden müssen! Er hätte den Bischof von Speyer um Erbarmen angefleht, dem er einst eine gewaltige Kirche erbaut hätte. Doch dieser hätte den Kaiser abgewiesen. Zu dieser Zeit sei der Kaiser in Lüttich verstorben. Fünf Jahre lang hätte sein Leichnam unbestattet in irgend einer einsamen Kapelle gelegen.[378] Danach sei er in Speyer beigesetzt worden.

Der Jahresbeitrag ***1107*** ist den Rosenfelder Annalen entnommen. Heinrich V. hätte einen Konvent in Goslar einberufen, um die königlichen Rechtsbefugnisse festzusetzen. Danach wäre er mit starker Hand in Flandern eingedrungen, hätte es bezwungen und den Herzog Rutbert sowie die ganze Bevölkerung unterworfen.[379]

Der gleichen Quelle entstammen die Meldungen in den Jahresberichten ***1108*** des Heerzuges Heinrichs V. nach Pannonien (Ungarn)[380] und ***1109,*** seines Heerzuges nach Polen.[381]

Aus der Slawenchronik berichtet er im Jahresbeitrag ***1110***, daß der junge König (in Utrecht) alle Fürsten eidlich zu einem Italienzug (zur Kaiserkrönung) verpflichtet hätte. Der Sitte gemäß hätte er die kaiserliche Würde aus der Hand des höchsten Priesters empfangen wollen.[382] Aus den Rosenfelder Annalen notiert Albert, daß der König mit starker Hand in Italien eingebrochen wäre und dort mit Feuer und Schwert Orte und Kastelle verwüstet hätte.[383]

In seiner Berichterstattung über die aufsehenerregenden Ereignisse des Romzugs Heinrichs V. im Jahresbericht ***1111,***[384] die jedoch das

---

378 Ebd., S. 134, 29 - S. 138,30

379 Annales Rosenveldenses, S. 103, 10-12

380 Ebd., S. 103, 17-19

381 Ebd., S. 103, 20-22

382 Helmold, I, 39, S. 158, 25 - S. 160, 3.

383 Annales Rosenveldenses, S. 103, 40-42

384 Rainer Reineccius, Chronicon Alberti, A. D. 1111, Lappenberg, Ann. Stad. S. 319, 14-15

Konkordat von Sutri[385] vermissen läßt, stützt sich Albert auf die tendenziösen Ausführungen Helmolds. Der Autor der Slawenchronik zeichnet darin ein einseitig negatives Bild vom Salierkönig. Unbeirrbar vertritt er die Position der Reformpäpste. Ohne auf die Thematik des Investiturstreites einzugehen und ohne die für den König inakzeptablen tatsächlichen päpstlichen Forderungen des Investitionsverzichts und der Rückgabe aller, auch der von seinen Vorgängern verliehenen Regalien der Geistlichen, anzuführen, spricht Helmold von der Verweigerung eines Eides, der den König lediglich zum Festhalten am Glauben, zum Ehren des Apostolischen Stuhls und zur Verteidigung der Kirche verpflichtete. Diesen Eid hätte Heinrich mit der Begründung abgelehnt, daß der Kaiser niemandem schwören dürfe.[386] Anklagend lastet Helmold dem Salier bei der Gefangensetzung des Papstes und der Kardinäle in Rom ein maßloses Blutbad unter den Bürgern an, das das *„Haus der Weihe mit Mord, Totschlag und Erschlagenen"* gefüllt hätte, so daß sich die Wellen des Tiber blutrot gefärbt hätten. Hierdurch hätte sich Heinrich V. Weihe und „Urkunde über alles, was er begehrte" erzwungen.[387]

Über den Widerruf der von der Kurie als Pravileg verurteilten Abmachung in Ponte Mammolo berichtet Albert im Jahresbeitrag ***1112***[388] aus gleicher Quelle. Diese *„abgerungene Urkunde"*, die kein *„Schutz-, sondern ein Schmutzbrief"* gewesen sei, wäre auf dem Laterankonzil 1112 für ungültig erklärt worden. Der Kaiser sei (von einer französischen Kirchenversammlung) gebannt worden.[389] Dies hätte Anlaß zu einer Rebellion gegen Heinrich V., insbesondere der sächsischen Fürsten unter der Anführung des Mainzer Erzbischofs Adalbert I. gegeben, die zuvor mit Heinrich IV. bereits neunmal in Kampf geraten wären. Der Kaiser hätte nach der Gefangennahme Adalberts ganz Sachsen mit Krieg überzogen, das Land verheert und

---

385 M. Herberger in Lex MA, Stichwort: Investiturstreit, S. 410: Bei den Vorverhandlungen zur Kaiserkrönung Heinrichs V. auf dem Konkordat von Sutri am 9. 2. 1111 einigte man sich auf den Vorschlag Paschalis II., der eine völlige Trennung von weltlichen Besitzungen und geistlichen Ämtern vorsah. Die Kirchen sollten alle Regalien und Güter dem König zurückgeben, der König dafür auf die Investitur verzichten. Diese Übereinkunft scheiterte am Widerstand der kirchlichen Reichsfürsten und führte zu heftigen Kämpfen vor und in der Peterskirche in Rom.

386 Helmold, I, 39, 10-13

387 Ebd., I, 39, S. 160 13 - S. 162, 26

388 Reineccius, Chronicon Alberti, A. D. 1112, Lappenberg, S. 319, 16

389 Helmold, I, 40, 8-12

ein schreckliches Blutbad unter den Fürsten angerichtet.[390] In dieser Darstellung findet man bestätigt, daß der Kampf zwischen Regnum und Sacerdotium im Reich stets von Konflikten zwischen dem König und den Fürsten mitbestimmt wurde.[391]

Der Jahresbericht ***1114*** entstammt den Rosenfelder Annalen. Heinrich V. hätte sich mit dem englischen König verbündet. Er hätte Mechthild als Gattin heimgeführt und in Mainz eine große Hochzeit gefeiert. Der Kölner Erzbischof und andere Fürsten wären vom Kaiser abgefallen.[392]

Aus der Slawenchronik folgt der Bericht, in dem Helmold das Unvermögen Heinrichs V. herausstellt, die Widerstände der Fürsten im Reich zu überwinden und in Rom als Bittsteller beim Papst die Aufhebung der Exkommunikation erwirken.

Im Jahresbericht ***1115*** wird der große Sieg der unter dem sächsischen Herzog Lothar von Süpplingenburg vereinigten Fürsten bei Welfesholz hervorgehoben. Auch wird die Freilassung Adalberts erwähnt, der als päpstlicher Legat das Wort vom Bann gegen den Kaiser hätte fallen lassen.[393] Der Kaiser hätte daraufhin einen Unterhändler mit der Bitte um Aufhebung des Bannes nach Rom gesandt. Dieser hätte bei Paschalis II. jedoch nur eine Aufschiebung bis zur Entscheidung des Konzils und eine Abmilderung der Strenge des Bannes erwirkt.[394] Deutlich bringt Helmold die Vermessenheit des Kaisers zum Ausdruck, den Papst abzusetzen und mit der Aufstellung eines Gegenpapstes erneut eine Kirchenspaltung heraufzubeschwören. Heinrich hätte den Nachfolger Paschalis II., Gelasius, abgesetzt und als Gegenpapst Burdinus aufgestellt. Gelasius hätte bis zu seinem Tode Zuflucht in Frankreich gefunden.[395] Erneut wird Frankreich als wahrer Beschützer der Päpste deutlich hervorgehoben.

Im Jahresbeitrag ***1117*** berichtet Albert, der Kaiser wäre mit seiner Gemahlin Mechthild, einer Tochter des englischen Königs, in die

---

390 Ebd., I, 40, 13-25

391 Jacobs, Hermann, Kirchenreform und Investiturstreit, S. 34, in: Jochen Bleicken, Hrsg. Kirchenreform u. Hochmittelalter, Grundriß der Geschichte Band 7, München, Wien 1984

392 Annales Rosenveldenses, S. 103, 48-50

393 Helmold, I, 40, S. 164, 25 - S. 166, 15 - Adalbert I wurde erst 1119 von Calixt II. zum päpstlichen Legaten ernannt. Zu einer Exkommunikation Heinrichs V. war es 1116 auf einer Versammlung der Metropolitane in Köln nicht gekommen, weil der damit beauftragte päpstliche Legat zuvor verstorben war.

394 Ebd., I, 40, S. 166, 15-20, R. Reineccius, Chronicon Alberti, A. D. 1117

395 Ebd., I, 40, S. 166, 21-24, R. Reineccius, A. D., 1118

Lombardei gezogen (im Frühjahr 1116) und hätte einen Unterhändler zu Paschalis gesandt, um die Aufhebung des Bannes zu erbitten. Dieser hätte die Angelegenheit jedoch „zu Ohren des heiligen Konzils" verschoben, dem König nach Recht und Gesetz eine Frist gesetzt und die Strenge des Bannes nur vorläufig gemildert.[396]

Aus den Rosenfelder Annalen ergänzt Albert im Jahresbericht ***1118*** die knappen und tendenziösen Nachrichten. Der Kaiser hätte den nachfolgenden Calixt II.[397] durch seinen Papst Burdinus bannen lassen, und Calixt hätte Burdinus, wie Albert im Jahresbericht ***1121*** ergänzt, gefangengenommen, seines Amtes enthoben und ihn aller seiner Würden beraubt.

Aus gleicher Quelle wird im Jahresbericht ***1122*** die Beendigung des Schismas bekannt gegeben. Die Bestimmungen des Wormser Konkordats sind darin einseitig zugunsten der Reformpäpste interpretiert. Calixt hätte Kaiser Heinrich in die Gemeinschaft der Kirche zurückgerufen und die Exkommunikation seiner Vorgänger Paschalis und Gelasius aufgehoben. Die „auctoritas" der Kirche wäre wiederhergestellt worden und es wäre festgesetzt worden, daß in Zukunft die kaiserliche Gewalt nicht für die Investitur der Spiritualien mißbraucht, sondern daß dem Klerus freie und öffentliche Wahl gewährt würde, und daß die Geistlichen ihre Regalien durch die Übergabe des Zepters erhalten sollten.[398]

d) Sichtweise des Chronisten in kompilatorischer und eigener Darstellung des Themas in der Zusammenfassung

Vorwiegend kompilatorisch ist die Darstellung der Geschichte der Salierkaiser Heinrich IV. und Heinrich V. im Investiturstreit. Albert von Stade überträgt darin nicht nur wichtige Einzelnachrichten aus der *Frutolf-Ekkehard-Chronik,* sondern übernimmt auch in großen Teilen die wesentlichen Aussagen des Vorlagenautors im Wortlaut. Er ignoriert jedoch alles „Beiwerk", wie etwa dessen moralisierende Werturteile, dessen Frage nach der Gottgefälligkeit von Taten,[399] dessen Deutungen von Vorgängen und auch dessen gefällige Hinwendung zum Leser. Ekkehards Aussagen über Herkunft, Wirken

---

[396] Ebd., S. 166, 15-20

[397] Guido von Vienne war es, der vor seiner Wahl zum Papst Calixt II. den Kaiser exkommuniziert hatte.

[398] Annales Rosenveldenses, in: Perz, Annales [I.], S. 99-104, A. D. 1122

[399] vgl. Ebd., Ekkehard, 1056, S. 72, 17-20

und Todesarten der Päpste gibt er oft unvollständig wieder, besonders bezüglich der Päpste Viktor und Stephan.[400]

Albert von Stade war von der Tendenzhaftigkeit der Darstellung Heinrichs IV. durch Ekkehard von Aura beeinflußt, der, feindselig gegen Heinrich IV., zuerst dessen papsttreuen Sohn und Nachfolger Heinrich V. als Friedensbringer preist,[401] der ihn jedoch nach dessen Abfall vom Papsttum hart kritisiert.[402] Er bringt aber auch die emotionale Komponente *Helmolds von Bosau* mit der Neigung zu dramatischer Überzeichnung in seine kompilatorische Darstellung ein. Im Wortlaut übernimmt er Auszüge aus der Slawenchronik mit allen „sachlichen Fehlern und vagen Formulierungen" des nach der Erinnerung aus den Annales S. Disibodo, Frutolf-Ekkehards und möglicherweise noch aus anderen sächsischen Quellen zitierenden Chronisten.[403] *Adam von Bremen* exzerpiert er zu diesem Thema nur kurz. Einige Jahresberichte entstammen in wörtlichen Auszügen den *Rosenfelder Annalen.*

Sprachstilistisch hält Albert von Stade innerhalb der kompilatorischen Darstellung überall an seiner gewohnten stereotypen Aussage bei Bischofs- beziehungsweise Papstnachfolgen fest, zum Beispiel: ***„Alexander Papa decessit, cui Hildebrandus, qui & Gregorius VII. successit."***[404].

Ungeachtet der Übernahme der über Gregor VII. kursierenden Gerüchte im Jahresbericht ***1074***, dieser sei nicht durch kanonische Wahl, sondern allein durch die Gunst der Römer ins Amt gekommen, verraten die gezielte, manchmal einseitige Textauswahl in der kompilatorischen Darstellung und besonders seine wenigen selbständigen Beiträge deutlich Alberts Parteinahme für das Reformpapsttum. Im Jahresbericht ***1080*** läßt er zum Beispiel Frutolfs Zitat aus dem Dekret der Brixener Synode unbeachtet. Dessen Zitat aus dem Brief an Wibert des Anselm von Lucca faßt er dagegen inhaltlich selbst in kurzen Worten zusammen. Er unterstreicht darin die Vermessenheit Wiberts und die Benennung Hildebrands als den wahren Papst. Im Zitat aus der Slawenchronik im Jahresbericht ***1085*** ging es ihm um die Darstellung der Rechtgläubigkeit der Reformpäpste. Gregor, Deside-

---

400 Frutolf, 1057, S. 74, 2-7

401 Chronik Ekkehards von Aura, 1105, S. 190, 29-32 und S. 192, 1-14, von Albert wortwörtlich kopiert.

402 vgl. Grundmann, S. 21

403 D. Berg, Helmold von Bosau, in: Deutschlands Geschichtsquellen im Mittelalter, Bd. 1, S. 430 unten

404 R. Reineccius, Chronicon Alberti, A. D. 1074

rius, Urban und Paschalis hielten sich im Ausland, bei den Königen von Frankreich, Sizilien und Spanien auf, die die rechtgläubige Partei schützten. Anders als der unbekannte Verfasser der „Sächsischen Weltchronik" (c. 179), läßt Albert von Stade jedoch nirgendwo durchblicken, daß mit Gregor VII. die Kämpfe zwischen den beiden Universalgewalten ihren Anfang genommen hatten.

Seine Kritik an der Laieninvestitur des Königs, die die Freiheit der kanonischen Wahl bedrohe, in Verbindung mit den Vorwürfen von Simonie im Jahresbericht ***1106*** sowie sittlicher Verfehlungen im Jahresbericht ***1074*** ist dagegen deutlich herausgestellt. Albert nimmt jede kritische Äußerung gegenüber Heinrich IV. in seine kompilatorische Darstellung auf und greift insbesondere Ekkehards Kritik am Kaiser hinsichtlich seines Verhaltens gegenüber Otto von Northeim im Jahresbericht ***1071*** für seine eigene kritische Darstellung im Jahresbeitrag ***1105*** auf. Er fällt darin ein vernichtendes Urteil über Heinrich IV., wofür es einen lokalpatriotischen Hintergrund gibt, denn Ottos Söhne waren nach Alberts Angaben angesehene Hofbesitzer und Stifter von Klostergütern in der Grafschaft Stade. Er stellt Heinrich als skrupellosen Herrscher dar, der mit „ausgesuchter Kunst" (seinen bis dahin einflußreichsten Berater) den gebürtigen Sachsen Otto von Nordheim des versuchten Mordanschlags auf seine kaiserliche Person und damit der Majestätsbeleidigung hätte anklagen lassen, um Otto des Herzogtums Bayern berauben und es dem Schwaben Welf I. übertragen zu können.

Er verschärft die Kritik in eigener einseitiger Darstellung vor allem der vermeintlichen sittlichen und moralischen Fehltritte Heinrichs IV. Besonders in seinem selbständigen Beitrag im Jahresbericht ***1093*** läßt er seine antikaiserliche Haltung und seine Parteinahme für das Reformpapsttum erkennen. In moralisierendem Eifer, aber auch in seiner Neigung, durch Übertreibungen, durch sensationelle Berichte und durch Gerüchte seine Leser zu unterhalten, greift er eine der um Heinrich IV. kursierenden, vom Magdeburger Domscholastiker Bruno entfachten und von der päpstlich-gegnerischen Partei instrumentalisierten sexuellen Verleumdungen auf. Es geht darin um die vermeintliche Entehrung der Kaisergemahlin Praxedis/Adelheid durch Heinrich IV. Albert verurteilt diese „Schandtat", zu der Heinrich sogar seinen eigenen Sohn Konrad habe anstiften wollen, auf das Heftigste und behauptet nicht ohne Genugtuung, daß der Papst Heinrich IV. aufgrund dieses „so abscheulichen Verbrechens" erneut gebannt hätte. Auch macht der Chronist keinen Hehl daraus, daß er, wie alle rechtgläubigen Katholiken, den Kaiser zutiefst verabscheut und vollends dem Zitat des derzeit angesehenen Bischofs und Kaisergegners Anselm von Cantuaria zustimmt, der Heinrich IV. in einem Brief den *„Nachfolger Neros und Julians, des Apostaten gegen den Stellvertreter Christi"* nennt.

Absichtlich verschweigt er im Jahresbericht ***1106*** die große Anhängerschaft und den Rückhalt Heinrichs IV. innerhalb der Bevölkerung, indem er Ekkehards objektive Bemerkung vermissen läßt, daß die Fürsten bei der Insignienübergabe an Heinrich V. einen Volksaufstand hätten verhindern wollen, da die Menge mehr der Partei des Vaters als der des Sohnes zuneigte.

Bei aller Härte seiner Kritik an Heinrich IV. stellt Albert im Jahresbericht ***1106*** dennoch im Wortlaut der dramatischen Schilderung Helmolds das Ende des Kaisers und die Tragik seiner Person dar. Politisch gescheitert hätte Heinrich IV. gegen seinen eigenen Sohn kämpfen und jämmerlich im Kirchenbann sterben müssen. Sein Leichnam hätte fünf Jahre lang unbestattet gelegen,[405] ehe er in Speyer seine letzte Ruhe gefunden hätte.[406]

Insgesamt gesehen fällt Albert jedoch ein eindeutig negatives Urteil über den Salierkaiser. Dieser wäre seiner Aufgabe, der „defensio ecclesiae", seiner Verpflichtung als Schutzherr der Kirche und des Papsttums nicht mehr nachgekommen. Im Exerpt aus der Slawenchronik hebt er dagegen die Rechtgläubigkeit der Reformpäpste Gregor VII., Desiderius, Urban und Paschalis hervor, die im Ausland bei den Königen von Frankreich, Sizilien und Spanien Zuflucht gefunden hätten, die die rechtgläubige Partei schützten.[407]

In der rein kompilatorischen Darstellung Heinrichs V. vertritt Albert entschieden die Position der Reformpäpste. Wie oben erwähnt, folgt er dem Werturteil Ekkehards, der Heinrichs Papstkonformität lobt, dessen Abfall vom Papsttum jedoch streng verurteilt. In der einseitig negativen Darstellung des Salierkönigs stützt er sich auch auf die tendenziösen Ausführungen der Slawenchronik, worin Helmold den blutigen Romzug Heinrichs schildert und die Vermessenheit des Saliers zum Ausdruck bringt, den Papst abzusetzen und mit der Aufstellung eines Gegenpapstes erneut eine Kirchenspaltung heraufzubeschwören. Heinrich hätte den Nachfolger Paschalis II., Gelasius, abgesetzt und als Gegenpapst Burdinus aufgestellt. Gelasius hätte bis zu seinem Tode Zuflucht in Frankreich gefunden.[408] Erneut wird Frankreich als wahrer Beschützer der Päpste deutlich hervorgehoben.

---

[405] R. Reineccius, A. D. 1106, aus Helmold, I, 33, 8-32

[406] wie Albert selbst ergänzend einfügt

[407] Helmold, I, 30, S. 128, 4-10

[408] Ebd., I, 40, S. 166, 21-24, R. Reineccius, A. D., 1118

Die Bestimmungen des Wormser Konkordats[409] interpretiert Albert nach der Vorlage der ebenfalls tendenziösen Darstellung der Rosenfelder Annalen einseitig zugunsten der Reformpäpste. Die „auctoritas" der Kirche wäre wiederhergestellt und es wäre festgesetzt worden, daß in Zukunft die kaiserliche Gewalt nicht für die Investitur der Spiritualien mißbraucht, sondern daß dem Klerus freie und öffentliche Wahl gewährt würde, und daß die Geistlichen ihre Regalien durch die Übergabe des Zepters erhalten sollten.

409 Nach den Bestimmungen des Wormser Konkordats 1122 galt generell, daß der Kaiser oder der König auf die Investitur mit Ring und Stab verzichtete. In Deutschland gewährte der Papst die Wahl des Bischofs in Gegenwart des Königs oder seines Abgesandten, so daß der König entscheidenden Einfluß auf die Bestimmung des bischöflichen Nachfolgers erhielt. In Deutschland belehnte der König den Bischof mit den Regalien durch das Zepter **vor** der Weihe; in Italien und Burgund dagegen erst **nach** der Weihe, wobei die Gegenwart des Königs nicht erforderlich war. Das bedeutete, daß der Kaiser, bzw. der König, hier im Gegensatz zu Deutschland einen unerwünschten Kandidaten nicht ausschließen konnte, insofern war seine Stellung in Burgund und Italien geschwächt.

2.) *Lothar III.*

a) Die Territorialpolitik Lothars von Süpplingenburg

Erstmalig erwähnt ist Herzog Lothar von Süpplingenburg im Jahresbericht ***1089*** im Zusammenhang mit der Gefangennahme des Erzbischofs Liemar bei Gleichen in Thüringen. Liemar hätte dem Herzog für seine Freilassung und für seine Wiedereinsetzung in sein Bistum die Vogtei Bremen und 300 Mark Silber übergeben: ***„Ibi (Gliche) etiam Liemarus, Bremensis archiepiscopus, captus est a comite Ludero, qui postea regnavit. Qui dedit pro redemptione sua advocatiam Breme et 300 marcas argenti; et ita restitutus est episcopatui suo."***[410]

In seinem im Jahresbeitrag ***1112*** bringt Albert von Stade deutlich den Einfluß Lothars zum Ausdruck, den dieser bereits als Sachsenherzog in Norddeutschland ausübte, wohingegen sich die Herrschaft des Salierkaisers Heinrich V. faktisch nur auf Süddeutschland beschränkte.[411] Er beschreibt Maßnahmen, die Lothar ergriff, um ein Eingreifen Kaiser Heinrichs V. in die Territorialpolitik in Norddeutschland abzuwehren. Der Sachsenherzog hätte sich in den Erbschaftsstreit um die Grafschaft Stade eingeschaltet, indem er den Freikauf Friedrichs von Stade bei Heinrich V. durch Zahlung von vierzig Mark Gold zu verhindern versucht hätte. Friedrich, der durch einen Schiffbruch seiner Großmutter und Mutter in der vom Bremer Erzbistum lehnsabhängigen Grafschaft Stade in Hörigkeit geraten wäre,[412] hätte für den Markgrafen der Nordmark Udo mit großer Intelligenz, Tüchtigkeit und Geschicklichkeit die Verwaltung der Grafschaft Stade inne gehabt und wäre dabei zu stattlichem Reichtum gelangt. Der diffamierenden Darstellung des Chronisten zufolge hätte Friedrich sich bereits in jungen Jahren zusammen mit seinem Bruder durch einen Raubmord an durchreisenden Bischöfen auf üble Weise bereichert.[413] Auch hätte er bei einem Heerzug des Sachsenherzogs gegen die Grafschaft Stade sich diesem mutig kämpfend entgegengestellt.[414] Lothar hätte den Erzbischof von Bremen veranlaßt, den in der vom Erzbistum Bremen lehnsabhängigen Grafschaft Stade nach

[410] Lappenberg, Ann. Stad., S. 316, 40-43
[411] vgl. Odilo Engels, Die Staufer, S. 22-23
[412] Lappenberg, Ann. Stad., S. 320,21-24
[413] Ebd., S. 320, 33-36
[414] Ebd., S. 321, 16-17

Freiheit strebenden Friedrich als Hörigen seiner Kirche anzunehmen.[415] Als auf dem zur Schlichtung dieses Streitfalls vom Kaiser anberaumten Hoftag jener Graf Friedrich mit Bauern als Zeugen aufgetreten wäre, die ihm nach der Darstellung des Chronisten jeden Eid geschworen hätten: ***„... et Fridericus comes cum testibus, plebeis videlicet, quos ad quidlibet iurandum compellare poterat“***,[416] wäre er vom Grafen Rudolf[417] in Salzwedel gefangengesetzt worden. Anschließend sei er vom Kaiser jedoch wieder befreit worden. Dieser hätte ihm bis zu seiner Wiedereinsetzung in die Grafschaft Stade Zuflucht gewährt. Nachdem Friedrich von nun an unter Einsatz seiner Intelligenz, seines illegal erworbenen Reichtums und seines Einflusses dem Ansehen seiner Lehnsherren großen Schaden zugefügt hätte, wären Graf Rudolf und der jugendliche Markgraf gegen ihn zu Felde gezogen, so daß er sein Heil in der Flucht hätte suchen müssen.

Es wirft ein schlechtes Licht auf den Sachsenherzog, daß Friedrich nun gegen kräftige Zahlung Zuflucht bei seinem einstigen Gegner Lothar fand, dessen Bestechlichkeit, dessen Empfänglichkeit für Geld als Zuwachs für seine bescheidenen ererbten Allodialgüter[418] hier vom Chronisten deutlich herausgestellt werden. Lothar hätte nach dem Bau der Burg in Bremervörde alle Kräfte des Herzogtums zur Wiedereinführung Friedrichs in die Grafschaft Stade aufgeboten. Diese wäre jedoch erst nach dem Tode des Markgrafen Rudolf erfolgt.[419]

Im Jahresbericht ***1123*** ergänzt Albert von Stade, daß Friedrich, nachdem der Markgraf Heinrich durch Giftmord[420] zu Tode gekommen wäre, die Grafschaft Stade beim Erzbischof Albero von Bremen als Lehen gekauft hätte.[421] Auch betont der Chronist im Jahresbericht ***1126***, daß Friedrich bei all seinen erfolgreichen Unternehmungen die besondere Unterstützung Lothars erfahren hätte.[422]

---

415 Ebd. 17-19

416 Ebd., S. 321, 22-23

417 dem Sohn des Markgrafen Udo II. von der Nordmark

418 s. Karl Jordan, S. 16: Lothars bescheidenes Allodialgut beschränkte sich auf die Umgebung seiner Stammburg bei Königslutter, die Grafschaft im Harzgau und das angrenzende nordöstliche Harzvorland. Durch das Aussterben mehrerer sächsischer Adelsgeschlechter (v. a. 1106 das Aussterben der Billunger und 1117 der Brunonen) und die Heirat mit Richenza, einer Enkelin Ottos von Northeim, stieg er in den zwanzig Jahren seiner Regierung als Herzog zum mächtigsten Dynasten Sachsens empor.

419 Lappenberg, Ann. Stad., S. 321, 34-37

420 Rosenfeld A. D. 1123

421 Lappenberg, Ann. Stad., S. 322, 5-7

422 Ebd., S. 322, 33-34

Mit Empörung vermerkt Albert im Jahresbericht ***1136***, daß Kaiser Lothar das dem Kloster Hersefeld vom Grafen Friedrich von Stade vererbte Geld vom Altar der heiligen Maria entwendet hätte: ***„...Lotharius imperator Hersevelde veniens pecuniam, quam Fridericus comes Stadensis eidem monasterio contulerat, scilicet 600 marcas argenti, de altari sancte Marie abstulit, ...“.***[423] Diese „Untat“ Lothars mußte den ehemaligen Benediktinerabt besonders verstimmen, da er sich dem Mutterkloster seines Stader Marienklosters besonders eng verbunden fühlte.

Darauf erwähnt er Lothars Verleihung des Herzogtums Bayern an seinen Schwiegersohn, Heinrich den Stolzen. Der Slawenchronik entstammt die Nachricht, daß sich der Kaiser nach Erledigung seiner Angelegenheiten in den Slawengebieten und in Sachsen in Begleitung seines Schwiegersohnes auf seinen zweiten Italienzug begeben hätte.

Territorialpolitisch tritt Lothar in der Chronik noch zweimal in Erscheinung, zum einen als Verleiher der Landgrafschaft Thüringen an Ludwig IV. im Jahresbericht ***1144***,[424] zum anderen im Jahresbericht ***1164*** bei der Übergabe der Grafschaft Holstein an den Grafen Adolf (I.) von Schauenburg.[425]

Im Jahresbericht ***1113*** erwähnt der Chronist Lothars lukrative Heirat mit Richenza, der Tochter Heinrichs des Fetten von Northeim und der Gräfin Gertrud von Braunschweig.[426] Hierdurch hatte der Herzog sein Hausgut erheblich vergrößert. Auch von Richenza zeichnet Albert an anderer Stelle im Zusammenhang mit den sich über lange Seiten hinziehenden, ausführlichen Schilderungen von Fürstengenealogien und Erbstreitigkeiten um die Grafschaft Stade ein durch üble Nachrede negativ verzerrtes Bild. Die künftige Kaiserin hätte ihren

---

423 Lappenberg, Ann. Stad., S. 323, 11-13

424 Ebd., S. 326, 4-5

425 Ebd., S. 345, 19-20 - Karl Jordan (S. 17) wertet das Vorgehen Lothars in Nordelbingen, wo er die seit dem 10. Jahrhundert bestehende Grenzmark planmäßig in den sächsischen Machtbereich einzugliedern versuchte, als persönliche Leistung des Sachsenherzogs. Darin wesentlich unterstützt wurde Lothar durch Graf Adolf I. von Schauenburg, den er 1111 mit der Grenzgrafschaft Holstein-Storman belehnte, deren Kerngebiete nördlich und östlich von Hamburg lagen. Indem Lothar die Schauenburger nach Nordelbingen berief, hätte er nach Ansicht K. Jordans die Voraussetzung für den Beginn der erfolgreichen Missionierung und der deutschen Siedlungsbewegung im Raum der westlichen Ostsee geschaffen.

426 Ebd., S. 321, 38-39

von einer Slawin geborenen Halbruder[427] nur anerkannt, um die Erbschaft nicht zu verlieren. Sie sei, nachdem dieser durch Giftmord ums Leben gekommen wäre, Alleinerbin geworden. Die Art der Darstellung erweckt beim Leser die Vorstellung einer Mitschuld Richenzas an der Ermordung ihres Stiefbruders, einen Verdacht, der historisch nicht zu erhärten ist.[428] Mit diesem Beitrag stellt der Chronist seine Glaubwürdigkeit als Historiograph in Frage.

Aus den Magdeburger Annalen erwähnt Albert den Abfalls des Kölner Erzbischofs und vieler anderer Fürsten vom Salierkaiser. Aus der Slawenchronik berichtet er über den blutigen Überfall der kaiserlichen Truppen auf die ebenfalls von ihm abgefallenen sächsischen Fürsten. Die Überlebenden, darunter Herzog Lothar, Bischof Reinhard von Halberstadt und Graf Friedrich von Arnsberg hätten sich zur sächsischen Fürstenopposition vereinigt. Sie hätten in der Schlacht am Welfesholz (bei Mansfeld) ***1115*** den triumphalen Sieg gegen die Übermacht der erneut in Sachsen einbrechenden kaiserlichen Truppen davongetragen.[429] Aus gleicher Quelle stammt die Nachricht von der Entstehung der norddeutschen und sächsischen Fürstenopposition.[430]

b) Die Königswahl Lothars III.

In der Darstellung Lothars III. als Reichsoberhaupt weicht der Stauferanhänger Albert von Stade stark vom positiven Lotharbild Helmolds[431] ab. Sie entspricht eher der tendenziösen Darstellung Ottos von Freising[432] mit ihrer Auswirkung bis in die jüngere Geschichts-

---

427 Es handelt sich um den aus erster Ehe ihrer Mutter Gertrud von Braunschweig mit dem Markgrafen Heinrich dem Älteren von Eilenburg (gest. 1103) stammenden Stiefbruder Heinrich.

428 Lappenberg, Ann. Stad., S. 326, 25-18 - vgl. Wachter, S. 24 u. Anm. 6-8

429 Helmold, I, c. 40, S. 164, 23 - S. 166, 15

430 Ebd., S. 166, 3-8

431 Ebd., I, 41, S. 168, 19-24

432 Witz, Georg/Simson, Bernhard von (Hrsg.): Ottonis et Rahewini gesta Friderici I imperatoris. (Hannover-leipzig 1912) ND Hannover 1997 (MGH SS re. Germ., 46) Buch II, Kap.55. Otto von Freising sucht in seinem Werk „Gesta Friderici" die Kontinuität der staufischen Herrschaft in der geschichtlichen Vergangenheit, um die Legitimität der Staufer als rechtmäßige Herrschaftsträger zu begründen, indem er die dynastischen Ansprüche der Staufer bis weit in die Salierzeit zurückführte. Es handelt sich um die erste staufisch-dynastische Geschichtsschreibung, bei der es Otto um die dynastische Legitimation der Staufer geht. Er stellt die Regentschaft Lothars III. von Süpplingenburg als ungerechtfertigte Unterbrechung in der Kontinuität der

schreibung. Wie Otto in seinen *„Gesta Friderici"* übt Albert von Stade Kritik am Wahlverhalten der Fürsten. Er stellt im Jahresbericht ***1126*** in ausführlicher Beschreibung die Königswahl Lothars III. als abgekartetes Ränkespiel einiger Fürsten gegen den Stauferherzog Friedrich II. von Schwaben dar, das der Erzbischof Albert von Mainz unter Mithilfe einiger hoher Geistlicher inszeniert hätte, weil er seine einstige Gefangensetzung durch Heinrich V. an dessen Neffen hätte rächen wollen.[433] Dieser noch unerfahrene Stammesherzog Friedrich von Schwaben, der sich wegen seines Geblütsrechts, aber auch weil er im Besitz der Reichsinsignien wäre,[434] seiner Wahl so sicher gewesen sei: ***„Fridericus dux Suevie post mortem Heinrici avunculi sui regalia accepit, certissimus quod a principus eligeretur",***[435] sollte von vornherein als Wahlkandidat ausgeschaltet werden. Indem die intriganten Fürsten scheinheilig öffentlich seiner Wahl zugestimmt hätten, hätten sie den Ahnungslosen veranlaßt, sich durch die freiwillige Herausgabe der Reichsinsignien ihre Gunst zu sichern: ***„Unde certior factus ad favorem principum magis captandum et, ut sincerius ad imperium videretur accedere, quod etiam se fidelem ostenderet in commissio, regalia principibus reddidit."*** [436] Nun hätte es gegolten, Friedrich als einen durch seine Freigebigkeit, seine Leutseligkeit, seine königliche Abstammung und sein angenehm jugendliches Wesen meist favorisierten Kandidaten auszuschalten. Dazu hätten sie, offenbar in einer Vorwahl, aus ihren Reihen Kandidaten aufgestellt. Diese hätten, wie im Vorfeld abgesprochen, in besonders demonstrativer Weise Demut als die zentrale Herrschertugend eines hochqualifizierten christlichen Herrschers bezeugt, indem sie *„die Last der Herrschaft als ihren Kräften zu schwierig ablehnten":* ***„..., qui ex condicto onus imperii suis viribus impar certatim anuerunt, asserentes, quod debilitata regni iura strennum***

---

staufischen Herrschaftsfolge dar. Diese tendenzhafte Darstellung der Rolle Lothars und der Barbarossas wurde kritiklos in der älteren Sekundärliteratur übernommen, zum Beispiel von Wilhelm Bernhardi (Lothar von Süpplingenburg, [Berlin 1879] ND Berlin 1975.[Jahrbücher der Deutschen Geschichte, 15])

433 Diese Fürsten fürchteten das große Machtpotential des Stammesherzog Friedrich von Schwaben. Sie lehnten einen starken König ab, der ihre Territorialmacht einzuschränken drohte.

434 Die Reichsinsignien waren nicht in Friedrichs Besitz. Sie befanden sich in Trifels bei der kaiserlichen Witwe Mathilde. Friedrich gab lediglich seine Zustimmung zur ihrer Auslieferung.

435 Lappenberg, Ann. Stad., S. 322, 16-17

436 Ebd., S. 322, 22-24

efflagitarent administratorem."[437] Nachdem nun der junge Friedrich vertrauensselig ihrem Beispiel gefolgt wäre und ebenfalls das Herrscheramt demütig und als seiner nicht würdig zurückgewiesen hätte, hätte sich Lothar freiwillig angeboten und sei daraufhin sofort gewählt worden. Auch hätten die Fürsten dem feierlich Gewählten gehuldigt, und sich ihm sowohl durch den Eidschwur als auch durch das Lehnsgelübde verpflichtet.[438]

In seiner Vorliebe für umlaufendes Gerede, greift der Chronist das Gerücht auf, Lothar hätte vieles versprochen, was er nicht gehalten hätte. Mit dieser deutlichen Verunglimpfung Lothars rundet Albert seine unglaubwürdige Darstellung der Wahlvorgänge ab, die äußerst tendenziös, eindeutig prostaufisch, zu dessen Ungunsten ausfällt. Er verurteilt das vermeintliche Intrigenspiel der Fürsten gegen den jungen Friedrich, von dem er dagegen ein recht positives Bild zeichnet - allerdings mit der realistischen Einschätzung, daß sich dieser seiner Wahl allzu sicher gewesen sei. Darüber hinaus verzerrt Albert von Stade das mittelalterliche Ritual der Demutsbezeugung, das generell von den Wahlkandidaten als Demonstration ihrer christlichen Herrschertugend erwartet wurde, zu einer in Szene gesetzten Farce, die den Fürsten als Mittel diente, den jungen Friedrich zu hintergehen.

Die Frage, ob auch Friedrich Lothar die Huldigung erbracht hatte, läßt Albert von Stade unbeantwortet. Sein Bericht endet abrupt mit der Bemerkung, daß Friedrich, nachdem er sich derartig hintergangen sah, sich Lothar feindlich entgegengestellt hätte.[439] Auch die Frage nach der Neuregelung der Vereinbarungen des Wormser Konkordats für den neugewählten König bleibt offen, die ja mit dem Tode des letzten Salierkaisers Heinrichs V. hinfällig geworden waren. Ebenso kommt

---

437 Ebd., S. 322, 27-28

438 Ebd., S. 322, 29-32 - vgl. den Bericht von einem unbekannten Verfasser. MG SS XII, S. 509, in dem in krassem Gegensatz zu Alberts Darstellung genau das Gegenteil behauptet wird, daß nämlich Friedrich keine Demut als christliche Herrschertugend bezeugt, und sich nicht zur Unterordnung unter den gewählten König bekennt, was man von ihm zumindest als Ritual erwartet hätte, und daß er gerade wegen seines sozialen Fehlverhaltens, wegen seines falschen Selbstverständnisses, seiner Fehleinschätzung der eigenen Position abgelehnt wurde. Die Fürsten weigerten sich einmütig, ihn zu wählen, weil er sich schon vor seiner Erhöhung so stolz und herrschsüchtig gezeigt hätte. Sie wählten letztendlich Lothar, weil dieser sich demütig zeigte und sich zur Unterordnung unter den gewählten König bekannt hätte.

439 Lappenberg, Ann. Stad. S. 322, 32

die Herausgabe des noch in staufischem Besitz befindlichen salischen Reichsguts an Lothar nicht zur Sprache.[440]

Mit der Bemerkung Helmolds, daß die Wahl eines Sachsen den Unwillen der Franken hervorgerufen hätte, und diese Konrad (1127) zum Gegenkönig aufgestellt hätten, daß sich die Partei Lothars jedoch durchgesetzt hätte,[441] beschließt Albert seine tendenziöse, historiographisch unglaubwürdige Darstellung der Königswahl Lothars von Süpplingenburg.

c) Die Kirchen- und Außenpolitik des Sachsenkaisers

Äußerst knapp vermeldet Albert im Jahresbericht ***1132*** den Italienzug Lothars (1132/33)[442] und ergänzt den Jahresbericht ***1133*** mit der Nachricht von der Kaiserkrönung Lothars und seiner Gemahlin Richenza durch Papst Innozenz (II.) aus den Sächsischen und den Hildesheimer Annalen. Von seiner bisher negativen Darstellung Lothars abweichend, greift er dennoch den lotharfreundlichen Beitrag aus der Slawenchronik auf. Darin ist von der Aussöhnung und vom Freundschaftsschluß Lothars mit dem Staufer Konrad III. die Rede. Die Regierungszeit Lothars wird lobend herausgestellt. Während dieser wären innerhalb Sachsens und im ganzen Reich ruhige Zeiten angebrochen. Auch hätten Wohlstand und Frieden zwischen Königtum und Papsttum und Friedfertigkeit unter den Slawenvölkern geherrscht.[443]

Über Lothars Wirken im Ausland berichtet Albert im Jahresbeitrag ***1126*** aus den Rosenfelder Annalen. Er erwähnt Lothars Heerzug nach Böhmen, der trotz hoher Verluste mit einem Friedensschluß endete.[444]

Aus der Slawenchronik erfahren wir von Lothars Einfluß auf die dänische Politik. Bereits als Herzog hätte er dem heranwachsenden dänischen Thronanwärter Knut (vor den Nachstellungen seines Onkels Niels) Zuflucht gewährt. An seinem Hofe wäre Knut ehrenvoll behandelt worden. Auch hätte er dort eine gute Erziehung erfahren. In

---

440 vgl. Engels, Odilo, Die Staufer, Stuttgart[3] 1972 (ND Stuttgart 1984), Nach Odilo Engels ging es Lothar weniger um das salische Reichsgut, als vielmehr um die vorbehaltlose Anerkennung seines Königtums durch die Staufer.

441 Helmold, I, 41, S. 168, 13-15

442 Lappenberg, S. 322, 42

443 Helmold, I, 41, S. 168, 17-22

444 Annales Magdeburgensis, in: MGH SS XVI, S. 105-193, A. 1126, S. 183, 5-8, - Einer der Erfolge Lothars im Ausland war, daß neben Polen auch Böhmen seine Oberhoheit anerkannte.

seine Heimat zurückgekehrt, hätte Knut als Herzog von Dänemark eine Friedensherrschaft errichtet.[445]

Aus gleicher Vorlage berichtet Albert, daß Knut Lothar für schweres Geld das Obotritenreich abgekauft hätte, und daß dieser ihn als König der Obodriten eingesetzt und ihn später lehnsabhängig gemacht hätte.[446] Er erwähnt auch die Ermordung Knuts und den Heerzug Lothars an den Danewerk-Wall in der Nähe von Schleswig (1131). Ohne militärische Auseinandersetzung wäre dieser für den Kaiser mit einer reichlichen Zahlung Goldes an die deutsche Krone und mit der Leistung des Lehnseides durch den dänischen König überaus erfolgreich verlaufen.[447]

Im Jahresbericht ***1134*** schildert der Chronist im Wortlaut Helmolds die fruchtbare Zusammenarbeit Kaiser Lothars mit dem großen Oldenburger Bischof und Missionar Vizelin bei der Errichtung der Feste Segeberg.[448] Auch erwähnt er die durch Lothars Initiative erfolgte Gründung der dortigen Kirche.[449] Ebenso würdigt er aus gleicher Quelle die Verdienste des Kaisers für die Slawenmissionierung: *„Iactumque est misericordia Dei et virtute Lotharii cesaris seminarium novellae planctacionis in Slavia."*[450]

Wiederum aus der Slawenchronik faßt er im Jahresbericht ***1137*** das erfolgreiche Ergebnis des zweiten und letzten Italienzugs Lothars zusammen, der Rom und Italien gewonnen und Roger aus Sizilien vertrieben hätte.[451]

Die Todesnachricht von Kaiser Lothar III. entstammt jedoch Alberts eigener Feder. Der Kaiser sei auf der Rückreise an der im kaiserlichen Heer ausgebrochenen ***„mortalitas"*** (möglicherweise an Malaria) erkrankt und am 3. Dezember 1137 daran verstorben.[452] Offenbar erschien ihm Helmolds Gesamtwürdigung Lothars, in der vom

---

[445] Helmold, I, 49, S. 188, 9-21

[446] Ebd., I, 49, S. 188, 22-27

[447] Ebd., I, 50

[448] Nach dem Stift Neumünster war die geschütztere Feste Segeberg Stützpunkt für die nach manchen Rückschlägen immer wieder aufgenommene Slawenmission.

[449] Helmold, I, 53

[450] Ebd., I, 54, S. 202, 4-5

[451] Ebd., I, 54, S. 202, 8-10

[452] Lappenberg, Ann. Stad. S. 323, 22-23, - Lothar III. starb am 4. Dezember in dem Dorf Breitenwang in Tirol und fand in dem von ihm gegründeten Stift Königslutter seine letzte Ruhe. Zuvor hatte er seinem Schwiegersohn Heinrich dem Stolzen die Reichsinsignien übergeben und das Herzogtum Sachsen übertragen.

„unzeitigen Tod" des *„guten Kaisers, der seine Tugend in der Bekehrung der Heiden bewährt hatte,"*[453] die Rede ist, übertrieben. Als Stauferanhänger konnte er trotz seiner Anerkennung der Leistungen Lothars für die Slawenmission Helmolds euphorische Begeisterung für den Sachsenkaiser nicht teilen.

[453] Helmold, I, 54, S. 202, 7-8

3.) Das Papstschisma von 1159 und die Politik Friedrich Barbarossas

Die Darstellung Friedrich Barbarossas ist nur zum Teil kompilatorisch. Bereits im Jahresbericht ***1155*** löst sich Albert von Stade allmählich von den Vorlagentexten der Slawenchronik und den Magdeburger Annalen und geht in die selbständigen Ausführungen über, die offenbar in hohem Maße von den Augenzeugenberichten seines Informanten und möglichen Verwandten, des Domscholastikers Heinrich von Bremen,[454] geprägt sind.

Im Wortlaut Helmolds von Bosau kündigt Albert von Stade im Jahresbericht ***1152*** den Regierungsantritt Friedrich Barbarossas als Sohn des Herzogs Friedrich (II.) von Schwaben an, der als der 86. Kaiser nach Augustus[455] *„mächtig an Weisheit und Stärke"* regierte.[456]

Aus gleicher Vorlage fährt der Chronist mit dem Bericht über den Merseburger Hoftag fort, in dem Helmold die Krönung Svens zum Dänenkönig und die vertragliche Aussöhnung der dänischen Fürsten sowie deren Unterwerfung unter Sven als Vasallen hervorhebt.[457]

Die Nachricht von der Annullierung der Ehe Friedrich Barbarossas mit Adela von Vohburg im Jahresbericht ***1153*** stammt aus den Magdeburger Annalen.[458]

Aus der Slawenchronik erwähnt Albert von Stade im Jahresbericht ***1155*** den schweren Konflikt zwischen Heinrich dem Löwen und dem Erzbischof von Hamburg als Folgeerscheinung der Zugeständnisse Friedrich Barbarossas an den Herzog bezüglich des Landbesitzes und der Bischofsinvestitur,[459] verschweigt jedoch das hierdurch bedingte

---

454 Lappenberg, Ann. Stad., S. 347, 13-14 und S. 349, 38

455 wie Albert ergänzend einfügt

456 Helmold, I, 72, S. 254, 12

457 Ebd. I, 73, S. 254, 26-28

458 Magdeburger Annalen, A. 1153, S. 191, 10-11. Bereits beim Konstanzer Vertrag mit Papst Eugen III. im März 1153 waren diesbezügliche Vereinbarungen getroffen worden. Diese Verbindung war kinderlos geblieben und entsprach auch nicht mehr dem aktuellen politischen Ziel des Staufers, der nunmehr aus rein politischem Kalkül die Ehe mit einer byzantinischen Prinzessin anstrebte. Nachdem man zuvor Adela zu Unrecht einen Ehebruch anzulasten versucht hatte, um einen Vorwand zur Scheidung herbeizuführen, einigte man sich schließlich dahingehend, daß man die Ehe unter Anwendung des traditionellen Arguments einer zu nahen Verwandtschaft der Ehepartner schied.

459 Helmold, I, 73, S. 254, 28 - S. 255, 5 und die Aussage im c. 80 gibt Albert von Stade inhaltlich mit eigenen Worten wieder. Es geht um die Ablehnung der Weihe Gerolds durch den Erzbischof; Reinecciusausgabe A. D. 1155:

Unvermögen Friedrich Barbarossas, sich auf dem Reichstag in Merseburg gegenüber den großen Reichsfürsten durchzusetzen und diesen Zwist beizulegen. Mit der Begründung, daß *„die Fürsten die Ermahnungen des eben erst gewählten Königs gering achteten"*[460] und auch mit der von Albert ebenso unbeachteten Bemerkung: *„ ... denn in unserem Land gilt allein des Herzogs Wille"*[461] weist der Autor der Slawenchronik auf das durch Konzessionen geschwächte Königtum Friedrich Barbarossas hin.[462]

Im Wortlaut Helmolds stellt Albert im gleichen Jahresbericht den Empfang dar, den Senatsvertreter und Bürger der stadtrömischen Opposition Friedrich Barbarossa bei seiner Ankunft im kaiserlichen Lager vor Rom bereiteten.[463] Getragen von den alten Ideen einer Senatsverfassung wie im antiken Reich und der Vorstellung radikalreformerischer Forderungen des Arnold von Brescia boten sie Friedrich Barbarossa kraft ihrer Senatshoheit gegen die Zahlung von 15000 Pfund Silber die Verleihung der Kaiserwürde an und kündigten an, daß sie für den Fall seiner Ablehnung die Tore Roms vor ihm verschließen würden. Die rigorose kaiserliche Ablehnung spiegelt die Empörung Friedrich Barbarossas wieder, der es für unter seiner Standeswürde hielt, mit Bürgern zu verhandeln, die sich anmaßten, in antiker Tradition über die Kaiserwürde verfügen zu können, und deren Vorstellungen dem von Otto von Freising in den *„Gesta Friderici"* zum Ausdruck gebrachten dynastischen Selbstverständnis

---

„Siquidem Hartwicus Archiepiscopus ipsum noluit consecrare, quia quasi per Ducem et Ducissam electus erat."

460 Ebd., I, 73, S. 254, 32 - S. 256, 1

461 Ebd., I, 73, 4-5

462 Barbarossa hatte sich mit Zugeständnissen bezüglich des Herrschaftsraumes und der Privilegien an die mächtigen Reichsfürsten seine Position erkauft. Insbesondere Heinrich dem Löwen hatte er möglicherweise bereits im Vorfeld der Wahl, um ihn als möglichen Gegenkandidaten zum Thronverzicht zu bewegen, umfassende Zugeständnisse gemacht. Nach der Wahl hatte er ihm in seinem sächsischen Herzogtum quasi Königsrechte und eine königgleiche Stellung erteilt. Darüber hinaus hatte er ihm Herrschaftsrechte übertragen, die nur einem Monarchen zustanden. Er hatte ihm das weltliche Investiturrecht in den Slawenbistümern Altenburg und Schwerin erteilt und das Recht verliehen, in Ratzeburg ein neues Bistum zu gründen. Hierdurch war, anders als unter Lothar III., der als Herzog von Sachsen in diesem Land stark engagiert war, nunmehr wie bereits unter den Saliern Heinrich IV. und Heinrich V. mit dem Regierungsantritt Barbarossas wiederum das Königtum aus dem Norden des Reiches verdrängt.

463 Helmold, I, c. 80, S. 274, 26 - S. 275, 10

der Staufer, wonach die Deutschen ohnehin Rom und die Kaiserwürde als erbliches Eigentum besäßen, diametral entgegengesetzt waren. Hatte der Staufer zuvor nicht auch vor allem den italienischen Kommunen gegenüber seine Entschlossenheit bekundet, verlorene Reichsrechte zurückzugewinnen? Im Wortlaut der Slawenchronik berichtet Albert über die Ankunft des Papstes im kaiserlichen Lager und über die anschließende Auseinandersetzung bezüglich des Stratordienstes, den der Kaiser nach der Darstellung Helmolds zunächst unzureichend *„aus freiem Willen"* (de arbitrio), nicht aber *„aufgrund rechtlicher Bindung"* (non de iure), danach jedoch ein zweites Mal in korrekter Weise geleistet hätte.[464]

Aus gleicher Quelle erwähnt Albert die Forderung des Papstes von Friedrich Barbarossa, noch vor seiner Krönung die unteritalienischen Normannen militärisch zu bezwingen, und Sizilien dem Heiligen Stuhl zurückzugewinnen.[465]

Vorlagengetreu vermerkt er das Einlenken des Papstes und die Beratungen über die Sicherheitsmaßnahmen gegen die Anschläge der Stadtrömer.

Das bewaffnete kaiserliche Heer hätte das Gotteshaus bewacht, während am nächsten Morgen im Petersdom die Kaiserkrönung ***„contra insolentia Romanorum"***,[466] wie Albert mit eigenen Worten ergänzt, vollzogen worden wäre.

Bemerkenswert ist, daß Albert von Stade für das Widerstandsverhalten der stadtrömischen Opposition, genau wie für das der Drenter Friesen und insbesondere für das der Stedinger den Begriff *„insolentia"* verwendet. Übermut gewinnt hier die übersteigerte Bedeutung von drohendem revolutionären Aufbegehren Aufständischer gegen die festgefügte mittelalterliche Weltordnung. Albert deutet die Forderungen der stadtrömischen Opposition und den Widerstand sowohl der Drenter Friesen als auch der Stedinger Bauern - in allen drei Fällen handelt es sich um ein Aufbegehren unterer sozialer Schichten gegen die Obrigkeit - als einen frevelhaften Verstoß nicht nur gegen die gottgewollte Feudalordnung, hier als Eingriff in

---

464 Ebd., I, c. 81, S. 276, 12 - S. 278, 24

465 Diese Forderung mußte der Kaiser jedoch ablehnen, da er zu diesem Zeitpunkt zu einem Heereszug nach Unteritalien weder bereit noch in der Lage war, weil die deutschen Fürsten sich nur zu einem Romzug zur Kaiserkrönung verpflichtet hatten und für alle darüber hinausgehenden Unternehmungen ihre Unterstützung verweigerten.

466 Reineccius, Chronicon Albert, A. D. 1155

die Rechte der staufischen Dynastie, sondern auch als eine Gefährdung der hierarchischen Ordnung der Amtskirche.

Sich allmählich von der Vorlage lösend, faßt der Chronist Helmolds Beschreibung vom Überfall der Lateranbürger auf St. Peter und dessen Niederschlagung durch Heinrich den Löwen sowie die Gegenleistung des Papstes, der sich dankbar zur Weihe des Elekten des Herzogs Gerold bereit fand, gekürzt zusammen.[467]

Im Jahresbericht ***1156*** lassen sich wörtliche Textauszüge aus den Magdeburger Annalen erkennen. Inhaltlich geht es darin um die Erfüllung der Zugeständnisse Friedrich Barbarossas an den Welfen, vor allem um die Rückgabe des bayerischen Herzogtums an Heinrich den Löwen. Auch die Kurznachrichten im Jahresbericht ***1157*** vom Feldzug Friedrich Barbarossas nach Polen[468] und von den Thronkämpfen in Dänemark, aus denen Waldemar siegreich hervorging,[469] aber auch die reichsgeschichtlichen Meldungen im Jahresbericht ***1158***, vor allem über den 2. Italienzug Friedrich Barbarossas gegen die lombardischen Städte und über die Belagerung Mailands, sind alle nahezu im Wortlaut diesem Annalenwerk entnommen.[470]

Auffällig ist, daß Albert von Stade den aufsehenerregenden Reichstag in Besançon vom Oktober 1157[471] gänzlich unerwähnt läßt.

---

467 Helmold, I, 81, S. 280, 18-29

468 Friedrich drang bis Posen gegen Boleslaw IV. von Polen vor, der ihm huldigte und sich ihm unterwarf.

469 Waldemar suchte bei Friedrich Barbarossa um Belehnung nach.

470 Magdeburger Annalen, 1157 und 1158, S. 191, 25-32

471 Papst Hadrian hatte im Frühjahr 1156 dem Erzbischof Eskil von Lund den Primat über die schwedische Kirche übertragen. Als Eskil von Lund auf seiner Rückreise aus Rom überfallen wurde und in Gefangenschaft geriet, hatte der Papst Barbarossa angemahnt, die Befreiung des Erzbischofs zu veranlassen. Der Kaiser hatte diesbezüglich jedoch nichts unternommen. Dagegen erhoben auf dem Reichstag in Besançon die päpstlichen Gesandten heftige Beschwerde. Papst Hadrian nutzte in einem Brief die Gelegenheit, das Verhältnis zwischen Kaiser und Kurie auf eine neue Grundlage zu stellen. Rainald von Dassel hatte das erkannt. Es kam zum Eklat, als er den durch Legaten öffentlich vorgetragenen Brief Papst Hadrians an Barbarossa für die lateinunkundigen deutschen Reichsfürsten aus dem Lateinischen ins Deutsche übertrug. Es ging um die Formulierung, Papst Hadrian würde die Verleihung der Kaiserkrone, die Kaiserkrönung als Benefizium des Nachfolgers Petri betrachten. Absichtlich hatte Rainald beneficium nicht mit Wohltat, sondern mit dem Rechtsbegriff Lehen übersetzt, um einen Eklat zu provozieren. Angesichts der Vorstellung, das Kaisertum wäre in Lehnsabhängigkeit von der Kurie, einer Vorstellung, die

Von Helmolds antistaufischer, alexanderfreundlicher Darstellung des Papstschismas[472] abweichend, läßt Albert von Stade eine eindeutig prostaufische Interpretation erkennen. Er schildert im Jahresbericht ***1159*** die Entstehung des Schismas mit einseitiger Schuldzuweisung an den päpstlichen Kanzler, Kardinal von St. Maria Roland (Bandinelli, einen sizilienfreundlicher Reformanhänger), dem späteren Papst Alexander. Unter Bezugnahme auf einen Punkt des Konstanzer Vertrages von 1153 erwähnt Albert das zwischen Papst Hadrian und Friedrich Barbarossa friedlich ausgehandelte Versprechen zum gegenseitigen Schutz vor König Wilhelm I. von Sizilien. Quasi dieses Abkommen verletzend, hätte jedoch mit der Zustimmung Wilhelms Kanzler Roland vor allem in Frankreich erfolgreich eine heftige kaiserfeindliche Propaganda, betrieben, und - selbst ein Mailänder[473]- die Mailänder gegen den Kaiser aufgebracht. Nach seiner Rückkehr (von seinem Propagandafeldzug) hätte er mit einigen gleichgesinnten Kardinälen und Römern eine Verschwörung, die ***„secta Caeciliana"*** (die sizilianische Kardinalspartei) ins Leben gerufen. Ziel dieser Verschwörung sei gewesen, den Papstnachfolger aus den eigenen Reihen zu stellen. Nach dem Tode Hadrians wären jedoch die Pläne der Partei, Roland zum neuen Papst zu wählen, durch die einstimmige Wahl Oktavians (von Monticelli, eines kaisertreuen Kardinals,) als Papst Viktor (IV.) vereitelt worden. Nach einem ungeschickt formulierten Dialog zwischen Roland und seinen Mitverschworenen schildert Albert, wie sich Roland zwölf Tage nach der Wahl Oktavians durch Wilhelm I. und seine Mitverschworenen zum Gegenpapst Alexander (III.) hätte ausrufen lassen, wodurch das zwanzig Jahre andauernde Schisma entstanden sei.[474] Diese von einer eindeutig prostaufischen Tendenz geprägte Berichterstattung ist histiograph unglaubwürdig.[475]

Barbarossas Selbstverständnis vom gottgewollten Kaisertum, das bereits in der deutschen Königswahl begründet wäre, diametral entgegengesetzt war, entfachten die weltlichen Reichsfürsten einen heftigen Tumult und bedrohten die päpstlichen Legaten mit Waffengewalt. Die Legaten wurden kurzfristig inhaftiert. Barbarossa nahm dieses Ereignis zum Vorwand, weitere Appellationen deutscher Kleriker nach Rom generell zu verbieten. Es kam zu massiven Spannungen zwischen Papst- und Kaisertum.

472 Helmold I, 90

473 wie Albert von Stade fälschlich behauptet

474 Lappenberg, Ann. Stad., S. 344, 28-48

475 Friedrich hatte durch seine vorausgegangene Papstpolitik die Entstehung des Schismas mit heraufbeschworen. Er hatte eine Verpflichtung des Konstanzer Vertrages nicht eingehalten, nämlich dem Papst die stadtrömische

Fehlerhaft ins Jahr ***1168*** datiert und in seiner Dürftigkeit inhaltlich kaum erkennbar erscheint die Darstellung des Konzils von Pavia[476] von 1160. Dennoch bringt Albert darin deutlich die allgemeine Verwirrung und Verunsicherung zum Ausdruck, die das durch Papst Paschalis fortgesetzte Schisma ausgelöst hatte. Er berichtet von der gegenseitigen Exkommunikation der Päpste und der von ihnen jeweils eingesetzten Erzbischöfe. Empfinge der eine das Pallium von Paschalis, so würde er von Alexander gebannt. Das gleiche gelte in umgekehrter Reihenfolge. Nur der Erzbischof von Trier erhielte (als offenbar einziger Ungebannter) das Pallium von beiden Päpsten. ***„Papiae Paschalis praesedit consilio, et Rolandum Alexandrum anatematizavit. Econtra Alexander in Francia Widonem Paschalem. Arnoldus Treverensis episcopus accepit pallium ab utroque. Christian Moguntius adhaesit Paschali. Conradus cum Alexandro exulabat, et Albertus Salzeburgensis archiepiscopus, licet imperator esset eius***

Opposition zu unterwerfen. So konnten die Stadtrömer unbehelligt nach der Krönung zur Peterskirche vordringen, um den Papst gefangen zu nehmen. Der konnte nur mit Mühe aus der Stadt fliehen. Barbarossa war militärisch weder in der Lage, den Papst vor den Römern zu schützen, noch gegen die unteritalienischen Normannen vorzugehen, weil ihm die deutschen Fürsten die Unterstützung dazu verweigerten. So kam es, daß sich Papst Hadrian seit dem Herbst 1155 nicht länger an den Konstanzer Vertrag gebunden fühlte und Verbündete in seinen bisherigen Gegnern, den Normannen und den Byzantinern suchte. Im Vertrag von Benevent erkannte er 1156 die Existenz des normannischen Reiches an. Wilhelm I. leistete ihm den Lehnseid. Hierdurch wurde der Papst Lehnsherr über ein Territorium wurde, das nach Barbarossas Auffassung Teil des römischen Imperiums war. Durch ihr Angebot militärischer Hilfe gegen die stadtrömische Opposition gelang den Byzantinern eine Annäherung an den Papst und, z. T. mit der Hilfe Venedigs, mit Bari als Brückenkopf wieder in Italien Fuß zu fassen. Darüber hinaus vermittelte ihnen Hadrian gegen Ende 1158 einen auf 30 Jahre festgelegten Frieden mit den Normannen, ihren ehemaligen Erzfeinden. Diese boten ihnen wiederum militärisch Unterstützung gegen die Staufer in Italien an. Später ging es sogar um die päpstliche Anerkennung des byzantinischen Kaisertums.

[476] Auf dem Konzil von Pavia versuchte Barbarossa, an salische Traditionen anknüpfend, vergeblich, über die Rechtmäßigkeit der beiden konkurrierenden Päpste zu entscheiden. Papst Alexander verweigerte seine Teilnahme mit der Begründung, daß nach den Bestimmungen des Dictatus Papae ein Papst von niemandem, auch nicht von einem Konzil, zu richten sei. Nur Viktor war auf der kaiserlichen Synode anwesend und wurde aufgrund kaiserlicher Manipulation als rechtmäßiger Papst benannt. Papst Alexander mußte dagegen nach Frankreich fliehen.

avunculus.“[477] *(„Papst Paschalis führte den Vorsitz im Konzil zu Pavia und bannte den Roland Alexander, auf der anderen Seite bannte Alexander den Wido Paschalis. Der Bischof Arnold von Trier empfing das Pallium von beiden. Christian von Mainz war Anhänger des Paschalis. Konrad lebte mit Alexander in der Verbannung, ebenso Albert, der Erzbischof von Salzburg, obwohl der Kaiser sein Onkel war.“)*

Aus der Slawenchronik ergänzt der Chronist, daß lediglich die Erzbischöfe von Köln und Mainz und *„alle, die den Kaiser fürchteten oder seine Gunst suchten,“* den Viktor anerkannten. Die Kirchen von Jerusalem und Antiochia dagegen, der gesamte Zisterzienserorden sowie das gesamte Ausland, vor allem Frankreich, England, Spanien und Dänemark hielten Alexander für den rechtmäßigen Papst. Nach gleicher Vorlage berichtet der Chronist über das Gebot des zornigen Kaisers, daß alle in seinem Machtbereich lebenden Zisterzienser entweder Viktor schriftlich anerkennen, andernfalls vertrieben werden sollten. Viele von ihnen wären daraufhin nach Frankreich geflohen. Auch wären Erzbischöfe und Bischöfe ihrer Ämter enthoben worden.[478] Anders als Helmold verschweigt Albert jedoch, daß diese Ämter (mit stauferfreundlichen Viktoranhängern) neu besetzt wurden.

Alberts Tendenz zu bedingungsloser Stauferfreundlichkeit zeichnet sich auch im Jahresbericht ***1163*** vom Hoftag in Besançon ab.[479] Gemeint ist das geplante Treffen König Ludwigs VII. von Frankreich mit Friedrich Barbarossa an der Reichsgrenze auf dem Hoftag von St. Jean-de-Losne im Jahr 1162.[480] Bereits die erste Bemerkung: ***„Imperator tam Rolandum quam Oktavianum vocat ad iudicium, ...“***[481] *(„Der Kaiser ruft sowohl Roland als auch Oktavian vor seinen Richterstuhl,...“)* läßt keinen Zweifel darüber aufkommen, daß Albert die Lösung des Schismas als alleinige Angelegenheit des Kaisers ansah.[482] In Alberts Darstellung führt der Staufer dieses Konzil trotz

---

[477] Lappenberg, Ann. Stad., S. 346, 22-26

[478] Helmold, I, 91, S. 314, 27 - S. 316, 14

[479] Reichstag und Konzil fanden 1162 statt.

[480] Das Treffen des Kaisers mit Ludwig VII. von Frankreich in S. Jean-de-Losne, das geplant war, um das Schisma durch ein Schiedsgericht zu beseitigen, scheiterte.

[481] Lappenberg, Ann. Stad., S. 344, 54-55

[482] Barbarossa hatte bereits 1160 auf dem Konzil in Pavia unter kaiserlichem Vorsitz die Rechtmäßigkeit der Ansprüche den beiden konkurrierenden Päpste prüfen wollen, um in Anknüpfung an salische Tradition (vgl. Heinrich III) eine Entscheidung für den einen legitimen Papst, sowie die Absetzung des anderen Papstes herbeizuführen, d. h. die Obödienz seines Papstes durchzusetzen. Er verkannte, daß Alexander zurecht vom im Dictatus papae

des Fernbleibens des französischen, des englischen und des spanischen Monarchen zu einem legitimen Ergebnis: ***„Alexandro cum suis non veniente, imperator Victorem in papatu cum rege Daciae confirmavit,...".***[483] *(„Da Alexander mit seinen Anhängern nicht gekommen war, bestätigte der Kaiser mit dem König von Dänemark Viktor im Papsttum.")* Die Abwesenheit der westeuropäischen Könige begründet der Chronist mit der antikaiserlichen Propaganda des in seinen Augen alleinigen Urhebers des Schismas, des Papstes Alexander: ***"... sed non veniunt, sollicitati per Rolandum."***[484] *(„...aufgehetzt von Roland, erschienen sie nicht.")* Im Anschluß daran wäre Viktor nach Trier gereist und hätte Roland mit seinen Anhängern gebannt, und Roland im Gegenzug ihn, den Oktavian.

Im Jahresbericht ***1160*** enthält die Chronik im Wortlaut der Magdeburger Annalen die Nachricht von der blutigen Eroberung Mailands und der Erbeutung der Fahne des Heiligen Ambrosius durch das kaiserliche Heer.[485] Im Jahresbeitrag ***1162*** folgt die Nachricht von der Übergabe Mailands

Deutlich hebt Albert im Jahresbericht ***1164*** die Verdienste des kaiserlichen Kanzlers Rainald von Dassel hervor, der die als Kriegsbeute entwendeten Gebeine der Heiligen Drei Könige von Mailand nach Köln überführt hatte. Er hatte darüber hinaus nach dem Tode Viktors Wido von Cremona als Papst Paschalis zum Nachfolger bestimmt: ***„Reinoldus Coloniensis electus corpora trium magorum, ut dicitur, de Mediolano Coloniam adduxit. Victor papa imperatoris obiit, cui Wido Cremensem succedere fecit, qui et Paschalis."***[486]

Drastisch schildert der Chronist im Jahresbericht ***1167*** offenbar authentische Ereignisse bei der blutigen Eroberung Roms unter Anführung der Erzbischöfe Rainald von Dassel und Christian von Mainz auf dem vierten Italienzug des Kaisers, vor allem die verheerende Malariaseuche, die das Stauferheer vernichtete, der auch die

---

fixierten päpstlichen Recht Gebrauch machte, sich von niemandem richten zu lassen. Wie in Pavia scheitert auch in St. Jean-de-Losne Barbarossas Versuch, eigenmächtig das Schisma durch ein kaiserliches Schiedsgericht zu beseitigen.

483 Lappenberg, Ann. Stad., S.345, 9-11

484 Ebd., S. 345, 7

485 Magdeburger Annalen, 1160, S. 192, 2-3

486 Lappenberg, Ann. Stad., S. 345, 21-24 - Der „Drahtzieher der kaiserlichen Politik" Rainald von Dassel hatte diesen eigenmächtig, ohne Rücksprache mit dem Kaiser sofort wählen lassen. Hierdurch hatte er für eine Fortsetzung des Schismas gesorgt, was viele bis dahin Kaisertreue zur Anerkennung Alexanders veranlaßte - vgl. Keller, Hagen, Zwischen regionaler Begrenzung und universalem Horizont 1024-1250, S. 408

Sieger Rainald von Dassel und Herzog Friedrich von Schwaben zum Opfer fielen. Albert begründet die Entstehung der Katastrophe in Kenntnis medizinischen Wissens der Zeit: ***„Pestilentia nimia de cadaveribus exsurrexit et victores, qui in loco victoriae incauti permanserent, strage maxima interemit."***[487] *(„Eine sehr verderbliche Fieberpest entstand durch die Leichen und tötete eine große Anzahl der Sieger, die unvorsichtigerweise am Siegesort geblieben waren.")*

Die Darstellung der Italienpolitik Friedrich Barbarossas entstammt offenbar Augenzeugenberichten seines Informanten Heinrich von Bremen.[488] Die militärischen Auseinandersetzungen des Kaisers mit den Städten Oberitaliens sind völlig unzureichend und einseitig stauferfreundlich dargestellt. Der Chronist verschweigt absichtlich alle Rückschläge, insbesondere die entscheidende Niederlage des Staufers 1176 bei Legnano. Dagegen vermittelt er einen Eindruck von der barbarischen Grausamkeit der mit großem technischen Aufwand und mit Söldnertruppen geführten Kriegszüge Friedrich Barbarossas gegen die oberitalienischen Städte.

Im Jahresbericht 1172 gerät die Schilderung des Kampfeinsatzes des Kaiserkanzlers und Erzbischofs Christian von Mainz gegen Bologna zum Heldenepos und die Beschreibung seiner Person im Jahresbericht 1173[489] zur panegyrischen Darstellung. Dies ist bei der sonstigen lakonischen Kürze des Sprachstils im selbständigen Teil der Chronik nicht nur besonders auffällig. Die Kriegsverherrlichung und das Prahlen des Chronisten mit den unermeßlichen als Kriegsbeute erworbenen Reichtümern seines erzbischöflichen Helden vor dem Hintergrund der durch Belagerung völlig ausgehungerten Stadtbevölkerung Anconas[490] stehen in krassestem Widerspruch zum franziskanischen Gebot der Aufopferung für Hilfsbedürftige und der Gewaltlosigkeit.

Albert von Stade läßt sich zu einer Verherrlichung des blutigen Gemetzels hinreißen, das der Erzbischof Christian von Mainz mit kaiserlichen Söldnertruppen, die Lombardei und Tuscien verwüstend, angerichtet hatte. Im Stil eines Heldenepos schildert er drastisch, wie der Erzbischof zu Pferde die Bologneser in die Flucht schlug, mit Geiseln und reicher Kriegsbeute zur Belagerung nach Ancona zog und

487 Lappenberg, S. 345, 47-48

488 Dieser war als Notar des Erzbischofs Christian von Mainz 1172 Augenzeuge von dessen heroischem Einsatz für den Stauferkaiser gegen den Lombardenbund.

489 Lappenberg, Ann. Stad., S. 347, 9-41

490 Ebd., S. 347, 35-37

die Stadt zwei Jahre lang belagerte: ***„Christianus Moguntinus archiepiscopus, imperialis aulae cancellarius et sedis apostolicae legatus, cum Brabantinis per Langobardium et Tusciam omnia depopulans, Bononienses invasit, et in equo residens, indutus thorace, et desuper tunica iacintina, habens in capite galeam deauratam, et in manibus clavam trinodem, ipse in eodem proelio dicitur stavisse novem homines propria manu. ... eundem archipiscopum 28 melioribus terrae dentes cum petra manu propria excusisse ...“***,[491] *(„Christian, Erzbischof von Mainz, Kanzler des kaiserlichen Hofes und Legat des apostolischen Stuhles, verwüstete mit Söldnern in der Lombardei und Tuscien alles, griff die Bologneser an, und zu Pferde und mit einem Panzer ausgerüstet, darüber eine himmelblaue Robe, auf dem Haupt einen vergoldeten Helm und in den Händen eine dreiknotige Keule, soll er in diesem Waffengang mit eigener Hand neun Menschen zu Boden gestreckt haben.“)*

Enthusiastisch beschreibt der Chronist, wie der Erzbischof, wegen seiner Tüchtigkeit vom Papst Paschalis gelobt wurde und wie er gleichsam sich selbst zur Ehre eine große Siegesfeier mit einem feierlichen Gottesdienst inszenierte.[492]

Albert entwirft ein Charakterbild von Christian von Mainz, das alle nur denkbaren Tugenden in sich vereint. Geradezu glorifizierend nennt Albert ihn bereits im Jahresbericht 1168 anläßlich seiner Wahl zum Erzbischof einen energischen, tapferen, und im Jahresbericht 1173 einen berühmten, gebildeten, beredten, freigebigen Mann, der sieben Sprachen wie seine Muttersprache beherrsche, dem keine Stadt und keine Burg zu widerstehen wage. Auch hätte er Ferrara und Ravenna unterworfen und das belagerte Ancona durch Hunger so weit gebracht, daß die Menschen das Leder von den Schuhen und Schildern gegessen hätten. Vor dem Hintergrund dieser ausgehungerten Stadtbevölkerung Anconas wird mit den unermeßlichen durch Kriegsbeute erworbenen Reichtümern des Erzbischofs geradezu geprahlt, nicht ohne eine spöttische Anspielung auf den sparsamen Haushalt des Kaisers: ***„...quod asini sui exercitus maiores haberent expensas quam omnis familia imperatoris, quae tamen opulentissima videbatur.“***[493] *(„...daß die Esel seines Heeres [des Erzbischofs] größere Ausgaben verursachten, als der gesamte Haushalt des Kaisers, obwohl dieser für üppig gehalten wurde.“)* Hier wird deutlich, daß offenbar nicht der Staufer, sondern vor allem seine Feldherren von der Kriegsbeute profitierten. Mit der Falschmeldung, der Erzbischof hätte Ancona

---

491 Lappenberg, Ann. Stad,. S. 347. 9-13

492 Ebd., S. 347, 15-29

493 Ebd., S. 347, 30-37

zerstört,[494] beschließt der Chronist im Jahresbericht ***1175*** die Verherrlichung seines Helden.

Geleitet von seiner unbeirrbaren Stauferfreundlichkeit verschweigt er alle militärischen Rückschläge des Kaisers bei dessen Kämpfen gegen die Städte Oberitaliens.[495] Im Jahresbericht ***1177*** bemerkt er nur kurz: ***„...imperator Mediolanensibus offensus"***.[496]

Dieser Jahresbericht läßt erneut den Eindruck entstehen, als unterliege es noch der freien Entscheidung Friedrich Barbarossas, im Sinne der Defensio ecclesiae als Schutzherr der Kirche das Schisma eigenmächtig zu beenden. Nur sehr verschlüsselt erfahren wir vom Ende des Schismas im Frieden von Venedig durch die Anerkennung Alexanders als dem einzigen, rechtmäßigen Papst durch Friedrich Barbarossa: ***„Imperator scisma fastidiens de pace cogitavit. Nam Alexandro iam regna omnia consenserunt. Solus Christianus pavit Calixtum in valle Spoletum."***[497] (*„Von Überdruß wegen des Schismas erfüllt, dachte der Kaiser an Frieden. Denn alle im Reich standen zu Alexander. Nur Christian unterstützte noch Calixtus im Tal von Spoledo."*)

Was Albert von Stade bei der Darstellung der Italienpolitik Friedrich Barbarossas an wichtigen historiographischen Nachrichten wider besseres Wissen vermissen läßt, und vor allem seine Tendenz, die Niederlagen des Staufers zu verschweigen oder zu beschönigen, macht ihn als Geschichtsschreiber unglaubwürdig. Viele Einzelnachrichten sind bunt aneinandergereiht und weisen Ungenauigkeiten bezüglich der Berichterstattung, der geographischen Details und der Datierung auf. So schreibt Albert die Zerstörung Lodis dem Staufer zu, verwechselt die Städtenamen Adda mit Neu-Lodi und datiert die Kanonisierung Karls des Großen ins Jahr 1166. Seine Vorliebe für die

---

494 Ebd., S. 347, 41. Die Belagerung war bereits 1164 aufgehoben worden.

495 Der Leser erfährt nichts von der Kehrtwende Friedrichs von kriegerischer zur diplomatischen Auseinandersetzung auf Verhandlungsbasis, zu der er sich bereits nach dem Tod seines Ratgebers in der Italienpolitik, Rainald von Dassel, notgedrungen peu a peu bereit fand. Ebensowenig wird über die Friedensverhandlungen Barbarossas bei Montebello mit gewählten Vertretern der Liga Lombarda bekannt. Er hatte es zuvor stets abgelehnt, mit diesen als Personen ohne Stand zu verhandeln. Sie hatten ihn genötigt, seinen Frieden mit der Kirche zu machen und Papst Alexander anzuerkennen. Noch 1168 hatte er wiederholt öffentlich geschworen, ihn niemals als Papst zu tolerieren. Albert von Stade ignoriert völlig, daß es dem Kaiser innerhalb der achtzehn Jahre, die das Schisma bereits währte, nicht gelungen war, die Obödienz seiner Päpste durchsetzen. Auch läßt er den Frieden von Venedig 1177 gänzlich unerwähnt.

496 Lappenberg, Ann. Stad., S. 348, 8

497 Ebd., S. 348, 6-7

dramatische Darstellung offenbart der Chronist im Jahresbericht 1165 bei der abenteuerlichen Schilderung des Attentats, das bereits 1159 auf Friedrich Barbarossa ausgeübt worden war. Auch datiert er das Konzil von Tours 1163 ins Jahr 1166,[498] verwechselt im Zusammenhang mit der Nachricht von der durch den Kaiser erhobenen Beisteuer die Päpste Paschalis und Calixtus III. und irrt sich auch hier in der Datierung.[499] Ebenso ist der Kniefall von Chiavenna falsch ins Jahr 1177 datiert.

Die bei der Schilderung dieses Ereignisses verwendeten Zitate finden in den Hamburger Annalen durch das Truchseßzitat, das der fabulösen Darstellung Arnolds von Lübeck entstammt, eine mögliche Ergänzung aus der Originalchronik.[500]

Glaubwürdiger ist der Chronist in der Darstellung der Beziehung des Kaisers zu Heinrich dem Löwen. Die Nachsicht Kaiser Friedrich Barbarossas gegenüber dem mächtigsten Reichsfürsten der Zeit löst bei Albert von Stade Kritik aus. Die Art der Wortwahl bei der Mitteilung im Jahresbericht ***1168***, daß der Kaiser nach dem Willen des Welfen den Bremer Erzbischof absetzt und den greisen Propst Balduin[501] von Halberstadt, den Grafen von Holland einsetzt, verrät Alberts unverhohlene Mißbilligung: ***„... et de voluntate ducis Baldewino, Halverstadensis Praepositus, est intrusus. ... Baldewinus licet senex bona ecclesiae duci concessit et suis.“***[502] *(„... und nach dem Willen des Herzogs wurde Balduin hineingeschoben ... schon ein Greis räumte er dem Herzog und den Seinen die Güter der Kirche ein.“)* Dieser Kandidat wird in den Bremer und den Hamburger Annalen, als möglicher Teil der Originalchronik, als ***„capellanus duci“***[503] *(„Kapellan des Herzogs“)* bezeichnet. Auch äußert der Chronist insbesondere durch die Bemerkung: ***„Pallium a Paschali*** (vielmehr Calixtus III.) ***accepit, in scismate est consecratus vel potius execratus.“*** [504] *(„Das Pallium empfing er von Paschalis und wurde im Schisma geweiht, oder*

---

498 Ebd., S. 345, 26-27

499 Ebd., S. 346. 37-38

500 Ebd., S.348, 10-11; Weiland, S. 165;

501 Es ging Heinrich dem Löwen bei dieser Investitur um das Erbe der Stader Grafen, um die er seit 1144 gegen den Erzbischof von Bremen kämpfte. Nach dem Tode des Erzbischofs Hartwig 1168 setzte Heinrich mit kurzer Unterbrechung zwei welfenfreundliche Erzbischöfe ein, Balduin I., der bis 1179, und bereits 1184 Hartwig. II, der bis 1214 welfische Territorialpolitik betrieb. - vgl. Faust, Harsefeld, S. 139-140

502 Lappenberg, Ann. Stad., S. 346, 33-35

503 Weiland, S. 167

504 Lappenberg, S. 346, 18-36

vielmehr entweiht.") seinen Zweifel an der Gültigkeit dieser Weihe. Er vermittelt darüber hinaus einen deutlichen Eindruck von der allgemeinen durch das Papstschisma ausgelösten Verunsicherung unter den Geistlichen. Für Alberts Kritik an der Investitur Balduins spricht auch die Erwähnung von dessen Absetzung nach Beendigung des Schismas im Jahresbericht ***1178***.[505] Balduin war ausgeschlossen aus der allgemeinen Amnestie, die Papst Alexander den im Schisma vom Gegenpapst gewählten Bischöfen erteilt hatte.[506]

Albert übt aber nicht nur bezüglich der Bischofsinvestitur Kritik an der Barbarossapolitik, er hebt im Jahresbericht ***1168*** auch die laxe Reaktion des Kaisers besonders hervor, der auf die Klagen der Fürsten, die sich gegen Heinrich verschworen hatten, lediglich mit der Vermittlung eines kurzfristigen Friedens reagierte: ***„...imperator... audivit querelas principum contra ducem in Bomeburg, et aliquantisper pacem fecit...“,***[507] *(„...der Kaiser... hörte sich in Bamberg die Klagen der Fürsten an und vermittelte eine Zeit lang Frieden, ...").*

Im Jahresbericht ***1189*** beschreibt Albert unter Aufzählung seiner großen Gefolgschaft Friedrichs Aufbruch zum Kreuzzug. Als einzige Kreuzzugsnachricht erwähnt er den Durchzug des gewaltigen kaiserlichen Heeres durch Ungarn und Griechenland. Der Kreuzfahrertod Friedrich Barbarossas - ein Jahr zu spät datiert - macht den Kaiser für Albert von Stade zum verehrungswürdigen Märtyrer und gibt ihm Anlaß, einen der legendären Aussprüche zu zitieren, mit denen Friedrich durch seinen Abgang im Reich posthum so reichlich bedacht wurde: ***„ ... et tunc dicitur exclamasse: <Benedictus crucifixus Dei filius, quod aqua me suscipit, quae me regneravit, et me martirem faciat, quae me fecit christianum!> Et sic expiravit.“***[508] *(„Gesegnet seist Du, gekreuzigter Sohn Gottes, weil das Wasser mich aufnimmt, das mich wiedergeboren hat, und was mich zum Christen gemacht hat, möge mich zum Märtyrer machen.")* Als Stauferanhänger hebt Albert abschließend die durch den Sohn des Kaisers, den Herzog Friedrich von Schwaben, in Antiochien inszenierte würdige kaiserliche Bestattung hervor.

Im Jahresbericht ***1179*** vermittelt der Chronist abschließend durch die Darstellung seiner Reaktion auf die herabwürdigende Anrede im Brief des byzantinischen Kaisers Manuel einen Eindruck vom Selbst-

---

505 Ebd., S. 348, 14,15, Albert setzt hinzu, daß er diese nicht mehr erlebte, da er am gleichen Tag verschied, als die Nachricht von seiner Absetzung eintreffen sollte.

506 vgl. Anmerkung 2, Wachter, S. 38

507 Lappenberg, Ann. Stad., S. 346, 18-20

508 Ebd., S. 351, 41-42

verständnis Kaiser Barbarossas: ***„Manuel in Christo Deo fidelis imperator, porphirogenitus, divinitus coronatus, regnator, potens, excelsus et semper Augustus et Romanorum moderator magnificus, nobilissimo et gloriosissimo regi Alemanniae et imperatori et dilecto fratri, imperii nostri salutem et fraterni amoris affectum.“*** Et in fine epistolae sic: ***„Sultanus imperio nostro se dedit et missis legatis misericordiam postulavit, fecitque imperio nostro ominium, et iuramento pollicitus est servire nobis contra omnem cum exercitu suo, ita ut sit amicorum nostrorum amicus et inimicorum inimicus.“***[509] *(„Manuel, in Christus gottgläubiger Kaiser, Purpurgeborener, von Gott gekrönt, Regierer, mächtig, erhaben, immer Mehrer und hochherziger Regierer der Römer, dem edelsten und ruhmwürdigsten Könige von Alemannia und Kaiser, seinem geliebten Bruder, Gruß unserer Herrschaft und Bezeugung brüderlicher Liebe“ Und am Schluß des Briefes folgendes: „Der Sultan hat sich unserer Herrschaft ergeben und hat durch abgesandte Boten unsere Gnade in Anspruch genommen und unserm Kaiserreich den Lehnseid geleistet und mit einem Eidschwur gelobt, uns gegen einen jeden Menschen mit seinem Heere zu dienen, so daß er unseren Freunden ein Freund und unseren Feinden ein Feind sei.“)* Diesen mit goldenen Buchstaben geschriebenen Brief hätte er (von Manuel) erhalten, zuvor jedoch hätte er Gesandte des Sultans empfangen, die gegensätzliche Aussagen gemacht und mit dem Brief (des Sultans) kostbare Geschenke[510] überbracht hätten. Er schickte die Gesandten mit vielen Geschenken (zum Sultan Saladin) zurück. Der Kaiser vertraute dem Byzantiner nicht gern und empfände das Voranstellen von dessen Titel vor dem eigenen mit Unmut, vor allem weil dieser gegen das Römische Kaisertum arbeitete und mehrere Römer bestochen hätte. Er grollte ihm auch, weil er sich selbst den Regierer der Römer nannte.[511] Er ließe zurückschreiben: ***„Fridericus, divina favente clementia inclitus triumphator, Romanorum imperator a Deo coronatus, siblimis, in Christo fidelis, magnus, pacificus, gloriosus Caesar, Graecorum moderator, et semper Augustus, nobili et illustri regi Graecorum et imperatori, Manueli, dilecto fratri suo, salutem et fraternae dilectionis affectum.“*** *(„Friedrich, durch Unterstützung der göttlichen Milde berühmter Triumphator, der Römer Kaiser von Gott gekrönt, in Christo gläubig, groß, friedliebend, ruhmreicher Caesar, der Griechen Regierer, und immer Mehrer, dem edlen und ausgezeichneten König der*

---

509 Ebd., S. 349, 12-18

510 Über die Geschenke Saladins an den Kaiser wird in den Flores temporum auctore fratre ordinis Minorum, M. G. XXIV, 239, berichtet.

511 Lappenberg, Ann. Stad. S. 349, 18-24

Griechen, und Kaiser, Manuel, seinem geliebten Bruder, Gruß und Bezeugung brüderlicher Liebe.") Et inter cetera sic: ***„Sicut ille Rex regnum, a quo omnis potestas, Romanorum imperium caput totius orbis constituit, ita etiam sedem Romanae ecclesiae omnium ecclesiarum unicam matrem, dominam magistramque ordinavit, quod utique duorum gladiorum numero praefiguravit, quos quidem sufficere perhibuit ipse auctor fidei christianae. Quapropter tuam prudentiam commonemus, quatenus nobis et Romano imperio honorem debitum recognoscas, et summo pontifici, quem nomine tenus sanctum appellas, debitam obedientam exhibeas et honorem."***[512] *(„Wie jener König der Könige, von dem alle Macht* [ausgeht], *der das Römische Kaiserreich als Haupt über den gesamten Erdkreis gestellt hat, so hat er auch den Sitz der Römischen Kirche als alleinige Mutter aller Kirchen, als ihre Herrin und Lehrmeisterin bestimmt, was er ja auch durch die zwei Schwerter vorbildlich veranschaulicht hat, die vom Stifter des christlichen Glaubens selbst überreicht werden. Daher appellieren wir an Deine Besonnenheit, daß Du uns und dem Römischen Reich die gebührende Ehre erweist und dem obersten Priester, den Du dem Namen nach heilig nennst, den schuldigen Gehorsam leistest und die schuldige Ehrerbietung erweist.")*

Albert von Stade deutet durch die Textauswahl aus den Briefen auf den sich anbahnenden Machtkonflikt zwischen Friedrich Barbarossa und dem byzantinischen Kaiser hin, der mit seiner Bündnispolitik auf lange Sicht den ehrgeizigen Plan hegte, einmal das ganze römische Imperium und das byzantinische Reich unter sich zu vereinen. Friedrich bietet Manuel in seinem Brief eine deutliche Antwort in Form einer anschaulichen Darstellung seines kaiserlichen Selbstverständnisses. Demonstrativ stellt er seinen alleinigen Anspruch auf den Titel des Römischen Kaisers mit dem unmißverständlichen Zusatz „Regierer der Griechen" und seinen universalen Alleinherrschaftsanspruch über das Römische Imperium heraus. Durch den biblischen Bezug auf die zwei Schwerter und mit dem Zusatz: „von Gott gekrönt", in der Bedeutung der Gottesunmittelbarkeit (der Kaiser empfinge das weltliche Schwert direkt von Gott, d. h. ohne die Vermittlung einer geistlichen Gewalt), weist er nachdrücklich auf den göttlichen Ursprung der Universalgewalt seines Kaisertums hin. Ebenso verweist er durch den Bezug auf den römischen Kaiser Augustus (semper Augustus), als dessen Nachfolger er sich versteht, unmißverständlich auf die Legitimität seines universellen Herrschaftsanspruchs.

---

512 Ebd., S. 349, 25-35

Die Auswahl der Brieftexte für seine Weltchronik läßt keinen Zweifel darüber aufkommen, daß Albert von Stade mit der ganzen Kraft seiner Überzeugung an Friedrich Barbarossas Vorstellung vom Kaisertum glaubte, die klare Bezüge zur antiken und zur frühmittelalterlichen Kaiseridee im Sinne einer Herrschaft über die Kirche und einer direkten Gottesunmittelbarkeit der Herrschaft des Kaisers ohne Vermittlung durch den Papst aufweist. Aufgrund dieser Kaiseridee hatte Friedrich Barbarossa versucht durch die Heiligsprechung seines Vorgängers Karls des Großen, eine Sakralisierung seines Herrscheramtes herbeizuführen.[513]

4.) Die Darstellung Heinrichs des Löwen

In der Darstellung des Erbschaftsstreites um die Grafschaft Stade tritt Heinrich der Löwe erstmalig als Käufer von Klostergut in Hitfeld bei Harburg, dem ehemaligen Besitz der Grafen von Stade, in Erscheinung.[514] Albert schildert im Jahresbericht ***1144***, wie Heinrich bereits als Unmündiger kurz nach dem Tode seiner Mutter durch seine Vormünder seinen Anspruch auf die Grafschaft Stade erhob und diesen vehement durchsetzte. Es ging um den Erwerb der ansehnlichen Grafschaft des im März 1144 von Bauern in Dithmarschen ermordeten Rudolf II. von Stade, die sich von der Unterweser bis zur Eider erstreckte. Da der Graf keine Kinder hinterließ, galten als seine

---

513 Seit der Mitte des 12. Jahrhunderts gab es in Europa weitere Beispiele von Sakralisierungen des Herrscheramtes: in England durch Edward den Bekenner, in Frankreich durch Ludwig den Heiligen.

514 Ebd., S. 318, 11-12 - Karl Jordan, S. 134: Stade, das sich seit dem 8. Jahrhundert im Gebiet der unteren Elbe zum wichtigsten Verkehrs- und Handelsplatz entwickelt, hatte seit der Mitte des 13. Jahrhunderts Hamburg den Rang abgelaufen. 1144/45 brachte Heinrich zusammen mit der Erbschaft Stade auch den Ort in seinen Besitz. Zu der Zeit unterstanden die 5 Siedlungszellen am Unterlauf der Schwinge teils den Grafen, teils den Bremer Erzbischöfen. Im Besitz der Hochvogtei über das Erzstift Bremen machte Heinrich der Löwe sowohl im gräflichen als auch im erzbischöflichen Gebiet von Stade Herrschaftsrechte geltend, wenn auch der Erzbischof Hartwig seine Herrschaftsstellung in Stade, wo er häufig noch präsent war, zunächst noch behaupten konnte. - vgl. Jordan, S. 32 f: Karl Jordan stellt die Legitimität des Rechtsanspruchs der Forderungen Heinrichs des Löwen in Frage und bezweifelt die Darstellung Helmolds von Bosau, wonach der Herzog das Stader Erbe teils nach Erbrecht, teils nach Lehnsrecht beansprucht habe. Heinrich hätte weder ein Erbrecht noch eine lehnsrechtliche Oberhoheit über die Grafschaft Stade geltend machen können. Es sei überhaupt fraglich, ob es eine rechtliche Grundlage für seine Ansprüche gegeben habe.

nächsten Erbberechtigten sein Bruder Hartwig, Domherr in Magdeburg, gleichzeitig Domprobst in Bremen, und seine Schwester Luitgard, die von Pfalzgraf von Sommereschenburg geschieden und kurz zuvor mit König Erich Lamm von Dänemark verheiratet worden war. Hartwig hatte schon mit dem Erzbischof vertraglich festgesetzt, daß der in der Bremer Diözese gelegene Teil seines Erbgutes dem Erzbistum Bremen zufallen sollte. Dafür sollte er sowohl dieses Allodialgut als auch die Grafschaftsrechte des unter der Lehnshoheit des Erzbistums stehenden Stader Hauses als Lehen zurückerhalten.[515]

Doch dieser Vertrag wurde zunichte, weil Heinrich der Löwe, der im Besitz der Hochvogtei über das Erzstift Bremen war, seinen Anspruch auf die Grafschaft Stade beim König (Konrad III. von Hohenstaufen) und allen Fürsten einklagen ließ. Der Erzbischof Albero von Bremen hätte seiner Mutter angeblich versprochen, daß sie nach dem Tode des Grafen Rudolf ihm zufallen sollte.[516] Deutlich läßt Albert von Stade die Unglaubwürdigkeit dieser Behauptung durchblicken, die nach den Angaben von Karl Jordan auch weder bekannt noch belegbar ist. Unter allen Umständen wollte der Herzog ein durch territorialen Zugewinn bedingtes Erstarken des Erzbistums Bremen im Nordosten Sachsens verhindern.[517]

Die vorangegangenen Auseinandersetzungen im Streitfall um die Erbschaft der Grafen von Stade nur andeutend,[518] schildert Albert ausführlich die Ereignisse während des in Ramesloh zur endgültigen Beilegung des Konflikts auf königlichen Befehl einberufenen Schiedsgerichts. Als gegnerische Parteien hätten sich auf der einen Seite der Erzbischof, auf der anderen der jugendliche Herzog eingefunden. Zur Erörterung der Sachlage wären der Probst und der Pfalzgraf bestellt worden. Zur Anhörung wären außerdem der Bischof von Verden Thietmar, Markgraf Albert (Albrecht I. der Bär), Graf Hermann (II. von Winzenburg), dessen Bruder (Graf) Heinrich von Asle sowie zahlreiche Ritter präsent gewesen. Während der Darlegung der Streit-

---

515 vgl. Karl Jordan, S, 31 f:

516 Lappenberg, Ann. Stad., S. 325, 1-2 - vgl. Karl Jordan, S. 32

517 vgl. Karl Jordan, S. 32

518 Ebd., S. 32: Heinrich hatte sich zuvor zum einen der Entscheidung Konrads III., auf dem Fürstentag in Magdeburg im Dezember 1144 den Vertrag zwischen Hartwig und der Bremer Kirche zu bestätigen, widersetzt und sich geweigert, die Besitzungen herauszugeben. Zum anderen war auf dem für August 1145 für die Schlichtung des Streitfalls neu anberaumten Hoftag in Augsburg der Erzbischof Albero von Bremen aus berechtigter Furcht vor einem Anschlag des Herzogs nicht erschienen.

sache hätten die Anhänger des Herzogs zu den Waffen gegriffen und einen Tumult entfesselt, den Erzbischof gefangen genommen und ihn für kurze Zeit in Lüneburg gefangengesetzt, um ihn zu erpressen. Sie hätten ihn erst frei gelassen, als sie hätten einsehen müssen, daß sich dieser weder durch Peinigung noch durch Drohungen erpressbar zeigte. Probst Hartwig wäre durch Hermann von Lüchow in Gefangenschaft geraten. Die Leute des Herzogs hätten gehofft, er würde ihnen übergeben werden. Sie hätten ihn bereits mit dem Tode bedroht. Doch der Probst wäre zum Markgrafen Albert (Albrecht dem Bären) gebracht und so befreit worden.[519]

In Alberts tendenziöser Darstellung dieser Ereignisse wird Erzbischof Albero zum nicht erpressbaren Helden hochstilisiert. Auch wird der Freikauf des Probstes von Bremen absichtlich verschwiegen. Tatsächlich aber kam Albero erst frei, nachdem er auf seine Ansprüche verzichtet hatte. Zum anderen war Probst Hartwig, der in Ramesloh zunächst hatte entkommen können, dann aber einem Vasallen des Herzogs in die Hände gefallen war, erst gegen ein hohes Lösegeld zu Albrecht dem Bären entlassen worden und freigekommen.[520] Offenbar führte seine loyale Parteinahme für den Bremer Erzbischof und den Domprobst von Bremen dem Chronisten die Feder. Kein Makel sollte auf die Vertreter des Erzbistums Bremen fallen.

Bei allem Mangel an Objektivität offenbart Albert von Stade in diesem Bericht dennoch, wie rechtswidrig und gewalttätig[521] Heinrich der Löwe bereits als Heranwachsender seine machtpolitischen Expansionsbestrebungen verfolgte, stets das Ziel vor Augen, sich einen großen, in sich geschlossenen territorialen Machtbereich zu schaffen. Mit dem Erwerb der Grafschaft Stade hatte der Herzog im Raum zwischen Unterweser und Unterelbe den Erzbischöfen von Bremen, die seit der Mitte des 11. Jahrhunderts im nördlichen Niedersachsen eine herzogsähnliche Stellung genossen, den Rang abgelaufen und territorialpolitisch die Oberhand gewonnen.

Über den Wendenkreuzzug berichtet Albert ***1147***, wie verheerend die sächsischen Fürsten das Slawengebiet durch ihr gewaltsames Eindringen mit militärischer Gewalt verwüstet hätten, nachdem sie zuvor die Burgen der Slawen eingeschlossen hätten.[522] Helmolds

---

[519] Lappenberg, Ann. Stad., S.324, 43 – S. 325, 12

[520] Jordan, S. 33

[521] Jordan, S. 33: „Selbst die im Mittelalter allgemein anerkannte Heiligkeit der Gerichtsstätte hinderte ihn nicht, Gewalt anzuwenden.“

[522] Ebd., S. 327, 13-14; Wachter, S. 26

Bericht vom Wendenkreuzzug gegen die Obodriten und Lutrizen[523] erheblich kürzend, hebt Albert die aktive Teilnahme des jungen Welfen besonders hervor und macht deutlich, daß Heinrich der Löwe seine konsequente Kolonisationspolitik bereits in jungen Jahren begonnen hatte.

Unbeachtet bleibt jedoch das äußerst kritische Kapitel Helmolds, in dem die Schreckensherrschaft des Welfen über die Slawen und deren skrupellose Ausbeutung durch den noch jungen Herzog geschildert wird, bei dessen Feldzügen weniger vom Christentum, sondern nur vom Geld die Rede wäre, wodurch die Slawen immer mehr vom Glauben abgefallen wären.[524] Helmold sah hierdurch in hohem Maße sein Hauptanliegen, die Missionierung der Slawen, die Christianisierung der nordelbisch-obotritischen Gebiete, gefährdet. Trotz dieser Kritik wertet der Autor der Slawenchronik Heinrich den Löwen dennoch als erfolgreichen Feldherrn im Einsatz gegen die heidnischen Slawen.

In seiner kompilatorischen Darstellung läßt Albert aussagekräftige Passagen weg, in denen Helmold berichtet, wie Heinrich Kaiserrecht in Anspruch zu nehmen und den Erzbischof von Hamburg Hartwig mit den neubesetzten Bistümern Oldenburg, Ratzeburg und Mecklenburg zu belehnen versucht,[525] wie er mit dem Erzbischof in den Fragen um das Landbesitz- und das Bischofsinvestiturrecht in Konflikt gerät,[526] das ihm sogar vom Papst verweigert wird, und wie hierdurch letztendlich der Aufbau der kirchlichen Organisation behindert wird.[527] Ebenso fehlt der Bericht darüber, wie Heinrich den in Existenznot geratenen Bischof Vizelin nötigt, sich von ihm neu investieren zu lassen, als Voraussetzung für die Gewährung des Kirchenzehnten, den Graf Adolf, gegen Kirchenrecht verstoßend, einbehalten hatte.[528]

Im Wortlaut Helmolds teilt Albert im Jahresbericht ***1155*** mit, daß Heinrich der Löwe, die Gunst der Stunde nutzend, in Gegenwart Friedrich Barbarossas den Papst um Erlaubnis gebeten hätte, Gerold (als Nachfolger für den 1154 verstorbenen Vizelin) zum Bischof von

---

523 Helmold, I, 62 - I, 65 - s. Jordan, S. 38
524 Ebd., I, 68
525 Ebd., I, 69
526 Ebd., I, 75
527 Ebd., I, 80
528 Ebd., I, 70

Oldenburg weihen zu dürfen.[529] Der durch den Erzbischof von Bremen vorinformierte Papst hätte (‚um nicht in die Rechte des Bremer Metropoliten einzugreifen,) dem Herzog die Bitte zunächst abgeschlagen, sie ihm jedoch danach aus Dank erfüllt,[530] nachdem Heinrich den Aufstand der stadtrömischen Opposition niedergeschlagen hätte. Deutlich ist hier herausgestellt, wie energisch der Herzog mit allen Mitteln und unter Umgehung der Rechte des Bremer Erzbischofs für die Durchsetzung seiner macht- und territorialpolitischen Ziele kämpfte.

In den Jahresberichten ***1156 - 1158*** notiert Albert aus den Magdeburger Annalen kurze Nachrichten über die weiteren militärischen Aktionen Heinrichs des Löwen und über sein Eingreifen in die dänischen Thronkämpfe. Der Herzog hätte den dänischen König Sven nach seiner Vertreibung in sein Herrscheramt wiedereingesetzt und seinen Einfall in Friesland unverrichteter Dinge wieder abgebrochen.[531] König Knut wäre aus dem Hinterhalt von Sven ermordet worden, Waldemar dagegen hätte verletzt entkommen können. Nicht lange danach wäre es zum Krieg zwischen Sven und Waldemar gekommen. In dieser Schlacht wäre Svens Heer aufgerieben, und Waldemar auf der Flucht gefangen und niedergemetzelt worden.[532]

Heinrich der Löwe wäre mit einem Heer ins Slawenland eingedrungen und hätte alles mit Feuer und Schwert verwüstet.[533]

Nur flüchtig berichtet Albert im Jahresbericht ***1160*** aus gleicher Quelle über einen weiteren Einfall Heinrichs ins Obodritengebiet während der Wendenaufstände. Er hätte das Land mit Feuer und Schwert verwüstet, die Obodritenfürsten Niklot[534] und Nikolaus ermorden lassen und die Aufständischen unterworfen.[535]

Im Slawengebiet hätte der Herzog die Bischöfe Gerold in Oldenburg, Evermod in Ratzeburg und Berno in Schwerin investiert.[536]

---

529 Der Erzbischof von Bremen hatte die bischöfliche Weihe des Schwaben Gerold, der zugleich herzoglicher Hofkaplan war und die Schule des Braunschweiger Blasiusstiftes leitete, abgelehnt, da er die Form seiner Erhebung als unkanonisch ansah.

530 Helmold, I, 81, S. 280, 4-8

531 Magdeburger Annalen, 1156, S. 191, 23-24 und 20-21

532 Ebd., 1157, S. 191, 26-28

533 Ebd., 1158, S. 191, 33-34

534 Zu Niklots Tod s. Jordan, S. 85

535 Magdeburger Annalen, 1160, S. 191, 46-48

536 Ebd., 1160, S. 192, 3-5

Vergeblich sucht man nach der Darstellung von Heinrichs skrupelloser Methode, die unter Graf Adolf II. von Schaumburg prosperierende Stadt Lübeck[537] in seinen Besitz zu bringen, indem er zunächst dem Grafen abverlangte, ihm wegen der starken Konkurrenz Lübecks gegenüber Bardowick die Hälfte Lübecks und des Oldesloher Salzwerks abzutreten und darauf, als der Graf dies ablehnte, kurzerhand ein Maktverbot über Lübeck verhängte und die Oldesloher Saline zuschütten ließ. Auch schildert Helmold wie der Herzog 1158 durch den Bau der Löwenstadt den Grafen erpreßte, ihm Hafen und Werder der 1157 abgebrannten Stadt Lübeck abzutreten,[538] um letztendlich im Rahmen seiner gezielten Städteförderung durch Gewährung von Münz- und Zollrecht und ansehnlichen Stadtfreiheiten Lübeck seinem Herrschaftsbereich einzuverleiben. Diese chronologische Darstellung Helmolds der skrupellosen Wirtschaftsstrategie Heinrichs, der vor Wirtschaftsblockaden und Städtezerstörungen nicht zurückschreckte, um wichtige Handels- und Wirtschaftsquellen für sich zu gewinnen, hätte Alberts Geschichtswerk zu mehr Bedeutung verholfen.[539] Ohne

---

537 Lübeck war bereits im 11. Jahrhundert unter dem Namen Lübeke, d. h. schöner Ort, gegründet und von deutschen Kaufleuten entdeckt und im Laufe der Jahrzehnte besiedelt worden. Der Ort erregte das Interesse des Markgrafen von Holstein, der dort eine Burg errichten ließ und Lübeck in seinen Besitz nahm. Unmittelbar danach wurde im nahegelegenen Oldesloh Salz entdeckt und gewonnen. Durch seine außerordentlich günstige Verkehrslage zwischen Trave und Wagnitz, nur 17 km von der Ostsee entfernt, bot Lübeck einen exzellenten Umschlagplatz für das Oldesloher Salz und stellte bald eine gefährliche Konkurrenz und einen schweren Rückschlag für die Orte Bardowick und Lüneburg dar.

538 Ebd., liber I, 87

539 Dies sind historisch wichtige Berichte, die uns Helmold von Bosau, der wohl bedeutendste Chronist der Slawenmission, an der er selbst aktiv und engagiert beteiligt war, als kritischer Zeitgenosse Heinrichs des Löwen überliefert hat. Wenn seine Geschichtsdarstellung auch quellenkritisch betrachtet wegen seiner Subjektivität und Tendenziosität nur eingeschränkt glaubwürdig erscheint, weil es sich um eine rechtfertigende und keine neutrale Darstellung der Mission handelt, so ist Helmold dennoch dort für uns kenntnisreich, kompetent und glaubwürdig, wo er Zeitzeuge gewesen ist. Er legt offen dar, daß es dem machthungrigen Sachsenherzog nicht um die Slawenmission ging, sondern daß er durch den gewaltsamen Eroberungsfeldzug die systematische Ausbreitung und den Ausbau seines Herrschaftsbereichs nach Osten betreiben wollte, daß er sich die Slawenfürsten unterwarf, daß er mit militärischer Gewalt das Herzogtum Bayern zurückzuerobern versuchte und daß er bei der Durchsetzung all seiner machtpolitischen Ziele

jeglichen Kommentar erwähnt Albert im Jahresbericht ***1189*** lediglich die Zerstörung Bardowicks[540] durch den Welfen.[541]

Ebenso verschweigt Albert die Gründung von Schwerin 1160 durch Heinrich den Löwen[542] als geistliches und wirtschaftliches Zentrum der eroberten Gebiete jenseits der Elbe. Unberücksichtigt läßt er auch Helmolds kritische Darlegung der Machtposition des Herzogs (im gesamten Norden des Reiches und im Slawengebiet), der auf seinen Antrag hin vom Kaiser das weltliche Investiturrecht für die Bistümer von Oldenburg, Ratzeburg und Mecklenburg und für alle Bistümer erhielt, die er in künftig zu erobernden Slawengebieten noch errichten würde, das Lehnsrecht über die Bistümer eingeschlossen.[543] Helmold wollte hiermit verdeutlichen, daß Heinrich seinen Herrschaftsausbau in den eroberten Gebieten östlich der Elbe nicht ohne die Zugeständnisse betrieb, die ihm der Kaiser durch Erteilung dieser königsgleichen Rechte gemacht hatte.

Im Wortlaut der Slawenchronik findet sich im Jahresbericht ***1163*** die kurze Mitteilung, daß Herzog Heinrich die Burg Werle besetzt und eingenommen hätte. Die vorher genannten Bischöfe Gerold, Evermod und Berno hätte er zum Empfang ihrer Würden berufen.[544] Den Auszug aus gleicher Vorlage stark kürzend berichtet Albert über ein weiteres Eingreifen Heinrichs des Löwen in die Organisation des

---

nicht nur gegen Regionalrecht, Kirchen- und Kaiserrecht, sondern auch gegen Bürgerrechte verstieß.

540 s. Karl Jordan, Heinrich der Löwe, S. 136: Da das unter Graf Adolf II. von Schaumburg prosperierende Lübeck für den Handel in Bardowick einen schweren Rückschlag brachte, versuchte Heinrich der Löwe zunächst durch das Marktverbot für Lübeck und durch das Zuschütten des Oldesloher Salzwerks diese Konkurrenz für Bardowick auszuschalten. 1159 jedoch selbst Stadtherr von Lübeck, entzog er Bardowick seine Förderung, wodurch der Niedergang der Stadt in der 2. Hälfte des 12. Jahrhunderts vorprogrammiert war. Die daraus resultierenden Spannungen zwischen den Bardowicker Bürgern und dem Herzog führten nach dessen Sturz, als Bardowick wieder ans Reich zurückfiel, zum offenen Bruch. Da die Bardowicker dem Herzog auf seinem Weg in die Verbannung den Zutritt zu ihrer Stadt verweigert hatten, und weil sie nach seiner vorzeitigen Rückkehr aus dem englischen Exil 1182, als er seine Herrschaft in östlichen Sachsen wiedererrichten wollte, erneut Widerstand leisteten, nahm er grausame Rache und zerstörte die Stadt bis auf die Grundmauern. Bis auf den Dom fielen sogar die Kirchen seiner Rache zum Opfer, so daß Bardowick für immer zu einem bedeutungslosen Dorf herabsank.

541 Lappenberg, S. 351, 35

542 Helmold, I, 88

543 Ebd. I, 89

544 Ebd. I, 88, S. 310, 26-28

kirchlichen Aufbaus im Slawengebiet. Heinrich hätte auf Verlangen des Bischofs Gerold (1160) den Bischofssitz von Oldenburg nach Lübeck verlegt[545] und zwölf Pfründe gestiftet; eine weitere hätte dem Probst Athelo gehört.[546]

Aus den Magdeburger Annalen ergänzt Albert, daß die Rügener das Wohlwollen des Herzogs erworben hätten.[547]

Im Jahresbericht ***1164*** erwähnt der Chronist die Weihe des Bischofs Konrad von Lübeck durch den Erzbischof Hartwig von Bremen,[548] verschweigt jedoch Helmolds Bemerkung, daß Heinrich der Löwe diese gegen den Willen des Erzbischofs und der Lübecker Bürger durchgesetzt hätte, die nicht gewagt hätten, Widerstand zu leisten. Parteiisch auf der Seite der Bremer Erzbischöfe hält Albert alle Informationen zurück, die ein schlechtes Licht auf deren Machtposition in ihrem Konflikt mit dem Welfenherzog werfen. Er läßt aber auch die recht negative Charakterisierung des Bischofs Konrad durch seinen Vorlagenautor vermissen.[549].

Die Nachricht von der Besetzung der Bischofsstühle in Ratzeburg und Mecklenburg durch Heinrich den Löwen[550] entstammt den

---

545 s. Jordan, S. 88: Oldenburg hatte seine ursprüngliche Bedeutung als Bischofssitz bereits zur Zeit Vizelins verloren. Er residierte in Bosau, und Gerold hatte seinen Sitz in Eutin. Die Verlegung des Bistums war kirchenorganisatorisch günstig, weil mit dem Aufstreben Lübecks durch die verkehrsgünstige Lage und durch das Anwachsen der Bevölkerung die Stadt innerhalb Wagriens immer mehr an Bedeutung gewann. Erzbischof Hartwig von Bremen mußte sich den vollendeten Tatsachen fügen. 1160 unterstellte er urkundlich die Bistümer Lübeck, Ratzeburg und Schwerin seiner Metropolitangewalt, die Heinrich der Löwe für Nordelbingen ausdrücklich anerkannte.

546 Helmold, I, 90

547 Magdeburger Annalen, 1163, S. 192, 15-16. Hier wird außerdem berichtet, daß die Fürsten der Insel Rügen zur Einweihung der Lübecker Kirche gekommen wären. - vgl. Jordan, S. 93: Heinrich der Löwe hatte 1163 die rügischen Fürsten gezwungen, seine Lehnshoheit anzuerkennen. Im Juli des Jahres leisteten sie dem Herzog deshalb bei der Weihe des Domes in Lübeck die Huldigung.

548 Helmold I, 97 (bzw, II, 1 der Lappenberg-Ausgabe), S. 338, 3-4 - vgl. Jordan, S. 92: Gegen den Willen des Erzbischofs setzte der Herzog den ehemaligen Zisterzienserabt Konrad aus Riddagshausen, einen Kandidaten aus dem Braunschweiger Klerus, als neuen Bischof in Lübeck ein, um seinen Einfluß in Nordelbingen zu erhalten.

549 Ebd., S. 338, 4-20

550 vgl. Karl Jordan, S. 142: Heinrich ging erheblich über die ihm von Friedrich Barbarossa 1154 zugestandenen Investitionsrechte für die Bistümer Oldenburg, Lübeck, Ratzeburg und Schwerin hinaus, indem er in der Regel

Pöhlder Annalen.[551] Aus gleicher Quelle gibt er die Einweihung der aus Holz erbauten Lübecker Kirche von St. Maria und St. Nikolaus 1163 durch den Herzog bekannt.

Vom Ausbau der Residenz des Welfen in Braunschweig erwähnt er im Jahresbericht ***1166*** in einem kurzen eigenen Beitrag lediglich die Errichtung von Stadtwall und -graben und vom Statussymbol Heinrichs.

Dagegen berichtet Albert von Stade in eigener Darstellung im Jahresbeitrag ***1167,*** offenbar aus mündlicher Quelle über den Bremer Scholastiker Heinrich, detailliert bis in Einzelheiten der Kriegsführung und der Schauplätze der Schlachten aus seiner Heimatregion über den Aufstand der Bremer gegen Heinrich den Löwen.[552] Diese hätten stark unter dem Joch des Herzogs gelitten. Der Aufstand wäre unter der Leitung des Grafen Christian I. von Oldenburg siegreich mit der Eroberung der herzoglichen Burg Weyhe (in der Grafschaft Hoya) beendet worden. Christian hätte mit seinem Heer, die Furth des Getheflusses besetzend, vier Tage lang das Heer des Herzogs mannhaft zum Stillstand gebracht und ihn am fünften Tage mit vier Schlachtreihen zum Abzug genötigt. Heinrich wäre jedoch mit einem großen Heer zurückgekehrt, während sich Christian nach Oldenburg zurückgezogen hätte und verstorben sei.[553] Da aber seine Vasallen

---

auch über die personelle Besetzung des Bischofssitzes entschied und die Bischöfe mit staatlichen Aufgaben betraute. Alte Markgrafenrechte machte er selbst in diesen bischöflichen Immunitätsbezirken geltend und übte die oberste Gerichtsgewalt über die kirchlichen Hintersassen aus.

551 Annales palidenses

552 Karl Jordan S. 135: Seit der Mitte des 12. Jahrhunderts hatte sich die Bremer Bürgergemeinde neben dem Erzbischof als ihrem Stadtherrn immer mehr zu einer selbständige handelnden Körperschaft entwickelt. Heinrich besaß jedoch die Vogteigerichtsbarkeit im Erzstift Bremen, was ihm ermöglichte, auch in die Gerichtsverhältnisse der Stadt Bremen einzugreifen. 1159 hatte er möglicherweise einen seiner Lehnsadligen als Stadtvogt und vielleicht auch einen Untervogt für Bremen eingesetzt. Karl Jordan bestreitet, daß der Herzog die Ausbildung einer Stadtgemeinde in Bremen dadurch gefördert hätte, daß er Bremen die gleichen Privilegien erteilt hätte wie Stade, da von einer entsprechenden Urkunde für Bremen nichts bekannt sei. Manches spreche dagegen für ein recht gespanntes Verhältnis zwischen dem Herzog und den Bremer Bürgern in den 60ger Jahren des 12. Jahrhunderts. Dies erkläre auch, weshalb diese 1167 in Sachsen auf der Seite seiner Gegner kämpften.

553 Graf Christian starb erst einige Tage nach der Belagerung Oldenburgs, die Heinrich der Löwe nach seiner Eroberung Bremens durchführte.

seinen Tod geheim gehalten hätten, hätte sich das vom Überdruß ergriffene Heer des Herzogs aufgelöst.[554]

Bemerkenswert ist, daß dieser Bericht wie eine Gegendarstellung von Helmolds Beschreibung desselben Aufstands aus der Sicht des Herzogs im Kapitel I, 104 der Slawenchronik abweicht. Hier heißt es, daß Heinrich der Löwe in Bremen eingefallen wäre, es eingenommen und ausgeplündert hätte, daß die Bremer Bürger in die Marschen geflohen wären, der Herzog sie geächtet hätte, und daß sie sich erst durch die Vermittlung des Erzbischofs für mindestens 1000 Mark Silber den Frieden hätten erkaufen müssen. Graf Christian sei wenige Tage danach verstorben.

Offensichtlich hatte seine Parteinahme für den Erzbischof, die Bremer und den Grafen Christian I. von Oldenburg Albert bewogen, die Eroberung Bremens durch Heinrich den Löwen zu verschweigen, wohingegen Helmold bei seiner leichten Tendenz zur Antipathie gegenüber den Bremer Erzbischöfen[555] sich nicht scheute, die Niederschlagung des Bremer Aufstandes durch den Herzog deutlich herauszustellen.

Ausführlich und engagiert informiert Albert über die Genealogie der Grafen von Oldenburg und schildert, wie die Stadt Oldenburg, in innere Machtkämpfe verstrickt, dem Welfen als leichte Beute in die Hände fiel, nicht ohne auf die Gottgewolltheit dieser Schicksalsfügung hinzuweisen. Diese sah Albert als unheilvolles Omen darin vorangekündigt, daß Friesen während einer Messe „den Kelch des Herrn verschütteten und entwendeten": ***„...calicem Domini effunderent et deferrent".***[556] Nicht ohne Bitterkeit umschreibt Albert die Eroberung Oldenburgs durch Heinrich den Löwen mit den Worten: ***„Unde eadem urbs in manus Heinrici ducis data, eamque obtinuit, usque dum ab imperatore humiliaretur."***[557] (*„Daher wurde die Stadt in die Hände des Herzogs gegeben, und er behielt sie solange, bis er vom Kaiser erniedrigt wurde."*)

Nur flüchtig erwähnt Albert im Jahresbericht ***1168*** die Fürstenverschwörung[558] gegen den Welfen in Merseburg und das Bemühen

---

554 Lappenberg, Ann. Stad., S. 346, 3-10

555 D. Berg, in Wattenbach, Helmold von Bosau, S. 432

556 Lappenberg, Ann. Stad., S. 346, 3-17

557 Ebda, S. 346, 16-17

558 vgl. Jordan, S. 117 ff: Bereits Juli 1167 schlossen sich Fürsten aus Sachsen, aber auch aus benachbarten Staaten in Magdeburg zu einem Bündnis gegen den Herzog zusammen, dem sich auch Erzbischof Hartwig von Bremen anschloß. Von allen Seiten wurden im Spätsommer 1167 Kämpfe gegen den

Friedrich Barbarossas um kurzfristigen Waffenstillstand als Reaktion auf die Klagen der Fürsten gegen den Herzog.

Etwas ausführlicher ist der Bericht von der Doppelwahl im Erzbistum Bremen nach dem Tode Hartwigs und von den nachfolgenden Unruhen in Bremen. Nach der Wahl des (dritten) Sohnes Siegfried des Markgrafen (Albrecht des Bären) und des (Bremer) (Dom-) Dekans sei in Bremen ein riesiger Tumult entstanden. Auf der Seite des Herzogs hätte Graf Gunzelin (von Schwerin) mit großer Versessenheit gekämpft, so daß sich der neugewählte Erzbischof Siegfried mit dem Domprobst Otto nach Oldenburg, die anderen nach Harburg hätten flüchten müssen.[559]

Die Art der Wortwahl bei der Mitteilung, daß der Kaiser nach dem Bamberger Hoftag zugunsten des Welfen den Bremer Erzbischof absetzt und den greisen Propst Balduin von Halberstadt,[560] den Grafen von Holland, „hineinschiebt": ***„... et de voluntate ducis Baldewinus, Halverstadensis praepositus, est intrusus,... Baldewinus licet senex bona ecclesiae duci concessit et suis ..."***,[561] verrät Alberts unverhohlene Mißbilligung. Mit scharfer Kritik prangert er die Machenschaften des Herzogs an, aus der Hand von ihm selbst investierter Bischöfe Kirchengut zu entfremden und zu Lehen zu nehmen. Auch die

---

Welfen geführt, wovon weite Teile Sachsens besonders schwer betroffen waren, so daß Friedrich Barbarossa, von seinem vierten Italienfeldzug aus zur Vermittlung eines bis zur Rückkehr des Kaisers befristeten Waffenstillstands in Sachsen Erzbischof Christian von Mainz und Berthold von Zähringen nach Deutschland sandte. Ungeachtet dessen erneuerte die Fürstenkoalition zu Beginn des Jahres 1168 in Merseburg ihr Bündnis gegen den Herzog.

559 Lappenberg, Ann. Stad., S. 346, 27-30 - vgl. Jordan, S. 120: Zu neuen Wirren in Sachsen und zu Unruhen in Bremen führte nach dem Tode des Bremer Erzbischof Hartwig 1168 die Doppelwahl im Erzbistum. Als deutliche Kampfansage an Heinrich den Löwen wählte unter der Führung des Bremer Domprobstes Otto die welfenfeindliche Partei den Askanier Siegfried (3. Sohn Albrechts des Bären, damals Kanoniker in Magdeburg) zum Erzbischof. Die herzogliche Partei erhob den Bremer Domdekan Otbert zum Metropolitan. Als Graf Gunzelin von Schwerin stellvertretend für den Herzog mit Waffengewalt in Bremen eingriff, mußten der neugewählte Erzbischof Siegfried und der Domprobst Otto nach Oldenburg, die übrigen Anhänger nach Harburg fliehen.

560 Es ging Heinrich dem Löwen um das Erbe der Stader Grafen, um die er seit 1144 gegen den Erzbischof von Bremen kämpfte. Nach dem Tode des Erzbischofs Hartwig 1168 setzte Heinrich mit kurzer Unterbrechung zwei welfenfreundliche Erzbischöfe ein, Balduin I., der bis 1179, und bereits 1184 Hartwig. II, der bis 1214 welfische Territorialpolitik betrieb - vgl. Faust, Harsefeld, S. 139-140

561 Lappenberg, Ann. Stad., S. 346, 33-36

möglicherweise seiner Originalchronik zuzuordnende abfällige Bezeichnung Balduins als ***„capellanus ducis Henrici“***[562] in den Bremer und den Hamburger Annalen läßt sein tiefes Mißfallen an der Bischofsinvestitur erkennen.

Kontrastierend setzt der Chronist im Jahresbericht ***1168*** die Meldung von Heinrichs prachtvoller Hochzeit mit Mathilde von England gegen die Nachricht von seiner Verstoßung der Schwester des Zähringerherzogs[563] und deutet im Jahresbericht ***1171*** die Bündnispolitik des Welfen durch die Verheiratung seiner Tochter mit Knut VI. von Dänemark an.[564]

Im Jahresbericht ***1172*** erwähnt er kurz die Kreuzfahrt Heinrichs des Löwen über Griechenland nach Jerusalem und seine Rückkehr im gleichen Jahr.

Seiner tief empfundenen Kritik am übersteigerten Herrschaftsbewußtsein des Welfen verleiht Albert im Jahresbericht ***1166*** volksnah in einem schlichten Satz Ausdruck: ***„Et quia potens et dives erat, contra imperium se erexit, unde imperator eum humiliare proposuit, et ex hoc multae surrexerunt contentiones principum contra ducem.“***[565] (*„Und weil er reich und mächtig war, erhob er sich gegen das Reich; daher beschloß der Kaiser, ihn zu erniedrigen, und hieraus entstanden viele Feindschaften der Fürsten gegen den Herzog.“*)

Möglicherweise hatte Albert in seiner Originalchronik auch das aus Quellen des frühen 13. Jahrhunderts bekannte Truchseßzitat übernommen, das in den Hamburger und den Bremer Annalen in den Jahresberichten ***1177*** aufgeführt ist, denen, wie bereits erwähnt, die Originalchronik als Vorlage gedient hatte. Burchard von Ursberg und der anonyme Verfasser der „Sächsischen Weltchronik“ berichten, daß der Truchseß Heinrichs, Jordan von Blankenburg, den Herzog mit den überheblichen Worten abgehalten habe, den Kaiser aufzurichten: *"Laßt Herr die Krone des Reiches zu euren Füßen liegen, eines Tages wird sie auf euer Haupt kommen"*: ***„Iordanus dapifer ducisglorianter ad ducem***

562 Jaffé, Ph., Ann. Bremenses, MGH SS XVII, S. 856, 52

563 Lappenberg, Ann. Stad., S.346. 30.- 36

564 Ebd., S. 347, 8-9: Ihre Ehe mit Friedrich von Rothenburg war kinderlos.

565 Ebd., S. 345, 38-40 - Es war die Fürstenkoalition, die Heinrich den Löwen zu Fall brachte. Aufgrund der Zugeständnisse Friedrich Barbarossas übte Heinrich der Löwe in Norddeutschland königgleiche Rechte aus. Durch die Art seiner Machtausübung und durch die Mißachtung von Regionalrecht mit der Zielsetzung der Schaffung eines in sich geschlossenen Herrschaftsterritoriums hatte er sich die Fürsten Sachsens und die der umliegenden Länder zu Feinden gemacht.

dixit: Domine, corona imperii ad pedes vestros venit, adhuc in caput vestrum adscendet."[566] Wie nachhaltig Albert von Stade von diesem Ereignis beeindruckt war, das für ihn nunmehr ein halbes Jahrhundert zurücklag, zeigt sein ergänzender Beitrag: ***„Sed Beatrix eum levavit, dicens: <Surge, mi domine, memor esto casus huius et memor sit Deus>.***"[567] (*Aber die Kaiserin Beatrix habe ihn mit den Worten aufgerichtet: „Erhebe dich, Herr und gedenke dieses Falles, auch Gott möge dessen eingedenk bleiben."*) Zu diesem anekdotischen Einschub hatte ihm seine prostaufische Neigung die Feder geführt. Heinrichs Fehleinschätzung des Kaisers und die ganze Tragweite der Bedeutung seiner Hilfsverweigerung in Chiavenna erkennend, fährt Albert fort: ***„Sed fortuna duci a tempore, quo imperatorem levare contempsit, labefactari coepit.***"[568] (*„Aber das Glück des Herzogs begann seit der Zeit zu schwanken, als er es abgelehnt hatte, den Kaiser aufzurichten."*) Hier bedient sich Albert des Symbols der Veränderlichkeit, des seit dem 12. Jahrhundert in der Literatur und in der Geschichtsschreibung sehr populären Sinnbilds des Rades der Fortuna, die nach Boethius mit dem Glücksrad als Vollstreckerin des göttlichen Willens galt.[569] Er weist auf das sich von Heinrich abkehrende Glück als Besiegelung seines ihm von Gott zugewiesenen Schicksals hin.

Abfällig vermerkt er im gleichen Bericht, daß nach dem Willen des Herzogs der sehr einfältige, in Rosenfelde ausgebildete Prior Godescal die Nachfolge des verstorbenen Abtes Alward von Stade angetreten und drei Jahre lang der Kirche vorgestanden hätte.

Albert macht deutlich, daß er die allgemeine Kritik teilte, die der Welfe durch seine Herrschaftsgewalt im Reich ausgelöst hatte.

Dennoch erfährt man über den Hergang des Ereignisses in Chiavenna selbst nur wenige und ungenaue Einzelheiten. Die Mailänder hätten Friedrich Barbarossa eine Niederlage beigebracht. Deshalb hätte er die Fürsten, insbesondere den Welfen um Unter-

---

566 Jaffé, Bremer Annalen, MGH SS XVII, S. 857, 5-7 - Diese Version findet sich auch in der Chronik Burchards von Ursberg und in der Sächsischen Weltchronik des anonymen Verfassers, wohingegen nach den Worten Arnolds von Lübeck der Herzog über diesen Vorgang so bestürzt war, daß er den Kaiser sofort wieder aufhob. - vgl. Karl Jordan, Heinrich der Löwe, S. 189: Die Erzählung wäre in dieser Form zwar anekdotisch zugespitzt, sicherlich aber nicht ganz frei erfunden, vor allem sei sie Ausdruck der Selbstüberschätzung des Welfen und seiner Umgebung.

567 Lappenberg, Ann. Stad., S. 348, 10-11 Der Kniefall von Chiavenna ist falsch datiert.

568 Lappenberg, Alb. Stad., S. 348, 13

569 A. Miltenburg in Lex MA, Bd. 4, Stichwort: Fortuna, Spalte 665

stützung (auxilium, zu der die Fürsten nicht rechtlich, jedoch moralisch verpflichtet waren) gebeten. Heinrich hätte ihm jedoch „Schwierigkeiten" gemacht, woraufhin sich der Kaiser ihm zu Füßen geworfen und der Herzog es verschmäht hätte, ihn wieder aufzuheben: ***„Circa idem tempus imperator Mediolanensibus offensus, principes in auxilium vocavit, et praecipue Heinricum ducem. Qui cum ei difficilis esset, ad pedes eius procidit, quem dux levare contempsit."***[570]

Da ist keine Rede von Heinrichs Erpressungsversuch, als Gegenleistung dem Kaiser das durch Silbererzlager so reiche Goslar als Lehen abzuverlangen. Dies hatte Friedrich Barbarossa rigoros abgelehnt, wie es uns durch Otto von St. Blasien in den Marbacher Annalen überliefert ist.

Als Eindruck vom Rachefeldzug Heinrichs 1179 gegen einen seiner ärgsten Gegner, den Bischof Ulrich von Halberstadt,[571] führt Albert dem Leser im Jahresbericht ***1178*** mit eindeutiger Schuldzuweisung den Brand von Halberstadt vor Augen. Herzog Heinrich und der Pfalzgraf Albert hätten den mit Geistlichen, Frauen und Kindern voll besetzten Stephansdom in Brand gesetzt.[572]

---

570 Lappenberg, Ann. Stad., S. 348, 7-9

571 Karl Jordan, S. 193-201: Heinrich der Löwe hatte Ulrich von Halberstadt 1160 aus seinem Bistum vertrieben und Gero als „sein gefügiges Werkzeug" investiert. Dieser hatte ihm Kirchengüter als Lehen überlassen. Nach Chiavenna hatte Friedrich Barbarossas seine Haltung gegenüber dem Herzog geändert und die Wiederbesetzung der Erzbischofsitze in Bremen mit dem Askanier Siegfried und in Halberstadt mit dem vertriebenen Ulrich von Halberstadt sowie außerdem die Rückgabe der in beiden Diözesen entfremdeten Kirchengüter durchgesetzt. Als Bischof Ulrich das entfremdete Kirchengut einziehen wollte und auf den entschiedenen Widerstand des Herzogs stieß, verhängte er über Heinrich den Bann, woraufhin dieser die bischöfliche Burg Hornburg zerstörte. Ulrich schloß sich 1178 dem Bündnis gegen den Herzog an, baute eine neue Burg im Süden der Stadt, errichtete die Hornburg neu und ließ von dieser und auch von Halberstadt aus Einfälle ins Gebiet des Herzogs ausführen. Zudem verhängte er erneut den Bann über ihn. Der Rachefeldzug Heinrichs war verheerend. Die Hornburg wurde erneut zerstört und Haldensleben erobert. Es brach ein Brand aus, dem ein großer Teil der Bürger, die in den Kirchen Zuflucht gesucht hatten, zum Opfer fiel. Der hochbetagte Bischof Ulrich wurde in Braunschweig gefangengesetzt, bis er den Herzog vom Bann löste und ihm die Halberstädter Lehen zu überlassen versprach. Einige Monate danach verstarb er.

572 Ebd., S. 348. 17-18. Dies Ereignis gehört ins Jahr 1179.

Im Jahresbeitrag ***1180*** berichtet Albert von der Entmachtung Heinrichs des Löwen.[573] Am Geburtsfest des Herrn hätte der Kaiser auf dem Hoftag in Würzburg dem Herzog alle Lehen aberkannt, die er vom Reich, von Erzbischöfen oder Bischöfen erhalten hatte. Albert nennt die Hauptnutznießer dieses Prozesses namentlich, den Grafen Bernhard von Anhalt, dem das Herzogtum Sachsen, und den Erzbischof von Köln, dem das Herzogtum Westfalen zugesprochen wurde.[574]

Der Nachricht von der Übergabe der Stadt Lübeck an den Kaiser im Jahresbericht ***1181*** schließt sich unmittelbar die Meldung von der Verbannung Heinrichs durch Friedrich Barbarossa an: ***„Heinricus dux se cum filiis suis in potestam imperatoris tradidit et finis imperii aviuravit,“***[575] wobei aus den Hamburger und den Bremer Annalen der Zusatz: ***„...ad tres annos...“*** als möglicher Teil der Originalchronik zu ergänzen ist.[576]

Darauf folgt die Nachricht von der Bestätigung der Wiederwahl des Askaniers Siegfried zum Erzbischof von Bremen durch den Kaiser.[577]

Die neu entbrannten schweren Kämpfe in Westfalen zwischen dem Herzog mit einem Heeresaufgebot der nordelbingischen Grafen von Schwerin, Holstein und Magdeburg gegen die Anhänger des Kölner Erzbischofs, die bei Osnabrück welfisches Gebiet besetzt hatten,[578] erwähnt der Chronist mit einem einzigen Satz. Ungefähr zu Petri Kettenfeier (1. August) hätten die Ritter des Herzogs mit dem Grafen Gunzelin auf dem Halerfeld (bei Osnabrück) gegen die Westfalen

---

[573] Wie in allen anderen chronikalischen Quellen erfährt man auch bei Albert von Stade äußerst wenig über die verschiedenen Gerichtstermine und über den in einem land- und einem lehnsrechtlichen Verfahren nach den Normen des damaligen Rechts durchgeführten politischen Prozeß, von dem nur eine einzige urkundliche Quelle existierte, die nur noch in Abschriften aus dem 14. Jahrhundert erhalten ist (das Original wurde 1945 vernichtet). Sie ist ein Diplom, mit dem Friedrich Barbarossa auf dem Reichstag in Gelnhausen am 13. April 1180, etwa 3 Monate nach dem Abschluß des Verfahrens gegen Heinrich den Löwen, den Erzbischof Philipp von Köln mit einem Teil Sachsens als dem neuen Herzogtum Westfalen belehnte. -vgl. Karl Jordan, S. 197-200:

[574] Lappenberg, Ann. Stad., S. 349, 41-44

[575] Ebd., S. 349, 48-49

[576] Jaffé, Bremer Annalen, S. 857, 21

[577] Lappenberg, Ann. Stad., S. 349, 44-45 - s. Anm. 556

[578] s. Jordan, S. 200: Die Schlacht auf dem Halerfeld war siegreich für den Herzog verlaufen. Die Verluste der gegnerischen Partei waren hoch. Graf Simon von Tecklenburg wurde inhaftiert und erst wieder freigelassen, nachdem er dem Herzog den Treueid geleistet hatte.

gekämpft. Hier wäre Graf Simon (von Tecklenburg) gefangengenommen worden.[579]

Im Jahresbericht ***1182*** vermerkt der Chronist kurz die Ankunft des Herzogs in England.[580]

Die Nachricht von der Belehnung des Herzogs mit der Grafschaft Stade durch Hartwig II. von Bremen nach seiner zweiten Rückkehr aus der Verbannung ***1189***, von der er mit Sicherheit Kenntnis hatte, verschwieg der Chronist absichtlich. Möglicherweise war er verbittert darüber, daß der finanziell in Not und in der Stadt Bremen und in seiner Diözese in Schwierigkeiten geratene Erzbischof den Herzog im September 1189 in Stade mit der Grafschaft belehnte, in der Hoffnung, das zur Grafschaft Stade gehörige Dithmarschen wiederzugewinnen.[581] Dieser Kompromiß war in den Augen Alberts zu schmählich für den Erzbischof, der bei der ersten Rückehr des Herzogs 1185 jede Unterredung mit ihm konsequent abgelehnt hatte. Schmerzlich hat Albert zur Kenntnis nehmen müssen, daß Hartwig II. aus seiner Notlage heraus dazu beigetragen hatte, die alte Machtposition Heinrichs des Löwen in Sachsen wiederherzustellen, während sich zur gleichen Zeit seine sächsischen Gegner mit dem Kaiser auf dem Kreuzzug befanden.

Bruchstückhaft informiert Albert erst wieder im Jahresbericht ***1191*** über die in Deutschland insbesondere von Heinrich dem Löwen betriebene Königsneuwahl, zu der es wegen des (von Heinrichs gleichnamigem Sohn ausgestreuten) Gerüchts gekommen war, Kaiser Heinrich VI. wäre bei der Belagerung von Neapel der im Heer ausgebrochenen Seuche erlegen. Man erfährt weiter, daß sich der (vom Kaiser als Geisel auf seinem Italienzug mitgeführte) Welfensohn Heinrich mit Tankred (von Lecce, König von Sizilien) verschworen hätte und als Knappe verkleidet über Griechenland, Ungarn und Böhmen[582] ins Reich zurückgekehrt wäre.[583] Auch von Tankred

---

579 Lappenberg, Ann. Stad., S. 349, 45-46

580 Ebd., S. 350,2

581 vgl. Karl Jordan, S. 221 f

582 Er hatte über Marseille Deutschland erreicht, (Keller, Hagen, Zwischen regionaler Begrenzung und universalem Horizont, S. 420)

583 Lappenberg, Ann. Stad., S. 352, 3-9 - Jordan, S. 226 f: Heinrich von Braunschweig, der Sohn des Herzogs, fiel vom Kaiser ab und verließ heimlich dessen Heer. Nach Arnold von Lübeck hätte er Heinrich VI. bereits zu Beginn des Feldzugs in Süditalien verlassen, nach den übrigen Quellen erst während der Belagerung von Neapel. Die Steterburger Annalen berichten, Heinrich hätte der Seuche entgehen wollen und wäre zunächst nach Neapel, danach auf dem Seeweg nach Rom geflohen. Hier stellte Papst Cölestin am 5. August 1191

entwirft Albert im Jahresbericht ***1190*** ein recht negatives Bild. Der (am 11. Nov. 1189) verstorbene König Wilhelm (II. von Sizilien) hätte Tankred den königlichen Schatz und den Palast anvertraut. Dieser aber hätte sich selbst das Diadem aufgesetzt, obwohl Wilhelm das Reich seiner Schwester Konstanze zuerkannt hätte.[584]

Zu den Niederlagen Heinrichs des Löwen bei den im Frühjahr 1190 erneut ausbrechenden Kämpfen in Holstein und zu den Verhandlungen zwischen König Heinrich VI. und dem nunmehr zu einem Ausgleich bereiten Herzog auf dem Reichstag in Fulda schweigt der Chronist. Der König suchte die Verständigung mit Heinrich dem Löwen, weil er dringend dessen Unterstützung für den bevorstehenden Kampf in Sizilien um die Durchsetzung der Erbansprüche seiner Gemahlin Konstanze brauchte. Bei diesen Verhandlungen wurde der Herzog verpflichtet, die Befestigung Braunschweigs teilweise niederzulegen und die Lauenburg zu schleifen. Dafür wurde ihm die Hälfte der Einnahmen aus der Stadt Lübeck überlassen. Während sein zweiter Sohn Lothar für die Einhaltung der ihm auferlegten Bedingungen als Geisel gestellt wurde, sollte sein erster Sohn Heinrich mit 50 Rittern den König auf seinem Italienfeldzug begleiten. Der Erzbischof Hartwig II. von Bremen wurde in Fulda jedoch abgesetzt und ging nach England.[585] Vermutlich war es für Albert von Stade schwer zu akzeptieren, daß der Erzbischof von Bremen als Leidtragender aus diesen Verhandlungen hervorging. Möglicherweise war das der Grund, weshalb er darüber schwieg.

Zusammenfassend kann man sagen, daß Albert von Stade durch eine gezielte Auswahl entsprechender Passagen und Einzelnachrichten aus der Slawenchronik, den Magdeburger, den Bremer und den Pöhlder Annalen seine negative Einstellung zu Heinrich dem Löwen unterstreicht, die er im selbständigen Teil seiner Chronik, wie oben beschrieben, bekundet. Diese Antipathie gegenüber dem Herzog

---

Heinrich dem Löwen ein für die Welfen wichtiges Privileg aus, mit dem ihm und seinen Söhnen das Recht zugestanden wurde, daß niemand, außer dem Papst, seiner Nachfolger oder seiner dazu beauftragten Legaten ihn oder seine Söhne exkommunizieren dürfe. Dieses Privileg hat der Sohn Heinrich des Herzogs persönlich beim Papst erwirkt und Ende August oder Anfang September nach Deutschland gebracht.

[584] Lappenberg, Ann. Stad., S. 351, 37-39 - vgl. Karl Jordan, S. 224: Obwohl die Tante Wilhelms II. Konstanze von Sizilien, Gemahlin Kaiser Heinrichs VI., legitime Erbin war, wurde als Verwandter aber von umstrittener Ebenbürtigkeit der Graf Tankred von Lecce von einer normannischen Nationalpartei, von der Kurie sehr begrüßt, zum König von Sizilien ernannt.

[585] Karl Jordan, S. 224 f

führt beim Chronisten zu einer teilweise bewußten Verfälschung, aber auch zum Verschweigen einiger historischer Ereignisse zugunsten der Erzbischöfe von Bremen. Diese Tendenziosität der Darstellung, die eine lokalhistorisch authentische Berichterstattung oft nicht zuläßt, macht Albert von Stade historiographisch unglaubwürdig.

Helmolds chronologische Darstellung der skrupellosen Wirtschaftsstrategie des Welfen durch Wirtschaftsblockaden und Städtezerstörungen außer Acht lassend, übernimmt Albert dessen Beiträge zur Festigung der territorialen Herrschaft des Welfen mit Mitteln des Kirchenrechts, durch die Ausübung der Bischofsinvestitur in Oldenburg, Ratzeburg und Mecklenburg. Dies verrät Alberts kirchengeschichtliche und mehr territoriale als reichsgeschichtliche Sichtweise der Ereignisse.

Die Beschreibung des reichsgeschichtlichen Wirkens Heinrichs des Löwen ist sowohl im kompilatorischen, als auch im selbständigen Teil der Chronik historiographisch ungenau und unzureichend. Mit seiner regionalgeschichtlichen Darstellung dagegen, insbesondere mit der detaillierten Beschreibung der Kriegführung und der Schauplätze der Schlachten des Welfen sowie mit der Schilderung der verheerenden Auswirkungen auf die Klöster und die Bevölkerung seiner Heimatregion hat Albert von Stade das Bild von Heinrich dem Löwen ergänzt. Auch mit der schriftlichen Fixierung wichtiger regionaler Einzelnachrichten und Berichte, zum Beispiel mit der ausführlichen Beschreibung der Streitsache um die Grafschaft Stade und mit der Darstellung der Doppelwahl 1168 im Erzbistum Bremen hat er, wie ich meine, einige wichtige Beiträge zur Geschichtsschreibung im Norden des Reiches geleistet.

5.) *Das Spannungsverhältnis zwischen Friedrich II. und der Kurie*

a) Die welfisch-staufische Auseinandersetzung um Krone und imperiale Herrschaft

Albert von Stade erwähnt Friedrich II. von Hohenstaufen erstmalig im Jahresbericht ***1210*** als König von Sizilien im Zusammenhang mit der Darlegung der Mißachtung italienischer und päpstlicher Gebietsansprüche durch Kaiser Otto IV. In dieser Nichtanerkennung italienischer und päpstlicher Interessen sah er die Ursache für die Exkommunikation des Kaisers durch Papst Innozenz III. Er berichtet vom Überfall Ottos auf den Kirchenstaat und von dessen Heerzug nach Apulien: ***„Imperator civitates et castra, quae papa sancti Petri esse dicebat, per omnium Tucciam expugnavit, et in Apuliam, quam Fridericus rex Ciciliae tenuit, exercitum misit. Unde papa eum excommunicavit."***[586] *(„Der Kaiser eroberte Städte und Burgen innerhalb ganz Tusciens, von denen der Papst sagte, daß sie Eigentum des heiligen Petrus seien, und sandte sein Heer nach Apulien, das Friedrich, der König von Sizilien innehatte. Daher bannte ihn der Papst.")* Bruchstückhaft skizziert Albert im Jahresbericht ***1212*** die durch die politischen Schachzüge von Innozenz III. bestimmten, für Friedrich II. günstigen Thronstreitentwicklungen im Reich und weist auf dessen Erbschaftsansprüche in Italien hin: ***„Papa Innocentius imperatori redeunti in Alemaniam adversarium suscitavit, scilicet Fridericum regem Siciliae, Hinrici imperatoris filium, cui per papam multae civitates accesserunt Italiae."***[587] *(„Papst Innozenz hat dem Kaiser bei seiner Rückkehr nach Deutschland in Friedrich einen Gegner erweckt, den König von Sizilien, dem durch den Papst viele Städte Italiens zufielen.")*

Einige knappe, wenig detaillierte Nachrichten lassen im Hintergrund den letzten vergeblichen Kampf Ottos VI. um die Kaiserkrone erkennen. Albert erwähnt die Ehe Ottos mit der Tochter Philipps, durch die der Welfe das staufische Erbe an sich zu reißen und sich die Anhängerschaft der staufischen Parteigänger zu sichern versuchte. Dieser Versuch wurde jedoch kurz darauf durch den jähen Tod der erst vierzehnjährigen Beatrix vereitelt: ***„Imperator filiam regis Philippi duxit, quae statim post nuptias obbiit."***[588] Darüber hinaus berichtet der Chronist im Jahresbericht ***1213*** von der Verwüstung des

---

586 Ebd., S. 355, 13-15

587 Ebd., S. 355, 23-25

588 Ebd., S. 355, 25-26

Magdeburgischen Erzbistums und großer Teile Thüringens, wodurch der Welfe seine gefährlichsten Gegner, den Erzbischof von Magdeburg und den Landgrafen von Thüringen ausschalten wollte: ***„...Imperator Magdeburgensem episcopatum et terram landgrafii devastat.“***[589]

Er erwähnt den geplanten Gegenstoß Friedrichs, der mit böhmischer und thüringischer Unterstützung gegen das welfische Machtzentrum vorstoßen wollte:[590] ***„Rex Fridericus eum cum Boemo sequitur, Brunswich obsessurus, sed Quidelingeburg revertitur.“***[591] (*„Der Kaiser verwüstet das Magdeburgische Bistum und das Gebiet des Landgrafen. König Friedrich folgt ihm mit den Böhmen, um Braunschweig zu belagern, kehrt jedoch nach Quedlinburg zurück.“*) Die Gründe des Scheiterns der staufischen Belagerung Braunschweigs legt der Chronist jedoch nicht dar.[592]

Äußert knapp und dürftig erwähnt Albert im Jahresbericht ***1214*** den Versuch Ottos IV., durch sein Eingreifen in die Ereignisse in Westeuropa in Deutschland wieder Oberhand zu gewinnen, indem er mit Hilfe der Grafen von Flandern, von Holland und der Boulogne sowie mit der Unterstützung des Herzogs Heinrich von Brabant seinen Onkel Johann Ohneland gegen Philipp August II. von Frankreich durch die Übernahme der Leitung der Nordarmee unterstützte.[593] Das Unternehmen scheiterte bekanntlich an der berühmten Entscheidungsschlacht bei Bouvines am 27. Juli 1214, dessen weitreichende Bedeutung jedoch vom Chronisten in seiner Tragweite nicht erkannt werden konnte und deshalb in der Chronik nur ein geringes Echo fand. Er widmet diesem entscheidenden Ereignis der mittelalterlichen europäischen Geschichte lediglich diesen kurzen Satz: ***„Imperator cum rege Franciae conflictum habuit, sed victoriam perdidit, captusque est comes Flandriae, comes Otto de Thekeneburg.“***[594] (*„Der Kaiser trug mit dem König von Frankreich einen*

---

589 Ebd., S. 355, 33-43

590 vgl. Wolfgang Stürner, Friedrich II., S. 161

591 Lappenberg, Ann. Stad., S. 355, 43-44

592 Stürner, S. 161: Otto hatte vorsorglich nach Vertreibung der Stiftsdamen, deren Verwandte angeblich Stauferanhänger waren, die Anlage in Quedlinburg befestigt und mit einer starken Besatzung versehen, die den Truppen Friedrichs auf ihrem Vorstoß von Merseburg aus auf Braunschweig nicht nur Widerstand entgegensetzten, sondern auch zusätzlich dem schwer heimgesuchten Land ebenso zur Last fielen wie diese, so daß eine Hungersnot und der einbrechende Winter Friedrich zum Rückzug zwangen.

593 vgl. Stürner, S. 163-164

594 Lappenberg, Ann. Stad., S. 356, 6-8

schweren Kampf aus und verlor die Schlacht. Der Graf von Ferrand und Graf Otto von Thekenburg wurden gefangengesetzt.")

Ohne einen Hinweis auf die Königskrönung Friedrichs in Aachen vermeldet Albert im Jahresbericht ***1215*** dessen Einnahme der strategisch wichtigen Burgen Trifels und Landskron: ***„Rex Fridericus Trivels et Landescron cepit."***[595]

Ausführlicher und offensichtlich bewegt schildert er im Bericht ***1218*** das Hinscheiden Kaiser Ottos IV. in „unsagbarer Reue". Zuvor sei ihm durch den Bischof von Hildesheim die Absolution erteilt und diese vom Papst bestätigt worden. Der unglaubwürdigen Darstellung der Todesart Ottos liegt vermutlich ein Gerücht zugrunde: ***„Otto imperator anno regni sui 20. in castro Harceburg ineffabili contritione compunctus, ita ut coquinariis suis praeceperit, ut in collum suum conculcarent. 14. Kal. Iunii obiit, a Sifrido Hildensemense episcopo absolutus. Hanc absolutionem papa Honorius confirmavit. Sepultus est autem in Brunwich."*** [596]

Im Jahresbericht ***1219*** erwähnt Albert die Übergabe der Reichsinsignien durch den Bruder des verstorbenen Kaisers Herzog Heinrich an Friedrich II., der zu diesem Anlaß ein Fürstentreffen in Goslar einberufen hätte: ***„Rex Fridericus conventu habito Goslariam principes convocavit, ubi dux Heinricus ei imperii insignia praesentavit."*** [597]

Der Mitteilung von der Kaiserkrönung Friedrichs II. durch Papst Honorius III., ohne Angabe von Monat und Tag, im Jahresbericht ***1220*** folgt in ausführlicher Breite, durch weitere Entstellungen und Übertreibungen angereichert, die Schilderung dessen, was über Friedrichs Geburt in dieser Zeit an Gerede im Umlauf war. Albert von Stade greift hier begierig einen Stoff auf, der seit den vierziger Jahren des 13. Jahrhunderts ein beliebtes Thema insbesondere von stauferfeindlichen Franziskanern war, die vielfach - ausgelöst durch die schwer verständlichen Prophetien Joachims von Fiore - unter dem Einfluß düsterer Spekulationen standen.[598] Nicht frei von solchen Einflüssen schmückt Albert von Stade genüßlich die Mär von der simulierten Schwangerschaft einer bejahrten Konstanze aus,[599] die den Sohn eines Arztes, eines Müllers oder eines Falkners für ihren eigenen ausgegeben hätte, den man in aller Heimlichkeit in ihren Palast

---

595 Ebd., S. 356, 10

596 Ebd., S. 357, 1-4

597 Ebd., S. 357, 7-8

598 vgl. Stürner, S. 44, und Ebd. Anm. 7 u. S. 45, Anm. 8

599 Lappenberg, Ann. Stad., S. 357, 1-30

gebracht hätte.[600] Einmalig ist die von Albert von Stade frei erfundene, nahezu boshafte Übertreibung in dieser Darstellung, die Behauptung, die Kaiserin sei bei ihrer Niederkunft bereits sechzig Jahre alt gewesen.[601] Auch hätte Konstanze mit Hilfe der Ärzte durch eine Scheinschwangerschaft den Kaiser betrogen. Hinzu kommt die ebenso unglaubwürdige Behauptung im Jahresbericht ***1198***, Konstanze hätte ihren Sohn zuerst Konstantin genannt.[602] Diese Entstellungen entlarven eine Vorliebe für Klatsch und Gerüchte sowie eine gewisse Sensationslust des Chronisten, der damit seine Leser unterhalten wollte und hierdurch zur Verbreitung des derzeit umlaufenden Geredes über Konstanze von Sizilien beitrug. Offenbar vom Strom des antikaiserlichen Propagandafeldzugs Gregors IX. erfaßt, läßt Albert von Stade in Umkehrung seiner oben erwähnten, bedingungslosen Barbarossafreundlichkeit hinsichtlich Friedrichs II. die Tendenz einer stauferfeindlichen Distanziertheit erkennen.

Ähnlich kurz und unvollständig wie die Meldung von der Kaiserkrönung Friedrichs II. zu Anfang dieses Jahresberichtes fällt auch die wichtige Nachricht von der von seinem Vater mühsam durchgesetzten Königskrönung Heinrichs VII. aus: ***„Hinricus, imperatoris Friderici filius, patre volente Frankenfoerde in regem elegitur.“***[603] Nicht minder dürftig sind die Todesanzeige der Kaiserin Konstanze von Aragon, der ersten Gemahlin Friedrichs im Jahresbericht ***1222***: ***„Imperatrix obiit.“*** und die Meldungen von der Hochzeit Friedrichs mit Isabella, der Tochter des Königs Johannes von Jerusalem, sowie die Nachricht von der Vermählung Heinrichs VII. mit Margarete, der Tochter Herzog Leopolds VI von Österreich im Jahresbericht ***1225***: ***„Imperator filiam Johannis regis Iherosolimitani duxit, et filius eius, rex Heinricus, filiam ducis austriae.“***[604]

Seine Parteinahme für den Papst läßt Albert dadurch erkennen, daß er im Jahresbericht ***1228*** Friedrichs erste Bannung, die der Papst im ganzen Reich hätte verkünden lassen, nicht mit dem Kreuzzugsaufschub, sondern mit der Behauptung begründet, der Stauferkaiser hätte sich der Fahrt ins Heilige Land entzogen: ***„Gregorius papa imperatorem Friedericum cruce signatum, quia in terram sanctam transire dissimulabat, excommunicationis sententia innodavit, eumque per***

---

600 vgl. D. Berg, Stauf. Herrschaftsideologie, S. 198 mit Anm. 237

601 Konstanze war mit 30 Jahren durchaus noch im gebärfähigen Alter.

602 Lappenberg, Ann. Stad., S. 353, 16 - vgl. Stürner, S. 47

603 Ebd., S. 357, 30-31

604 Ebd., S. 359. 4-6

totum imperium denunciari praecepit..“ [605] Auch hätte Friedrich, *„den Bannspruch gering achtend“*, ungeachtet dessen den Kreuzzug angetreten und wäre in *„allen Städten jenes Reiches“* feierlich willkommen geheißen worden. Vom Patriarchen von Jerusalem jedoch, der sich ebenso wie der Klerus von den Feierlichkeiten ferngehalten hätte, wäre der Kaiser „zur selben Stunde“ in seinem Palast gebannt worden: ***„Imperator, hanc sententiam parvi pendens, mare transivit, ibique ab omnibus regni illius civitatibus sollempiter est susceptus. Sed Patriarcha Ierosolimitanus, et tota ecclesia spiritualium personarum, hiis sollempniis se subtraxit. Patriarcha in palatio suo imperatorem excommunicavit ipsa hora.“***[606] Unerwähnt bleibt jedoch das Interdikt, das der Patriarch über die Heilige Stadt verhängt hatte. Bemäntelt wird der unfaire Überfall der päpstlichen Truppen auf Apulien während des kaiserlichen Kreuzzugs. Verschwiegen wird die Tatsache, daß Gregor IX. das Gerücht vom Tode des Staufers verbreiten ließ, um hierdurch ungehindert seine geplante Annexion des sizilianischen Festlandes durchführen zu können.[607] Bemäntelt wird der Überfall der päpstlichen Truppen auf Apulien während des kaiserlichen Kreuzzugs. Als handele es sich um ein harmloses Rittertournier und nicht um einen päpstlichen Eroberungsfeldzug, berichtet Albert, daß in Italien *„die Vasallen des Kaisers“* [man beachte die Reihenfolge!] *und die Anhänger des Papstes ihre Kräfte im schweren Kriegsgetümmel nicht ohne beiderseitige Verluste erprobt“* hätten. Fast beiläufig wird Friedrichs Schwiegervater Johann von Brienne[608] als Feldherrn auf päpstlicher Seite erwähnt: ***„Interea vasalli imperatoris et fautores papae vires suas gravi bellorum tumultu non sine detrimento utriusque partis per Ytaliam sunt experti. Erat in parte papae capitaneus rex Iohannes de Bren.“***[609]

Äußerst dürftig, nahezu widerwillig und den Erfolg des erstmalig auf Verhandlungsbasis geführten kaiserlichen Kreuzzug verkennend notiert Albert von Stade im Jahresbericht ***1229***, der Sultan hätte Jerusalem freiwillig dem Kaiser überlassen. Friedrich hätte die Stadt barfüßig betreten und im Tempel gebetet. Nachdem ihm Nazareth und Bethlehem mit den übrigen Städten Galileas übergeben worden wären, hätte er seine Rückkehr nach Sizilien beschleunigt: ***„Iherusalem***

---

605 Ebd., S. 359, 40-42

606 Ebd., S. 359, 42 - S. 360, 1

607 Horst, Eberhardt, Friedrich II, der Staufer, Eine Biographie, Düsseldorf. 1975, S. 155

608 Johann von Brienne war Titularkönig von Jerusalem.

609 Lappenberg, Ann. Stad., S. 360, 1-3

imperatori a soldano voluntarie resignatur. Quam nudis pedibus vigilia pascha ingressus, in templo Deorum adoravit et, Nazareth et Bethlehem cum reliquis Galileae oppisis in deditionem acceptis, reditum in Siciliam maturavit.“ [610]

Verschwommen deutet Albert im Jahresbericht ***1230*** den Frieden von St. Germano an: ***„Papa et imperator a discordia cessaverunt, facta compositione amicabili coram multis.“***[611] Offensichtlich widerstrebt es ihm, Friedrichs Lossprechung vom Bann bekannt zu geben.

Die flüchtige Darstellung der Stauferfamilie im Jahresbericht ***1235***, ergänzt durch die Nachricht von der Vermählung des Kaisers mit Isabella von England in dritter Ehe, und die Behauptung im Jahresbericht ***1231***, die Ermordung Herzog [Ludwigs I.] von Bayern, [des Wittelsbachers,] sei „auf Veranlassung des Kaisers“ geschehen: ***„Dux Bavariae, procurante imperatore, a quodam sicario occiditur ..“***[612] verraten erneut die kaiserfeindliche Einstellung des Chronisten.

Ohne die eigenständigen politischen Aktionen Heinrichs VII.[613] zu erwähnen, bemerkt Albert lakonisch, er hätte sich Friedrich widersetzt. Dieser hätte ihm daraufhin auf dem Hoftag in Mainz[614] das

---

610 Ebd., S. 360, 35-37

611 Ebd., S. 361, 5-6

612 Ebd., S. 361, 11

613 Heinrich VII. versuchte eigenständig, durch Förderung der Städte die staufische Hausmacht und die deutsche Krone zu stärken, was zum Konflikt mit den deutschen Fürsten führte. Diese nötigten ihm 1231 das „Statutum in favorem principum“ ab. Analog zum Beschluß der „Confoederatio cum princibus ecclesiasticis“ von 1220, die den geistlichen Fürsten Sonderrechte einräumte, mußte Heinrich mit dem Statutum in favorem principum ähnliche königliche Sonderrechte an die weltlichen Fürsten abtreten, wie Markt- Münz- und Zollrecht, Befestigungshoheit und Gerichtsbarkeit. Als Friedrich II. diese Zugeständnisse 1232 bestätigte, reagierte Heinrich VII. verärgert und verbündete sich gegen seinen Vater mit den lombardischen Städten.

614 Am 15. August 1235 verkündet Friedrich II. den „Mainzer Reichslandfrieden“, in dem er den Status quo akzeptierend die Gewohnheitsrechte der deutschen Fürsten durch eine erstmalig schriftlich fixierte Rechtsvereinbarung bestätigt. Alle bestehenden Rechte der Fürsten werden darin als vom König anerkannt erklärt. Durch diese Konzessionen erreichte Friedrich II. eine Allianz gegen die lombardischen Städte. - vgl. Hagen Keller, S. 492-494: Darüber hinaus setzte er ein Reichshofgericht ein, in dem ein kaiserlicher Reichshofrichter nach dem jeweiligen Landrecht Recht sprach. Fürsten und andere Adelsangehörige waren jedoch seinem Urteil nicht unterworfen. Ein Laiennotar führte Buch über alle gefällten Urteile. Hauptsächlich ging es beim Mainzer Reichslandfrieden um die Respektierung hoheitlicher Gewalt und deren Legitimation und weniger um Verbote von Handlungen und

Reich entzogen und ihn in Kalabrien gefangengesetzt: ***„...et medio Augusto curiam Moguntiae celebravit. Ibi filium suum Heinricum sibi oppositum regno privavit et eum in Calabriam detinendum misit.“***[615]

Es folgt die Beschreibung der kaiserlichen Aussöhnung mit den Welfen durch die Erhebung Ottos des Kindes zum Herzog von Braunschweig-Lüneburg: ***„In ipsa curia dominus de Luneburch et Brunswich et Luneburch et omnem heritatem suam imperio resignavit, et imperator Brunswicense dominium in ducatem mutavit et duci porrexit.“***[616] Als wollte er dies dem Kaiser anlasten, zeigt der Chronist im Anschluß daran auf, wie stets übergangslos von Reichs- zu Lokalgeschichte überwechselnd, welche verheerenden Folgen dieser Schritt Friedrichs für die Region des Erzbistums Bremen hatte: ***„Dux Otto de Brunswich circa festum Martini Bremam obsedet et, factis exactionibus et incendis, rediit.“***[617]

Wohlwollender erwähnt Albert im Bericht ***1236*** die Teilnahme des Stauferkaisers an der Translation der heiligen Elisabeth in Marburg.[618]

Nahezu verharmlosend beschreibt er den Lombardenkonflikt im Jahresbericht ***1237***: Wegen der kriegerischen Auseinandersetzungen des Staufers mit den vom Papst begünstigten lombardischen Städten wären Papst und Kaiser „ein wenig in Streit“ geraten: ***„Papa et imperator aliquantulum discordabant: nam papa Lombardis favente, imperator proposuit eos expugnare. Nam Mediolanum, Vercellis, Mantua, Placentia, Faventium, Bononia, et alia civitates Lombardiae erant oppositae, Venetia similiter.“***[619] Er hebt das aufrührerische Verhalten der Bewohner von Placentia hervor, die zur Mißachtung des Kaisers drei Ritter gehängt hätten: ***„Placentini in contemptum imperatoris tres milites suspenderunt 12. Kal. Maii.“*** [620]

Mit abfälligen Bemerkungen über die Nutzlosigkeit der kaiserlichen Bemühungen in jahrelangen erbitterten Kämpfen mit der Liga lombarda, wie z. B. im Jahresbericht ***1238***: ***„Imperator per Italiam***

Friedensbrüche. Obwohl keine Neuordnung, stellte der Reichslandfriede dennoch eine „Art Verfassungsurkunde für Rechte des Königtums“ dar, auf die sich auch spätere Herrscher noch beriefen.

615 Lappenberg, Ann. Stad., S. 362, 35-37

616 Ebd., S. 362, 37-39

617 Ebd., S. 362, 39-40

618 Ebd., S. 362, 46-47 - vgl. D. Berg, Stauf. Herrschaftsideologie, S. 32f: Die Teilnahme an der Translation der heiligen Elisabeth war eine Annäherungsgeste Friedrichs II. an die Minoriten, innerhalb derer er zumindest bis zu seiner Exkommunikation 1239 über eine gewisse Anhängerschaft verfügte.

619 Ebd., S. 363, 8-11

620 Ebd., S. 363, 11-12 - vgl. D. Berg, Stauf. Herrschaftsideologie, S. 198

contra hostes suos per totum annum rebus bellicis indusavit,"[621] (der Kaiser verschleiße das ganze Jahr über seine Kräfte in kriegerischen Auseinandersetzungen) kritisiert Albert von Stade den Staufer auf das Heftigste.[622] Kaum erkennbar wohl als Schlacht bei Cortenuova zu deuten[623] ist die nüchterne, absichtlich den triumphalen Erfolg des Kaisers schmälernde Mitteilung: ***„Imperator cum Mediolanensibus conflictum habuit et plures occidit."***[624] (es waren mehrere tausend). Das Leugnen des bedeutenden Sieges Friedrichs und das Herunterspielen der Zahl der Opfer verdeutlichen wiederum die stauferfeindliche Tendenz der Darstellung.

b) Friedrich II. im Konflikt mit den Päpsten.

Albert von Stade greift die Behauptung Gregors IX. auf, Friedrich sympathisiere mit dem islamischen Glauben, er sei dem Papst dadurch verdächtig, daß er den Sarazenen sowohl im Krieg als auch im Frieden eine allzu große Neigung entgegenbrächte und auch dem Sultan in großer Freundschaft verbunden sei: ***„Imperator suspectus erat papae eo, quod circa Sarracenos, quibus tam in pace quam in bello secure se credidit, affectu nimio ducebatur. Cum soldano etiam multam amiciam habuit."***[625] Mit Sicherheit teilte der Chronist die Zweifel vieler seiner Zeitgenossen an der Rechtgläubigkeit Friedrichs. Mit der Bemerkung: ***„Qid per hoc intenderet, nemo novit."***[626] verdeutlicht er, wie sehr dessen Liberalität des Denkens und dessen Offenheit und Vorurteilslosigkeit gegenüber anderen Kulturen und Glaubensrichtungen auf allgemeines Unverständnis stieß und ihn bei der Amtskirche in Verruf und in den Verdacht der Häresie brachten.

Im Bericht ***1239*** über die zweite Exkommunikation Friedrichs übernimmt Albert zwar die päpstlichen Argumente in der Bulle Gregors XI. und alle Anklagepunkte in vollem Wortlaut,[627] mit der

---

[621] Lappenberg, Ann. Stad., S. 363, 21-22

[622] vgl. D. Berg, Staufische Herrschaftsideologie

[623] Dies wird von Lappenberg durch Angabe des Datums: am 27. November bestätigt.

[624] Lappenberg, Ann. Stad., S. 363, 18-19

[625] Ebd., S. 363, 16-17

[626] Ebd., S. 363, 18

[627] Ebd., S. 363, 30 - S. 364, 27; Nach Lappenberg, (ebd. S. 363, Anm. 7) hat Albert von Stade diesen Brief aus der „Historia anglorum" des Benediktiners Matthäus Paris exzerpiert; Böhmer, Johann Friedrich (Hrsg.): Die Regesten des Kaiserreichs unter Philipp, Otto IV., Friedrich II., Heinrich (VII.), Conrad IV., Heinrich Raspe, Wilhelm und Richard, 1199-1272, nach der Neubearb. und

dieser jede Verhandlungsbereitschaft von vorn herein ausschloß und dem Stauferkaiser den offenen Kampf ansagte. Doch läßt er noch im selben Jahresbericht eine deutliche Wende zu einer positiveren Darstellung des Staufers erkennen, indem er hervorhebt, wie schmerzlich der Kaiser durch den erneuten Bannspruch betroffen wäre: *„Imperator intelligens tale factum et cardinalibus scripsit"*[628] Ebenso wortwörtlich und in voller Länge wie zuvor den Text der päpstlichen Bulle gibt er die Kernsätze von Friedrichs Antwortschreiben vom März desselben Jahres an die Kardinäle wieder,[629] die den eindringlichen kaiserlichen Appell an deren Mitverantwortung an den Papstentscheidungen und die Bitte, mäßigend auf Gregor einzuwirken, beinhalten.

Auch in den nächsten Beiträgen zeichnet sich eine objektivere Darstellung des Papst-Kaiserkonfliktes ab. Albert bringt darin zum Ausdruck, wie sehr mit der zweiten Exkommunikation Friedrichs II. das Ansehen Gregors XI. im Reich gelitten hatte. Wiederholt berichtet er in den Jahresbeiträgen ***1239*** und ***1240***, wie wirkungslos der Bannspruch durch die einmütig ablehnende Haltung der Bischöfe in Deutschland geblieben war, die Gregor um Beilegung des Konflikts und um Frieden zwischen Papst- und Kaisertum baten, um Schaden

---

dem Nachlasse neu hrsg. und ergänzt von Julius Ficker, 3 Bde. Innsbruck 1881-1901 (Regesta Imperii, 5/ 1-3), hier Bd. 2, Nr. 7226 a; Huillard-Breholles, J. L. A. (Hrsg.): Historia diplomatica Friderici II. sive constitutiones, Privilegia, Mandata, instrumenta quae supersunt istius imperatoris et filiorum eius. Accedunt epistolae paparum et documenta varia, 6 Bde. Paris 1852-60, hier Bd. 5, Paris 1857, (=HB V), S. 286-289; dt. Übersetzung in Heinisch, Klaus H. (Hrsg.): Kaiser Friedrich II. in Briefen und Berichten seiner Zeit. Darmstadt 1968, 5. Kap.: Der Hammer der Erde, S. 417 ff

628 Lappenberg, Ann. Stad., S. 364, 28

629 ebenda, S. 364, 28- S. 365, 22; nach Lappenberg (ebd. S. 364, Anm. 1) hat Albert von Stade diesen Brief aus den Episteln des Petrus von Vinea [vgl. Petrus de Vinea: Friderici II. imperatoris epistolae. Novam editionem curavit Johannes Rudolfus Iselius, Bd. 1 (Basel 1740) ND Hildesheim 1991, lib. I, cap. 7, pag. 100] und bei Matthäus Paris, Historia anglorum [Pauli Reinhold/ Liebermann, Felix (Hrsg.): Ex Rerum Anglicarum scriptoribus saec. XIII. (1885) ND Hildesheim 1975, S. 390-434] abgeschrieben; Böhmer, Regesta, Bd. I, Nr. 2428; Huillard Beholles, J.L.A. (Hrsg.): Historia diplomatica Friderici II. sive constitutiones, Privilegia, Mandata, instrumenta quae supersunt istius imperatoris et filiorum eius. Accedunt epistolae paparum et documenta varia 6 Bde. Paris 1852-1860, hier Bd. 6, Paris 1860 (=HB) S. 275-277; dt. Übersetzung in: Heinisch, Kaiser Friedrich II. in Briefen und Berichten seiner Zeit, S. 421 ff; vgl. D. Berg, Stauf. Herrschaftsideologie, S. 198, Anm. 239

von der Kirche zu wenden. Nur beiläufig wirft er einen Blick über die Reichsgrenze mit der Bemerkung, daß der Papst in Frankreich und Dänemark mit der Exkommunikation Friedrichs mehr Erfolg gehabt hätte: „***A. D. 1239 ... Non minus papa sollicitavit archiepiscopos, ut imperatorem denunciarent. Sed episcopi Theutoniae, ne hoc fieret, supplicabant.***[630] ***A.D. 1240. Papa arciepiscopos et episcopos ad denunciationem imperatoris sollicitavit, sed modicum profecit, nisi in Francia et Dacia. Archiepiscopi et episcopi Teutoniae papae rescripserunt, supplicantes ei, ut pro scandalo ecclesisae evitando de pace inter se et imperium cogitaret.***“ [631]

Im folgenden zeichnet sich der Wandel der Parteinahme des Chronisten zugunsten des Stauferkaisers noch deutlicher ab. Geprägt vom allgemeinen, sehnlichen Wunsch nach Frieden zwischen geistlicher und weltlicher Macht, insbesondere aber auch unter dem Eindruck seiner persönlichen enttäuschenden Erfahrung mit Gregor IX., der für ihn selbst als konsequenter Reformpapst versagt hatte, führt Albert dem Leser bemerkenswert objektiv und durchaus nicht papstkonform, sondern nahezu mißbilligend die halsstarrige, unversöhnliche Haltung Gregors IX. vor Augen. Dieser versuche auf jede erdenkliche Art dem Kaiser Gegner zu schaffen, indem er das Kreuz gegen alle predigen ließe, die dem apostolischen Stuhl feindlich gegenüberstanden: „***Papa tamen imperatori omnes, quos potuit, adversarius suscitavit, crucem praedicari faciens super omnes, qui sedem apostolicam infestabant.***“[632] Auch bewertet Albert das Vorrücken des Kaisers gegen die Lombarden und die propäpstlich gesinnten Städte nunmehr positiv: „***Imperator Lombardos fortiter impugnavit, et procedens ulterius, plurimas civitates papae occupavit usque ad Viterbium.***“ [633]

Geradezu prostaufisch zeigt Albert im Bericht über die Aufforderung Gregors IX. zur Neuwahl des Kaisers indirekt über die Aussagen einiger Fürsten die Überschreitung der Rechtsbefugnis des Papstes auf und begründet diese mit dem althergebrachten Wahlrecht der Kurfürsten. Er erläutert gleichzeitig, wodurch dieses Wahlrecht historisch legitimiert sei: „***Papa Gregorius insolentias imperatoris contra ecclesiam metuens, principes super electione alterius sollicitavit, sed nichil profecit, quia quidam principum ei rescripserunt: <Non esse sui iuris, imperatorem substituere, sed***

---

630 Lappenberg, Ann. Stad., S. 365, 23-24

631 Ebd., S. 365, 34-37

632 Ebd., S. 365, 37-38

633 Ebd., S. 365, 24-26

tantum electum a principibus coronare.> Electio enim ad istos dinoscitur pertinere. Ex praetaxatione principum et consensu eligunt imperatorem Treverensis, Moguntinus et Coloniensis. Tevirensis enim licet Alemannia non sit, ratione antiquitatis eligit: quia cum eadem civitas a filio Nini , quem Semiramis, noverca eus, stuprum ab eo desiderans, a Babylone fugavit, sit constructa, Abraham patriarcha trium annorum existente, etiam est a tempore Petri apostoli in fide catholica solidata. Palatinus eligit, quia dapifer est, dux Saxoniae, quia marscalcus, et margravius de Brandenburg, quia camerarius."[634]

Albert von Stade offenbart hier eine Stauferfreundlichkeit die auf franziskanischer Seite gerade in den Jahren 1239/40 untypisch ist, als Gregor IX., die enge Papstbindung der Bettelorden ausnutzend, alle Hebel in Gang setzte, um Dominikaner und Franziskaner für seine publizistische Kampagne gegen den Staufer einzusetzen. Folgenschwer griff er in das Ordensleben der Franziskanergemeinschaft ein,[635] indem er 1239 den stauferfreundlichen Generalminister Elias von Cortona absetzte und durch die Eliminierung von laikalen und stauferfreundlichen Mitgliedern aus der Minoritengemeinschaft eine Klerikalisierung des Ordens herbeiführte,[636] wodurch dem bisher freundschaftlichen Verhältnis zwischen Friedrich II. und den Mendikanten ein jähes Ende bereitet wurde.[637]

Offenbar unberührt von dieser Entwicklung in seinem Orden verteidigt Albert unabhängig und tendenziell gegen die Richtung der großen Mehrheit seiner Mitbrüder die Rechte der staufischen Dynastie. Alle vor dem Hintergrund des Kampfes zwischen Friedrich II. und dem Papsttum durch päpstliches Eingreifen in innerfranziskanische Angelegenheiten[638] verursachten internen Konflikte der Minoritengemeinschaft läßt er unerwähnt. Auch findet sich nicht die geringste Andeutung der seit dem Tode des Heiligen Franziskus 1226 und seit der Ungültigkeitserklärung des Gründertestaments 1230 durch Gregor IX. bestehenden tiefgreifenden Krise im franziskanischen Selbstverständnis in seinem Geschichtswerk. Nirgendwo weist

---

[634] Ebd., S. 367, 13-21

[635] D. Berg, Stauf. Herrschaftsideologie, S. 34 - D. Berg, Armut und Wissenschaft. Beiträge zur Gesch. des Studienwesens der Bettelorden im 13. Jh, Düsseldorf 1977, (Gesch. u. Gesell.), S. 72

[636] D. Berg, Stauf. Herrschaftsideologie, S. 34-35

[637] D. Berg, Studien z. Gesch. und Historiographie d. Franziskaner, S. 139

[638] hierzu sei verwiesen auf: D. Berg, Stauf. Herrschaftsideologie S. 34 - D. Berg, Armut und Wissenschaft, S. 72 - D. Berg, Papst Innozenz IV. und die Bettelorden

Albert auf die „Schlüsselfigur im Kräftedreieck Franziskanerorden, Papsttum, Kaisertum"[639] Elias von Cortona hin, der diesen gravierenden Konflikt im Ringen um die zeitgemäße Gestaltung der „vita minorum" beizulegen versuchte, indem er während seines Generalats als Laie die Wahrung der urfranziskanischen Lebensform anstrebte. Kein Wort erfahren wir über seinen Konflikt mit reformfreudigen, gebildeten Klerikern im Orden, der Kommunität, die den Ordo minorum im Sinne einer zeitgemäßen Anpassung der „vita minorum" an die alten monastischen Orden mit intensiver Bildungsförderung umgestalten wollten, geschweige denn irgend etwas über die Umstände seiner Absetzung, die der Papst, da eine Regelübertretung nicht vorlag, mit der „Sorge um die Geschlossenheit und die innere Ruhe des Ordens" begründete. Dies alles müßte Albert von Stade bekannt gewesen sein. Warum verschwieg er alle Ordenskonflikte und Nöte seiner Mitbrüder? Dieses Schweigen über franziskanische Ordensangelegenheiten erweckt den Eindruck, als fühle sich der in seinen Reformversuchen gescheiterte ehemalige Benediktinerabt den Franziskanern nicht recht zugehörig.

Ebenso wenig Beachtung schenkt Albert von Stade den „Antichristvorwürfen" im nun auch auf eschatologischer Ebene fortgeführten Kampf zwischen Papst und Kaiser. So läßt er einerseits die Hauptanklagepunkte des Manifestes „Ascendit de Mari" vermissen, das Gregor durch den Kardinal Rainer von Viterbo verfassen ließ.[640] Darin diffamierte er den Kaiser unter Verwendung eschatologischen joachitischen Gedankengutes „mit stärksten Ausdrücken der Apokalypse"[641] als Vorläufer des Antichrist, und bezeichnete ihn als dem Meer entsprungene, die Welt und den katholischen Glauben vernichtende Bestie.[642] Andererseits verschweigt Albert auch die Gegenreaktion Friedrichs, in der dieser seit 1239 in Propagandaschreiben Gregor IX. persönliche Verfehlungen unterstellt und ihn als „Fürsten der Finsternis" und seinerseits als wildes, dem Meer ent-

639 D. Berg, Papst Innozenz IV. und die Bettelorden, S. 465

640 MGH Epistolae saec. XIII e regestis pont. Rom selectae per G.H. Pertz, C. Rodenberg, Bd. 1, Berlin 1883, 646 ff., Nr. 750; RI V, 7241, 7245.

641 Klaus J. Heinisch, Kaiser Fr. II. in Briefen u. Berichten S. 423

642 BR 7245; HB V, 327-340, MG Epp. pont. I. 646, Übers. b.v.d. Steinen, Staatsbriefe 61-62, Graefe 29 ff, Klaus J. Heinisch, Kaiser Fr. II. in Briefen u. Berichten, S. 423 ff

sprungenes Tier, das der Welt den Frieden raube, und schließlich als Antichrist bezeichnet.[643]

Als weitreichende Konsequenz des päpstlichen Manifestes führt Dieter Berg die Steigerung des Kampfes zwischen Papst und Kaiser in eine „neue, geschichtstheologische Dimension" an. Durch das päpstliche Manifest wurde zum einen die „tief in der zeitgenössischen Volksfrömmigkeit wurzelnde Angst vor dem Antichrist" geschürt,[644] zum anderen wurde die joachitische Bewegung innerhalb der Minoritengemeinschaft in ihrer Tendenz bestärkt, Friedrich II. mit dem Antichrist zu identifizieren, da sie gegen Ende der vierziger Jahre des 13. Jahrhunderts dem ordo minorum eine heilsgeschichtliche, endzeitliche Bedeutung zumaßen,[645] die mit den eschatologischen Ansprüchen und den ideologischen Vorstellungen des Staufers vom Endkaisertum unvereinbar war. Die zunehmende Einbindung der Minoriten in die antistaufische Kampagne durch Innozenz IV., besonders nach der Absetzung des Kaisers auf dem Lyoner Konzil,[646] führte zu harten Auseinandersetzungen zwischen Kaisertreuen und Kaisergegnern im Reich.[647]

Daneben sorgte in beiden Bettelorden eine Minderheit einflußreicher kaiserfreundlicher Mitglieder durch ihre Kritik am vorbehaltlosen Eintreten ihrer Ordensleitung gegen den Staufer[648] für zusätzliche Unruhe. Ebenso wie der Chronist, wie bereits erwähnt, trotz seiner Kenntnis der Lehre Joachims von Fiore und des Apokalypsenkommentars seines Mitbruders Alexander Minorita völlig auf die Darstellung der eschatologischen Bedeutung seines Ordens verzichtet,[649] läßt er auch die Frage nach der Vorstellung vom Endkaisertum Friedrichs II. offen. Er deutet die Kreuzzugsniederlage (1187) bei Hittin zwar als düsteres Omen einer baldigen Erfüllung der joachimitischen Prophezeiung und zitiert in diesem Zusammenhang den im Mittelalter unter dem Namen Joachims weit verbreiteten Antichristvers: ***„Eodem anno abbas Ioachim sic de antechristo prophetavit: Cum***

---

643 BR 2455; WA I, 355 (314 f.), übers. b. Graefe 41 ff, Klaus, J. Heinisch, Kaiser Friedrich II. in Briefen und Berichten, S. 424 ff - vgl. D. Berg, Stauf. Herrschaftsideologie, S. 37, darin Anm. 71

644 D. Berg, Stauf. Herrschaftsideologie, S. 36

645 Ebd., S. 36-37

646 D. Berg, Studien z. Gesch. u. Historiograph. d. Franziskaner, S. 139-140

647 Ebd., S. 140

648 D. Berg, Papst Innozenz IV. und die Bettelorden S. 470

649 D. Berg, Vita minorum, S. 185

fuerint expleti 1260 anni, nascetur antichristus."[650] Mit der anschließenden Bemerkung, ***„Et hic pro sanctissimo habebatur"***, bekundet er jedoch seinen persönlichen Abstand zu den joachimitischen Ideen. Er erkennt in dem katastrophalen Ergebnis des ersten Kreuzzugs Ludwigs IX. ein sicheres Zeichen für das Eintreffen des konkret durch Joachim von Fiore prophetisch Angekündigten und zitiert im Jahresbericht ***1250*** hierzu zukunftsweisend die Prophezeiung Joachims von Fiore: ***„Superabitur Francus, capietur pontfex summus, praevalebit imperans Alemannis."*** [651] Aber auch hier stellt er keinen Bezug zu Friedrich II. her. Dies läßt die Schlußfolgerung zu, daß er selbst nicht an das Endkaisertum Friedrichs II. glaubte. Mit der dem Zitat vorangestellten Bemerkung, daß, als ihn die Nachricht von der Kreuzzugsniederlage erreichte hätte, *„sich einige an die Prophezeiung des Abtes Joachim erinnert hätten"*,[652] distanziert er sich erneut vom joachitischen Gedankengut. Dagegen teilte der der monastischen Tradition verbundene Autor die Angst vieler seiner Zeitgenossen vor dem Antichrist und dem nahenden Weltende. Dies gibt er deutlich durch seinen Bezug auf die oben erwähnten diesbezüglichen Äußerungen in den Briefen der Hildegard von Bingen zu erkennen.[653]

Ohne eigene Ausführungen zur Prophetie Joachims, fügt Albert ein Zitat aus dem Apokalypsenkommentar des Minoriten Alexander[654] ein, daß die Kirche darum bete, daß, was als Unheil verkündet sei, zum Segen werde: ***„Sed frater Alexander in expositione apokalypsis eandem prophetiam tangens, subicit sic: <Sed ecclesia orat, ut quod***

---

[650] Lappenberg, Ann. Stad. S. 351, 28, 29 - Lappenberg, Alb. Stad., S. 276, 23-25 - Schmolinsky, Der Apokalypsenkommentar, S. 76 f

[651] Lappenberg, Ann. Stad., S. 372, 45-46

[652] Ebd., S. 372, 44,45

[653] Lappenberg, Ann. Stad., S. 330, 13-15: Der Jahresbericht ***1151*** enthält einen kurzen Hinweis auf Hildegards Vorstellung von der Endzeiterwartung, der jedoch Konkretes vermissen läßt und über eine Andeutung nicht hinausgeht. Albert berichtet, daß Hildegard in ihren Schriften „viel Nützliches von den Zeiten und vom Antichrist" prophezeit und die üble Lage der Kirche durch ihren prophetischen Geist vorausgesehen und vorhergesagt hätte.

[654] Lappenberg (Albertus Stadensis, S. 372, Anmerkung 4) ordnet den Apokalypsenkommentar nicht mit Sicherheit einem Minoriten Alexander Halensis zu. Ebenso unsicher ist Herbert Grundmann, (Ausgewählte Aufsätze, Teil 2 Joachim von Fiore, Stuttgart 1977 [Schriften der MGH, Band 25,2,] S. 63 f), bei der Zuordnung zu dem norddeutschen Minoriten und früheren Domscholastiker von Bremen Alexander von Bexhövede.

dictum est in ultionem, transeat in salutem.>"[655] Diese hoffnungsvolle Bemerkung bezeugt Kenntnis und Nähe Alberts von Stade zur historisch-spirituellen Deutungstheorie Alexander Minoritas. Auch teilt Albert die Überzeugung Alexanders, der zwar die Herrschaft Friedrichs II. als nahezu beendet,[656] den Bestand der Kirche jedoch noch nicht für ernsthaft gefährdet ansah.[657]

Ohne als Ursache des kaiserlichen Handelns das von Gregor IX. 1241 einberufene Konzil zu erwähnen, dessen Zustandekommen Friedrich II. letztendlich erfolgreich mit allen Mitteln verhindern mußte, weil Gregor die Einbeziehung der kaiserfeindlichen lombardischen Städte in einen Friedensschluß mit einbeziehen wollte, übt Albert heftige Kritik an der Sperrung aller Wege nach Rom für die Konzilsteilnehmer. Zutiefst mißbilligt er im Jahresbericht ***1241*** die üble Behandlung der Festgenommenen, die Gefangennahme des englischen und des französischen päpstlichen Legaten sowie unzähliger anderer, darunter über hundert Gesandter, Prälaten und Geistlicher, die als Konzilsteilnehmer von insgesamt zweiundzwanzig erbeuteten Galeeren am 3. Mai 1241 unter Erbeutung riesiger Geldsummen (etwa 4000 Genueser) inhaftiert worden waren. Ebenso verurteilt er die Versenkung drei genuesischer Schiffe mit ihrer gesamten Besatzung und Last: ***„Imperator omnes vias versus Romam cum suis fautoribus occupavit; euntes autem ad curiam Romam si comprehendit, detinuit saepius et afflixit. Legatum Angliae Ottonem, et Franciae Praenestinum episcopum, professione Cysterciensem, a Ianua per mare Romam redire volentes, cum infinita pecuniam captivavit, et prospero nimis eventu circa 4 milia Ianuensium cepit et tres galeas in eodem conflictu cum rebus et hominibus submersit. Cepit 22 galeas et praelatos et clericos infinitos et ambaxatores ultra centum.***"[658]

Der Beitrag im Jahresbericht von ***1243*** läßt erkennen, wie sehr das Ansehen Friedrichs bei den Zeitgenossen durch diese Interaktion, insbesondere durch das Gefangenhalten einer derart großen Anzahl

---

[655] Lappenberg, S. 330, 13-15 - vgl. Grundmann, Geschichtsschreibung, S.67 und 74:. Der norddeutsche Minorit Alexander wollte die Ausdeutung der ganzen Apokalypse auf den gesamten Ablauf der Weltgeschichte und bezog erstmalig die Apokalypse des Johannes Vers für Vers auf Ereignisse und Gestalten seit Christus bis zu seiner Gegenwart.

[656] Schmolinsky, Der Apokalypsenkommentar, S. 112 u. Anm. 360: „Tyrannus Fredericus, qui modo regnavit, sicut in plurimus factis satis manifeste ..." (Wachtel, Alexander Minorita, Expositio, S. 507, 3 f)

[657] Schmolinsky, Apokalypsenkommentar, Anm. 361 - Wachtel, Alexander, S. 508, 1-8

[658] Lappenberg, Ann. Stad., S. 367. 29-35

bedeutender geistlicher Würdenträger, aber auch durch den Propagandafeldzug Gregors IX. gelitten hatte und wie sehr der Kaiser nunmehr um Anhänger werben mußte. Deutlich zeigt Albert die Spaltung in Kaisertreue und Papstanhänger auf, die sich durch das ganze Imperium zog, wobei sich seiner groben Schätzung nach beide Parteien zahlenmäßig die Waage hielten. Er verschweigt jedoch die bedeutende Rolle, die die Mendikanten bei dieser Spaltung spielten, die mehrheitlich auf päpstlicher Seite in der antistaufischen Propagandakampagne engagiert waren. Mit der Bemerkung, daß die Kaisergegner Friedrich als Gebannten und Ketzer bezeichnen: ***„Imperator a suo proposito non quievit, sed pro sua parte omnes, quos potuit, sollicitavit; et plurimi pro eo, plurimi contra eum diversis opinionibus senserunt, ita ut quidam eum non solum excommunicatum sed etiam hereticum appellaserunt,“***[659] und indem er es selbst vermeidet, ihn Häretiker zu nennen, distanziert er sich von der publizistischen Kampagne gegen den Staufer und bekundet damit auch seinen persönlichen Abstand zur Mehrheit seiner Mitbrüder. Doch berichtet er ebensowenig über eine Minderheit einflußreicher kaiserfreundlicher Ordensmitglieder, die am vorbehaltlosen Eintreten ihrer Ordensleitung gegen den Staufer Kritik übten,[660] denen er offenbar tendenziell näher stand. Die „besorgte Sachlichkeit“[661] und Knappheit der Details in der Berichterstattung über die äußerst erbittert geführten Auseinandersetzungen zwischen den beiden Universalgewalten könnte auf eine Befangenheit des Chronisten schließen lassen, der sich möglicherweise durch die Konflikte seiner Mitbrüder mit den Stauferanhängern in seinem historiographischen Schaffen eingeengt sah.

Dennoch läßt die Tatsache, daß Albert von Stade es vermeidet, Friedrich II. mit dem Antichrist in Verbindung zu bringen und ihn auch nie selbst einen Ketzer nennt, erkennen, daß er weder bedingungslos papsttreu war, noch, daß er dieser joachimitischen Strömung innerhalb des Franziskanerordens zuzuordnen ist, die später für die Spiritualen eine reformerische geistige Kraft darstellten.

Alberts Wandel zu einer stauferfreundlicheren Haltung seit 1239/40 hängt ohne Zweifel ursächlich mit seiner persönlichen Erfahrung mit Gregor IX. zusammen, der ihn als Reformpapst so bitter enttäuscht

---

[659] Ebd., Ann. Stad., S. 368, 17-20

[660] vgl. D. Berg, Innozenz IV. und die Bettelorden, S. 470

[661] Klaus Heinisch, Hrsg. u. Übers., Kaiser Friedrich II. in Briefen u. Berichten seiner Zeit, Sein Leben in zeitgenössischen Berichten, Darmstadt 1972, Einleitung, S. 6

hatte. Bemerkenswert erscheint, daß diese Kehrtwendung des Chronisten der Entwicklung, die die joachitische Bewegung innerhalb der Minoritengemeinschaft genau in dieser Zeit, Ende der vierziger Jahre des 12. Jahrhunderts erfährt,[662] genau entgegengesetzt ist, wodurch die Distanz Alberts von Stade zu dieser Gruppierung deutlich erkennbar wird.

Seit 1239 zeigt er sich daher überparteilich, zwiespältig, wenn nicht gar insgeheim prostaufisch. Einige Male wird er der kaiserlichen Partei zumindest gerecht. Wiederholt, wenn auch indirekt über den Widerspruch der Fürsten, macht er unmißverständlich auf die Überschreitung päpstlicher Rechtsbefugnis aufmerksam. Zweimal betont er den Appell der Fürsten, es stehe dem Papst nicht zu, den Kaiser ein- beziehungsweise abzusetzen, zum einen im Jahresbericht 1240, als Gregor IX., wie bereits erwähnt, zur Königsneuwahl aufrief: *„... **se nichil profecit, quia quidam principum ei rescripserunt: <Non esse sui iuris, imperatorem substituere, sed tantum electum a principibus coronare>***[663], zum anderen, als Innozenz IV. auf dem Lyoner Konzil ***1245*** den Kaiser erneut bannte und sämtliche Untertanen unter Androhung der Exkommunikation ihres Treueides entband sowie „aufgrund eigener Machtvollkommenheit vom Gipfel seines Kaisertums" absetzte und „dies der ganzen Christenheit verkündete". Gleichfalls unter Androhung der Exkommunikation hätte Innozenz befohlen, daß „niemand ihn zukünftig mehr Kaiser nennen dürfe": ***„Papa in iam dicto concilio, scilicet die Iacobi, contra imperatorem excommunicationis sententiam renovavit et eum ab imperiali culmine auctoritate propria deposuit et hanc depositionem per totam ecclesiam promulgavit, praecipiens sub interminatione excommunicationis, ut nullus eum imperatorem de cetero nominaret. Qua sententia per mundum volante, quidam principum cum multis aliis reclamabant, decentes: <Ad papam non pertinere, imperatorem eis vel instituere, sed electum a principibus coronare.>„*** [664]

Durchaus nicht papstkonform erwähnt Albert mißbilligend die Forderung der Kreuzzugsabgabe durch Innozenz IV.[665] Auch seine positive Wertung der Rede des sprachgewandten kaiserlichen Juristen Thaddäus von Suessa auf dem Konzil zu Lyon,[666] spricht für eine

---

662 D. Berg, Vita minorum - D. Berg, Stauf. Herrschaftsideologie

663 Lappenberg, Ann. Stad., S. 367, 13-14

664 Lappenberg, Ann. Stad., S. 369, 38-44

665 Lappenberg, S. 369. 9-10

666 s. Matthäus von Paris: MG SS XXXIII, 257 ss.; G.d. V. 75, 175 ff, zitiert nach Heinisch, Kaiser Fr. II. in Briefen u. Ber. seiner Zeit, Kap. 6, Der

durchaus prostaufische Einstellung des Chronisten: ***„Imperator pro se nuncios misit, inter quos erat quidam Thadeus , dominus legum, qui pro eo elegantissime allegavit, ita ut plurimorum sibi audientiam conquireret et favorem.“***[667] Ebenso signalisiert die Mitteilung, ***„nichilominus autem papa imperatorem in die Iacobi, feria tertia, quae tertia die erat concilii, excommunicavit“***[668], das Bedauern des Chronisten über die dennoch erfolgte Exkommunikation des Kaisers.

Die Tatsache, daß Albert den Wortlaut der Anklage des Papstes,[669] die ihm sicher vorgelegen hatte, noch nicht einmal auszugsweise in seine Chronik aufnimmt und daß er selbst keinen einzigen Anklagepunkt[670] gegen den Kaiser aufzeigt, läßt die päpstlichen Entscheidungen auf dem Lyoner Konzil wie persönliche, politische Willkürakte von Innozenz IV. gegen den Staufer erscheinen. Mit der Erwähnung, daß mehrere Bischöfe Deutschlands ihre Teilnahme am Konzil verweigert hätten, ***„plures episcopi Teutoniae ad concilium non iverunt“***[671], unterstreicht der Chronist seine ablehnende Haltung gegenüber den gegen den Staufer erhobenen päpstlichen Vorwürfen nachdrücklich.

Wie viele seiner Zeitgenossen war sich Albert von Stade der ungeheuren Tragweite dieser Vorgänge zwischen den beiden Universalgewalten bewußt. Als Ausdruck dessen fügt er pessimistisch und voll düsterer Vorahnungen eine geballte Ladung unheilvoller

---

Verwandler der Welt, S. 595: Thaddäus von Suessa überbrachte Innozenz IV. das Friedensangebot des Kaisers, das griechische Kaisertum zur Einheit mit der Römischen Kirche zurückzuführen, Tataren, Chowaresmiern und Sarazenen zu bekämpfen und die Ordnung im Heiligen Land wiederherzustellen. - Ebd., S. 597 f: Auch widerlegte er mit stichhaltigen Argumenten wichtige Anklagepunkte des Papstes wie den Vertragsbruch, den Ketzervorwurf, den Verdacht, der Kaiser sympathisiere mit dem islamischen Glauben aufgrund seiner Freundschaft zum Sultan Malik al -Kamil und wegen seiner guten Beziehungen zu den Sarazenen. Auch wies er den Verdacht auf Unzucht mit Sarazenerinnen zurück. Hierdurch erwirkte er, daß dem Kaiser ein Aufschub von zwei Wochen bewilligt wurde.

667 Lappenberg, Ann. Stad., S. 369, 10-12

668 Ebd., S. 369, 13-14

669 Böhmer, Regesta Nr. 7552; HB VI, 319-327 (besonders 321.325.326); MGH Epp. saec.XIII, Bd. 2. 1887, S. 88 ff.; Pauli/Liebermann, Rerum, S. 262 ff., dt. Übersetzung bei Heinisch, Kaiser, S. 599 ff.

670 Innozenz IV. hatte Friedrich II. 1245 auf dem Lyoner Konzil wegen vermeintlichen Meineids, Friedensbruchs, Gotteslästerung und Ketzerei erneut gebannt.

671 Lappenberg, Ann. Stad., S. 369, 19-20

Nachrichten in den Jahresbericht ***1245*** ein: die Meldung von der Bedrohung durch den türkischen Stamm der Chowaresmiern im Orient und vom päpstlichen Kreuzzugsaufruf gegen sie[672] sowie die Hiobsbotschaft von der Ermordung von 11000 Menschen in der Heiligen Stadt und von 6000 Getöteten am Grab des Herrn durch die Sarazenen.[673] Bemerkenswert ist Alberts Schilderung astrologischer Phänomene als düstere Vorzeichen drohenden Unheils in den Tagen des Lyoner Konzils. Er berichtet von einem Stern, der, ähnlich wie der Morgenstern, groß, strahlend aber rot, der wie ein Planet an gewissen Tagen auf- und untergehe, von dem viele glaubten, es wäre der Mars.[674] Nie hätte ein Astrologe einen solchen Stern gesehen. Albert erwähnt ferner eine Sonnenfinsternis und die Verschiebung des Vollmondes um einige Tage und beschreibt eine helle Lichterscheinung in tiefer Nacht, die, rote Farbe und menschliche Gestalt annehmend, am Morgen in der Luft verblaßte.[675] Ebenso steht als Ankündigung bedrohlich nahender, unheilvoller Ereignisse die rätselhafte legendäre Geschichte eines Dieners des Propstes von Buxdehude.[676] Hiermit verleiht Albert seiner Bedrückung angesichts der bürgerkriegsähnlichen Zustände im deutschen Reich literarischen Ausdruck.

Aus der Art der Darstellung ist zu erkennen, daß Albert von Stade seine Hoffnung mit Sicherheit nicht auf die Gegenkönige setzte, und daß er die päpstliche Einmischung in die Reichspolitik zutiefst mißbilligte. Auffällig betont er, wieviel Mühe und Versprechungen von Rat, Gunst und Unterstützung der Papst aufbringen mußte, einen deutschen Fürsten zur Annahme der Krone zu überreden, bis sich schließlich der Landgraf Heinrich Raspe von Thüringen[677] „durch viele Bitten besiegt" dazu bereit erklärt hätte: ***„Interia papa sollicitari fecit principes, quos ad imperium regendum credidit ydoneos, ut aliquis eorum onus imperii sumeret et laborem, promittens ei, quicunque imperium assumeret, consilium et auxilium pariter et***

---

672 Ebd., S. 369, 13-19

673 Ebd., S. 369, 20-21

674 Der Mars galt im Mittelalter als Symbol für Blut, Krieg, Unheil.

675 Lappenberg, Ann. Stad., S. 100, 23-30

676 Ebd., S. 100, 30-36

677 s. Herbert Nette, Friedrich II. von Hohenstaufen, Kusenberg, Kurt, Hrsg., rowohlts monographien, 9. Auflage, Hamburg 1975 (ND 1992), S. 123 f: Am 22. Mai 1246 wurde der Landgraf Heinrich Raspe von Thüringen, der für die Annahme der Krone vom Papst 25 000 Mark Silber erhielt, zum Gegenkönig gewählt.

favorem. Tandem Heinricus lantgravius, cognomento Raspe, multis evictus precibus imperium acceptavit."[678] Im Jahresbeitrag ***1246*** berichtet Albert von der Wahl des Gegenkönigs Heinrich Raspe durch den Mainzer und den Kölner Erzbischof sowie durch „gewisse andere Fürsten".[679] Er habe das Heer des Stauferkönigs Konrad IV. bei Frankfurt in die Flucht geschlagen und viele seiner Hauptleute und Edlen gefangengenommen.[680] Deutlich hebt Albert die Anfeindungen hervor, denen Heinrich Raspe im Reich ausgesetzt war. Alle, die zu „solchen Dingen keine rechte Neigung hätten," begännen den Landgrafen „Pfaffenkönig" zu nennen: „***Coeperunt interea illi, qui plenum favorem non habebant ad talia, eundem lantgravium regem dicere clericorum.***" [681]

Albert von Stade offenbart die rücksichtslose, auf totale Vernichtung des Stauferkaisers zielende päpstliche Kampagne. Der Papst fordere alle Fürsten Deutschlands durch Legaten auf, Friedrich zu verlassen, ihn eindeutig als Feind der Kirche zu erkennen und Heinrich [Raspe] „dem gehorsamen Sohn [der Kirche]" zu folgen. „***Papa etiam omnes principes Alemanniae per legatos sollicitavit, ut Fridericum desererent, et pro hoste ecclesiae manifesto eum reputarent, et Heinrico, tanquam filio obedientiae, adhaererent.***[682] Durch diesen Appell an die deutschen Fürsten läßt der Chronist im Jahresbericht ***1246*** die Abhängigkeit Heinrichs vom Papst besonders deutlich in Erscheinung treten.

Auch zum Sultan hätte der Papst Legaten entsandt, in der Absicht, ihn von der Vertrautheit und Freundschaft mit Friedrich abzubringen: „***Etiam ad soldanum papa nuncios destinavit, eum intendens a familiaritate abstrahere et amicitia Friderici quondam imperatoris.***"[683] Dieser hätte das Schreiben gütig angenommen und dem Papst in griechischer Sprache zurückgeschrieben. Mit der wortgetreuen Übernahme des Antwortbriefes des Sultans Malek as Saleh Ejub,[684]

---

678 Lappenberg, Ann. Stad., S. 369, 44-48

679 Die Wahl Heinrich Raspes zum Gegenkönig erfolgte 1246 nur durch geistliche Fürsten.

680 Ebd., S. 370, 3-4

681 Ebd., S. 370, 4-5

682 Lappenberg, Ann. Stad., S. 370, 5-8

683 Lappenberg, Ann. Stad., S. 370, 8-9

684 Ebd., S. 370, 11-43 - Nach Lappenberg, Ebd. Anm. 5, stammt dieser Brief aus den Innozentii IV epistolae I. III., c. 29, ausgeschrieben aus Raynaldus, Annal. ecclesiast. T. XIII ad 1246, §. 52 sq. Lappenberg hat darin einige Veränderungen bemerkt.

den nach der Darstellung Alberts ein gewisser Lateiner aus dem Griechischen ins Lateinische übersetzt und Wort für Wort erörtert hätte,[685] hebt er die ablehnende Haltung des Sultans hervor und bekundet zugleich sein Interesse an Fragen bezüglich der Vorgänge im Orient.[686] In diesem Brief läßt der Sultan in seiner menschlichen, geistigen und kulturellen Überlegenheit den Papst wissen, daß es sich für ihn nicht zieme, etwas mit den Christen zu vereinbaren, ohne dafür zuvor den Rat des Kaisers einzuholen. Er begründet dies mit der langen Freundschaft und Eintracht, die zwischen seinem verstorbenen Vater und Vorgänger Malik al-Kamil und dem Kaiser bestanden habe und die auch er zu Friedrich II. hege. Deshalb hätte er über Boten den Kaiser darüber informiert, was ihm Innozenz angetragen habe.[687]

Im Jahresbericht ***1247*** läßt Albert mißbilligend die Eile und Entschlossenheit durchblicken, mit der Innozenz IV. sofort nach Bekanntwerden des Todes des Gegenkönigs Heinrich Raspe die Wiederwahl eines neuen Gegenkönigs betrieb.[688] Der Papst hätte sofort den Kardinaldiakon Petrus Capuzius nach Deutschland gesandt, der alle Erzbischöfe und Bischöfe, die er [erreichen] konnte, zusammenrief und in Köln am Fest des heiligen Michael ein Konzil einberief. Es sei [unmittelbar darauf] am Donnerstag nach Michael Wilhelm, der Bruder des Grafen von Holland, von einigen Bischöfen und Grafen in Neuß zum Römischen König zur Regierung des Reichs gewählt worden: ***„Papa Heinricum lantgravium mortuum intelligens, Petrum Capucium, de Aureo velo diaconum cardinalem, misit in Teutoniam, qui evocatis archiepiscopis et episcopis, quos potuit, concilium prope***

---

685 Lappenberg, Ann. Stad., S. 370, 44-45

686 vgl. Brincken von den, Anna-Dorothee, Die „Nationes Christianorum Orientalium" im Verständnis der lateinischen Historiographie von der Mitte des 12. Jahrhunderts bis in die zweite Hälfte des 14. Jahrhunderts. Köln und Wien 1976, S.447: Hier wird deutlich, daß Albert von Stade den Kreisen von geistlichen Autoren zuzuordnen ist, die auch die Ostkirchen studierten und „eine Einordnung der Ostkirchen in das Weltbild der Lateiner" vornahmen. Dazu gehörten in England vor allem die Benediktiner und Weltkleriker. Mit dem Aufkommen der Mendikanten traten diese an die Spitze, d. h. beide Bettelorden studierten gleichermaßen die Ostkirchen, weil sie missionieren wollten, wobei die Minoriten im Fernen Osten, die Dominikaner im Nahen Osten verstärkt missionarisch auftraten. - Ebd., S. 443: Ausgelöst wurde das Interesse an den Ostkirchen im 12.- 14. Jahrhundert durch die Rückschläge auf den Kreuzzügen und zusätzlich gesteigert durch die Kämpfe in Ägypten und den Aufstieg der Mongolen.

687 Lappenberg, Ann. Stad., S. 370, 11-43

688 Lappenberg, Ann. Stad., S. 371, 22-26

Coloniam celebravit festo Mychaelis. Feria quinta post Mychaelis, Willehelmus, frater comitis Hollandiae, a quibusdam episcopis et comitibus in Nussia in regem Romanum ad gubernandum imperium est electus."[689]

Aber auch Wilhelm von Holland gewinnt als nachfolgender Gegenkönig in der Darstellung Alberts wenig Herrscherprofil. Nach langer Belagerung Aachens durch Kreuzfahrer gekrönt, hätte er alle Reichsgüter, deren er habhaft werden konnte, eingenommen.[690] Der Chronist rückt Wilhelms durch Geldmangel geschwächtes Königtum in den Vordergrund der Darstellung. Herabwürdigend nennt er ihn den „gekrönten Wilhelm". Dieser hätte sich einige Zeit am Rhein aufgehalten. Da er jedoch nicht über die einem König gebührenden Geldmittel verfügte, hätte er sich nach Holland zurückgezogen, wäre jedoch später wieder in die Rheingegenden zurückgekehrt und hätte sich einige Gebiete unterworfen.[691] Genüßlich beschreibt Albert im Jahresbericht ***1251*** Wilhelms dramatische Hochzeitsnacht mit der Tochter (Elisabeth) des Herzogs Otto von Braunschweig in Braunschweig im Burgpalast (Dankwarderode), in der die Neuvermählten nur mit Mühe einem Brand entkommen wären.[692] Er erwähnt im Jahresbericht ***1253*** den Sieg Wilhelms im Kampf gegen Herzog Albrecht (I. von Braunschweig) in Holland, der mit Unterstützung einer Ritterschaft vergeblich die territorialen Interessen der Gräfin (Margarete) von Flandern zu verteidigen versuchte. Wilhelm hätte „viele getötet, unzählige gefangen genommen und sich dadurch sehr viel Geld verschafft".[693] ***1254*** wären er und der Legat [Caputius] in Neuß knapp einem Feuer entkommen, das der Kölner Erzbischof [im Zorn] hätte legen lassen, nachdem er wegen des Paderborner Bischofs Symon mit dem König in heftigen Streit geraten war.[694] ***1256*** gibt Albert schließlich das unrühmliche Ende Wilhelms von Holland

---

689 Lappenberg, Ann. Stad., S. 371, 22-26

690 Ebd., S. 372, 19-20

691 Ebd., S. 372, 34-36

692 Ebd., S. 373, 21-26. - Die Hochzeitsnacht fand erst 1252 statt.

693 Ebd., S. 373, 34-37 - Wachter, S. 112, Anm. 7: Wilhelm hatte der Gräfin den Lehnseid für den westlich der Schelde gelegenen Teil von Seeland verweigert.

694 Ebd., S. 373, 38-40 – Hierzu die Version aus den Hamburger Annalen, zitiert nach Franz Wachter, S. 113, Anm. 1: „Der König mit dem Legaten Petrus gab sich Mühe, daß der Kölner den Bischof Symon (von Paderborn) losließe. Da der Erzbischof widersprach, erhob sich ein solcher Lärm, daß ..."

bekannt. Der „König der Römer" sei von den Friesen in Medemblik getötet und an einem unbekannten Ort begraben worden.[695]

Seine durchweg negative Darstellung der Gegenkönige, verrät, daß Albert von Stade mit Sicherheit nicht der Mehrheit der Mendikanten im Reich zuzuordnen ist, die sich in die ihnen von Innozenz IV. auferlegte Rolle fügten, die staufische Herrschaft zu destabilisieren und die Position der Gegenkönige zu stärken.[696] Andererseits läßt er aber auch Distanz zum Staufer erkennen, indem er bei der Erwähnung der Tochter Albrechts von Sachsen, die Friedrich II. als Verlobte zugeführt wurde, vom „ehemaligen Kaiser" spricht: ***„Modicum ante filia ducis Saxoniae, Friderico quondam imperatori missa fuerat desponsata."***[697]

Mit der ausführlichen Beschreibung von Wanderpredigern, die als „wunderliche, jämmerliche Ketzer" vor einer „Versammlung von Baronen und Landesherren" in Schwäbisch Hall auftraten und zur Unterstützung der staufischen Gegenoffensive sich der in den Reformmanifesten Friedrichs II. aufgeführten Kritikpunkte am zeitgenössischen Zustand der Kirche bedienten,[698] ***„Coeperunt in ecclesia Dei mirabiles et miserabiles heretici pullulare. qui pulsatis campanis et convocatis baronibus et dominis terrae, in Hallis Suevorum sic praedicaverunt in publica statione"***[699], erfährt im Jahresbericht ***1248*** die Darstellung des Spannungsverhältnisses zwischen den beiden Universalgewalten ihren Höhepunkt und gewährt tiefe Einblicke in die religiöse und die politische Situation der Zeit. Ungeachtet seiner persönlichen Betroffenheit als ehemaliger Benediktinerabt und gegenwärtiger Minorit führt Albert seinem klerikalen Leserkreis schonungslos und detailliert Anklagepunkte gegen den Papst und den gesamten Klerus sowie die Argumentation dieser „Ketzer" vor Augen und trägt hierdurch gewollt oder ungewollt zur Verbreitung der staufischen Kritikpunkte bei. Der Papst wäre ein Ketzer, alle Bischöfe, höhere und niedere Prälaten sowie Priester wären Simonisten und Häretiker. Sie wären nicht zur Erteilung der Sakramente und Messopfer ermächtigt, weil sie mit Todsünden behaftet wären und die Menschen verführt hätten: ***„Primo,***

---

695 Ebd., S. 374, 3-4 - Wachter, S. 113, Anm. 8: Der Sohn Florenz Wilhelms von Holland erfuhr 1282 den Ort, wo sein Vater begraben lag und ließ seine sterblichen Überreste in Middleburg beisetzen.

696 D. Berg, Papst Innozenz IV. und die Bettelorden, S. 477

697 Lappenberg, Ann. Stad., S. 371, 27-28

698 Ebd., S. 371, 37-39

699 Ebd., S. 371, 37-39

quod papa esset hereticus, omnes episcopi et praelati symoniaci et heretici, inferiores quoque praelati cum sacerdotibus, quia in vitiis et peccatis mortalibus non haberent auctoritatem ligandi et solvendi, et omnes sti seducerent et seduxissent homines. Item quod sacerdotes peccatis in mortalibus non possent conficere."[700] Kein Lebender, weder Papst noch Bischof, dürfe den Gottesdienst untersagen, diejenigen, die es dennoch täten, wären Ketzer und Verführer: ***„Item quod nullus vivens, nec papa, nec episcopi, nec aliqui possint interdicere divina, et qui pro hiberent, essent heretici et seductores."***[701] Sie dagegen, die Prediger selber, erlaubten, in den mit dem Interdikt belegten Städten Messen zu hören und die Sakramente frei zu empfangen. Sie nähmen dies auf ihre Gewissen, weil sie dadurch von Sünden befreit würden: ***„Et licentiaverunt in civitatibus interdictis, ut missa audirent super animas ipsorum et sacramenta ecclesiastica libere perciperent, quia ispis perceptis, mundificarentur a peccatis."***[702] Ferner verdürben Dominikaner, Minoriten und Zisterzienser die Kirche mit Predigten und führten einen verdorbenen, ungerechten Lebenswandel. Außer ihnen selber, den Predigern und ihren Anhängern, sage niemand die Wahrheit und bewahre den rechten Glauben in der Tat. Und wären sie nicht gekommen, so würde sie Gott aus den Steinen erweckt haben,[703] ehe er den Glauben und die Kirche in der Gefahr gelassen hätte: ***„Item quod praedicatores et fratres minores perverterent ecclesiam falsis praedicationibus, et quod omnes praedicatores et fratres minores, Cystercienses quoque et omnes alii praevam vitam ducerent et iniustam. Item quod nullus esset, qui veritatem diceret, et qui fidem iustam opere servaret, nisi ipsi et eorum socii; et si ipsi non venissent, antquam Deus fidem et ecclesiam in pericolo dimisset, prius ipsos de lapidibus suscitasset, vel alios, qui ecclesiam Dei vera doctrina illuminassent."***[704] In wörtlicher Rede der Prediger fährt Albert fort: *„Der Ablaß, den wir Euch geben, ist nicht vom Papst oder von den Bischöfen erdichtet und ersonnen, sondern allein von Gott und unserem Orden."* Der Papst, so behaupteten die Prediger, würde ferner einen derart perversen Lebenswandel führen und ein solch schlechtes menschliches Beispiel abgeben, daß man darüber schweigen müsse. In Singular überwechselnd, fährt der Chronist fort, daß dieser „treulose Prediger" schmähend dazu aufforderte, für den Herrn

---

[700] Ebd., S. 371, 39-42
[701] Ebd., S. 371, 43-44
[702] Ebd., S. 371, 44-46
[703] Lukas 3,8
[704] Lappenberg, Ann. Stad., S. 371, 46 - S. 372, 4

Kaiser Friedrich und seinen Sohn Konrad zu beten, die vollkommen und gerecht wären. Auch behauptete er, *„daß der Papst nicht die Gewalt zu lösen und zu binden hätte, weil er kein apostolisches Leben führe."* Dies wolle der Prediger *„mit einer gewissen Stelle der Schrift belegen":* ***„Praedicaverunt etiam: <Huc usque vestri sepeliuntur veritatem, et praedicaverunt falsitatem, non sepelinus falsitatem, et praedicamus veritatem.> Et in fine: <Indulgentiam, quam damnus vobis, non damnus fictam vel compositam ab apostolico neque de episcopis, sed de solo Deo et ordine nostro.> Et sic: <Non audemus habere memoriam domini papse, quia ita perversae vitae est et tam mali exempli homo, quod tacere eum oporetet.> Et blasphemando adiecit idem perfidus praedicator: <Orate,> inquit, <pro domino Friderico imperatore, et Conrado filius eius, qui perfecti et iusti sunt.> Item dixit, quod papa non haberet auctoritatem legandi neque solvendi, quia non haberet vitam apostolicam, et hoc probare vellet per quandam glosulam."*** [705]

Diese von Albert bis ins einzelne Detail wiedergegebene Predigt war eine Unterstützung der von Friedrich II. gesteuerten Gegenoffensive, dem Stil und Inhalt nach vergleichbar mit seinen Reformmanifesten. Die Kritik richtete sich nicht nur gegen den Papst, sondern auch gegen die dem weltlichen Machtdenken verfallene, unermeßliche Reichtümer anhäufende Kirche. Dem Papst, in der Chronik als Ketzer, nicht aber als Antichrist bezeichnet, wird die Ermächtigung zur Sakramentsspende abgesprochen, weil seine Lebensführung nicht der apostolischen Lebensform nach dem Vorbild der Urkirche entspräche. Hiermit sei seine Unglaubwürdigkeit erwiesen. Staufische Kritik wurde auch an den zahlreichen Interdikten geübt, die gegen die von stauferfreundlichen Bischöfen verwalteten Diözesen verhängt wurden, wodurch die Seelsorge der Bevölkerung ganzer Städte und Landstriche verhindert wurde. Darüber hinaus wurden Ablaßhandel und Simonie angeprangert, die in keiner Weise dem biblischen Auftrag entsprächen. Der Begriff der unwürdigen Priester taucht auf, die nicht zur Sakramentsspende ermächtigt seien. Es wurde der Vorwurf erhoben, die Brüder beider Bettelorden sowie die Zisterzienser seien unglaubwürdig, weil sie den Glauben nicht im Sinne der Heiligen Schrift und nach dem Beispiel der urchristlichen Gemeinde in der Tat vorlebten, sondern die Kirche mit ihren lügenhaften Predigten verdürben. Viele dieser Kritikpunkte entsprechen nicht nur der franziskanischen Armutsforderung und dem Christuspostulat, sondern kirchenreformerischen Forderungen der Armutsbewegungen

[705] Ebd., S. 372, 5-13

seit dem 11. Jahrhundert, die bereits von der Pataria, durch Arnold von Brescia und Petrus Waldes erhoben worden waren.

Albert fährt fort, daß Konrad IV. diese Ketzer begünstigte und glaubte, seinen Vater „mit derartigen Gifttropfen“ verteidigen zu können. Der katholische Klerus hätte sich jedoch zur Wehr gesetzt und die Anhänger Konrads, vor allem Freie und Ministeriale, zum Abfall vom Sohn des „ehemaligen Kaisers“ gebracht, der danach wie ein schwäbischer Verbannter und Flüchtling in Bayern Zuflucht gefunden hätte: ***„Istos hereticos fovit et defendit Conradus, filius Friderici imperatoris quondam, et patrem suum et se per talia venena credidit defensare. Sed res lapsa est in cortrarium, quia catholicis praedicatoribus audacter resistentibus et fideles exhortantibus, liberi et ministeriales a Conrado recesserunt, ita quod quasi exul et profugus de Swevia in Bawaria moraretur.“*** [706] Mit der Bezeichung Konrads als Verbannten bzw. Flüchtling und Friedrichs II. als „ehemaligen Kaiser“ bringt Albert erneut seine kritische Distanz zu den Staufern zum Ausdruck. Das ist nicht verwunderlich, da er sich als ehemaliger Benediktinerabt und gegenwärtiger Minorit persönlich bei diesem gegen den Papst und den gesamten katholischen Klerus gerichteten, staufisch gesteuerten Angriff in einer so beispiellosen Schärfe mitangeprangert sehen mußte. Dennoch berichtet er weder über Verfolgungen von Minoriten und Repressionen ihnen gegenüber seitens der Stauferanhänger[707] im Zusammenhang mit dem sich zuspitzenden Machtkampf Friedrichs II. mit der päpstlichen Partei, noch über Nachstellungen und Repressionen seitens der Weltkle-

[706] Ebd., S 372, 37, 13-17

[707] vgl. D. Berg, Staufische Herrschaftsideologie, S. 192 f: u. S. 195: D. Berg stellt fest, daß mit Ausnahme der Chronik Salimbenes in der gesamten Franziskanerhistoriographie des Untersuchungszeitraumes in keinem Zeugnis minoritischer Geschichtsschreibung weder der Regierung Friedrichs II. noch den hiermit verbundenen geschichtstheologischen Überlegungen im besonderen Maße Beachtung geschenkt wurde. Doch fanden die bedrückenden Verfolgungen der Minoriten durch Stauferanhänger im Imperium und im sizilischen Regnum Erwähnung. - D. Berg Ebd., S. 196: Abgesehen vom Apokalypsenkommentar Alexander Minoritas tauchten erst seit Mitte der vierziger Jahre des 13. Jhs. erste Hinweise auf diese Repressionen gegenüber Franziskanern und die erwähnte geschichtstheologische Bedeutung auf. „Obwohl selbst das pastorale Wirken der Franziskaner bis etwa 1250 weitgehend von der päpstlich-kaiserlichen Auseinandersetzung bestimmt war und die Fratres in zunehmendem Maße in die Konflikte eingriffen, fanden diese Vorgänge in der zeitgenössischen Geschichtsschreibung des Ordens keine Beachtung.“

riker[708] in ihrem Kampf zur Sicherung ihrer ökonomischen Existenzgrundlage, zum Beispiel im „Mendikantenstreit".

Durchaus prostaufische Gesinnung bezeugt Albert von Stade in der Todesnachricht durch die Erwähnung der Absolution Friedrichs II. durch den Erzbischof von Palermo,[709] die er, wäre er ein konsequenter papstkonformer Reformer, wegen der immer noch bestehenden Exkommunikation des Stauferkaiser mit Sicherheit verschwiegen hätte

Zusammenfassung

In der Darstellung des Kampfes zwischen Friedrichs II. und den Päpsten lassen sich zwei Phasen erkennen, deren erste von 1210 bis 1238 von einer eindeutig stauferfeindlichen Distanziertheit des Chronisten gekennzeichnet ist, der offenbar wie die zunehmende Mehrheit der Mendikanten von der Strömung der publizistischen Kampagne Gregors IX. gegen Friedrich II. erfaßt wurde. Davon zeugt die äußerst dürftig geführte Berichterstattung über alle wichtigen Ereignisse der Stauferfamilie, zum Beispiel die Kaiserkrönung Friedrichs II., die Königskrönung Heinrichs VII, dessen Absetzung und Inhaftierung, die Vermählungen des Kaisers und seiner Söhne, sowie insbesondere die in aller Ausführlichkeit genüßlich geschilderte, mit Entstellungen und selbst erfundenen, boshaften Übertreibungen angereicherte Beschreibung des umlaufenden Geredes über Konstanze von Sizilien und die Umstände ihrer Niederkunft. Gleichzeitig offenbart sich in dieser Phase Alberts noch ungetrübte Parteinahme für den Papst in den Berichten über die erste Bannung Friedrichs II., in der völligen Verkennung des Erfolgs auf dem unblutigen, erstmalig auf Verhandlungsbasis beendeten Kreuzzug und insbesondere durch das Beschönigen des päpstlichen Überfalls auf Apulien unter der maßgeblichen Beteiligung von Friedrichs Schwiegervater Johann von Brienne. Durch abfällige Bemerkungen über die Nutzlosigkeit der kaiserlichen Bemühungen während der jahrelangen erbitterten militärischen Auseinandersetzungen des Kaiser mit der Liga lombarda, insbesondere durch das Verleugnen des bedeutenden kaiserlichen Sieges bei Cortenuova, bringt Albert seine extrem tendenziöse Stauferfeindlichkeit zum Ausdruck.

Die zweite Phase beginnt im Jahresbericht 1239 mit einem deutlichen Wandel zu einer objektiveren und positiveren Einstellung

---

708 D. Berg, Innozenz, S. 467,468,472, 473-474, 475,479, 481

709 Lappenberg, Ann. Stad., S. 373, 19-20 - s. D. Berg, Stauf. Herrschaftsideologie, S. 198, Anm. 247

des Chronisten zum Stauferkaiser. Auch mehren sich in dieser Phase zunehmend Beiträge mit einer deutlichen Papstkritik. Albert von Stade offenbart hier eine Papstdistanz, die für die große Mehrheit seiner Mitbrüder gerade in den Jahren 1239/40 untypisch ist, die für Gregor IX. nach der Absetzung des Elias von Cortona und nach der Eliminierung von Kaiseranhängern aus dem Orden in seiner publizistischen Kampagne gegen den Staufer engagiert waren. Dieser Wandel hängt zweifellos mit Alberts persönlichem Schicksal und mit seiner eigenen enttäuschenden Erfahrung mit Gregor IX. zusammen, der für ihn, als Reformpapst versagt hatte. In dieser Phase nehmen die Beiträge mit einer klaren staufischen Tendenz zu. So gibt Albert den Wortlaut des Briefes Friedrichs II. an die Kardinäle wieder mit dem eindringlichen kaiserlichen Appell an deren Mitverantwortung an den Papstentscheidungen und mit der Bitte, mäßigend auf Gregor einzuwirken. Auch hebt er die Wirkungslosigkeit der zweiten Exkommunikation Friedrichs im Reich hervor und betont die einmütig ablehnende Haltung der Bischöfe in Deutschland, die Gregor um Frieden zwischen Papst- und Kaisertum baten, um Schaden von der Kirche zu wenden. Mißbilligend schildert der Chronist die halsstarrige, unversöhnliche Haltung Gregors IX., der auf jede erdenkliche Art versuche, dem Kaiser Gegner zu schaffen, indem er das Kreuz gegen alle predigen ließe, die dem apostolischen Stuhl feindselig gegenüberstanden. Wiederholt macht er auf die Überschreitung der päpstlichen Rechtsbefugnis aufmerksam, indem er zweimal den Appell der Fürsten herausstellt, es stehe dem Papst nicht zu, den Kaiser ein- oder abzusetzen, und dies mit dem Wahlrecht der Kurfürsten begründet. Unabhängig von der unter Gregor IX. zunehmenden antistaufischen Einstellung in seinem Orden verteidigt Albert in tendenzieller Gegenrichtung die Rechte der staufischen Dynastie.

Mit scharfer Kritik an der Boykottierung des 1241 in Rom von Gregor IX. einberufenen Konzils läßt er dagegen durchblicken, wie viele Anhänger der Kaiser europaweit durch diese Interaktion verloren hatte. Deutlich zeigt er die Spaltung in Kaisertreue und Papstanhänger auf, die sich durch das ganze Imperium zog. Er verschweigt jedoch die bedeutende Rolle, die die Mendikanten bei dieser Spaltung spielten, die mehrheitlich auf päpstlicher Seite in der antistaufischen Propagandakampagne engagiert waren, von der er sich persönlich jedoch deutlich distanziert, indem er es vermeidet, Friedrich selbst einen Häretiker zu nennen. Mit der Bemerkung, daß es die Kaisergegner waren, die Friedrich als Gebannten und Ketzer bezeichnen, bekundet er zudem seinen persönlichen Abstand zur überwiegenden Mehrheit seiner Mitbrüder. Doch berichtet er ebensowenig über eine Minderheit einflußreicher kaiserfreundlicher Minoriten, die durch ihre Kritik am vorbehaltlosen Eintreten ihrer Ordensleitung gegen den Staufer zusätzlich für Unruhe im Orden sorgten, denen er offenbar tendenziell näher stand. Die „besorgte Sachlichkeit“[710] und die Knappheit der Details in der Berichterstattung über die äußerst erbittert geführten Auseinandersetzungen zwischen den beiden Universalgewalten läßt auf eine Befangenheit des Chronisten schließen, der sich möglicherweise durch die bedrückenden Konflikte seiner Mitbrüder mit den Stauferanhängern innerhalb und außerhalb des Ordens in seinem historiographischen Schaffen eingeengt sah.

Indem Albert im Bericht vom Lyoner Konzil 1245 keinen einzigen päpstlichen Anklagepunkt gegen den Kaiser aufzeigt, läßt er die päpstlichen Entscheidungen wie persönliche, politische Willkürakte von Innozenz IV. gegen den Staufer erscheinen. Deutlich hebt er dagegen das positive Echo der Verteidigungsrede des Thaddäus von Suessa hervor. Die Art der Darstellung verrät, daß Alberts Sympathien keineswegs auf der Seite des amtierenden Papstes lagen. Kritisch erwähnt er die Kreuzzugsabgabe und mißbilligt die päpstliche Einmischung in die Reichspolitik, indem er auffällig betont, welch große Anstrengungen es Innozenz IV. kostete, einen deutschen Fürsten für die Krone zu gewinnen. Seine durchweg negative Darstellung der Gegenkönige verrät, daß Albert von Stade mit Sicherheit nicht der überwiegenden Mehrheit der Mendikanten im Reich zuzuordnen ist, die sich in die ihnen vom Papst auferlegte Rolle fügten, die staufische Herrschaft zu destabilisieren und die Position der Gegenkönige zu stärken. Aber auch die Söhne Friedrichs II., König Heinrich VII. und König Konrad IV. profilieren sich in der Darstellung Alberts wie ja auch in der Geschichte nicht als Hoffnungsträger.

Der Chronist offenbart die rücksichtslose, auf totale Vernichtung des Stauferkaisers zielende Hetzkampagne, indem er berichtet, der Papst fordere durch Legaten alle Fürsten des Reiches und sogar den mit dem Kaiser befreundeten ägyptischen Sultan Malek as Saleh Ejub auf, sich von Friedrich II. abzuwenden, der eindeutig ein Feind der Kirche sei. Deutlich hebt er die ablehnende Haltung im Antwortschreiben des Sultans hervor.

Mit der ausführlichen Beschreibung des Auftritts von Wanderpredigern in Schwäbisch Hall, die zur Unterstützung der staufischen Gegenoffensive sich der in den Reformmanifesten Friedrichs II.

---

[710] Klaus Heinisch, Hrsg. u. Übers., Kaiser Friedrich II. in Briefen und Berichten, Einleitung, S. 6

aufgeführten Kritikpunkte am zeitgenössischen Zustand der Kirche bedienten, erfährt die Darstellung des Spannungsverhältnisses zwischen den beiden Universalgewalten ihren Höhepunkt und gewährt tiefe Einblicke in die religiöse und die politische Situation der Zeit. Ungeachtet dessen, daß Albert von Stade sich als ehemaliger Benediktinerabt und gegenwärtiger Minorit mitangeprangert sehen mußte, führt er seinem klerikalen Leserkreis schonungslos, die Argumentation miteingeschlossen, die staufischen Anklagepunkte gegen die Person des Papstes und den gesamten katholischen Klerus vor Augen. Dem Papst, in der Chronik als Ketzer, nicht aber als Antichrist bezeichnet, wird die Ermächtigung zur Sakramentsspende abgesprochen. Seine Unglaubwürdigkeit sei erwiesen, weil seine Lebensführung nicht der apostolischen Lebensform nach dem Vorbild der Urkirche entspräche. Auch die Brüder beider Bettelorden sowie die Zisterzienser seien unglaubwürdige, unwürdige Priester, weil sie den Glauben nicht im Sinne der Heiligen Schrift und nach dem Beispiel der urchristlichen Gemeinde in der Tat vorlebten, sondern die Kirche mit ihren lügenhaften Predigten verdürben. Auch sie seien deshalb nicht zur Sakramentsspende ermächtigt. Detalliert führt Albert die staufische Kritik an der Verhängung von Interdikten gegen von stauferfreundlichen Bischöfen verwaltete Diözesen auf, wodurch die Seelsorge großer Teile der Bevölkerung verhindert wurde. Darüber hinaus werden Ablaßhandel und Simonie angeprangert, die dem biblischen Auftrag widersprächen. Viele dieser Kritikpunkte entsprechen nicht nur der franziskanischen Armutsforderung und dem Christuspostulat, sondern auch kirchenreformerischen Forderungen der Armutsbewegungen seit dem 11. Jahrhundert, die bereits von der Pataria, durch Arnold von Brescia und durch Petrus Waldes erhoben worden waren.

Mit Sicherheit war die detaillierte Aufführung der staufischen Kritikpunkte dem Reformer Albert von Stade ein inneres Anliegen, da sie seiner eigenen Mißbilligung des desolaten Zustands der Kirche entsprachen. Vielen Kritikpunkten aus dem staufischen Reformplan hat er im Grunde seines Wesens zugestimmt. Gregor IX. hatte für ihn als Reformpapst versagt. Mühelos lassen sich deutliche Parallelen von der staufischen Kritik an einer dem weltlichen Machtdenken verfallenen, unermeßliche Reichtümer anhäufenden Kirche zu seiner eigenen Kritik an der Sittenlosigkeit und der mangelhaften Klosterdisziplin seiner Benediktinermönche ziehen, die für ihn so gravierend war, daß er nach dem Scheitern seines Reformplanes seine Abtswürde niederlegte. Doch hatte er mit seiner Amtsniederlegung und seinem Austritt aus dem Benediktinerorden keineswegs mit seiner Vergangenheit gebrochen. Denn auch als Minderbruder blieb er mental und emotional der benediktinisch geprägte monastische Chronist, der frei von der bedrückenden Einvernahme der überwiegenden Mehrheit seiner franziskanischen Mitbrüder für die antistaufische Kampagne der Päpste Gregor IX. und Innozenz IV. völlig eigenständig ein Bild von Friedrich II.[711] zeichnet, das lediglich bis 1238 mit der derzeitig im Franziskanerorden dominierenden Tendenz weitgehend übereinstimmt. Ab 1239 läßt er dagegen trotz seiner berechtigten Kritik an der Boykottierung des Konzils von Rom durch seine kritische Offenlegung der päpstlichen Diffamierungskampagne und durch sein energisches Eintreten für die dynastischen Rechte der Staufer eine klare staufische Position erkennen. Sein deutlicher Wechsel von einer papstkonformen zu einer staufischen Parteinahme ist die direkte Antwort des Chronisten auf die turbulenten Ereignisse seiner Gegenwart, auf die er in erster Linie als konsequenter Reformer reagierte, sich aber auch da prostaufisch zeigte, wo er die Rechte der staufischen Dynastie in Gefahr sah.

Mit seinem Reformziel, der Wiedereinführung der strengsten monastischen Lebensweise, stand Albert von Stade als Außenseiter im franziskanischen Orden im direkten Gegensatz zum zentralen Anliegen der zeitgenössischen Mendikantenchronisten, die die Angleichung ihres Ordens an die Lebensweise und Organisationsformen der alten monastischen Orden als Fehlentwicklung ihres Ordens erkannten, diese teilweise offen kritisierten und durch den Rückgriff auf die franziskanische Frühgeschichte eine Rückbesinnung auf die urfranziskanische „vita minorum“ bewirken wollten.

---

711 vgl. D. Berg, Stauf. Herrschaftsideologie, S. 198

B Darstellung der Ketzergeschichte der Stedinger

1.) Die Geschichte des Stedinger Aufstands von 1204 bis 1230

Glaubenseifer und politische Engagiertheit für die Durchsetzung der territorialpolitischen Interessen der Landesherren seiner Heimatregion haben die Parteinahme Alberts von Stade gegen die Stedinger bestimmt. Sein Kampf für die Einsetzung der Zisterzienserregel basiert auf seinem tiefen Glauben an die Unabdingbarkeit der strengen Einhaltung der Ordensregel. Politischer Hintergrund seiner tendenziösen Darstellung der Stedinger war seine persönliche Betroffenheit als Angehöriger der erstiftbremischen Ministerialenfamilie aus dem südlichen Osterstade,[712] deren Grund- und Gerichtsherrschaft er durch die Autonomiebetrebungen und die Widerstandsbewegungen der Stedinger zunehmend bedroht sah.[713] Hoch motiviert nutzte er seine Position als Benediktinerabt für eine rege Beteiligung an der Gründungswelle von Zisterzienserklöstern im Vorfeld der Stedingerkriege zum Ausbau und zur Sicherung der Landesherrschaft, scheiterte aber an der Durchsetzung der Reform seiner eigenen Abtei und zog nach eigner Darstellung die bittere Konsequenz der Amtsniederlegung.

Auf diese Weise zweifach vom Konflikt persönlich betroffen, schildert er ausführlich die stufenweise Eskalation der Konflikte der Stedinger während der etwa dreißigjährigen Vorgeschichte ihrer Revolte und stellt den Vernichtungskreuzzug aus der Nähe des Kriegsschauplatzes seiner Herkunftsregion Osterstade dar. Trotz chronologischer Irrtümer, Ungenauigkeiten und Tendenziosität gewinnt seine Darstellung historiographische Bedeutung,[714] insbesondere auch deshalb, weil hierzu andere historische Zeugnisse zeitgenössischer Chronisten fehlen. Albert von Stade gehört neben dem unbekannten Autor der in mittelniederdeutscher Sprache verfaßten *„Sächsischen Weltchronik"* zu den einzigen Chronisten, die

---

712 B. U. Hucker, Herrschaft und Freiheit, S. 342

713 D. Berg, Studien zur Gesch. u. Historiographie der Franziskaner, S. 142: D. Berg weist auf die einseitige Sichtweise des Chronisten bei der Darstellung der Stedinger Revolte hin. Der Bericht wäre nur unter dem Gesichtspunkt der Häresie und Kirchenfeindschaft, nicht aber unter Berücksichtigung der politischen und ökonomischen Interessen der Stedinger verfaßt.

714 vgl. D. Berg, Albert von Stade, S. 425

die Ereignisse des Stedinger Aufstands in der Zeit zwischen 1201 beziehungsweise 1204 bis zum ersten Heerzug des Erzbischofs Gerhard I. von Bremen im Jahre 1230 als Kreuzzugsvorgeschichte vollständig überliefern. Hierdurch nehmen die beiden Historiographen eine Einzelstellung in der Geschichtsschreibung über die Stedinger ein, wobei Albert von Stade größere Bedeutung zukommt, weil seine Nachrichten zahlreicher und ausführlicher sind als die entsprechenden in der Rezension B der Sächsischen Weltchronik. [715] Rolf Köhn fand durch Textvergleich beider in unterschiedlichen Sprachen verfaßten Chroniken trotz weitgehender Parallelen in Inhalt und Anordnung der Einträge nur wenige wörtliche Entsprechungen. Da aber Alberts Darstellung die umfassendere, genauere und informativere ist, zweifelt er nicht daran, daß sie entweder als Originalfassung oder als Kurzfassung dem Verfasser der Sächsischen Weltchronik als Vorlage gedient hatte. Nur an einer Stelle fände sich in der Sächsischen Weltchronik als wichtige Ergänzung die Nachricht, daß Waldemar von Schleswig Stade zusammen mit den Stedingern erobert hatte. Darüber hinaus überliefere die Sächsische Weltchronik im Gegensatz zu Alberts Geschichtswerk zu den Jahren 1212, 1214, 1216 und 1217 keine Beiträge zur Geschichte der Stedinger.[716] Dies läßt die Schlußfolgerung zu, daß Albert von Stade als einziger Chronist die fast dreißigjährige Vorgeschichte des Kreuzzugs gegen die Stedinger in Form selbständiger Einzelnachrichten vollständig aufgezeichnet hat.

In knappem annalistischen Stil und kontinuierlicher Reihenfolge stellt Albert die stufenweise Eskalation der Auseinandersetzungen im regionalen Konflikt der Territorialherren im Unterweserraum mit den Stedingern bis zum Ausbruch der Kreuzzüge dar. Da es sich bei den Stedingern vorwiegend um Bauern und keine Standespersonen handelte, hielt es Albert von Stade wie alle mittelalterlichem Chronisten, die über sie berichteten, für keiner einführenden Erklärung wert, wer sie waren, woher sie stammten, wo sie angesiedelt waren und aus welchen Bevölkerungsgruppen sie sich zusammensetzten.[717] Dennoch weist er als einziger Historiograph im Jahres-

---

[715] Köhn, Die Stedinger in der Geschichtsschreibung, S. 154 und 156

[716] Ebd., S. 157

[717] vgl. Köhn, Die Stedinger in der Geschichtsschreibung, S. 145 f: Der Name galt zunächst für die auf den Uferstreifen der Unterweser angesiedelte sächsische Bevölkerung. Zur planmäßigen Eindeichung und Urbarmachung des Sumpflandes waren im 12. Jahrhundert vor allem holländische aber auch einheimische sächsische Siedler vom Bremer Erzbischof mit Freiheitsgarantien

bericht 1234 bei der Andeutung der drohenden Eskalation des Konflikts durch den Versuch der Stedinger, die Bauern der benachbarten Gebiete auf ihre Seite zu ziehen, indirekt auf den Bauerstatus der Stedinger hin und nennt sogar die mutmaßlichen Rädelsführer der letzten Phase der kriegerischen Auseinandersetzungen konkret beim Namen:[718] ***„Boleke de Bardenflete, Tammo de Hunthorpe, Thedmarus de Aggere et alii pessimi malesuadae eorum.“***[719] Auch gibt er als einziger Chronist einen geographischen Hinweis auf das Stedinger Land im Jahresbericht 1233: ***„Orientalis Stedingia a peregrinis, occisis Stedingorum purimis, devastatur,“***[720] *(„Das östliche Stedingen wird verwüstet, nachdem sehr viele von den Stedingern getötet waren.“).* Dieser wird durch Heranziehen der entsprechenden Stelle in der Sächsischen Weltchronik noch deutlicher, die von: ***"dat Osterstad"***[721] spricht. Offenbar wurde zeitweise, vor allem im letzten Jahr des Aufstandes auch Osterstade zu Stedingen gerechnet, was jedoch nicht urkundlich zu belegen ist.[722]

Über den ersten Widerstand der Stedinger gegen die Grafen von Oldenburg und ihre anderen Lehnsherren[723] schreibt Albert im Jahresbericht ***1204***: ***„Stedingi comiti Mauricio coeperunt et alliis suis***

---

und Privilegien angeworben worden. Rechtlich und ethnisch stellten die Stedinger demzufolge keine homogene Bevölkerungsgruppe dar. Es waren die leibeigenen, vom Bremer Erzstift abhängigen, an den Uferstreifen der Unterweser angesiedelten sächsischen Bauern von den rechtlich privilegierten Kolonisten auf den Längsstreifenhufen der eingedeichten und entwässerten Marsch zu unterscheiden., die v. a. aus dem Utrechter Gebiet und aus Holland eingewanderte Neusiedler waren.

[718] Köhn, S. 161

[719] Lappenberg, Ann. Stad., S. 362, 14-15

[720] Ebd., S. 361, 20

[721] Rezension der Sächsischen Weltchronik, MGH Scriptores. Deutsche Chroniken, Bd. 2, S. 240, 18, zitiert nach Köhn, S. 148, Anm. 27

[722] Köhn, S. 148

[723] s. B. U. Hucker, Herrschaft und Freiheit, S. 88-89: B. U. Hucker versteht unter den „anderen Lehnsherren“ die ärgsten Feinde der Stedinger und zählt sie auf: die Edelherren von Stotel, die Grafen von Oldenburg und von Stumpenhusen-Hoya sowie die Ministerialen von Bremen. Die Häuser Lippe, Oldenburg, Hoya und Stotel sowie eine breite Schicht von Ritterfamilien wurden sowohl im Baltikum, als auch gegen die Stedinger tätig, unterstützt von den Zisterzienser Orden mit ihren kolonisatorischen Zielsetzungen. B. U. Hucker macht darauf aufmerksam, daß es derselbe Personenkreis war, der sowohl die Unterwerfung der Balten als auch die Autonomiebestrebungen der Stedinger bekämpfte.

dominis rebellare.“[724] *(„Die Stedinger begannen dem Grafen Moritz [von Oldenburg] und ihren anderen Herren Widerstand zu leisten.“)* Er führt jedoch keine Gründe und Ursachen für den Widerstand der Stedinger an.

Im Jahresbericht ***1207*** folgt die Nachricht vom ersten bewaffneten Überfall auf die Stedinger, mit dem Erzbischof Gerhard I. von Bremen eine Geldzahlung erzwang, und vom Rückzug des Metropoliten, nachdem die Stedinger eingelenkt hatten: ***„Hartwicus, Bremensis archiepiskopus, congregato exercitu Stedingos invasit, des pecunia accepta rediit, ...“.***[725] *(„Hartwig, Erzbischof von Bremen, überfiel mit einem zusammengebrachten Heere die Stedinger, kehrte aber zurück, nachdem er Geld empfangen hatte, und starb kurze Zeit darauf.“)*

Zusammen mit den Parallelberichten aus der „Sächsischen Weltchronik“ lassen sich anhand der Aufzeichnungen Alberts die einzelnen Stufen der Kooperation der Stedinger mit den Bremer Erzbischöfen während des Schismas im Bistum (1208-1217) recht gut verfolgen. Im Jahresbeitrag ***1208*** berichtet Albert von der Eroberung der Stadt Stade durch Waldemar von Schleswig, dem Prinzen von Dänemark, dem Bischof von Schleswig und dem Erzbischof von Bremen: ***„Woldemarus civitatem Stadensem, cuius turres et domos tempestas modicum antedeiecerat, expugnavit, et rebus omnibus in inventione Stephani die dominica spoliavit.“***[726] *(„Waldemar eroberte die Stadt Stade, deren Türme und Häuser kurz zuvor durch ein Unwetter umgestürzt waren, und plünderte sie am Tage der Findung Stephans, einem Sonntag, völlig aus.“)* Aus diesem Text ist nicht erkennbar, daß es sich hierbei um eine von den Stedingern unterstützte Aktion handelte. Dies geht jedoch wie aus der oben erwähnten Ergänzung der entsprechenden Nachricht aus der Sächsischen Weltchronik hervor: *„Darna gewan de bischop Waldemar Stade* ***mit de Stedingen*** *unde berovede se.“*[727] Ebenso wenig läßt Albert bei der Schilderung der Entstehung des Schismas im Bremer Erzbistum (1208-1217) durchblicken, welche Gruppe Waldemar von Schleswig begünstigte: ***„Woldemarus Slewicensis episcopus a Bremensibus eligitur, et quidam cannonicorum et ministerialium pro eo ad Romanam curiam diriguntur. Sed quia illicentiatus a papa recessit, papa eum utroque episcopatu privavit. Venit tamen, et quibusdam sibi faventibus, sedem Bremensem***

[724] Lappenberg, Ann. Stad., S. 354, 23
[725] Ebd., S. 354, 40-41
[726] Ebd., S. 355, 8-9
[727] Köhn, S. 156, Sächsische Weltchronik zu 1208

occupavit.“[728] *(„Waldemar, der Bischof von Schleswig, wird von den Bremern gewählt, und einige von den Domherren und Ministerialen werden für ihn [um sich für ihn einzusetzen] zum römischen Stuhl gesandt. Aber weil er sich ohne Beurlaubung durch den Papst [von seinen Bistümern] entfernt hatte, hat der Papst ihm seine Bistümer aberkannt, dennoch kam er und nahm, von einigen begünstigt, den Bremer [Bischofs]stuhl ein.“)* Albert verschweigt, daß es die Stedinger waren, die von der zweimaligen Doppelwahl im Erzbistum Bremen profitierten und verkennt absichtlich, daß diese sich zu einem politisch und wirtschaftlich mächtigen Bündnispartner entwickelt hatten, deren Gefolgschaft sich Waldemar von Schleswig nach der Doppelwahl von 1208 wegen seiner schwachen wirtschaftlichen und machtpolitischen Position zu sichern genötigt war.

Es folgen Nachrichten vom militärischen Erstarken der Stedinger in der Zeit des Schismas im Erzbistum Bremen, von der Zerstörung der Burgen Monsilienburg und Seehausen sowie von der Belagerung der Burg Dorfhagen im Jahre ***1212***: ***„Stedingi invalescunt, Castrum Munzowe et Sehusen destruunt, castrum Haghena obsident.“*** [729] *(„Die Stedinger werden mächtiger und zerstören die Burg Münte und Seehausen, belagern die Burg Hagen.“)*

Im Jahresbeitrag ***1213*** berichtet Albert von der harten Reaktion des Grafen von Hoya auf die von den Stedingern durch Anstiften Waldemars von Schleswig begangenen Brandschatzungen, Raubzüge und Verwüstungen des Landes. Auch erwähnt er in diesem Zusammenhang die Erbauung zweier gegen die Stedinger gerichteter Burgen, die durch Bischof Gerhard errichtete Burg Schlutter (bei Delmenhorst) und die durch Rheinpfalzgraf Heinrich erstellte Burg Falkenberg (zwischen Delmenhorst und dem Fluß Berne): ***„Comes Hinricus de Hoya plurimus Stedingorum cepit et occidit, cum hortatu Woldemari terram incendiis et rapinis devastarent, Gherardus episcopus Sluttere aedificat, Dux Heinricus Valkenberch.“***[730] *(„Graf Heinrich von Hoya nahm sehr viele Stedinger gefangen und tötete sie, als sie, durch Waldemar [von Schleswig] angestiftet, das Land durch Brandstiftung und Raubzüge verheerten, [Erz]bischof Gerhard erbaute [die Burg] Schlutter, Herzog Heinrich [die Burg] Falkenberg.“)*

---

[728] Lappenberg, Ann. Stad., S. 355, 2-5 - Köhn, S. 155: Aus Alberts Bericht geht nicht hervor, daß sich die Stedinger in der Doppelwahl mit Waldemar von Schleswig gegen Burkhard von Stumpenhausen verbündeten und im August 1208 für ihn für kurze Zeit Stade zurückeroberten.

[729] Lappenberg, Ann. Stad., S. 355, 26.27

[730] Ebd., S. 355, 44 - 356, 2

Im Jahresbericht ***1214*** kündigt er den Entschluß von Innozenz IV. an, zur Kreuzzugspredigt gegen die Stedinger aufzurufen und hierzu ein allgemeines Konzil einzuberufen: ***„Innocentius papa crucem praedicari statuit, et generale concilium indixit.“***[731] Im gleichen Jahresbeitrag vermeldet er die Zerstörung [des Dorfes] Stotlo durch die Stedinger.[732]

Danach berichtet der Chronist 1216 über den Wechsel der Stedinger von der welfischen zur staufisch-päpstlichen Partei und über ihr Bündnis mit dem vom Papst Innozenz III. als Gegenkandidat protegierten Bischof Gerhard von Osnabrück und seinen Ministerialen. Diesem verhelfen sie, wie Albert im Jahresbericht ***1217*** fortfährt, nach der Vertreibung Waldemars und der Unterwerfung der Bremer dazu, den Bremer Erzbischofsstuhl zu besteigen: ***1216***: ***„Stedingi in gravamen Bremensium Gherardo episopo et ministerialibus sociantur, contra quorum insultus Bremenses ducem Hinricum invitant ....“*** Herzog Heinrich hätte die vom Erzbischof und vom Grafen Albert erbaute Burg bei Schwinge bald zerstört.[733] ***1217***: ***Bremenses cum Stedingis, Waldemaro eiecto, Gherardum episcopum introducunt. Unde imperator cum fratre Bremensem provinciam diruit et incendit.“***[734] *(„Die Bremer führen zusammen mit den Stedingern nach der Zurückweisung Waldmars den Bischof Gerhard ein. Daher plündert der Kaiser mit seinem Bruder das Bremer Land und zündet es an.“)*

Aufgrund seiner durchweg negativen Einstellung zu den Stedingern hält es Albert für keiner Erwähnung wert, daß sie damit zur Beendigung des Schismas im Bremer Erzbistum beigetragen hatten.

Bis zur Phase der Konfrontation des Bremer Erzbischofs Gerhard II. mit den Stedingern 1229/1230 gibt es keine weiteren chronikalischen Nachrichten zu diesem Thema. Es fehlt die Mitteilung von der Exkommunikation der Stedinger durch den Bremer Erzbischof Gerhard II. 1227 oder 1229,[735] die der Niederlage des erzbischöflichen Heeres 1230 vorausgegangen war. Über diese Niederlage berichtet Albert dagegen ausführlicher. Er hebt darin besonders die zu einer ernsthaften Gefahr angewachsene „insolentia“ der Stedinger hervor, in der er eine bedrohliche, unheilbringende Kraft sah:[736] ***„Bremensis archiepiscopus insolentiam repressurus, die natalis Domini valido eos***

---

[731] Ebd., S. 356,3

[732] Ebd., S. 356, 8

[733] Ebd., S. 356, 32-34

[734] Ebd. S. 356, 35-36

[735] Köhn, S. 155 und Anm. 48

[736] vgl. Köhn, S. 152 und Anm. 41

bello aggreditur, ibique frater eius Hermannus dominus de Lippia, vir utique sapiens et illustris, solus occiditur. Unde subita confusione facta, totus ille bellicus apparatus dissolvitur.“ [737] (*„Der Erzbischof von Bremen greift am Tag der Geburt des Herrn [25. Dez. 1229] mit einem mächtigen Heer die Stedinger an, um ihren Übermut zu unterdrücken, und dabei wird allein sein Bruder Hermann, Herr von Lippe, ein durchaus weiser und angesehener Mann, getötet. Hierdurch entstand plötzlich eine [panikartige] Verwirrung, und der ganze Kriegszug zerstreute sich.“)*

Bezüglich der Burgenpolitik gegen die Stedinger erwähnt Albert die 1231 die durch Graf Adolf IV. von Schaumburg bei Hamburg erbaute Burg. Er berichtet im Jahresbeitrag irrtümlich ein zweites Mal von der Errichtung der Burg Schlutter durch den Erzbischof von Bremen, die jedoch nach seinen eigenen Angaben bereits 1213 stattgefunden hatte. Es schließt sich die Nachricht von der Zerstörung dieser Feste durch die Stedinger an: ***„Bremensis archiepiscopus castrum Sluttere contra Stedingos aedificat, sed ipsi illud protinus everterunt.“***[738]

Vergeblich sucht man bei Albert von Stade nach der Erwähnung der Verurteilung der Stedinger durch die Bremer Fastensynode, derzufolge deren Verketzerung am 17. März 1230 oder am 2. März 1231 verkündet wurde. Jedoch überliefert er als einziger Chronist des Mittelalters die darin aufgeführten Anklagepunkte gegen die Bauern der Wesermarsch, die sonst nur noch aus den päpstlichen Kreuzzugsaufrufen bekannt sind.[739]

2.) Verketzerung und Darstellung des Kreuzzugs gegen die Stedinger

Im Mittelpunkt der Darstellung über die Stedinger stehen die Jahresberichte zu 1233 und 1234. Der Jahresbericht **1233** beinhaltet die Mitteilung, daß die von allen Kanzeln im Lande verkündigte, päpstlich verordnete Kreuzzugspredigt ihre Wirkung nicht verfehlt hatte. Zahlreiche Kreuzfahrer, die dem Aufruf gefolgt wären, hätten den östlichen Teil des Stedinger Landes verwüstet und dabei ein Blutbad unter den Stedingern angerichtet, wobei es auch auf ihrer

---

737 Lappenberg, Ann. Stad., S. 362, 6-9

738 Ebd., S. 361, 16-17

739 Köhn, S. 167: Albert macht da keine Ausnahme, kein mittelalterlicher Geschichtsschreiber erwähnt die Verurteilung der Stedinger durch die Bremer Fastensynode. Wie unwichtig diese Synode den zeitgenössischen Chronisten war, ist daran zu erkennen, daß keiner von ihnen das Ereignis notiert hat. Die beiden Abschriften des folgenschweren Urteils der Fastensynode sind heute verloren. Durch einen Abschreibfehler in späteren Kopien fehlen Anhaltspunkte für eine eindeutige Datierung im Text.

Seite zu hohen Verlusten gekommen wäre.[740] Albert erwähnt in diesem Zusammenhang auch die Tötung des Grafen Burchard von Oldenburg: [741] ***Crux contra Stedingos ubique auctoritate apostolica praedicatur, et a multis accipitur. Orientalis Stedingia a peregrinis, occisis Stedingorum plurimis, devastatur. Borchardus, comes de Aldenburg, a Stedingis perne 200 prosternitur peregrinis ...***"[742] *(„Auf Veranlassung des apostolischen Stuhles wurde von allen Kanzeln zum Kreuzzug gegen die Stedinger aufgerufen und viele und nahmen das Kreuz. Der östliche Teil Stedingens wird von Pilgern verwüstet, nachdem viele Stedinger umgekommen waren. Graf Burkhard von Oldenburg wird zusammen mit zweihundert Pilgern von den Stedingern zu Boden gestreckt.")*

Alberts Darstellung des großen Vernichtungsschlags gegen die Stedinger erweckt den Eindruck eines Rechtfertigungsberichtes. In Übereinstimmung mit dem Inhalt der Kreuzzugsaufrufe in der Bulle Gregors IX. führt er, diese teilweise zitierend und paraphrasierend, im Jahresbericht ***1234*** die Anklagepunkte des Urteils der Fastensynode im einzelnen auf und ergänzt darüber hinaus den Katalog der Beschuldigungen. In freier Textgestaltung wiederholt er die in der Bulle erhobene Hauptanklage gegen die Stedinger, die Häresie des Ungehorsams gegenüber der Kirche.

Bemerkenswert ist, daß Albert von Stade trotz seiner durchweg negativen Einstellung zu den Stedingern diese an keiner Stelle der Chronik direkt als Häretiker bezeichnet. Dennoch gehörte er, wie die überwiegende Mehrzahl der Chronisten des 13. bis 16. Jahrhunderts, zu den Geschichtsschreibern, die die Stedinger für Häretiker hielten. Er ist nicht den zeitgenössischen Historiographen zuzuordnen, die die kirchliche Verurteilung ablehnten oder dazu schwiegen.[743] Ähnlich wie der anonyme Erfurter Dominikaner und Philippe Mousket aus

---

740 Als Folge einer erneuten päpstlichen Aufforderung zur Kreuzzugspredigt und dem Befehl an die Bischöfe von Paderborn, Hildesheim, Verden, Münster und Osnabrück ihre Amtskollegen in Ratzeburg, Minden und Lübeck zu unterstützen, war es im Juni 1233 mit einem neuen Kreuzfahrerheer zu einem zweiten Zug gegen die Stedinger gekommen, nachdem das im Winter gegen die Bauern erfolglose Heer aufgelöst worden war. - Vgl. Henry Charles Lea, Gesch. der Inquisition, Bd. 3, S. 211

741 Dieser wurde bei dem Versuch, auch die befestigten Gebiete am westlichen Weserufer anzugreifen, zusammen mit 200 Kreuzfahrern getötet.

742 Lappenberg, Ann. Stad. S. 361, 19-21

743 Hierzu gehören nach Köhn, S. 167, Emo von Wittewierum, der unbekannte Verfasser der Sächsischen Weltchronik und der unbekannte Mönch aus St. Pantaleon in Köln.

Tournai bezeugt Albert eine weitgehende Konformität mit der kirchlichen Verurteilung.[744] Er schreibt, daß man gegen sie rüstet, wie gegen „offenkundige Feinde der Kirche", die die Lehre der Mutterkirche mißachtet, die Freiheit der Kirche mit Füßen getreten und ihre Schlüsselgewalt in schimpflicher Weise verhöhnt hätten: ***„Heinricus dux Brabantiae et Florentius comes Hollandiae, Bremae existentes, contra Stedingos viriliter se accinxerunt, tamquam contra inimicos manifestos ecclesiae. Nam sicut probatum est super eos, et per Mindensem, Lubicensem, Raceburgensem episcopos papae auribus intimatum, ipsi doctrina matris ecclesiae penitus vilipensa, ipsius libertatem conculcaverunt, nulli parcentes sexui vel aetati."***[745] ***... et miranda pertinatia obstinati, non cessabant adhuc claves ecclesiae scelestis labbiis turpiter blasphemare."*** [746] *(„Heinrich [II.], der Herzog von Brabant, und Florenz [IV.], der Graf von Holland, die sich in Bremen aufhielten, gürteten sich mannhaft gegen die Stedinger, wie gegen überführte Feinde der Kirche. Denn wie es von ihnen erwiesen und durch die Bischöfe von Minden, Lübeck und Ratzeburg dem Papst zu Gehör gebracht wurde, verachteten sie die Lehre der Mutterkirche zutiefst und traten die Freiheit der Kirche mit Füßen, indem sie weder Geschlecht noch Alter schonten." „... und in ihrer unglaublichen Hartnäckigkeit verharrend hörten sie auch jetzt nicht auf, die Schlüsselgewalt der Kirche mit ihren abscheulichen Lippen in schimpflicher Weise zu verhöhnen.)* Als müsse er den Beweis für die Rechtmäßigkeit der Anklageerhebung erbringen, stellt Albert die Bestätigung der Beschuldigungen durch die vom Papst Gregor IX. mit der Untersuchung betrauten Bischöfe von Minden, Lübeck und Ratzeburg besonders heraus. Mit den Zeugenaussagen dieser drei angesehenen Bischöfe untermauert er die Häresievorwürfe gegen die Stedinger Bauern.

Wie oben berichtet, gilt Albert von Stade als der einzige Geschichtsschreiber, der bei der Andeutung der drohenden Ausweitung des Konflikts auf die Bauern der benachbarten Gebiete indirekt auf den Bauerstatus der Stedinger hinweist und als einziger Chronist, der sogar ihre mutmaßlichen Rädelsführer der letzten Phase der kriegerischen Auseinandersetzungen konkret beim Namen nennt: ***„Boleke de Bardenflete, Tammo de Hunthorpe, Thedmarus de Aggere***[747] ***„...***

---

744 Köhn, S. 167

745 Lappenberg, Ann. Stad., S. 361, 28-31

746 Ebd., S. 362, 13-14

747 Diese sind in der Inschrift des 1834 errichteten Denkmals Stedingsehre bei Altenesch als Führer des Aufstandes erwähnt: „Den im Kampfe für Freiheit und Glauben auf diesem Schlachtfelde gefallenen Stedingern. Am 27. Mai 1234

ipsos fortiter hortabantur, ut vitam et patriam defenderent, ipsos fortiter hortabantur..."[748] *(„... und ermahnten diese, mit äußerster Kraft Leben und Vaterland zu verteidigen,...").* Als Beispiel solidarischen Widerstandsverhaltens und als Ausdruck bäuerlicher Mentalität im Mittelalter schildert Albert den unheilvollen Einfluß, den die Stedinger durch ihre Bemühungen um Verbündete auf das christliche Volk und auf eine „unermeßlich große Menge" sowohl benachbarter, als auch aus entfernteren Gegenden stammenden Bauern ausübten. Er glaubte, diese würden den Stedingern zumindest verbal Schützenhilfe leisten, wenn sich die Gelegenheit dazu böte: ***„Nec propria eius suffecit perditio, sed omnes, quos poterant, et maxime rusticos, in foveam suae perfidiae trahere nitebantur."***[749] *(„Es genügte ihnen nicht nur ihr eigener Verderb, sondern sie versuchten, alle, die sie erreichen konnten, in den Abgrund ihres Glaubens hinabzuziehen)* ***...Ita miseri et miserabiles Stedingi, ... suis persuasonibus et malis exemplis graviter infecerunt populum christianum, ita ut infinita multitudo, tam in remotis, quam in vicinis provinciis constituta, verbo tenus eos defenderent, et si se oportunitas obtulisset, prompto animo protervaie eorum auxilium attulissent.".***[750] *(Ebenso vergifteten die elenden und beklagenswerten Stedinger, ... durch ihre Überredungen und schlechten Beispiele das christliche Volk so schwer, daß eine unermeßlich große Menge von Bauern sowohl in entfernteren als auch benachbarten Gegenden diese mit Worten verteidigte, und wenn sich die Gelegenheit dazu geboten hätte, bereitwillig deren Trotz [mit ihrer Hilfeleistung] unterstützt hätte.")*

Alberts Behauptung, der Aufstand sei durch eine ***„infinita multitudo rusticorum"*** unterstützt worden, wird in der Rasteder Chronik im beginnenden 14. Jahrhundert mit dem Vermerk aufgegriffen, die Bauern der Wesermarsch hätten versucht, außerhalb ihres Landes Verbündete zu gewinnen, sie hätten das Umland unterworfen und in Stedingen hätte sich viel Volk aus anderen Teilen des Landes versammelt.[751]

---

unterlag den mächtigen Feinden das tapfere Volk. Bolko von Bardenfleth, Thammo von Hunthorp, Detmar tom Dieke fielen als Führer mit ihren Brüdern. Am Jahrestage der Schlacht 1834 - geweihet von späten Nachkommen." -

[748] Lappenberg, Ann. Stad., S. 362, 14-16, vgl. Köhn, S. 162, Anm. 64

[749] Lappenberg, Ann. Stad., S. 361, 35-36

[750] Ebd., S. 361, 43 - S. 362, 3

[751] R. Köhn, S. 161 und Anm.62: Chronicon Rastedense, Kap. 21 „... in quibus (den Dörfern Stedingens) tantus populus exaliensis partibus propter suam libertatem confluxerant ..." (MGH Scriptores, Bd. 25, S. 505, Z. 2 f.) Für die letzten Jahre der Auseinandersetzung erscheint dies fraglich. Im Kampf

Mit der Behauptung, die Stedinger bekämpften die „Freiheit der Kirche", wiederholt Albert von Stade den Vorwurf Gregors IX. bei seinem ersten Kreuzzugsaufruf.[752] Darüber hinaus erweitert er das Sündenregister der Stedinger. Er geht dabei über die aus der Bremer Fastensynode und der Bulle Gregors IX. bekannten Beschuldigungen hinaus, um letztendlich die Vernichtung der Stedinger zu rechtfertigen. Er lastet ihnen den Umgang mit Dämonen, Götzendienst und die Mißachtung der Sakramente in schändlichster Weise sowie das Höhnen, Quälen und Martern von Geistlichen an. Ohne die Stedinger direkt des Bundes mit dem Teufel zu bezichtigen, bringt Albert von Stade ihr Tun indirekt mit dem Teufelskult in Verbindung und wirft ihnen analog zu Tobias 3, Vers 8 vor, dem Dämon Asmodet zu huldigen, auf den sie ihre ganze Zuversicht gesetzt hätten:[753] ***„Quaesierunt responsa daemonum, simulacra fecerunt cerea, consulentes etiam in suis spurciciis erroneas pythonissas, et quod deterius est omnibus, viaticum salutis aeterna horribilius, quam deceat exprimi, pertractantes."***[754] (*„Sie erforschten die Orakel der Dämonen, fertigten Bilder aus Wachs, indem sie auch bei ihrem unsauberen Treiben umherschweifende Wahrsagerinnen um Rat fragten."*) ***„... Sicut Lucifer lucis aeterna lumine destitutus, caduca superbia procurante coelo contineri nequiens***[755]***... Ita miseri et miserabili Stedingi, ponentes sibi deo omnino contrarium, suis persuasionibus et malis exemplis graviter infecerunt populum christianum,..."*** [756] ***..., in suo Asmodet ponentes fiduciam."***[757] (*„So wie Luzifer vom Strahl des ewigen Lichts ausgeschlossen, da er bei seinem eitlen Übermut unmöglich im Himmel verbleiben konnte" ... „Ebenso vergifteten die elenden und beklagenswerten Stedinger, indem sie sich Gott vollständig entgegensetzten,... das christliche Volk schwer." „ ... indem sie ihre Zuversicht auf Asmodet setzten, ..."*)

Obwohl Albert den Sündenkatalog der Stedinger durch diese zusätzlichen Beschuldigungen ergänzt, bezeichnet er die Stedinger, wie oben erwähnt, dennoch an keiner Stelle der Chronik direkt als Häretiker. Er nennt sie nicht einmal direkt „offenkundige Feinde der

---

gegen den Bremer Erzbischof und die Grafen von Oldenburg leisteten selbst die benachbarten Friesen während des Konfliktes nur rhetorisch Schützenhilfe und halfen erst nach der Schlacht bei Altenesch durch Aufnahme von Flüchtlingen aus Stedingen.

752 Köhn, S. 166 und Anm. 79

753 vgl. Köhn, S. 167

754 Lappenberg, Ann., Stad., S. 361, 31-34

755 Ebd., S. 361, 36-37

756 Ebd., S. 361, 43 - S. 362, 1

757 Ebd., S. 362, 11

Kirche",[758] sondern er schildert, wie man sich mit einem mit vollkommenen Ablässen und Privilegien ausgestatteten Kreuzzug wie ***„contra inimicos manifestos ecclesiae"***[759] (*„gegen offenkundige Feinde der Kirche"*) gegen sie rüstet. Diffamierend bezeichnet er sie als ***„perfidi"*** [760], ***„reprobinationis***[761]***"*** und ***„pestilentes"***[762], als *„Elende"*, *„verworfenes Volk"* und *„Verpestete"*. Dennoch greift er nicht die ganze „Härte und Bandbreite der Beschuldigungen"[763] auf, sondern entschärft die Ketzervorwürfe der Bremer Fastensynode und Gregors IX. Ein Textvergleich der Kreuzzugsbulle Gregors IX. gegen die Stedinger[764] mit den Ausführungen Alberts über ihren Untergang zeigt, was Albert von Stade selektiv aus der Terminologie des Mandats Gregors IX übernimmt, dessen Texte der Kreuzzugsaufrufe vom 29. Oktober 1232 und vom 17. Juni 1233 ihm als Quelle vorgelegen hatten:[765]

Gregor IX., Mandate vom 29. Okt. 1232 und vom 17. Juni 1233	Albert von Stade, Jahresbericht 1234
Lucis eterne lumine destitutus Lucifer, caduca superbia procurante celo contineri nequiens, eo quod perpetue cecitatis tenebras incurrisset, cum sit perditus et minister perditionis effectus, ne ademptas sibi delicias sempiternas posset conditionis humane dignitas adipisci, quia solent miseri prosperitate	Sicut lucifer lucis aeterna lumine destitutus, caduca superbia procurante coelo contineri nequiens, eo quod perpetua caecitatis tenebras incurrisset cum sit perditus et minister perditionis, effectus, ne ademptas sibi delicias sempiternas possit conditionis humanae dignitas adipisci - quia solent miseri prosperitate felicium cruriari - illam in profundum

758 wie Köhn S. 168 behauptet

759 Lappenberg, Ann. Stad., S. 361, 28

760 Ebd., S. 361, 40

761 Ebd., S. 362, 5

762 Ebd., S. 362, 22

763 Köhn, S. 172

764 Franz, G., Hrsg., Quellen zur Gesch. des Dtsch. Bauernstandes im Mittelalter, in: Buchner, R., Hrsg., Ausgewählt. Quellen zur Dtsch. Gesch. des Mittelalters, Freiherr vom Stein-Gedächtnisausg., Bd. XXI, Darmstadt 1974, Nr. 117, S. 311-316,

765 Rodenberg, Karl (Hrsg.): Epistolae saeculi XIII e regesti pontificium Romanorum selectae, Band 1 (Berlin 1883) ND München 1982 (MGH Epistolae selectae XIII, Band 1), Nr. 489 vom 29. Oktober 1232, S. 393-394 und Nr. 539, S. 436-437

felicium cruriari, illam in profundum perfidie ab altitudine fidei deicere nititur, ut in lacum sue miserie deducatur, existimans per hoc sue dampnationis cumulum minorari, cum soleat afflictis quoddam afferre solatium grata miseris societas miserorum.. [766]	perfidiae ab altitudine fidei deicere nititur, ut secum in lacum suae miserae deducatur, existimans, per hoc suae dampnationis cumulum minorari, cum soleat afflictis quoddam afferre solatium grata miseris societas miserorum[767]
„...ut amentes effecti et quadam, insania ventilati relicta semita veritatis in invium adeo sint deducti,quod nec	„Stedingi, ut amentes effecti ac quadam insania ventilati ... [768]
Deum nec hominem reverentes doctrinam sancte matris ecclesie, vilipendunt	ipsi doctrina matris ecclesiae penitus vilipensa,
eius libertatem impugnant,	***ipsius libertatem conculcaverunt***,... [769] ... non cessabant adhuc claves ecclesiae ***scelestis labiis turpiter blasphemare.***[770]
et dediti crudelitatis officio, quasi de ferinis uberibus fuerint enutriti,	Illi e converso tamquam ferinis uberibus enutriti. adhuc crudelius saeviebant et, in suo ***Asmodet ponentes fiduciam***, [771]
nulli parcunt sexui vel etati. [772] Effundentes sanguinem sicut aquam,	... nulli parcentes sexui vel aetati.[773]
clericos et religiosus ferali morte lacerant et quosdam ad instar crucis affigunt parieti in obprobrium Crucifixi.	Clericos etiam et religiosus impie lacerantes cruciabant omni genere tormentorum. [774]

766 MGH Epp. saec, XIII, 1, Nr. 489, S. 393, 37 - S. 394, 2

767 Lappenberg, Ann. Stad., S. 361, 36-43

768 Ebd., S. 362, 18-19

769 Ebd., S. 362, 30-31

770 Ebd., S. 362, 13-14

771 Ebd., S. 362, 10-11

772 MGH Epp. saec.XIII, Bd. I, Nr. 489, S. 394, 5-9

773 Lappenberg, Ann. Stad., S. 361, 11

Ipsi etiam, ut expressione maiori se perfidos indicent et divine potentie contemptores, salutis viaticum, quo vita tribuitur et mors tollitur peccatorum, horribilius quam deceat exprimi pertractantes,	et quod deterius salutis aeternae horribilius, quam deceat exprimi, pertractantes. [776]
querunt responsa demonum, simulcra cerea faciunt et in suis spurcitiis erroneas consulunt phitonissas,	Quaesierunt responsa daemonum, simulachra fecerunt cerea, consulentes etiam in suis spurciis erroneas pythonissas, [777]
alia perversitatis opera pernetrantes, que stuporem inferunt meditata et fletus materiam potius offerunt quam relatus. [775]	est omnibus, viaticum
... quod quosdam violentos et impios, qui Stethinci vocantur, in Bremensi provincia diabolus suscitavit. ... nec timentes Deum nec hominem reverentes, doctrina matris ecclesie penitus vilipensa, ipsius libertatem conculcant, et ferino more feris bestiis crudelius sevientes, nulli parcunt sexui vel etati,	ipsi doctrina matris ecclesiae penitus vilipensa, ipsius libertatem conculcaverunt, nulli parcentes sexui vel aetati. [778]
effundo sanguinem sicut aquam, clericis et religiosis membratim impie laceratis et quibusdam in modum crucis affixis patieti in opprobrium Crucifixi,et ut singulorum excessus in excessibus sius excedant et	

774 Ebd., S. 361, 14-15
775 MGH Epp. saec. XIII, Bd. 1, Nr. 489, S. 394, 9-15
776 Lappenberg, Ann. Stad., S. 361, 13-14
777 Ebd., S. 361, 11-12
778 Lappenberg, Ann. Stad., S. 361, 30-31, s. Anm. 280 u. 282
779 MGH Epp. saec. XIII, Bd. 1, Nr. 539, S. 436, 16-25

perfidos sua vincant perfidia universos divine patientie abusores,	... tamquam divinae patientiae abusores. ...[780]
salutis nostre viaticum, quo vita datur viventibus, horribilius quam exprimi deceat pertractantes, querunt responsa demonum, cerea simulacra faciunt et in suis spurcitiis erroneas consulunt phitonissas. ...[779]	Quaesierunt responsa daemonum, simulachra fecerunt cerea, consulentes etiam in suis spurciciis erroneas pythonissas [781]
Quare impii memorati, effecti proterviores solito e protervis, ex hoc audaciam assumentes ac ponentes omnino sibi Deo contrarium et se Deo,adversus fidem catholicam calcaneum sevius erexerunt; ... [782]	Ita miseri et miserabiles Stedingi, ponentes sibi Deum omnino contrarium. [783]
... quod non solum illi, verum etiam aliarum ***sectarum heretici,*** qui prius latebant angulis, de huiusmodi gloriantes corta Dei ecclesiam et fidem catholicam publice invalescunt, nomen dommini Iesu, in quo flectitur omne genu, scelestis labiis turpiter blasphemo. Iam enim eorum ***heresi*** dampnanda longe lateque diffusa miseraliter et mirabiliter inficiunt Christianum populum et corrumpunt,	... suis persuasionibus et malis exemplis graviter infecerunt populum Christianum, ...[784] Nec propria eis suffecit perditio, sed omnes, quos poterant, et maxime rusticos, in foveam suae perfidiae trahere nitebantur. [785]

780 Ebd., S. 362, 8-9

781 Lappenberg, Annales Stad., S. 361,31-32

782 MGH Epp. saec.XIII, Bd. 1, Nr. 539, S. 437, 5-7

783 Lappenberg, Ann. Stad., S. 361, 43-44

capiunt clericos et per membra discerpunt, cruciantes eos omni genere tormentorum. [786]	Clericos etiam et religiosos impie lacerantes cruciabant omni genere tormentorum. [787]
... Catholici vero, qui crucis assumpto caractere ad eorundem ***hereticorum*** exterminium se accinxerant, illa gaudant indulgentia illoque privilegio sint muniti que accidentibus in Terre Sancte subsidium conceduntur. [788]	... ut ad praedicationem crucis se viriliter accingerent, ad exterminium tam reprobae nationis, illa gaudentes indulgentia illoque privilegio, quae accedentibus in terrae sanctae subsidium conceduntur.[789]

Dieser Vergleich macht deutlich, daß Albert von Stade trotz seiner Konformität mit der kirchlichen Verurteilung das „härteste Verdikt der Amtskirche", den Ketzervorwurf, absichtlich nicht aufgreift.[790] Dennoch erwecken seine Ausführungen über die Stedinger den Eindruck einer engagierten, emotional gestalteten Kreuzzugspredigt eines vom Papst damit beauftragten Bettelordensangehörigen, in der charakteristische Anklagepunkte der Häresie des Ungehorsams nicht fehlen, zum Beispiel: die Stedinger verhöhnten die Schlüsselgewalt der Kirche,[791] sie träten die Freiheit derselben mit Füßen. Hierin stimmt er mit Gregors Behauptung überein, die Stedinger bekämpften die Freiheit der Kirche.[792] Den dritten Anklagepunkt, die Mißachtung der Lehre der Kirche, erwähnt er mit der Bemerkung, ***„Nam sicut probatum est super eos, et per Mindensem, Lubicensem, Raceburgen-***

---

784 Lappenberg, Ann. Stad., S. 361, 43 - S. 362, 1

785 Lappenberg, Ann. Stad. S. 361, 35-36

786 MGH Epp. saec. XIII, Bd. I, Nr. 539, S. 437, 11-16

787 Lappenberg, Ann. Stad., S. 361, 34-35

788 MGH Epp. saec. XIII, Bd. I, Nr. 539, S. 437, 34-36

789 Lappenberg, Annales Stade., S. 362, 4-6

790 Köhn, S. 168: Das mag ein Zeichen dafür gewesen sein, daß die Verketzerung der Marschbauern durch die Häresie des Ungehorsams selbst innerhalb der Kirche nicht unumstritten gewesen ist.

791 Lappenberg, Ann. Stad., S. 362, 13-14: „ ***...non cessabant adhuc claves ecclesiae scelestis labiis turpiter blasphemare, ...***", vgl. den Brief Gregors IX. vom 29. Okt. 1232, MGH Epistolae saeculi XIII, Bd. 1, Nr. 489, S. 394, 7: ***„...doctrinam sancte matris ecclesie vilipendunt, eius libertatem impugnant, ...***"

792 Lappenberg, Ann. Stad., S. 361, 30-31: „ ***... ipsi doctrina matris ecclesiae penitus vilipensa , ipsius libertatem conculcaverunt, ...***"

sem episcopos papae auribus intimatum ...".[793] *(„Wie es von ihnen erwiesen ist und durch die Bischöfe von Minden, Lübeck und Ratzeburg dem Papst hinterbracht wurde.[zu Gehör kam]")* Albert bezichtigt die Stedinger nicht direkt der Geringachtung der Kirchenlehre, sondern gibt die Aussagen anderer wieder. Dies kann sowohl als Ausdruck der eigenen Distanz zum theologisch begründeten Ketzervorwurf gegen die Stedinger, als auch als Rechtfertigung und Bestätigung dieses Vorwurfs durch die Erwähnung der Bischöfe als Zeugen gedeutet werden. Albert stimmt in die mühsam theologisch untermauerte Rechtfertigung für das gewaltsame, allein machtpolitisch begründete Vorgehen der Kirche gegen die Stedinger ein. Er nennt die entscheidenden Anklagepunkte der Häresie des Ungehorsams und geht sogar noch darüber hinaus, indem er die Stedinger in den Zusammenhang mit Dämonen, Götzendienst und Teufelskult bringt.[794]

Bei der Verketzerung der Stedinger handelte es sich erstmalig um eine völlig veränderte Interpretation und Definition von Häresie, die vom bis dato bekannten Häresiebegriff gänzlich abwich. Es ging hier nicht um Verstöße gegen die geltende Lehre der Kirche, nicht um theologische Fragen, sondern hier wird erstmalig der Vorwurf des Ungehorsams gegenüber der Kirche, der Verletzung der Schlüsselgewalt der Kirche und des Vergehens gegen die Freiheit der Kirche erhoben und als Häresie definiert.

Konkret ging es jedoch um die „libertas" des Bremer Hochstifts, d. h. um die „Summe der Vorrechte" des Erzbistums Bremen gegenüber der „libertas" der freien Bauern.[795] Um die territorialen wirtschaftlichen und politischen Interessen des Erzbischofs von Bremen durchzusetzen, wird mit dem ganzen Aufgebot des Instrumentariums der Verketzerung und der Inquisition ein territorialer Konflikt zu einem Vernichtungskreuzzug großen Ausmaßes gegen eine soziale Gruppe freier Bauern ausgeweitet. Hier werden mit dem Instrument des Ketzervorwurfs und dem massiven militärischen Aufgebot eines Ketzerkreuzzugs, politische Autonomiebestrebung und wirtschaftlicher Wohlstand der Stedinger unterdrückt. Durch Rechtsübertretung beraubte man sie ihrer Freiheitsgarantien und Privilegien, mit denen man sie einhundert Jahre zuvor als Siedler zur Eindeichung und Urbarmachung des Sumpflandes an der Unterweser angeworben und ins Land geholt hatte. Mit dieser Unrechtshandlung verfolgte man das

[793] Ebd., Ann. Stad., S. 361, 29-30

[794] Köhn, S. 180 und Anm. 108: Seit dem frühen 11. Jh. galten Häretiker immer häufiger als Teufelsdiener und dämonische Wesen.

[795] Köhn, S. 166

Ziel, sie zu leibeigenen, abgabenpflichtigen Bauern zu degradieren, um ihren Reichtum und ihren wirtschaftlichen Wohlstand dem Erzbistum Bremen zuführen zu können.

Albert von Stade bringt jedoch den Kreuzzug gegen die Stedinger in keine Beziehung zu den anderen Kreuzzügen ins Heilige Land, nach Spanien oder zu den Wendenkreuzzügen, wie sein Zeitgenosse Emo von Wittewierum, der sie als Teil der großen umfassenderen Kreuzzugsbewegung[796] erkannte, sondern er betrachtete sie isoliert vom großen internationalen Kampf der Päpste gegen Häresie als eine rein lokalpolitische, militärische Auseinandersetzung. Er erwähnt lediglich, daß die Kreuzfahrer gegen die Stedinger die gleichen Privilegien und Ablässe wie zur Befreiung des Heiligen Landes genössen.[797]

Andererseits zieht Albert von Stade aber auch keine Parallele zu zwei durchaus vergleichbaren Vorgängen, bei denen es sich beide Male um Bauernaufstände handelte. Er sieht keinen Zusammenhang zwischen der Niederschlagung des Aufstandes der Drenter Friesen, dem der Bischof von Utrecht, wie Albert ausführlich im Jahresbeitrag 1227 berichtet, zum Opfer fiel, und dem Kreuzzug gegen die Stedinger, obwohl er beiden aufständischen Bauerngruppen gleichermaßen die „insolentia“ anlastete, die bei den Drenter Friesen zu bändigen[798] und bei den Stedingern zu unterdrücken sei.[799]

Diese „insolentia“ drohte sich in den Augen Alberts deshalb zu einer ernsthaften Gefahr großen Ausmaßes auszuweiten, weil sie auf die Bauernschaft der Umgebung übergriff, die nach Maßgabe der Stedinger als Übermacht ihren Lehnsherren Widerstand leisteten. Angesichts dieser Bedrohung, von der er auch seine eigene Familie in Osterstade betroffen sah, wertet Albert von Stade dies weniger als Tatbestand der Häresie, sondern vielmehr als Verstoß gegen die Obrigkeit und damit als frevelhaften Eingriff in die gottgewollte feudale hierarchische Ordnung.[800] Hierdurch sah er ein gewaltsames Vorgehen gegen die Stedinger gerechtfertigt. Ohne selbst direkt von Häresie zu sprechen, zitiert er dennoch papstgetreu die oben

---

796 vgl. Köhn, S. 181 und Anm. 111: Emo von Wittewierum ordnete die Kreuzzüge gegen die Stedinger als den dritten Kreuzzug innerhalb der umfassenden Kreuzzugsbewegung gegen Ungehorsame und Götzendiener ein. Der erste war gegen die Sarazenen, der zweite gegen die Albigenser gerichtet.

797 Lappenberg, Ann. Stad. S. 362, 5-6

798 Lappenberg, Ann. Stad., S. 358, 33, „... ***insolentiam compressurus*** ...“

799 Ebd., S. 361, 6: „ ... ***insolentiam repressurus*** ...“

800 vgl die „insolentia“ der stadtrömischen Opposition S. 111

erwähnten Anklagepunkte des Ungehorsams gegenüber der Kirche und lastet ihnen heidnische Gebräuche an. Darüber hinaus stellt er die unbändige, halsstarrige Entschlossenheit der Stedinger heraus, die „rasend", „wie wilde Hunde", „von einer gewissen Tollheit erfaßt" ihre Rechte verteidigten, offenbar teilweise organisiert und angestiftet durch die oben genannten Rädelsführer, bis zum letzten Atemzug „Leben und Vaterland zu verteidigen,": ***„Boleke de Bardenflete, Tammo de Hunthorpe, Thedmarus de Aggere et alii pessimi malesuadae eorum, ut vitam et patriam defenderent, ipsos fortiter hortabantur, dicentes, quod ipsos aut oporteret succumbere, aut sicut canes rabidos insanire."***[801] *(„Boleke von Bardenflet, Tammo von Huntsthorp, Thetmar von Aggere und andere sehr schlechte und üble Ratgeber derselben [der Stedinger] ermahnten diese, mit äußerster Kraft Leben und Vaterland zu verteidigen, indem sie sagten, sie müßten entweder unterliegen, oder wie wilde Hunde wüten.")* Auch bringt Albert von Stade zum Ausdruck, mit welcher geballten Energie, Hartnäckigkeit und Unerschrockenheit die Stedinger in der Schlacht bei Altenesch am 27. Mai 1234 dem Angriff Heinrichs von Brabant und des Grafen Florens von Holland zunächst standhielten, indem sie sich „zwar in geordneter Schlachtreihe, aber ungeordneten Geistes" und „nicht die Gewalt des geistlichen und des weltlichen Schwertes" fürchtend der Übermacht der Kreuzfahrer entgegenstellten: ***„Stedingi ut amentes effecti ac quadam insania ventilati non timuerunt signatorum multitudinem, nec spiritualis nec materialis gladii potestam, sed ordinata quidem acie, inordinata autem mente, tanquam furibundi canes processerunt obviam peregrinis. Dux Brabantiae et comes Hollandiae primo congressu pestilentes illos super agrum Oldenesche, ubi convenerant, viriliter invaserunt, sed ipsi summo conanime se defenderunt."***[802] *(„Die Stedinger, gleichsam rasend geworden und von einer gewissen Tollheit erfaßt, fürchteten nicht die Menge der Kreuzfahrer, nicht die Gewalt des geistlichen und des weltlichen Schwertes, sondern stürzten sich zwar in geordneter Schlachtreihe, aber ungeordneten Geistes, gleich tollen Hunden, den Pilgern entgegen. Der Herzog von Brabant und der Graf von Holland griffen beim ersten Anlauf jene Verpesteten auf dem Schlachtfeld in Altenesch, wo sie sich versammelt hatten, mannhaft an, aber diese verteidigten sich mit höchster Kraftanstrengung.")* Auch in der Schlußbemerkung: ***„Sic pertinacia eorum facta est coram ipsis in laqueum et in retributiones et in scandalum."***[803] *(„So wurde ihre*

---

801 Lappenberg, Ann. Stad., S. 362, 14-17

802 Ebd., S. 362, 18-23

803 Ebd., S. 362, 30-31

Hartnäckigkeit ihnen zum Fallstrick, zur Wiedervergeltung und zur Schande.") betont Albert, den Häresievorwurf außer Acht lassend, daß den Stedingern ihre Halsstarrigkeit zum Verhängnis wurde, die eine Schande sei und deshalb den Vergeltungsschlag ausgelöst habe und diesen rechtfertige.

Kontrastierend stellt Albert ihnen die Kreuzfahrer als leuchtendes Vorbild gegenüber, die „entflammt durch den barmherzigen Gott" der Kreuzzugspredigt folgend, sich zur „Ausrottung eines so verworfenen Volkes" tapfer gürteten, die Ablaß und Privilegien wie zur Befreiung des Heiligen Landes genießend, am 26. Juni 1233 mit dem Erzbischof von Bremen, dem Herzog Heinrich von Brabant und dem Grafen Florens von Holland aufbrachen, um „die, die mit ihren nichtswürdigen Werken die göttliche Geduld mißbrauchten", „zur Ehre und zum Ruhme Jesu Christi und seiner Kirche vollständig zu vernichten": ***„Sed Deus, misericordiarum dominus, suis fidelibus inspiravit, ut ad praedicationem crucis se viriliter, accingerent, ad erxterminium tam reprobae nationis, illa gaudentes indulgentia illoque privilegio, quae accedentibus in terrae sanctae subsidium conceduntur."***[804] *(„Aber Gott, der Herr aller Barmherzigkeit, entflammte seine Gläubigen, daß sie sich auf die Predigt des Kreuzes tapfer zur Ausrottung eines so verworfenen Volkes gürteten , indem sie sich desselben Ablasses und dergleichen Privilegien erfreuten, die den zur Unterstützung des Heiligen Landes Ausziehenden bewilligt werden.")* ***„Itaque Bremensis archiepiscopus, dux memoratus et comes peregrinorumque non modica multitudo 6. Kal. Iulii die sabbati processerunt unanimiter contra ipsos, tamquam divinae patientiae abusores, ... , vel ipsos cum eorum nefandis operibus ad honorem et gloriam Iesu Christi et ecclesiae penitus abolere."***[805] *(„Daher brachen der Erzbischof von Bremen, der erwähnte Herzog [von Brabant] und der Graf [von Holland] mit einer nicht geringen Zahl von Kreuzfahrern am 26. Juni, einem Samstag, einmütig gegen diese, die die göttliche Geduld mißbrauchten, auf, bereit zu unterliegen oder diese mit ihren nichtswürdigen Werken zur Ehre und zum Ruhme Jesu Christi und seiner Kirche vollständig zu vernichten.")*

Albert liefert hier den Beleg für einen durch Papst und Kirche abgesicherten und völlig zu rechtfertigenden Vernichtungsschlag, für einen durch die Häresiebeschuldigung legitimierten und mit allen Ablässen und Vorrechten ausgestatteten Kreuzzug.

Ausführlich beschreibt er Einzelheiten der Kriegstechnik, zum Beispiel wie die Kreuzfahrer die Oechte über eine Brücke von Schiffen

---

804 Ebd., S. 362, 4-6

805 Ebd., S. 362, 8-10

überquerten und sich in Schlachtreihen formierten, wie der Graf von Holland im ersten Anlauf auf dem Schlachtfeld bei Altenesch auf den heftigsten Widerstand der Stedinger stieß, woraufhin Graf Dietrich V. von Cleve mit frischen Truppen durch einen Flankenangriff die Schlachtreihe der Stedinger zerstreute.[806]

Zur Darstellung des anschließenden Infernos wechselt der Chronist den Schauplatz der Tragödie. Er schildert, wie Geistliche aus einiger Entfernung vom Schlachtgetümmel unter Absingen von Klageliedern voll Trauer für den Sieg des Kreuzes beten und den Ausgang der Schlacht erwarten. Als wären ihre Gebete unverzüglich erhört worden, läßt Albert ihnen visionsartig das Bild vom Dahinscheiden der Toren und Bösen erscheinen, leitet in seiner Darstellung in die Realität des Schlachtgeschehens über und beschreibt das Gemetzel: Niedergeschmettert vom „Heere des Herrn, von Lanzen durchbohrt, von Schwertern getroffen, von Pferdehufen zertreten" wäre „die Hand des Herrn" so mächtig über sie gekommen, daß in kurzer Zeit 6000 Stedinger umgekommen wären, wobei die Mehrzahl von ihnen auf der Flucht in einer nahen Grube und in der Weser zu Tode gekommen wären. Die wenigen, die hätten entkommen können, hätten sich in alle Winde zerstreut: ***„Clerus, qui eminus astans, rei exitum exspectabat, <Media vita> et alia miserationis carmina cum moerore cecinit, et pro crucis victoria supplicabat. Nec mora, illi insipientes et maligni evanuerunt in cogitationibus suis, quia ab exercitu Domini opprimuntur, hastis perfossi, gladiis percussi, equorum pedibus conculcati. Et ita manus Domini invaluit super illos, ut in brevi spacio eorum 6 milia interierunt. Plurimi ex iis fugae praesidium postulantes, in proxima fovea se et in Wisera submerserunt. Si qui evaserunt, sub coeli ventis quatuor sunt dispersi."***[807] (*„Die Geistlichkeit, die in der Ferne stand und den Ausgang der Sache erwartete, sang: „Mitten wir im Leben" und andere Klagelieder mit Trauer und betete für den Sieg des Kreuzes. Kein Verzug, jene Toren und Bösewichter schwanden in ihren*

---

[806] Lappenberg, Ann. Stad., S. 362, 17-21: ***„Transiverunt autem medio tempore Ochmundam fluvium peregrini, pontem de navibus facientes, et cum transierant, sapienter suas acies ordinabant. Stedingi ut amentes effecti ac quadam insania ventilati non timuerunt signatorum multitudinem, nec spiritualis nec materialis gladii potestatem, sed ordinata quidem acie, inordinata autem mente, tanquam furibundi canes processerunt obviam peregrinis. Dux Brabantiae et comes Hollandiae primo congressu pestilentes illos super agrum Oldenesche, ubi convenerant, viriliter invaserunt, sed ipso summo conanime se defenderunt. Statim comes de Clivo cum sius invaserunt super illos, ipsorum aciem dissipavit."***

[807] Lappenberg, Ann., Stad., S. 362, 24-30

Gedanken dahin, weil sie vom Heere des Herrn unterdrückt wurden, von Lanzen durchbohrt, von Schwertern getroffen, von den Hufen der Pferde zertreten. Und so stark kam die Hand des Herrn über sie, daß in kurzer Zeit 6000 von ihnen fielen. Die meisten von ihnen starben, als sie in der Weser ihr Heil in der Flucht suchten. So wurde ihnen ihre Hartnäckigkeit zum Fallstrick, zur Wiedervergeltung und zur Schande.")

Bemerkenswert ist, daß Albert die geringen Verluste auf der Kreuzfahrerseite, die von anderen mittelalterlichen Quellenautoren vielfach als Bekundung von Gottes Gnade interpretiert werden,[808] gänzlich ohne Deutung erwähnt.

Ohne abschließend das Schicksal der Stedinger als folgerichtig für Häretiker zu werten, zielt Albert von Stade in seiner Schlußbemerkung, wie oben erwähnt, darauf ab, daß es ihr Starrsinn war, der ihnen zum Verhängnis wurde.[809] Indem er als Fazit nicht die Häresie, sondern den halsstarrigen Widerstand der Stedinger hervorhebt, weist er ihnen zum einen eigene Schuld für ihre Vernichtung zu und verrät zum anderen deutlich, daß für ihn die Überwindung der gefürchteten machtpolitischen Gefahr, die von ihnen ausgegangen war, stets im Vordergrund gestanden hatte. Hier lag vor allem seine überaus feindliche Einstellung gegenüber den Stedingern begründet. In der Absicht, die macht- und wirtschaftspolitischen Herrschaftsinteressen des Bremer Erzbistums, aber auch die seines eigenen Standes zu verteidigen und zu unterstützen,[810] scheut er nicht davor zurück, sich in seinen haßerfüllten Ausführungen der Ketzervorwürfe Gregors IX. zu bedienen und diese noch zu überbieten.

Bei seinen Berichten über die Stedinger handelt es sich um die tendenziöse Interpretation eines vom Konflikt selbst betroffenen regionalen Chronisten der die Ketzervorwürfe Gregors IX. völlig papst- und kirchenkonform als Instrument zur Durchsetzung der regionalpolitischen Interessen seines Landesherrn, zur Unterstützung der macht- und wirtschaftspolitischen Herrschaftsinteressen des Bremer Erzbistums aber auch zur Verteidigung seiner eigenen Familie, der erzstiftbremischen Ministerialen von Bexhövede in Stelle, Osterstade nutzte.[811]

Albert von Stade handelte im Interesse seines eigenen Standes, während viele seiner Mitbrüder gerade in dieser Zeit, unter der

---

808 vgl. Henry Charles Lea, Gesch. der Inquisition im Mittelalter, S. 213

809 Lappenberg, Ann. Stad., S. 362, 31-32: ***„Sic pertinacia eorum facta est coram ipsis in laqueum et in retributiones et in scandalum."***

810 vgl. B. U. Hucker, Herrschaft und Freiheit, S. 342

811 Ebd.

direkten Weisungsgewalt des Papstes[812] als Gesandte, als Visitatoren in Klöstern und Bistümern, als Kreuzzugsprediger oder sogar als Geldeinnehmer für die Kurie in eine schwerwiegende Krise hinsichtlich ihres Selbstverständnisses gerieten. Auch wurden die Fratres angesichts des Wandels der franziskanischen Lebensform infolge der Expansion ihres Ordens und ihres Seßhaftwerdens in eigenen Konventen sowie durch den päpstlichen Eingriff in ihr Ordensleben europaweit in einen folgenschweren Konflikt bezüglich ihres Armutspostulats gestürzt. Offenbar unberührt von dieser tiefgreifenden Orientierungskrise seiner Mitbrüder hatte Albert von Stade dagegen seinen eigenen Kampf, den er als Benediktinerabt durch seinen Einsatz für die Schaffung von Zisterzienserklöstern als wirtschaftliches Machtinstrument gegen die Stedinger Bauern begonnen hatte, als Kreuzzugsprediger mit der ganzen Kraft seiner Überzeugung fortgesetzt und gewonnen.

Zusammenfassung und Fazit

Glaubenseifer und politische Engagiertheit für die Durchsetzung der politischen Interessen und Ziele seines eigenen Standes und der Landesherren seiner Heimatregion haben die Parteinahme Alberts von Stade gegen die Stedinger bestimmt. Sein Kampf für die Einsetzung der Zisterzienserregel basiert auf seinem tiefen Glauben an die Unabdingbarkeit der strengen Einhaltung der Ordensregel. Politischer Hintergrund seiner tendenziösen Darstellung der Stedinger war seine persönliche Betroffenheit als Angehöriger der erstiftbremischen Ministerialenfamilie aus dem südlichen Osterstade, deren Grund- und Gerichtsherrschaft er durch die Autonomiebetrebungen und die Widerstandsbewegungen der Stedinger zunehmend bedroht sah. Hoch motiviert nutzte er seine Position als Benediktinerabt für eine rege Beteiligung an der Gründungswelle von Zisterzienserklöstern im Vorfeld der Stedingerkriege zum Ausbau und zur Sicherung der Landesherrschaft, scheiterte aber an der Durchsetzung der Reform seiner eigenen Abtei und zog nach eigener Darstellung die bittere Konsequenz der Amtsniederlegung.

Auf diese Weise zweifach vom Konflikt persönlich betroffen, schildert er ausführlich die stufenweise Eskalation der Konflikte der Stedinger während der etwa dreißigjährigen Vorgeschichte ihrer

---

812 Gregor IX. hatte 1230 die Gültigkeit des Gründertestaments außer Kraft gesetzt und in seinem Sinne strittige Regelpunkte über die Lebensweise der Minoritengemeinschaft kommentiert.

Revolte, und stellt den Vernichtungskreuzzug aus der Nähe des Kriegsschauplatzes seiner Herkunftsregion Osterstade dar. Trotz chronologischer Irrtümer, Ungenauigkeiten und Tendenziosität gewinnt seine Darstellung historiographische Bedeutung,[813] insbesondere auch deshalb, weil hierzu andere historische Zeugnisse zeitgenössischer Chronisten fehlen.

Albert zeigt weder Gründe noch Ursachen des Widerstands der Stedinger auf. Er legt auch nicht dar, aus welchen Bevölkerungsgruppen sie sich zusammensetzten, da es sich nicht um Leute von Stand handelte.[814] Als einziger Geschichtsschreiber weist er jedoch auf ihren Bauernstatus hin und nennt namentlich ihre Rädelsführer.[815] Das Urteil der Bremer Fastensynode und die Kreuzzugsaufrufe Papst Gregors IX. paraphrasierend steigert er sich in seinen Ausführungen über den Vernichtungsschlag gegen die Stedinger mental in die Nähe der Denkweise eines zum Handlanger des Papstes instrumentalisierten Bettelordensangehörigen. Der Text erweckt den Eindruck einer im Auftrag des Papstes entstandenen Kreuzzugspredigt und trägt gleichzeitig den Charakter eines Rechtfertigungsberichtes. Obwohl Albert von Stade die Stedinger darin nicht direkt als Häretiker bezeichnet, sondern Gründe darlegt, weshalb man gegen sie wie gegen offenkundige Feinde der Kirche vorgeht, nennt er dennoch, völlig konform mit der kirchlichen Verurteilung, die charakteristischen Anklagepunkte der Häresie des Ungehorsams: die Verletzung der Schlüsselgewalt und der Freiheit der Kirche. Den Vorwurf der Mißachtung der Kirchenlehre untermauert er mit den Zeugenaussagen dreier angesehener Bischöfe. Er überbietet die Vorwürfe Gregors IX., indem er, ohne die Stedinger direkt des Bundes mit dem Teufel zu bezichtigen, ihr Handeln indirekt mit dem Teufelskult in Verbindung bringt, wodurch er auf andere Weise den Häresieverdacht gegen sie erhärtet. Darüber hinaus hebt er die *„insolentia"* der Stedinger hervor, in der er eine bedrohliche, unheilbringende Kraft sah,[816] die sich zu einer ernsthaften Gefahr großen Ausmaßes auszuweiten drohte, weil sie auf die Bauernschaft der Umgebung übergriff. Diesen Begriff „insolentia" verstand er als ein Widerstandsverhalten mit der übersteigerten Bedeutung von einem drohenden revolutionären Aufbegehren Aufständischer aus niederen sozialen Schichten gegen die bestehende feudale und kirchliche Herrschaftsstruktur. Er

---

813 vgl. D. Berg, Albert von Stade, S. 425

814 R. Köhn, Die Stedinger in der Geschichtsschreibung, S. 146

815 Ebd., S. 161

816 vgl. R. Köhn, S. 152 und Anm. 41

erkannte darin einen frevelhaften Verstoß gegen die festgefügte, gottgewollte, mittelalterliche Weltordnung, den er den Stedingern noch zusätzlich zum Häresievorwurf anlastete. Auch hierdurch sah er ein gewaltsames Vorgehen gegen die Stedinger gerechtfertigt.

Bei seinen Ausführungen über die Stedinger handelt es sich um die tendenziöse Interpretation eines vom Konflikt selbst betroffenen regionalen Chronisten der die Ketzervorwürfe Gregors IX. völlig papst- und kirchenkonform als Instrument zur Durchsetzung der regionalpolitischen Interessen seines Landesherrn, zur Unterstützung der macht- und wirtschaftspolitischen Herrschaftsinteressen des Bremer Erzbistums, aber auch zur Verteidigung seiner eigenen Familie, der erzstiftbremischen Ministerialen von Bexhövede in Stelle Osterstade, nutzte.[817] Unberührt von der tiefgreifenden Orientierungskrise und dem folgenschweren Konflikt bezüglich ihres Armutspostulats seiner Mitbrüder hatte Albert von Stade im Interesse seines eigenen Standes gehandelt und seinen Kampf, den er als Benediktinerabt durch seinen Einsatz für die Schaffung von Zisterzienserklöstern als wirtschaftliches Machtinstrument gegen die Stedinger Bauern begonnen hatte, als Kreuzzugsprediger mit der ganzen Kraft seiner Überzeugung fortgesetzt und gewonnen.

---

817 vgl. B. U. Hucker, Herrschaft und Freiheit, S. 342

C Darstellung der Geschichte Norddeutschlands

1.) Kompilatorische Darstellung der Geschichte des Erzbistums Bremen nach der „Gesta Hammaburgensis ecclesiae Pontificum" Adams von Bremen in der Zeit von 755 bis 1072

Für die Darstellung der Geschichte des Bremer Erzbistums und der von ihm betriebenen Heidenmission innerhalb des europäischen Raumes nördlich und östlich der Elbe, hauptsächlich in Skandinavien und in den slawischen Gebieten zwischen Eider und Peene, diente Albert von Stade ab 755, wie schon erwähnt, die *„Historia ecclesiastica" Adams von Bremen* (gest. 1085) als Vorlage, deren erste drei Bücher er zum größten Teil wortwörtlich ausschrieb, wobei er bis 1072 auch die Scholien berücksichtigte. Dieses Werk war aufgrund der Absicht Adams entstanden, seiner Kirche zur Begründung ihrer Missionsansprüche Unterlagen bereitzustellen, was ihn zu Studien allen erreichbaren Schrifttums und zum Zusammentragen vielfältiger Informationen von Zeitgenossen, wie Missionaren, Fürsten, Schiffern und Kaufleuten, veranlaßte. Ganz im Dienste dieses Vorhabens stand auch seine Reise zu König Sven Estridsen von Dänemark, die er als Domscholastiker etwa im Jahre 1068/69 unternahm.[818] Das erste Buch seiner Hamburger Kirchengeschichte, die Ereignisse der Zeit bis zum Tod des Erzbischofs Unni im Jahre 955 und das zweite, die Zeit von Erzbischof Adaldag bis zum Amtsantritt Aldaberts 938 behandelnde Buch sind dem literarischen Genus der Gesta, das dritte dagegen, das die Geschichte vom Pontifikat Erzbischof Adalberts, die engagierten Berichte von seinem politischen Wirken zur Erweiterung seiner kirchlichen Befugnisse für seine Zielsetzung einer großangelegten deutschen Missionsoffensive bis zu den Faröern, nach Island, Grönland und Lappland beinhaltet,[819] ist durch die umfassende zeitgeschichtliche Berichterstattung und die biographischen Züge eher dem Genus der Historia zuzuordnen. Zwei Leitmotive durchziehen das Werk Adams von Bremen: die Verherrlichung der Kirche insgesamt durch das missionarische Wirken der Bremer Erzbischöfe sowie die Verbreitung des Christentums unter den heidnischen

---

[818] vgl. Rudolf Buchner u. F. J. Schmale, Hrsg., übersetzt von Werner Trillmich, Adam von Bremen, Bischofsgeschichte der Hamburger Kirche in: Quellen des 9. und 11. Jhs. zur Geschichte der Hamburger Kirche und des Reiches Band XI, Einleitung, S. 138 f

[819] Ebd., S. 141

Völkern des Nord- und Ostseeraumes, auf die sich die Missionsbemühungen und die Metropolitanansprüche des bremisch-hamburgischen Erzbistums richteten. In seinem vierten Buch *„Descriptio insularum aquilonis"* stellt er in der Form einer historischen Landeskunde die Gebiete der Völker Dänemarks, Schwedens, Norwegens und der Gebiete der Inseln und der Ufer des Baltischen Meeres vor. Durch die Schilderung skandinavischer und englischer Ereignisse erschließt er seinen christlichen Zeitgenossen in einer ersten wissenschaftlichen Darstellung die Welt dieser bis dahin unbekannten Länder und Völker des Nordens. Er entwirft hiermit ein verständnisvolles Bild der deutschen Missionstätigkeit in Nordeuropa.[820] Höhepunkt des Werkes und „Gipfel mittelalterlicher Darstellungskunst" ist die Geschichte Adalberts, die eine „für das Mittelalter ungewöhnliche Urteilskraft" und „sprachliche Differenziertheit"[821] sowie eine „beachtliche Charakterisierungskunst" des Autors erkennen läßt. Darüber hinaus werden in seinem Werk neben einer besonderen Wertschätzung der seinerzeit der Bremer Kirche zugehörigen Sachsen, seine Vorstellung von einer sprachlich kulturellen Zusammengehörigkeit aller deutschen Stämme sowie seine Liebe zum Reich und seine Königstreue deutlich. [822] In kritischem Umgang mit zahlreichen Quellen hat Adam von Bremen größten Wert darauf gelegt, die Herkunft der Angaben genau zu verzeichnen. Darüber hinaus waren seine Urteile vorsichtig und ausgewogen. Trotz seines Bemühens um klare Standpunkte zeichnet sich durch seine Annahme einer ungebrochenen Kontinuität der Missionsdelegation seit der Bistumsgründung und durch manche Überbewertung und Übertreibung von Erfolgsnachrichten eine gewisse Tendenz ab. Darüber hinaus ließ seine einseitig dänische Berichterstattung oft wenig Objektivität zu.[823]

Albert von Stade gehörte neben Helmold von Bosau zu den wenigen Benutzern dieses Werkes, dessen Wirkung auf die mittelalterliche Geschichtsschreibung recht mäßig war. Die Kompilation beginnt mit der Darstellung der Anfänge fränkischer Heidenmission aus I, 10 (11)

---

[820] Ebd., S. 142

[821] F. J. Schmale, in: Verfasserlexikon Bd. 1, Stichwort: Adam von Bremen, S. 51-53

[822] F. J. Schmale, Lex. d. MA, Bd. 1, Stichwort: Adam von Bremen, S. 107

[823] Rudolf Buchner u. F. J. Schmale, Hrsg., übersetzt von Werner Trillmich, Adam von Bremen, Bischofsgeschichte der Hamburger Kirche in: Quellen des 9. und 11. Jhs. zur Geschichte der Hamburger Kirche und des Reiches Band XI, Einleitung, S. 147

durch Bonifazius im Jahresbericht *755*. Fortgesetzt wird sie mit Berichten über das Wirken der ersten Missionsträger in der karolingischen Frühzeit, zum Beispiel über die Missionsarbeit des von Karl dem Großen nach Sachsen ins Küstengebiet des Niederweserraumes entsandten ersten Bischofs Willehard, über die Taufe Widukinds (785) und über die Unterwerfung der Sachsen sowie über die Aufteilung Sachsens in acht zunächst den Kölner und Mainzer Erzbischöfen unterstellte Bistümer.[824]

Albert von Stade betont im Jahresbericht ***788*** mit einem seiner wenigen selbständigen Zusätze: ***„Exemplar privilegii, Bremensi Ecclesiae á Karolo donati.“***, daß die Bremer Stiftungsurkunde eigens von Karl dem Großen erteilt worden sei.[825] Er überträgt anschließend den Wortlaut der Zuweisungsurkunde in seine Chronik.[826]

Darauf folgen die Darstellung des missionarischen Wirkens Willehards zur Bekehrung der Friesen und Sachsen und die Beschreibung seines Ablebens sowie seiner Beisetzung in der Bremer St. Petri Kirche.[827]

Im Jahresbeitrag ***810*** zeichnet Albert die Übergabe der Stadt Hamburg an Bischof Heridag, danach an Bischof Willehard durch Karl den Großen auf. Er berichtet von der Errichtung der Hamburger Kirche und vom Entschluß des Kaisers, diese nach der Schenkung des Klosters Ronse in Gallien zur geistlichen Mutterkirche aller Dänen- und Slawenstämme zu machen. Reichsgeschäfte und der Tod Heridags hätten die Durchführung des kaiserlichen Planes jedoch verhindert. Auch wäre im Schenkungsbuch der Bremer Kirche nachzulesen, daß Bischof Willerich bereits vor Ansgar die Dithmarscher[828] missioniert habe.

---

[824] Ebd., S. 177, Anm. 66: Diese Angaben sind zum Teil aus der folgenden Urkunde. Tatsächlich erfolgte eine Neueinteilung der Sprengel. Willehard wurde 787 Missionsbischof für Wismodien u. Friesland bis zur Emsmündung. Münster, Osnabrück und Bremen (unter Köln) und Paderborn (unter Mainz) wurden erst 804/805 Bistümer; Hildesheim, Verden u. Halberstadt (unter Mainz) sowie Hamburg erst zur Zeit Ludwigs des Frommen.

[825] vgl. Ebd., S. 177, Anm. 67: vgl. DD. Karol. Nr. 245 und May Reg. 2: Fälschung des 11. Jhs. ohne echte Grundlage. Grenzumschreibungen gibt es erst seit dem 10. Jh. - vgl. Schmeidler, Kg. Heinrich IV. u. seine Helfer im Investiturstreit (1927), S. 235 ff.

[826] Adam von Bremen, I, 13 (14), S. 176, 21 - S. 182, 16

[827] Ebd., I, 13 (14), S. 182, 17 - 22

[828] Ebd., I, 14 (15). S. 184, 8-21 - Anm. 90: Dithmarschen war Missionsland und seit 814 Bistumsgebiet Bremens. Vgl. Vita Ansk. c. 12.

Es folgen die Darstellung der politischen Auseinandersetzungen Karls des Großen mit den Dänen mit dem Resultat der Anerkennung der Eider als Reichsgrenze sowie die Nachricht von der Umsiedlung großer Teile der Bevölkerung nördlich der Elbe nach Franken während der bereits 33 Jahre wütenden Sachsenkriege.[829]

Im Jahresbericht ***826*** setzt Albert die Bremer Kirchengeschichte mit dem Text Adams,[830] jedoch ohne die schwärmerischen Ausbrüche des Autors in seiner etwas übersteigerten Darstellung des Apostels Ansgar[831] fort. Der Dänenkönig Harald hätte in Gegenwart Kaiser Ludwigs des Frommen die Taufe empfangen. Außerdem wäre ihm ein Lehen jenseits der Elbe und seinem Bruder Horich eines in Friesland zuerkannt worden. Anschließend wird über das zweijährige missionarische Wirken Ansgars in Dänemark und über die erfolgreiche christliche Bekehrung der Schweden berichtet.

Über die Erhebung der Bremer Kirche zum Erzbistum und zur geistigen Mutterkirche der Dänen, Schweden, Slawen und anderer Nachbarvölker als Verwirklichung der Pläne Karls des Großen sowie detailliert über die Weihe Ansgars und seiner Ernennung zum ersten Erzbischof von Hamburg, seiner Bestätigung und der Verleihung des Palliums durch Papst Gregor IV. informiert Albert in Fortsetzung des Vorlagentextes[832] im Jahresbericht ***833***. Die Bremer Kirche bewahre die Urkunde des Kaisers und das an Ansgar verliehene Papstprivileg sowie die Verleihungsurkunde des Klosters Torhout durch Ludwig den Frommen auf.[833] Auch Rückschläge durch Verfolgungen durch die Barbaren wären Ansgar und seinen Helfern in ihrem missionarischen Schaffen nicht erspart geblieben, wodurch die Christianisierung immer wieder unterbrochen werden mußte.

Anschließend werden die politischen Auseinandersetzungen mit den Dänen beschrieben. Dann folgt die Überleitung zur Kirchenpolitik Ludwigs des Frommen. Es werden die Begründung der Missionsdelegation für den Norden und die ersten Reisen Ansgars erwähnt. Darauf folgt der Bericht über Gründung (I, 15-23), Aufstieg und Untergang des Hamburger Erzbistums (845). Nach ihrer Unterbrechung sei die Missionsbewegung noch unter Ansgar durch die Verschmelzung Bremens mit Hamburg fortgesetzt worden. (I, 24-34)

---

829 Ebd., 16, S. 184, 23 - S. 186, 2

830 Adam von Bremen, I, 15 (17), S. 186, 22 - S. 188, 19

831 Ebd., I, 16 (18), S. 188, 26-27

832 Ebd., I, 16 (18) - I, 17 (19), S. 188, 26-32 und S. 188, 34 - S. 190, 19

833 Ludwig der Fromme nahm das Erzbistum 834 in seinen Schutz und verlieh ihm die Immunität.

Mit der Darstellung der erfolgreichen Missionierung des Bremer Bischofs Willerich im eigenen Sprengel und mit der Nachricht von der Errichtung mehrerer Kirchen als Steinbauten, insbesondere der zuvor hölzernen Peterskirche, setzt Albert das Exzerpt fort. Den Transfer von Märtyrerreliquien des Willehard in Bremen und des Sixtus, des Sinnicus sowie des Remigius durch Ansgar in Hamburg hebt er besonders hervor. Wir erfahren vom Gewinn großer Besitztümer der Bremer Kirche durch Bischof Willerich und durch die Opfergabe von 100 Hufen Karls II., des Kahlen.[834]

Im Jahresbericht ***837*** werden Tod und Beisetzung des heiligen Willehard in der Bremer St. Peterskirche beschrieben. Es folgen Mitteilungen über seinen Nachfolger Leuderich[835] sowie die Würdigung weiterer Verdienste Ansgars, aber auch der Tüchtigkeit des unter seiner Obhut heranwachsenden heiligen Rimbert.[836]

Vorlagengetreu berichtet Albert im Jahresbeitrag ***840*** über die Zerstörung der Stadt Hamburg und seines Klosters durch die Normannen, bei der Ansgar *„mit den heiligen Märtyrerreliquien kaum das nackte Leben"* hätte retten können. Mit besonderem Bedauern erwähnt er die Vernichtung der *„mit so großem Fleiß zusammengetragenen"* Klosterbibliothek. Er schildert das Martyrium des Bischofs Gauzbert in Schweden,[837] verzichtet aber jeweils auf die entsprechenden Quellenangaben Adams.

Der Jahresbericht ***841*** behandelt die Reichsteilung nach dem Tode Ludwigs des Frommen, durch die das Kloster Torhout der Verfügungsgewalt Ansgars entzogen wurde.[838] Es folgen im Wortlaut Adams die Nachricht von Ansgars durch eine Stiftung ermöglichte Klosterneugründung in der Gegend um Verden bei Hamburg. Von hier aus hätte der Erzbischof Missionare nach Dänemark und Schweden entsandt und die Missionierung der Nordelbier erneuert und fortgeführt. Im Wortlaut Adams erwähnt Albert die durch Neid auf Fähigkeiten und Kenntnisse begründete, vergebliche Kontaktnahme Ansgars mit dem Bischof von Bremen Leuderich und schließt die Nachricht von dessen Tod und Begräbnis an.[839]

Im Jahresbericht ***845*** vermeldet Albert die Übertragung des Bistums Bremen an Ansgar durch Ludwig den Frommen. Es schließen sich

---

834 Adam von Bremen, I, 20, S. 190, 24 - S. 192, 6

835 Ebd., I, 21, S. 192, 14-19

836 Ebd., I, 22, S. 192, 20-29

837 Ebd., I, 23, S. 192, 32 - S. 194, 14

838 Ebd., I, 22 (24), S. 194, 19- S - 196, 2

839 Ebd., I, 23 (25), S. 196, 3-19

Nachrichten von der Reise Ansgars nach Dänemark, von der Bekehrung des dänischen Königs und von der Errichtung einer Kirche im Seehafen von Schleswig an.[840]

Im Jahresbericht ***858*** sind die Ergebnisse der erfolgreichen Schwedenmission Ansgars aufführt. Nach Errichtung einer Kirche in Schweden sei den Schweden die Annahme der Taufe freigestellt worden.[841]

Im Wortlaut der Vorlage informiert Albert über die Schlichtung des Rechtsstreits um das Erzbistum Bremen, der für Adam eine Behinderung der Mission darstellte. Auch gibt er die Verschmelzung der Bistümer Hamburg und Bremen nach dem päpstlichen Konzilsentscheid (847 in Mainz) durch Ludwig den Frommen bekannt. Die Leitung des Doppelerzbistums wäre Ansgar übertragen worden. Dieser und seine Nachfolger wären zu päpstlichen Legaten und Vikaren für die Völker Schwedens, Dänemarks und der Slawen ernannt worden.[842]

Es folgen Berichte vom Einfall der dänischen Normannen in Frankreich, von der Verwüstung Lothringens, von der Eroberung Frieslands, von den Kämpfen um die dänische Krone und von der Bekehrung des Thronfolgers Horich durch Ansgar sowie von der Errichtung einer Kirche in Dänemark. Besondere Erwähnung finden auch die Strafen, die Ansgar den Friesen wegen ihrer Sonntagsarbeit auferlegt hatte. In Ramesloh und Bremen wären geistliche Stiftungen, in Bassum ein Frauenstift eingerichtet worden. Darüber hinaus wären einige Spitäler für Arme und Pilger entstanden.

Im Jahresbericht ***861*** wird die Umbettung der Gebeine des Willehard in die Bremer Peterskirche vermerkt. [843]

Der Jahresbeitrag ***865*** enthält die Nachricht vom Tode und von der feierlichen Beisetzung Ansgars im Bremer Petersdom. Mit einer Würdigung des Schaffens des Verstorbenen leitet Albert in die Amtszeit des Nachfolgers Bischof Rimbert über.

Es folgt ein kurzer Exkurs in die dänische Geschichte, die, von Albert unberücksichtigt, nach Adams Quellenangaben der Geschichte der Franken und den Kaiserannalen entstammen. Darin ist die Rede von Friedensbekundungen der Dänenkönige Siegfried und Halfdan gegenüber Ludwig dem Frommen, aber auch von Raubzügen anderer

---

840 Ebd., I, 24 (26), 20 - 25 (27), S. 196, 20 - S. 198, 17

841 Ebd., I, 26 (28), S. 198, 18-29

842 Ebd., I, 27 (29), S. 200, 7-23

843 Ebd., I, 28 (30) - 31 (33), S. 200, 27 - S. 204, 9

Dänen- und Normannenkönige in Gallien, bei denen Christen Marter und Tod ausgesetzt waren.[844]

Die Todesanzeige Ludwigs des Frommen und eine Würdigung seiner verdienstvollen Taten für die Christianisierung der Slawen schließen sich im Jahresbericht *876* an. Als Bezwinger der Böhmen, Sorben, Siusler und anderer Slawenstämme hätte er diese tributpflichtig gemacht und die Normannen, die ganz Frankreich verheert hätten, durch Kämpfe und Verträge vom Reich ferngehalten. Nach seinem Tode jedoch wären Dänen, Normannen und Seeräuber mit Raubzügen und Brandschatzungen bis nach Köln und Trier ins Reich eingefallen. Sachsen wäre verwüstet worden, weltliche und geistliche Adlige getötet und die Städte Utrecht, Köln und Trier zerstört worden. Viele Kirchen wären dem Brand zum Opfer gefallen. Auch wäre der besiegte Ludwig von Westfranken ums Leben gekommen.[845]

Bis dahin und auch in der Fortsetzung der Berichte über die Wikingerfahrten sowie über die Taten Rimberts hält sich Albert, ohne vom Wortlaut der Vorlage abzuweichen, in seinem Exzerpt hauptsächlich an die geschichtlichen Fakten. Hierdurch und insbesondere auch durch den Verzicht auf die genauen Quellenangaben und auf dramatisierende Ausbrüche in der Darstellung Adams kürzt er den Text zuweilen erheblich, wodurch die Kompilation an Sachlichkeit gewinnt. Diese Methode des Umgangs mit der Textvorlage behält er bis auf wenige Ausnahmen durchweg bei.

Auch Irrtümer und Fehler werden vom Chronisten kompilatorisch übertragen. Zum Beispiel übernimmt Albert im Jahresbericht *888* wörtlich Adams Bericht von der Verleihung des Palliums durch Papst Stephan V. an den nachfolgenden Bremer Erzbischof Adalgar. Diese Fehlinformation Adams war durch die Fälschung der Urkunde Stephans V. aus dem 12. Jh. bedingt. Richtig ist, daß Adalgar 891 in Rom zunächst erneut seine Unabhängigkeit gegen Köln verteidigen mußte, da die Mission aufgehört hatte.[846]

In den Jahresberichten *888* und *896* werden Adalgars durch Normanneneinfälle erschwerte Missionsbemühungen gewürdigt und

---

[844] Ebd., I,33 (35) - 37 (39), S. 204, 16 - 208, 15

[845] Ebd., I, 38 (40), S. 208, 17 - S. 210, 14, Anm. 183: 879 Fränk. Sieg über das „Große Heer" im Hennegau, 880/81 Wikingereinfälle von Elsloo aus, Zerstörung von Köln, Aachen, Lüttich, 881 westfränk. Sieg bei Saucourt. Die Aachener Pfalz wurde weiter benutzt.

[846] vgl. Ebd., I, 49 (51), Anm. 202

die als unrechtmäßig empfundene vorläufige Unterstellung Bremens als Suffraganbistum Kölns erwähnt.[847]

Im Jahresbericht ***908*** geht es um die Wiederherstellung der Unabhängigkeit des Bremer Erzbistums durch die Erneuerung der Privilegien der Bremer Kirche durch Papst Sergius III. Dieser hätte dem inzwischen bejahrten Adalgar fünf Nachbarbischöfe helfend zur Seite gestellt.[848] Deren Namen sind zum Teil falsch angegeben.

Interessante Überlegungen und Zweifel, die Adam an den Leser gerichtet äußert, ob zum Beispiel Adalgar und alle seine Vorgänger von ihrem Privileg, Bischöfe für die Heiden zu weihen, jemals Gebrauch gemacht hätten,[849] bleiben von Albert unbeachtet.

Der Jahresbericht ***909*** informiert über die scharfe Überwachung der Klosterordnung und der Lebensführung der Mönche (consuetudine) durch den nachfolgenden gestrengen Erzbischof Hoger.[850] Ohne im Jahresbericht ***913*** Adams Quellenangabe zu erwähnen, z. B. daß die Berichte auf mündlichen Aussagen des dänischen Königs Sven Esdridson basieren, und auch unter Umgehung der wertenden Stellungnahme Adams zu den dänischen Thronkämpfen greift Albert hier nur die geschichtlichen Ereignisse heraus. So berichtet er über den gewaltsam herbeigeführten dänischen Thronwechsel und über die verheerenden Einfälle und Verwüstungen durch Dänen, Slawen, Böhmen und Ungarn in Sachsen und Bremen.[851]

Im Jahresbericht ***915*** folgen die Nachricht von der Beisetzung des Erzbischofs Hoger und darauf im Wortlaut die Beschreibung eines gotteswirksamen Wunders in Bremen. Gott hätte einen wunderbaren Sturm gesandt, der Schindeln von den verkohlten Kirchendächern gerissen und auf die Heiden hätte niederprasseln lassen, so daß diese ihr Heil in der Flucht hätten suchen müssen.[852]

Im gleichen Jahresbeitrag wird der Amtsantritt des Erzbischofs Unni notiert, der bei den Königen Konrad und Heinrich in hohem Ansehen gestanden hätte.[853] Ein gekürzter Bericht über den Sieg Heinrichs über die Dänen (934) sowie über die Fortsetzung der Dänenmission durch Erzbischof Unni schließt sich an. Unni hätte nicht nur den dänischen Königssohn Harald zum Christentum bekehrt. Es wäre ihm auch

[847] Ebd., I, 46 (48) - I, 49 (51), S. 216, 33 - S. 220,7

[848] Ebd., S. 221, Anm. 215 - I, 50 (52), S. 220, 17 - S. 222, 6

[849] Ebd., I, 50 (52), S. 222, 8-12

[850] Ebd., I, 51 (53), S. 222, 17-S. 224, 2

[851] Ebd., I, 52 (54), S. 224, 11-23

[852] Ebd., S. 226, 4-16

[853] Ebd., I 54 (56), S. 226, 18-27

gelungen, die Schweden und die Göten, die nach ihrer durch Ansgar erfolgreich durchgeführten Bekehrung wieder ins Heidentum zurückgefallen waren, erneut zu christianisieren. Im Jahre 936 wäre er in Birka verstorben. Sein Haupt hätte man in Bremen beigesetzt.[854]

Unter Umgehung der Verherrlichung von Qualitäten und Frömmigkeit des nachfolgenden Erzbischofs Adalgar erwähnt Albert lediglich dessen Erwerb der königlich beurkundeten Stadtprivilegien für Bremen. Dennoch würdigt er Adalgars großes Ansehen bei Hof und sein Pflichtbewußtsein bei der Erfüllung seiner Aufgaben im Sprengel, als Legat und bei der Heidenbekehrung.[855]

Im Jahresbericht ***948*** werden die siegreichen Kämpfe Ottos des Großen gegen die Dänen bei Schleswig mit den anschließenden Friedensverhandlungen und der nachfolgenden Christianisierung Dänemarks sowie seiner Aufteilung in drei dem Hamburger Bistum unterstellte Bistümer beschrieben. Kraft seiner vom Papst erteilten Vollmacht hätte Adalgar die dänischen Bischofsitze mit Hore für Schleswig, mit Liafdag für Ribe und mit Reginbrand für Aarhus besetzt. Auch die überseeischen Kirchen in Fünen, Seeland, Schonen und Schweden wären unter ihre Obhut gestellt worden.[856]

Im gleichen Jahresbericht werden weitere Verdienste Ottos des Großen für die Expansion des Christentums hervorgehoben, zum Beispiel die Unterwerfung der Slawenstämme, die er christianisiert und tributpflichtig gemacht hätte.[857]

Vorlagengetreu wird berichtet, daß ein erneuter Rechtsanspruch des Kölner Erzbischofs auf das Erzbistum Bremen erfolgreich hätte abgewiesen werden können. Die Unabhängigkeit des Bremer Erzbistums wäre urkundlich festgelegt worden. Erzbischof Adalgar wäre aufgrund seiner missionarischen Leistungen und sonstigen Qualitäten von allen, sogar von seinen Gegnern für verehrungswürdig befunden worden.[858]

Im Jahresbericht ***961*** sind der Italienaufenthalt des Erzbischofs in Begleitung Ottos zur Kaiserkrönung und seine Rückkehr erwähnt. Die von seiner Reise mitgeführten Reliquien wären für die Bremer Kirche

---

[854] Reineccius, A. D. 936. - Adam von Bremen, I, 54 (56) - I 62 (64), S. 222, 17 - S. 233, 17

[855] Ebd., II, 2, S. 234 11-26

[856] Ebd., II, 3 - II, 4, S. 234, 28 - S- 238, 3

[857] s. Anm. 19: 936/37 Errichtung der Slawenmarken unter Markgraf Gero an der Mittelelbe, unter Hermann Billung an der Niederelbe des Magdeburger Moritzklosters für die Slawenmission.

[858] Ebd., II, 5 - II, 7, S. 238, 7-33

bestimmt gewesen und seien von ihm persönlich an einzeln aufgeführte Pfarreien ausgeteilt worden. In seiner großen Begeisterung für Reliquien läßt Albert von Stade es sich nicht nehmen, in einem eigenen Beitrag die von Adalgar in Italien erworbenen einzeln zu benennen: *„Hae sunt reliquiae sanctorum quas ab Italia Adaldagus deportavit, corpora videlicet Quiriaci & Caesarii, Victoris & Coronae, Felicis & Felicianii, Cosmae & Damiani."* In der Kompilation fortfahrend, hebt er den großen Einsatz Adalgars für das Bremer Spital und die Armenpflege hervor, zu der dieser insbesondere seinen aus Italien mitgeführten Begleiter und späteren Nachfolger Liawizo angeregt und beauftragt hätte.[859]

Im Jahresbeitrag ***971*** wird über die Gründung Magdeburgs durch Otto den Großen, über die Einweihung Adalberts zum ersten Erzbischof der Stadt und über dessen erfolgreiches Wirken bei der Bekehrung der Slawenstämme innerhalb der dem Erzbistum unterstellten Slawengebiete bis zur Peene berichtet. Darüber hinaus hätte der Kaiser dem Erzbistum Magdeburg fünf Suffraganbistümer: Merseburg und Zeitz an der Saale, Meißen an der Elbe, Brandenburg und Havelberg unterstellt. Das Slawenbistum Oldenburg hätte er in die Obhut des Erzbistums Bremen gegeben.[860]

Auffällig ist, daß Albert von Stade die Kapitel II, 17 (15) bis II, 23 (20) überspringt, in denen Adam von Bremen die zahlreichen dem Hamburger Sprengel unterstellten Völker, Volksgruppen und vor allem slawischen Stämme, *die „durch Otto des Großen Macht damals alle zum Christenglauben bekehrt wurden"*,[861] mit der geographischen Beschreibung ihrer Länder und den Angaben der Grenzen, mit ihren Eigenarten und Details aus ihrer Geschichte, vor allem aber auch mit dem Grad ihrer Christianisierung vorstellt.

In den Jahresbericht ***974***, der zum größten Teil ein Exzerpt aus der Ekkehard-Chronik ist, sind zwei Scholien Adams eingefügt, die von der wunderwirksamen Bekehrung des Dänenkönigs Harald und seines Volkes[862] durch den Hamburger Missionar Poppo handeln. Poppo sei darauf zum Bischof erhoben worden. Auch ist darin der „Märtyrertod" Herzog Wenzels von Böhmen durch seinen Bruder Boleslaw erwähnt, der nach dem Brudermord das Herzogtum an sich gerissen und das Bistum Prag (973) gegründet hätte.[863]

---

859 Ebd., II, 8 (7) - II, 12 (14), S. 240 1 - S. 244, 14
860 Ebd., II, 15 (13) - II, 16 (14), S. 244, 15 - S. 246, 3
861 Ebd., II, 23 (20), S. 254, 16-17
862 Trillmich und Buchner, Adam von Bremen, S. 256, Scholie 20 (21)
863 Ebd., S. 258, Scholie 21 (22)

Im Jahresbericht ***984*** werden weitere Fortschritte der Missionierung unter Otto III. aufgezeigt, die sich auch in den skandinavischen Ländern abzeichneten, obwohl die zahlreichen von Adaldag für Dänemark und Schweden geweihten Bischöfe *„infolge der noch nicht vollendeten Bekehrung"* und wegen der kontinuierlich wachsenden Ausbreitung des Christentums noch keine festen Sprengel erhalten konnten. Auch unter den für das Bistum Oldenburg geweihten Bischöfen seien von den in 18 Gaue eingeteilten Slawengebieten alle bis auf drei zum Christentum bekehrt, Kirchen und Klöster erbaut und die Slawen zins- und tributpflichtig gemacht worden.[864] Doch hätte Adaldag noch kurz vor seinem Ende (988) infolge der gewaltsamen Thronübernahme des abtrünnigen Sohnes König Haralds Sven den Rückfall der Dänen ins Heidentum erleben müssen.[865]

Im Jahresbericht ***988*** wird nach dem Tode Adalgars das Wirken seines Nachfolgers Liawizo während seiner fünfundzwanzigjährigen Amtszeit gewürdigt. Ebenso wird aber auch sein erfolgloses Bemühen um die Rechristianisierung herausgestellt. König Sven wäre bei seinen Einfällen in die Slawengebiete wiederholt in Gefangenschaft geraten und hätte freigekauft werden müssen.

Anschließend wird über den siegreichen militärischen Einfall der Schweden in Dänemark unter König Erik berichtet. Es werden die Ursachen der Stagnation der nordischen Mission durch die Wikingerzüge aufgezeigt. Die Missionsarbeit wäre durch viele Faktoren verhindert worden: durch zahlreiche kriegerische Auseinandersetzungen, wie die häufigen Einfälle von Dänen und Schweden in Sachsen, durch die Kämpfe der sächsischen Fürsten 994 bei Stade, durch deren Gefangennahme und Verstümmelung und durch den siegreichen Gegenzug der Sachsen, dem 20 000 Wikinger zum Opfer gefallen wären, sowie durch weitere Einfälle in das Hamburg-Bremer Erzbistum, gegen die sich die Stadt Bremen mit einer Befestigungsmauer zu schützen gesucht hätte.[866]

Albert überspringt die Kapitel II, 34 (32) bis II 41 (39), die, angefangen mit der vergeblichen Flucht König Svens nach Norwegen und England, mit seiner Zuflucht in Schottland und seiner Rückkehr in sein Herrscheramt nach 14 Jahren der Vertreibung, ferner mit seiner erneuten Vertreibung und seiner anschließenden Wiedereinsetzung in sein Reich durch König Olaf sowie mit seinem Bündnis mit diesem interessante Einblicke in die englische und in die skandinavische

---

864 Ebd., II, 24 (21) - II, (24), S. 256, 5 - S. 260,22

865 Ebd., II, 27 (25) - II, 28 (26), S. 260, 23 - S. 262, 30

866 Ebd., II, 28 (26) - II, 33 (31), S. 262, 31 - S. 268, 23

Geschichte gewähren, stets verbunden mit der für Adam von Bremen typischen Bewertung der Herrscher nach dem Grad ihrer Christianisierung.

Fortgesetzt wird die Kompilation im Jahresbericht ***1001*** mit der falsch datierten Todesnachricht Ottos III.,[867] mit dem Bericht über den Rückschlag der Mission durch die verheerenden Slawenaufstände, denen viele Geistliche in martialischer Weise zum Opfer gefallen wären, und mit der Meldung harter Gegenmaßnahmen gegen die Slawen durch Bernhard II., wie Adam fälschlich berichtet.[868]

Im Jahresbericht ***1010*** sind die Meldung von der Christianisierung Ungarns[869] und Nachrichten von Neubesetzungen von Bischofstühlen,[870] vom Tode und von der Beisetzung des Bremer Erzbischofs Liawizo im Jahre 1013 aufgezeichnet.

Adams Beschreibung der positiven Eigenschaften des nachfolgenden Erzbischofs Unwan läßt Albert unerwähnt, offenbar weil dieser durch Simonie zu seinem Amt gekommen war,[871] ein Vergehen, das im Zuge der Kirchenreform neben der Priesterehe Hauptkritikpunkt an der verweltlichten Kirche war. Simonie haftete nur unwürdigen Priestern an. Dennoch berichtet Albert anschließend im Wortlaut Adams von den positiven Aktionen des Erzbischofs. Unwan hätte das Zölibat durchgesetzt und wäre gegen abergläubische, heidnische Bräuche vorgegangen. Auch hätte er sich für den Kirchenbau eingesetzt und den Wall der Bremer Domburg gegen den kaiserfeindlichen Bernhard II. verstärkt, mit dem er um die Vormachtstellung an Unterweser und Unterelbe gerungen hätte. Adam beschreibt den Kampf Herzog Bernhards II. und seines Bruders Thietmar gegen die Reichskirchen, wodurch ganz Sachsen gegen den Kaiser aufgewiegelt worden wäre. Er erwähnt Bernhards Repressalien gegenüber den Wenden und zeigt die Ursachen auf, durch die der Aufstand der Liutizen und der mit ihnen verbündeten heidnischen Teile der Obodriten und Wagrier gegen den christlichen Obodritenfürsten Mistislav ausgelöst worden sei.[872] Für Adam von Bremen bedeuteten diese Repressalien einen bedauernswerten Rückschlag für die Christianisierung. Der Vorlage entsprechend würdigt Albert die

---

867 Ebd., s. Anm. 168: Otto III. gest. 24. Jan. 1002

868 Ebd., s. Anm. 175 - II, 42 (40) - II 45 (43), S. 276, 25 - S. 282, 8 - Scholie 29 über Oldenburg und Scholie 33 (34) über Ramelsloh.

869 Ebd., Scholie 332 (33)

870 Ebd. II, 46 (44), S. 282, 10 - S. 284, 8

871 Ebd. Scholie 34 (35)

872 Ebd., Anm. 188 und 189

Beilegung des Streites, die Aussöhnung Herzog Bernhards mit dem Kaiser (1020), die Befriedung der aufständischen Slawen[873] und den Wiederbeginn der Missionierung als großartige Leistung Unwans.[874]

Im Jahresbericht ***1022*** erwähnt er kurz die von Adam in großer Ausführlichkeit gerechtfertigte Methode Unwans, sich die skandinavischen Könige mit Geschenken aus dem Kirchenbesitz gewogen zu machen. Im Anschluß daran kürzt er Adams detaillierte Schilderung der dänisch-englischen Auseinandersetzungen und der für die Fortführung der nordischen Mission fruchtbaren Zusammenarbeit Erzbischof Unwans mit dem über Dänemark und England herrschenden Dänenkönig Knut bzw. Lambert, wie dieser sich nach seiner Bekehrung nannte.[875]

Der Todesnachricht Heinrichs II. im Jahresbericht ***1024*** läßt Albert eine Ahnentafel der sächsischen Herrscher folgen.

Bruchstückhaft exzerpiert er im Jahresbericht ***1027*** die Vorlage zur dänisch-norwegischen Auseinandersetzung. Kaiser Konrad hätte die Polen bezwungen und die Böhmen tributpflichtig gemacht. Unerwähnt läßt er jedoch, daß der Kaiser durch Unwans Vermittlung auch Frieden mit England und Dänemark geschlossen hätte.

Die Vorlage kürzend berichtet er, daß zwischen Knut von Dänemark und dem norwegischen Thronfolger Olaf permanent Krieg geherrscht hätte, bei dem die Dänen die Herrschaft, die Norweger dagegen die Freiheit angestrebt hätten.[876]

Ausführlicher beschreibt er Unwans Aktionen im eigenen Erzbistum, von wo aus dieser zur Zeit des Friedens zwischen Slawen und Nordelbiern Verhandlungen mit den Slawenfürsten sowie mit König Olaf von Norwegen aufgenommen hätte. Dieser hätte sich in enger Zusammenarbeit mit Unwan um die Durchsetzung des Christentums in seinem Reich eingesetzt. Albert berichtet weiter von Olafs beiden zum Christentum bekehrten, angesehenen und frommen Söhnen Edmund und Anund, von der Errichtung einer Kirche und von der Gründung eines Bistums in der Stadt Skara in Westgötland sowie von der Bischofsweihe durch Unwan.[877]

---

873 Ebd., Anm. 190: Der Unterwerfung der Obodriten und Wagrier folgte jedoch nicht die Rechristianisierung.

874 Ebd., II, 44 (42) - II, 49, S. 284, 4 - S. 288, 1

875 Ebd., II, 50 (48) - II 55 (53), S. 288, 16 - S. 294, 18

876 Ebd., Anm. 224: Dänemark besaß seit Jarl Hakon Hoheitsrechte über Norwegen. 1025 forderte Knut die Unterwerfung Olafs, 1028 vertrieb er ihn. Beim Versuch der Rückeroberung fiel Olaf 1030.

877 Ebd. II, 56 (54) - II, 59, S. 294, 21 - S. 298, 21

Aus Scholie 41 (42) und I, 61 (59) fügt er im Jahresbericht ***1028*** die Schilderung vom Märtyrertod König Olafs ein, wodurch König Knut nunmehr gleichzeitig in Norwegen, Dänemark und England geherrscht hätte. Aus I, 62 (60) erfahren wir vom grausamen Ende des angelsächsischen Märtyrers Wulfrad im Moor, der demonstrativ versucht hatte, durch die Zerstörung des Götzenbildes eine Desakralisierung des heidnischen Gottes Thor herbeizuführen, um die machtvolle Überlegenheit des christlichen Glaubens zu dokumentieren.[878]

Im Jahresbericht ***1029*** schließen sich Nachrichten von der dänischen Bischofsfolge aus Scholie 44, vom Tode des Erzbischofs Unwan und vom Amtsantritt des nachfolgenden Erzbischofs Liawizo an. Dieser wird wegen seiner Leistungen für die Kranken- und Armenfürsorge und wegen seiner Fortsetzung der Heidenmission während seiner vier Amtsjahre gewürdigt.[879]

Der Jahresbericht ***1032*** gilt dem Sohn eines wendischen Fürsten, Gottschalk, dem Gefolgsmann Knuts und späteren Obodritenfürsten (1043-1066). Gottschalk hätte seine wissenschaftliche Ausbildung im herzoglichen Kloster Lüneburg abgebrochen, um zusammen mit den heidnischen Wenden den Mord an seinem Vater durch einen Sachsen zu rächen. Bis zu seiner Gefangensetzung durch Herzog Bernhard hätte er Tausende von Sachsen erschlagen. Nach dem Abschluß eines Sühnevertrages hätte ihn der Herzog wieder freigelassen, woraufhin Gottschalk mit König Knut nach England gezogen sei.

Anschließend wird das gute Einvernehmen Liawizos mit dem Herzog Bernhard II. und dessen Bruder Graf Thietmar besonders herausgestellt. Als großzügige Stifterin wird die Schwester Emma des Paderborner Bischofs erwähnt.

Im gleichen Jahresbericht wird das als unnütz bewertete, dreijährige Treiben des Liawizo nachfolgenden, als einfältig beschriebenen Bremer Erzbischofs Hermann geschildert. Dieser hätte sich von seinen Untergebenen leicht betrügen lassen und sein eigenes Erzbistum ausgeplündert. Er hätte aber auch die Kirchenmusik gepflegt und die Klosterzucht verbessert. Darüber hinaus hätte er die uralte Kapelle des heiligen Michael niederreißen und daraus die Gebeine seiner Vorgänger Adalgar, Hoger und Reginward in der Domkirche beisetzen lassen. Als er schließlich eine Mauer um die Domburg hätte errichten wollen, hätte ihn der Tod ereilt.[880]

---

878 Ebd., S. 300, 4 - S. 302, 14

879 Ebd., II, 62 (60) - II, 64, S. 302, 19 -306, 4

880 Ebd., II, 66 (64) - II, 68 (66), S. 306, 15 - S. 310, 11

Ehrenhafter wird im Jahresbericht ***1035*** sein mit großer Prachtentfaltung geweihter Nachfolger Bezelin dargestellt, dessen ruhmvolle Taten und innovative Veränderungen im Erzbistum überschwenglich gelobt und einzeln aufgeführt werden. Besonders hervorgehoben werden die Neuerrichtung des Stiftes, die Fertigstellung der vom Erzbischof Hermann begonnenen Ringmauer um den Bremer Dom, die Einführung gemeinsamer Mahlzeiten für die Domherren, die Erweiterung der Armenspeisung, die Verbesserung der täglichen Beköstigung der Brüder mit außerhalb von Sachsen eingeführtem Wein, mit Weißbrot und mit einem Doppelmaß an Honigmet für den Sonntag.[881]

Im Rückgriff auf II, 65 (63) gewährt Albert im Jahresbericht ***1036*** einen Einblick in die Ehepolitik Kaiser Konrads. Dieser hätte seinen Sohn Heinrich mit der Tochter des mächtigen Königs Knut verheiratet, der die Herrschaft über Dänemark, Norwegen und England seinen drei Söhnen übertragen hätte. Er selbst hätte sich aber meistens in England aufgehalten.[882]

Der Jahresbericht ***1037*** bezeugt den Einsatz Bezelins für den Wiederaufbau des Hamburger Domes und der Bischofspfalz als Steinbauten.[883]

Der Jahresbericht ***1039*** behandelt Bezelins Fortführung der nordischen Mission nach Art seiner Vorgänger und gibt Aufschluß über die gegensätzlichen Interessen und Zielsetzungen von Herzog und Bischof, die für Adam der auslösende Faktor für die Behinderung der Missionierung darstellten. Der Herzog erstrebe in seiner Habgier nur die Tributzahlungen, der Bischof dagegen strebe die Stärkung des christlichen Glaubens an. Aus Scholie 55 (56) werden der durch den Erzbischof Hermann II. von Köln zum dritten Mal aufgerollte Rechtsstreit um Bremen und die nachfolgende Beilegung des Streites (um 1040) erwähnt.[884]

Im Jahresbeitrag ***1042*** wird die Großzügigkeit gelobt, mit der der Erzbischof Bezelin den wegen Piraterie nach Wikingerart in Gefangenschaft geratenen Sven Estridson behandelt hätte. Besonders hervorgehoben werden seine fürstliche Gesinnung, sein königlicher Aufwand, der unermeßliche Kirchenschatz, zu dem er Bremen verholfen hätte, sowie sein großes Ansehen beim Herzog. Dagegen

---

[881] Ebd., II, 69 (67), S.310, 17 - S. 312, 25

[882] Ebd., S. 306, 5-11

[883] Ebd., II, 70 (68), S. 314, 1-16

[884] Ebd. II, 71 (69), S. 314, 17-24

wird der Graf von Stade und spätere Markgraf der Nordmark Udo zu seinem Feind erklärt.

Es folgt die Nachricht vom verheerenden Einfall der Wikinger in die Wesermündung und von deren Niederlage bei Aumund auf ihrem Rückzug. Danach wird über ein Verhandlungstreffen in Schleswig von König Magnus, Erzbischof Bezelin, dem Herzog von Sachsen und den Bischöfen von Schleswig und Hildesheim berichtet, bei dem die Vermählung der Schwester des König Magnus mit dem Sohn des Herzogs von Sachsen Ordulf stattgefunden hätte. Dieser sei jedoch kurz danach - seinem Schwager zuliebe - zum Mörder an dem Dänenfürsten Harald geworden, der aufgrund seiner Abstammung mehr als Magnus zur Herrschaft berechtigt gewesen wäre.

Anschließend informiert Albert über den Mord am Slawenherzog Ratibor durch die Dänen und darüber, daß auch dessen acht Söhne bei ihrem Versuch, den Vatermord zu rächen, zusammen mit angeblich 15000 Slawen ums Leben gekommen wären. Dies hätte sich bei der auf beiden Seiten verlustreichen Schlacht[885] bei Haitabu ereignet, die letztendlich mit dem gottgewollten Sieg der Dänen unter dem frommen Christen Magnus beendet worden wäre. Zur gleichen Zeit wäre auch Gottschalk (s. Jahresbericht 1032), aus England zurückkehrend mit einem starken militärischem Aufgebot über die heidnischen Slawen hergefallen.

Als großer Verlust wird der Tod der Fürstin Emma, einer der großzügigsten Stifterinnen der Bremer Kirche, beklagt. Auch wird mit großem Bedauern der verheerende Brand erwähnt, bei dem der Bremer Petersdom, das Stift mit den Werkstätten und die Domburg mit allen Gebäuden und Wohnstätten sowie der gesamte Kirchenschatz zerstört worden waren. Die Sachverluste schätzt Adam von Bremen jedoch geringer ein als die nachfolgende Vernachlässigung der kanonischen Regel durch die frei von der Klausur in größerer Ungebundenheit lebenden Mönche. Die in der Vorlage angegebene Ursache der Katastrophe durch Brandstiftung läßt Albert unbeachtet. Er fährt mit der Nachricht von der Grundsteinlegung zum Wiederaufbau des Bremer Domes nach dem Vorbild des Kölner Doms durch den tatkräftigen Erzbischof Bezelin fort. Bezelin hätte das Bauwerk während seiner Lebenszeit jedoch nicht mehr zuende bringen können.[886]

---

[885] Ebd., Anm. 303: Schlacht auf der Lürschauheide 1043. Die Sachsen kämpften unter Ordulf. Nach der Zerstörung von Jumne setzten sich die Dänen auch an der Odermündung fest.

[886] Ebd., II, 75 (73) - II, 82, S.316, 22 - S. 324, 7

Quellengleich beschreibt Albert im Jahresbeitrag ***1043*** das Ende des Erzbischofs Bezelin und die aufwendige feierliche Zeremonie der Weihe seines Nachfolgers Adalbert. Aus der besonders ausführlichen Charakterisierung des hohen Geistlichen in der Einführung des dritten Buches, in die sich Adam von Bremen, von Albert unberücksichtigt, persönlich als Augenzeuge einbringt, führt Albert nur einige wesentliche Eigenschaften auf. Er erwähnt Adalberts adlige Herkunft, seine erste Stellung als Propst von Halberstadt, seine Bildung, seine Begabungen, seine äußere Erscheinung, seine Demut, die er nur Dienern Gottes, Armen und Pilgern sowie auch durch eigenhändige Fußwaschung Bettlern erwiesen hätte. Weltlichen Fürsten und eigenen Standesgenossen gegenüber hätte er sich jedoch nicht beugen wollen. Besonders hebt Albert Adalberts Einsatz für den Bremer Dombau hervor. Er beschreibt den Abriß von Burgmauer und Turm und die Wiederverwendung der Bausteine für die Wohn- und Werkräume der Brüder sowie auch die Veränderung des gesamten Bauplans vom Vorbild des Kölner Doms zu dem der Kathedrale von Benevent.[887]

Der Jahresbericht ***1046*** gibt in wörtlicher Übereinstimmung mit dem Vorlagentext den Romzug Heinrichs III. wieder, zu dem Erzbischof Adalbert den König zur Kaiserkrönung begleitet hätte. Gleichzeitig wäre der Streit um die Papstnachfolge beigelegt worden, indem (durch Kaiser Heinrich III. auf der Synode von Sutri am 20. Dezember 1046) drei um den apostolischen Stuhl streitende Bischöfe, Benedikt, (Johannes) Gratianus (der spätere Gregor VI.) und Silvester, abgesetzt worden wären. Adam bezeichnet diese als Schismatiker. Adalbert hätte seinen Amtsbruder Clemens (Papst Clemens II., 1046 bis Okt. 1047, den Bischof von Bamberg) vorgeschlagen. Albert vermeidet den Ausdruck Schismatiker. Er läßt auch unerwähnt , daß Adalbert sich geweigert hätte, die Papstwürde zu übernehmen.[888]

Die Information über die Erneuerung der alten Rechte der Hamburger Kirche durch Papst Clemens II.[889] ist der Scholie 60 entnommen.

---

887 Ebd., III, 1 - III, 3, S. 326, 10 - S. 332, 2 - Anm. III, 17: Die Planveränderung hat Adalbert wohl erst nach seiner Rückkehr aus Italien 1047 vorgenommen. - vgl. hierzu den Jahresbericht 1089, in dem Albert von Stade beschreibt, daß der Nachfolger Adalberts, Erzbischof Liemar, den Umbau erneut zerstörte und in seinem Stil erneut errichtete.

888 Adalbert hatte andere Pläne. Er wollte seinen Traum von einem nordischen Patriarchat verwirklichen.

889 Ebd., III, 7, S. 334, 9-15 - vgl. auch Ekkehard Jahresbericht 1046.

Der Jahresbericht ***1049*** gewährt Einblick in den mühsamen Fortgang des Bremer Dombaus und vermittelt einen Eindruck von den Bemühungen Adalberts, zur Verteidigung der Unabhängigkeit der Bremer Kirche gegenüber den Ansprüchen und Befugnissen Herzog Bernhards II. die kaiserliche Unterstützung zu gewinnen, indem er sich in hohem Maße kaisertreu verhalten und Heinrich III. auf Feldzügen nach Ungarn, in die Slawengebiete, nach Italien und nach Flandern begleitet hätte. Diese kaiserlichen Feldzüge wären jeweils für das Bistum mit hohen Aufwendungen verbunden gewesen und hätten seinen Vasallen schwere Opfer abverlangt.[890]

Im Jahresbericht ***1050*** wird die Gegnerschaft zwischen Erzbischof Adalbert und Herzog Bernhard II. dargestellt, der von seinem Bruder, dem Grafen Thietmar, unterstützt wurde. Diese hätte sich verschärft und wäre zu einer dauerhaften Feindschaft zwischen beiden Parteien geworden, als die kaiserliche Gefolgschaft auf ihrem Weg vom aufwendigen Empfang Heinrichs III. durch den Erzbischof in Bremen nach Lesum von Thietmar bedroht worden wäre und durch die erzbischöfliche Truppe hätte verteidigt werden müssen. Vor das kaiserliche Gericht geladen, hätte sich Thietmar im Zweikampf gestellt und wäre von einem kaiserlichen Vasallen erschlagen worden, der danach wiederum Opfer der Rache des Sohnes Thietmars geworden sei. Diesen hätten daraufhin Festnahme und kaiserlicher Bann auf Lebenszeit ereilt.

Acht Probsteien hätte Erzbischof Adalbert kostenaufwendig in Bremen und Umgebung, u. a. auch in Stade, neben anderen Steinbauten errichten lassen, die jedoch bereits zu Lebzeiten des Erzbischofs zum Teil aufgegeben worden wären, zum Teil aber auch durch die Gleichgültigkeit der Pröpste bereits verfallen wären. Dies hätte der Erzbischof, wäre es ihm zu Ohren gekommen, schwer bestraft.

Anschließend werden Adalberts Verdienste für die Mission hervorgehoben. Der Erzbischof hätte, um sich die Anerkennung seiner Jurisdiktion[891] zu sichern, Gesandte und Hirtenbriefe an die Könige von Dänemark, Norwegen, und Schweden und *„in finis terrae"* (Island) geschickt. [892]

Die etwas zweifelhafte Darstellung Adams von der Rückeroberung Dänemarks 1045/46 durch den jungen Sven Estridson und dessen Abmachungen bezüglich seiner Ansprüche in England mit Edward

---

890 Ebd., III, 4 - III, 6, S. 332, 3 - S. 334, 8

891 Ebd., Anm. 45

892 vgl. Theuerkauf, Die Hamb. Kirchengesch. Adams von Bremen, S. 131

dem Bekenner[893] ignorierend, bezeichnet Albert Sven Estridson lediglich als Alleinherrscher über die drei Reiche. Ausführlich und vorlagengetreu hebt er jedoch Svens Ehe mit einer Blutsverwandten sowie die konsequente Maßnahme des Bremer Erzbischofs gegen dieses „unchristliche Vergehen" hervor. Die gegenseitigen Bedrohungen, des Erzbischofs mit Exkommunikation und des Königs mit Verwüstung des Hamburger Sprengels, wären letztendlich durch ein Schreiben des Papstes beendet worden. König Sven hätte sich diesem schließlich gebeugt und die Scheidung von seiner Blutsverwandten eingereicht.[894]

Albert läßt die auf der zweifelhaften Berichterstattung Sven Estridsons[895] basierende Darstellung Adams über die militärischen Auseinandersetzungen zwischen dem Mitregenten Norwegens Harald Hardrade und Sven Estridson um die Herrschaft in Norwegen und Dänemark außer Acht, derzufolge Haralds Feindschaft gegen Dänemark kirchlich zur Abkehr Norwegens von Hamburg-Bremen geführt hätte. Er verzichtet auch auf die Schilderung der Umstände, die zur Loslösung Englands von Dänemark geführt und England unter die Herrschaft der Söhne Godwins gebracht hätten, während Edward dem Bekenner nur noch der leere Königstitel erhalten geblieben wäre.[896]

Erst im Jahresbericht ***1051*** setzt Albert seine Kompilation mit der Meldung vom Tode des Schwedenkönigs Jacob und seines Bruders Emund (Slemme) fort, wobei Adam den Erstgenannten als sehr fromm, Emund, Sohn einer Fridelehe, dagegen wegen seiner Unbotmäßigkeit gegenüber Hamburg-Bremen, wie bereits zuvor in Kapitel II, 59, als unchristlich bezeichnet. Gleichfalls mit der Begründung der Nichtanerkennung ihrer Abhängigkeit vom Hamburg-Bremer Erzbistum verurteilt Adam den Bischof Osmund und kritisiert dessen Missionsarbeit in Schweden. Dieser hätte die gerade erst Bekehrten falsch im Glauben unterwiesen und zu Irrtümern verführt. Darüber hinaus hätte er durch Intrigen die unter der Führung des angesehenen Adalward des Älteren zu seiner Überwachung gesandten Brüder der Bremer Kirche abgewiesen. Stenkil (der Schwiegersohn und Nachfolger Emunds) jedoch hätte die Brüder freigebig und gastfreundschaftlich bewirtet und ihnen freies Geleit gewährt. Albert von Stade übernimmt hier Adams Wertmaßstab der Beurteilung der skandina-

---

893 Adam von Bremen, S. 338 u. 339, Anm. 46 und 47

894 Ebd., III, 8 - III, 12, S. 334, 16 - S. 340, 8

895 Ebd., Anm. 55

896 Ebd., III, 13 (12) - III, 14 (13)

vischen Könige und Bischöfe nach dem Grad ihrer Anerkennung der Jurisdiktion des Bremer Erzbischofs.

Aus Scholie 68 überträgt Albert die Legende von der wunderwirksamen Tat Adalwards in Norwegen. Dieser hätte den Leichnam eines ehemals wegen Seeraubes von Bischof Liawizo Exkommunizierten, der 60 Jahre lang nicht hätte verwesen können, allein durch die Erteilung der Absolution zu Staub werden lassen.[897]

Im gleichen Jahresbericht informiert Albert im Vorgriff auf Kapitel 30 (29) über die von Adam mit 1051 falsch datierte Synode von 1049 unter dem Vorsitz des Papstes und Kaiser Heinrichs III., auf der bei Anwesenheit Adalberts von Hamburg-Bremen und u. a. der Bischöfe von Mainz, Trier, Köln und Magdeburg das Verbot der Priesterehe und der Simonie erlassen worden wäre. Er hebt anschließend vorlagengetreu das große Ansehen Adalberts bei Papst und Kaiser hervor sowie seine hohe Intelligenz und Befähigung, derentwegen er von Heinrich III. als einer der wichtigsten Ratgeber geschätzt und als Begleiter auf den kaiserlichen Heerfahrten unentbehrlich geworden sei.[898]

Im Rückgriff auf Kapitel 28 (27) berichtet Albert über die Nutzung der Bodenschätze (Silberbergbau am Rammelsberg) durch Kaiser Heinrich III., über die Errichtung und den Ausbau von Goslar als Kaiserpfalz sowie über die Gründung zweier Stifte, von denen eines von Adalbert geleitet und genutzt worden sei. Er erwähnt die Übertragung der Anwartschaft auf Erwerb und Überlassung von einzeln aufgeführten Grafschaften, Abteien und Gütern an den Erzbischof. Unter *„zweifelhaften Rechtstiteln"* hätte dieser damit besessen, was später von der Hamburg-Bremer Kirche unter großen Belastungen gekauft worden sei. In seinem Glauben daran, seine Pläne verwirklichen zu können, wäre Adalbert von Papst Leo IX. bestärkt worden, der sich derzeit zur Beseitigung kirchlicher Mißstände in Deutschland aufgehalten hätte.[899]

Der Jahresbericht ***1057*** spiegelt die politische Situation während der Regierungszeit der Kaiserin Agnes wieder. Es werden ihre Auseinandersetzungen mit der Fürstenopposition beschrieben und die gemeinsame Rolle der Erzbischöfe Adalbert von Bremen und Anno von Köln als ihre obersten Ratgeber in Staatsgeschäften darstellt.[900]

---

897 Ebd., III, 15 (14) - III, 16,15, S. 342, 12 - 346, 12 und Scholie 67 (68)

898 Ebd., III, 30 (29) - III, 31 (30), S. 364, 10 - S. 266, 10

899 Ebd., III 28 (27) - 29 (28), S. 362, 18 - S. 364, 9

900 Ebd., III, 33, S. 368, 23 - 370, 33; s. Anm. 147: Heinrich IV war 1062/63 in der Obhut des rücksichtslosen Anno von Köln. Adalbert nahm seit 27. Juni

Im Jahresbericht ***1058*** übernimmt Albert von Stade im Rückgriff auf Kapitel III 17 (16) den sachlich falschen Bericht über Harald von Norwegen (vgl. Jahresbericht 1050), der in „tyrannischem Wüten" zahlreiche Kirchen zerstört und viele Christen ums Leben gebracht hätte.[901] Die von Adam bereits im Kapitel III, 13 aufgeführten Verdienste Haralds im Kreuzzug gegen Sarazenen und Steppenvölker läßt er jedoch unerwähnt. Kritisch setzt er sein Exzerpt fort. Harald hätte die Opfergaben der Gläubigen an seine Gefolgsleute verteilt und die Weihe seiner Bischöfe in Frankreich und England unter Umgehung des allein dazu bevollmächtigten Hamburg-Bremer Erzbischofs durchgeführt. Außerdem hätte er die durch sein *„anmaßendes Verhalten"* ausgelöste scharfe Zurechtweisung Adalberts entschieden mit der Bemerkung zurückgewiesen: *„Er kenne keinen Erzbischof oder anderen Herrscher über Norwegen als Harald".* Den diesbezüglich an ihn gerichteten Mahnrief des Papstes Alexander, in dem dieser ihm geboten hätte, dem Vikar des Apostolischen Stuhles gebührende Ehrfurcht und Gehorsam zu erweisen, zitiert Albert wörtlich aus Scholie 70. Unbeachtet läßt er dagegen die fälschlichen Vorwürfe Adams, Harald hätte die slawischen Küstengebiete geplündert, die Orkneys seiner Herrschaft unterworfen, sein Reich bis nach Island ausgedehnt und sich durch seine Raubgier den Haß vieler Völker zugezogen. Darüber hinaus hätte er sich der Zauberei bedient und die Annahme der christlichen Lehre bekämpft.

Es folgt der Bericht über die von Adalbert zur Sicherung seiner Jurisdiktion und zur Verhinderung einer drohenden Verselbständigung der dänischen Kirche eingeleiteten bündnispolitischen Maßnahmen. Anschließend erwähnt Albert die Aussöhnung des Erzbischofs mit dem Dänenkönig, den er kurz zuvor zur Scheidung von seiner Cousine genötigt hätte (s. Jahresbericht 1050). Er hebt auch das Freundschaftsbündnis hervor, das beide während eines achttägigen aufwendigen Gelages in Schleswig geschlossen hätten. Überdies hätte Adalbert zur Bekräftigung dieses Bündnisses den Kaiser zu einer Einladung des Dänenkönigs nach Sachsen veranlaßt. In den Augen Adams war dieses Bündnis ein großer Gewinn für die Hamburg-Bremer Kirche, vor allem deshalb, weil es die künftige Unterstützung

---

1063 als „Patronis regis" nachweislich an der Regierung teil und verdrängte Anno bald.

901 Ebd., Anm. 72: Harald wandte sich gegen die Jurisdiktion Hamburg-Bremens, nicht gegen den Glauben.

der Christianisierung durch König Sven bedeutete und den Fortgang der nordischen Mission sicherte.[902]

Aus Kapitel III, 19 (18) wird im gleichen Jahresbeitrag über die Situation der Slawenmission berichtet. Adam bewertet hier das Wirken des Obodritenfürsten Gottschalk (s. Jahresbericht. 1032) als außerordentlich positiv. Gottschalk wäre mit Adalbert freundschaftlich verbunden gewesen. Zudem wäre er mit einer dänischen Königstochter verheiratet. Darüber hinaus hätte er die tributpfichtigen Slawen fest im Griff, wodurch der vorausgegangene Rückschlag der Christianisierung unter dem Obodritenfürsten Mistislaw (s. Jahresbericht 1010) wieder aufgehoben sei.

Auf interessante Einzelheiten der Vorlage, wie z. B., daß Gottschalk nahezu ein Drittel der Slawenstämme bekehrt und sich dabei der slawischen Sprache bedient hätte, verzichtet Albert. Er setzt das Exzerpt mit der Nachricht über die Neubesetzungen der Bischofsstühle in Oldenburg, Mecklenburg und Ratzeburg durch Erzbischof Adalbert fort, spart jedoch die weitschweifige Beschreibung der erzbischöflichen an Gottschalk und den dänischen König gerichteten Mahnungen und Belehrungen aus.[903]

In den gleichen Jahresbericht fügt Albert den ersten Beitrag aus der *Slawenchronik Helmolds von Bosau* aus liber I, 22 ein, in dem Helmold einen Eindruck von der Macht, vom politischen Einfluß und von den ehrgeizigen Plänen des Erzbischofs Adalbert vermittelt. Dieser hätte, in Übereinstimmung mit Papst und Kaiser in allen skandinavischen Reichen die erzbischöfliche Gewalt und das Amt eines päpstlichen Legaten ausübend, die Patriarchenwürde durch die Errichtung von 12 Bistümern in seinem Sprengel angestrebt.[904]

Albert von Stade überspringt mehrere Kapitel mit zum Teil wesentlichem Inhalt im Werk Adams von Bremen, in denen dieser zum Beispiel über die verschiedenen Wendenstämme informiert, sie einzeln aufführt und ihre blutigen Herrschaftskämpfe untereinander schildert. In diese Kämpfe hätten der Obodritenfürst Gottschalk, Herzog Bernhard und der Dänenkönig siegreich eingegriffen. Unbeachtet bleiben auch Adams bittere Bemerkungen:*„Vom Christentum war nicht die Rede, die Sieger waren nur auf Beute bedacht."* in III, 22 (21) und die Anprangerung der Habsucht der Sachsen, denen *„der Sinn mehr nach Steuereinkommen als nach Heidenbekehrung"* stand. Sie offenbaren

---

902 Ebd., III, 17 (16) - III 18 (17), S. 346, 18 - S. 350, 18

903 Ebd., III, 19 (18) - III, 21 (20), S. 350, 19 - .S. 354, 6

904 Helmold von Bosau, Slawenchronik, I, 22, S. 104, 10-20

seine scharfe Kritik und verdeutlichen, wie sehr er es bedauerte, daß durch diese blutigen Beutezüge die Missionierung stagnierte.[905]

Auch übergeht Albert Adams meisterhafte Charakterisierung Adalberts in seinen Funktionen als Missionslegat,[906] im Dienste des Reiches,[907] aber auch in seiner Liebe zum Prunk sowie in seiner Neigung zur Anhäufung von Reichtümern zur Steigerung des Ansehens seiner Kirche.[908] Unberücksichtigt werden ebenso Adams Darstellung Annos von Köln mit dessen Vetternwirtschaft und dessen Habsucht[909] sowie auch die Schilderung der durch seinen Umgang bei Hof bedingten Charakterschwächen Adalberts, seiner Unausgeglichenheit[910] und seiner nicht offen ausgetragenen Feindschaft zwischen ihm und dem bejahrten, geldgierigen Sachsenherzog.[911]

Mit Adam III, 43 (42) fährt Albert im Jahresbericht ***1062*** fort und beschreibt die offene Feindschaft der Herzogsöhne gegenüber dem Erzbischof nach dem Tode ihres Vaters. Er erwähnt den militärischen Einfall des Herzogs Ordulf in Friesland. Dieser hätte Geistliche blenden lassen und die Kirche bekämpft, beraubt und in jeder Hinsicht mißachtet. Adalbert hätte keine Hilfe von seiten des Hofes erwarten können. Dennoch wäre es ihm gelungen, den anderen Sohn des Sachsenherzogs, den Grafen Hermann, als Vasallen zu gewinnen. Selbst den jungen König Heinrich IV. hätte er als Erzieher und ersten Ratgeber auf seinem siegreichem Feldzug gegen die Ungarn (1063) begleiten können. Da Adalbert nach seiner Rückkehr Graf Hermann ein großes Lehen verweigert hätte, wäre dieser plündernd in Bremen eingefallen und hätte alle Burgen zerstört. Deshalb wäre er durch die Entscheidung des Hofgerichts für ein Jahr verbannt worden.

In der Folgezeit wäre die Bremer Kirche zu großem Reichtum gelangt und von Herzog Ordulf und Graf Hermann durch Landübertragung entschädigt worden. Auch der König hätte zum Reichtum und zur Vergrößerung des Kirchenschatzes Hamburg-Bremens beigetragen. Hinzu wäre die vom Erzbischof lang ersehnte urkundliche Übertragung der Klöster Corvey und Lorsch sowie das 700 Hufe und das Küstengebiet Hadelns umfassende Lesum gekommen. Insgesamt hätte dies bezüglich des Ansehens und des Reichtums den Gleichstand

---

905 Adam von Bremen, III, 23 (22)
906 Ebd., III, 24 (23) - III, 25 (24)
907 Ebd., III, 32 (31)
908 Ebd., III, 27 (26)
909 Ebd., III, 35 (34)
910 Ebd., III, 36 (35) - III, 40 (39)
911 Ebd., III, 42 (41)

des Bremer Erzbistums mit dem von Köln und Mainz bedeutet. Auch hätte sich Adalbert bemüht, in *„weltlichem Ruhmstreben"* alle reichen Grafschaften der Diözese der Kirche zu unterstellen. Er hätte die reichen Kirchenschätze mißbraucht, um die großen Summen für den Erwerb der Grafschaften aufzubringen. Leider hätte er sich ausschließlich um den Hof gekümmert und wäre dem Ruhme nachgejagt. Hierin erkannte Adam Anfang und Ursache für seinen Sturz.[912]

Im Jahresbericht ***1066*** wird beschrieben, wie Adalbert auf der Höhe seiner Macht sich alle Großen des Reiches zu Feinden gemacht hätte, indem er allen den Kampf angesagt hätte, die sich gegen den König gestellt und *„offensichtlich Kirchen ausgeraubt"* hätten (Aneignung reichsunmittelbarer Abteien). Hierdurch hätte er in Tribur eine Verschwörung gegen sich heraufbeschworen. Er sei vom Hofe vertrieben worden und hätte sein Amt als königlicher Ratgeber verloren. Diese Situation hätte auch gleich des Herzogs Sohn genutzt, Raubzüge ins Erzbistum Bremen zu unternehmen und Adalbert nach dem Leben zu trachten. Dieser hätte deshalb nach Goslar auf sein Gut Lochtum fliehen müssen und wäre seines Vermögens nahezu gänzlich beraubt worden.[913]

Anschließend berichtet Albert aus III, 50 (49) über den Tod des Obodritenfürsten Gottschalk, der beim Slawenaufstand[914] von den Heiden erschlagen worden wäre, und würdigt die Verdienste Gottschalks für die Slawenmission. Er schildert die Martyrien einiger namentlich genannter und ungenannter Geistlicher und Laien und hebt den Märtyrertod des Mönches Answer durch Steinigung in Ratzeburg besonders hervor. In einem selbständigen Beitrag ergänzt Albert, daß der unversehrte Arm des Heiligen in Stade in der Kirche der heiligen Jungfrau in Stade aufbewahrt würde: ***„Huius sancti Ansveri bracchium integrum servatur apud Stadium in ecclesia beate Virginis."***[915]

Im Wortlaut der Vorlage zeichnet Albert ein Bild vom grausamen Martyrium des schottischen Bischofs Johannes, dessen Weg nach Sachsen und dessen Einsatz für die Christianisierung in der Scholie 80 (81) beschrieben wird. Es folgen Nachrichten von der Verwüstung

---

912 Ebd., III, 43 (42) - III, 47 (46), S. 380, 28 - S. 386, 25

913 Ebd., III, 47 (46) - III, 49 (48), S. 388, 34 - S. 390, 11

914 Mit diesem Wendenaufstand war die bedeutende Missionsarbeit, die Erzbischof Adalbero im Zusammenwirken mit dem Obodritenfürsten Gottschalk in der Mitte des 11. Jahrhunderts geleistet hatte, zunichte gemacht worden.

915 Lappenberg, Ann. Stad., S. 315, 46-47

Hamburgs und von Niedermetzelungen und Gefangennahmen in der Bevölkerung Stormarns. Die Meldung von der Zerstörung Schleswigs entstammt der Scholie 81 (80).

Aus Helmolds Slawenchronik I, 24 fügt Albert ein, daß von diesem Jahr an der Oldenburger Bischofsstuhl 84 Jahre lang vakant gewesen sei. Mit Adams rückschauender Bemerkung aus Scholie 82 (83), daß dies der dritte Abfall der Slawen gewesen sei, die zum ersten Mal durch Karl den Großen,[916] das zweite Mal durch Otto den Großen und das dritte Mal durch Gottschalk christianisiert worden wären, beschließt Albert von Stade diesen Jahresbericht.[917]

Den folgenschweren Sieg Wilhelm des Eroberers bei Hastings 1066 deutet Albert von Stade mit einem eigenen knappen Beitrag zur englischen Geschichte an. Durch einen in den Tagen des Paschafestes erschienenen, Schrecken verbreitenden Kometen vorangekündigt, sei im selben Jahr durch den Normannen Wilhelm großes Unglück über England gekommen: ***„Et haec mala signavit ille horribilis Cometa, qui ipso anno apparuit circa dies Pascha. Eodem quoq; anno clades maxima per Wilhelmum Nordmannicum in Anglia facta est.“***[918] Den sehr viel ausführlicheren Bericht Adams von Bremen läßt Albert unberücksichtigt.[919]

Der Jahresbeitrag ***1067*** enthält einen äußerts knappen Auszug aus den Kapiteln III, 55 (54) - III,57 (56). Angeblich durch Intrigen Annos von Köln vom Hofe verdrängt hielte sich Adalbert ohne politische Tätigkeit, einsam und beschäftigungslos in Bremen auf und lebe in Armut. Mit Bedauern bemerkt Adam, daß die Armen- und Krankenpflege während der letzten sieben Lebensjahre Adalberts arg vernachlässigt worden wäre. Dies hätte in der Zeit der Hungersnot zu großen Opfern unter den Armen geführt.[920]

Der Jahresbericht ***1068*** informiert über Adalberts Rückkehr an den Hof und in die Politik nach drei Jahren der Vertreibung, über seinen Aufstieg zum Leiter des Reichsvikariats und über die siebente Verleihung der Konsulswürde. Auch hätte er sich entschlossen, sich in Zukunft den Fürsten gegenüber diplomatischer zu verhalten. Ebenso hätte er sich mit dem Bischof von Köln und mit anderen ehemaligen

---

916 Trillmich und Buchner, S. 393, Anm. X 1: Die Slawen erkannten Karls Oberhoheit an, blieben aber Heiden.

917 Adam von Bremen, III, 50 (49) - III, 51 (50), S. 390, 11 - S. 392, 12

918 Reiner Reineccius, Chronicon Alberti, Abbatis Stadensis, am Schluß des Jahresbericht 1066.

919 Adam von Bremen III, 52

920 Ebd., S. 398, 13 - S. 404, 4

Gegnern ausgesöhnt. Besonders herausgestellt sind seine Neuerwerbungen für die Bremer Kirche wie Plesse, Duisburg, Groningen, Sinzig, die Probstei Wildeshausen und Harsefeld bei Hamburg, ebenso der zusätzlich geplante Erwerb des Bistums Verden. Auch werden seine Aktivitäten zur Errichtung eines Patriarchiats hervorgehoben.[921] Diesem hätten die durch die Aufteilung seines Sprengels entstehenden 12 Bistümer Pahlen an der Eider, Heiligenstedten, Ratzburg, Oldenburg, Mecklenburg, Stade, Lesum, Wildeshausen, Bremen, Verden, Ramesloh und Friesland unterstellt werden sollen, wie Albert im Rückgriff auf Kapitel III, 33 mitteilt.[922]

Der Jahresbericht ***1069*** gibt Auskunft über die Begegnung zwischen Heinrich IV. und dem Dänenkönig, die zum Abschluß eines Bündnisses gegen Sachsen geführt hatte. Die erste Verschwörung gegen den König sei unterdrückt worden, Sachsen wäre ein ganzes Jahr lang verwüstet worden.[923] Danach hätten sich durch Vermittlung Adalberts die Herzöge Otto (von Northeim) und Magnus dem König unterworfen. Das Herzogtum Ottos wäre an Welf verliehen und die von Magnus verwalteten Kirchengüter an den Erzbischof zurückerteilt worden.[924]

Wie im Jahresbericht ***1071*** beschrieben, konnte Adalbert wegen seiner körperlichen Beschwerden seine Reisen zur Verrichtung seiner Staatsgeschäfte nur in einer Sänfte zurücklegen.[925] Bereits gekürzt, aber dennoch langatmig, weitschweifig und mit allen Mitteln der Rhetorik ausgeschmückt, werden Verfall und Dahinsiechen des Erzbischofs geschildert.[926] Diese Phase hätte begonnen, als er hätte erkennen müssen, daß seine Bemühungen um die Rückerstattung der (1066 verlorenen) Abteien, vor allem Lorsch und Corvey, vergeblich gewesen waren.[927]

---

[921] Ebd., III, 59 (58), S. 406, 1-18

[922] Ebd., S.368, 10-18

[923] Ebd., S. 407, Anm. 254: Wirtschaftliche Ausbeutung Sachsens durch den König führte 1070 zu scharfer Opposition des sächsischen Adels unter der Führung Ottos von Northeim und des Grafen Magnus (Sohn des Herzogs Ordulf, der 1072 starb) und zum Aufstand. Durch Adalberts Vermittlung kam es am 12. Juni 1071 in Halberstadt zur Unterwerfung. Graf Welf erhielt Ottos Herzogtum Bayern an Weihnachten 1070.

[924] Ebd., III, 60 (59), S. 406, 19-26

[925] Ebd., S. 407, Anm. 255: Weihnachten 1071 in Lorsch, dann über Lorsch nach Regensburg, von da nach Goslar.

[926] Ebd., III, 60 (61) - III, 70 (69), S. 406, 27 - S. 422, 21

[927] Ebd., III, 61 (60), S. 408, 1-9

Mit der Nachricht vom Tode Adalberts am 17. April und mit dem Bericht von seiner Überführung von Goslar nach Bremen unter großer Anteilnahme des ganzen Reiches und von der feierlichen Beisetzung in der Krypta des Bremer Domes beendet Albert von Stade die Kompilation der Bischofsgeschichte der Hamburger Kirche Adams von Bremen im Jahresbeitrag ***1072.***

Der Umgang Alberts von Stade mit der Vorlage

Die Textauswahl des Chronisten läßt anhand dessen, was er in seiner Kompilation der „Historia ecclesiastica" Adams von Bremen wörtlich ausgeschrieben, gekürzt, ignoriert, hervorgehoben und zuweilen ergänzend mit einem eigenen Beitrag versehen hat, erkennen, wie er mit der Vorlage umgegangen ist. Als Plagiat erscheint uns heute, daß er Adam von Bremen persönlich nicht als seinen Quellenautor angegeben hat. Dies war jedoch bei mittelalterlichen Chronisten allgemein auch nicht üblich, weil Adam von Bremen seinem überwiegend geistlichen Leserpublikum ohnehin bekannt war. Für Albert war Adam von Bremen eine Autorität, dessen Repräsentanz außer Frage stand, und dessen Texte man deshalb ungeprüft übernehmen konnte. Hieraus läßt sich Alberts Textübertragung in wörtlicher und inhaltlicher Übereinstimmung mit allen historischen Irrtümern, Übertragungsfehlern und Mißverständnissen, falschen Datierungen und Beurteilungen der Vorlage erklären. Albert bringt jedoch die überaus reiche Fülle geschichtlichen Stoffes, die Adam weitschweifig in epischer Breite, mit allen Mitteln der Rhetorik ausschmückend vor dem Leser ausbreitet, übersichtlich in eine jahreszeitlich datierte Ordnung, indem er die Ereignisberichte Adams in seine nach Jahren strukturierte Chronik einfügt. Kürzungen durch Aussparen unwesentlicher Aussagen, wie dramatisierende Ausbrüche oder Übertreibungen des Vorlagenautors tragen zusätzlich zur Übersichtlichkeit bei. Bei der Darstellung der Wikingerfahrten im Jahresbericht 876 beschränkt sich Albert zum Beispiel hauptsächlich auf die geschichtlichen Ereignisse. Durch den Verzicht auf schwärmerische Ausbrüche Adams oder übermäßige Glorifizierungen der frommen Eigenschaften und Qualitäten der Erzbischöfe in der etwas übersteigerten Darstellung der Missionsapostel, wie zum Beispiel im Jahresbericht 936, kürzt er den Text zuweilen erheblich. Hierdurch gewinnt die Darstellung im Exzerpt an Sachlichkeit. Diese als positiv zu bewertende Methode des Umgangs mit der Textvorlage behält Albert bis auf wenige Ausnahmen im gesamten Kompilat bei.

Bedauerlich ist jedoch, daß er alle exakten Quellenangaben Adams vermissen läßt, zum Beispiel im Jahresbericht 913. Durch diese sorgfältigen Angaben mündlicher Informationen oder schriftlicher Quellenautoren relativiert Adam die Zuverlässigkeit der Informationen und die Glaubwürdigkeit des Berichteten. Albert dagegen fügt alle Nachrichten und Berichte geschichtlicher Ereignisse der Vorlage ungeprüft ins jahreszeitliche Stukturraster seiner Chronik ein.

Aber er behandelt die Vorlage nicht erschöpfend. Er trifft selektiv eine Textauswahl. Oft läßt er dabei interessante Einzelheiten der Vorlage vermissen, zum Beispiel im Jahresbericht 1058 Adams Bemerkung, daß der Obodritenfürst Gottschalk bei der Bekehrung der Slawen so erfolgreich gewesen wäre, weil er sich ihrer Sprache bedient hätte. Auch überspringt er zuweilen ganze Kapitel mit wesentlichen Aussagen Adams, wie etwa das Kapitel 22 (21), in dem dieser zum Beispiel eingehend über die verschiedenen Wendenstämme informiert, sie einzeln aufführt und ihre blutigen Herrschaftskämpfe untereinander schildert, in die der Obodritenfürst Gottschalk, Herzog Bernhard und der Dänenkönig siegreich eingreifen. Auch fehlen Adams bittere Bemerkungen *„Vom Christentum war nicht die Rede, die Sieger waren nur auf Beute bedacht."* in III, 23 (22) und die Anprangerung der Habsucht der Sachsen, denen *„der Sinn mehr nach Steuereinkommen als nach Heidenbekehrung"* stand. Sie verdeutlichen seine scharfe Kritik und sein Bedauern darüber, wie sehr durch diese blutigen Beutezüge die Missionierung stagnierte.[928]

Ebenso übergeht Albert Adams meisterhafte Charakterisierung Adalberts in seinen Funktionen als Missionslegat,[929] im Dienste des Reiches,[930] in seiner Liebe zu Prunk und seiner Neigung zur Anhäufung von Reichtümern zur Steigerung des Ansehens seiner Kirche.[931] Darüber hinaus läßt Albert Adams Darstellung Annos von Köln mit dessen Vetternwirtschaft und Habsucht,[932] der Schilderung von Adalberts Charakterschwächen und seiner Unausgeglichenheit[933] sowie der nicht offen ausgetragenen Feindschaft zwischen dem Erzbischof und dem bejahrten, geldgierigen Sachsenherzog in seinem Exzerpt unberücksichtigt.[934]

Auffällig ist auch, daß Albert zum Beispiel die Kapitel II, 17 (15) bis II, 23 (20) überspringt, in denen Adam von Bremen die zahlreichen

---

928 Adam von Bremen, III, 23 (22)
929 Ebd., III, 24 (23) - III, 25 (24)
930 Ebd., III, 32 (31)
931 Ebd., III, 27 (26)
932 Ebd., III, 35 (34)
933 Ebd., III, 36 (35) - III, 40 (39)
934 Ebd., III, 42 (41)

dem Hamburger Sprengel unterstellten Völker, Volksgruppen und vor allem die slawischen Stämme, *die „durch Otto des Großen Macht damals alle zum Christenglauben bekehrt wurden"*,[935] mit der geographischen Beschreibung ihrer Länder, mit ihren Eigenarten und Details aus ihrer Geschichte und besonders mit dem Grad ihrer Christianisierung vorstellt. Er zeigt kein Interesse an den heidnischen Völkern und deren Verhaltensweisen, an der nordischen Geschichte und an der geographischen Beschreibung der skandinavischen und der slawischen Länder des Ostseeraumes, die in Adams Werk, insbesondere im nicht kompilierten Buch IV, einen so großen Raum einnehmen.[936] So überspringt Albert auch die Kapitel II, 34 (32) bis II 41 (39), die - mit der vergeblichen Flucht König Svens nach Norwegen und England, mit seiner Zuflucht in Schottland, mit seiner Rückkehr in sein Herrscheramt nach vierzehnjähriger Vertreibung, mit seiner erneuten Vertreibung und mit der sich anschließenden Wiedereinsetzung in sein Reich durch König Olaf und mit seinem Bündnis mit diesem - wichtige Einblicke in die englische und die skandinavische Geschichte gewähren, stets verbunden mit der für Adam von Bremen typischen Bewertung der Herrscher nach dem Grad ihrer Christianisierung.

Ebenso informiert Albert nur unvollständig und bruchstückhaft über die innerskandinavischen und die dänisch-englischen Auseinandersetzungen im Jahresbericht 1050. Er umgeht darin die etwas zweifelhafte Darstellung Adams von der Rückeroberung Dänemarks 1045/46 durch den jungen Sven Estridson und späteren Informanten des Vorlagenautors. Es fehlt der Bericht über Svens Abmachungen bezüglich seiner Ansprüche in England mit Edward dem Bekenner.[937] Unberücksichtigt läßt Albert auch die auf der Berichterstattung Sven Estridsons[938] basierende Darstellung Adams über die militärischen Auseinandersetzungen zwischen dem Mitregenten Norwegens Harald Hardrade und Sven Estridson um die Herrschaft in Norwegen und Dänemark. Hierbei hatte Haralds Feindschaft gegenüber Dänemark kirchlich zur Abkehr Norwegens von Hamburg-Bremen geführt. Darüber hinaus verzichtet Albert auf die Schilderung der Umstände,

---

935 Ebd., II, 23 (20), S. 254, 16-17

936 vgl. Gerhard Theuerkauf, Die Hamburgische Kirchengeschichte Adams von Bremen über Gesellschaftsformen und Weltbilder im 11. Jahrhundert in: D. Berg und H.W. Goetz, Hrsg., Historiographie Mediaevalis, Studien zur Geschichtsschreibung und Quellenkunde des Mittelalters, Festschrift für F. J. Schmale zum 65. Geb., (S. 118-137, Darmstadt 1988, S. 129

937 Trillmich u. Buchner, S. 338 u. 339, Anm. 46 und 47

938 Ebd., Anm. 55

die zur Loslösung Englands von Dänemark geführt und England unter die Herrschaft der Söhne Godwins gebracht haben, während Edward dem Bekenner nur noch der leere Königstitel erhalten geblieben war.[939]

Wenn Albert die Vorlage auch bei weitem nicht voll ausschöpft und auch der Darstellung Adams bezüglich der innerskandinavischen und der damit eng verwobenen englischen politischen Verhältnisse in seiner Chronik sehr wenig Raum gibt, so befürwortet er dennoch die wesentlichen Schwerpunkte der kirchengeschichtlichen Aussagen Adams. Für den Bremer Scholastiker hatte die christliche Expansion äußerste Priorität. Diese durfte durch Auseinandersetzungen unter den Christen nicht behindert werden.[940] Sie konnte in Adams Augen nur durch die Anerkennung der Jurisdiktion des Hamburg-Bremer Erzbistums,[941] im Norden durch die skandinavischen Könige und im Reich durch die Abgrenzung von Missionsbereichen durch die Festlegung der Peenegrenze zwischen den Kirchenprovinzen Bremen und Magdeburg,[942] insbesondere aber auch durch die Selbstbehauptung der Bremer Kirche gegenüber den Anprüchen des Erzbistums Köln erreicht werden. [943]

Albert von Stade teilt Adams wesentliche Überzeugungen bezüglich der Mission. Zum Beispiel übernimmt er Adams Wertmaßstab der Beurteilung der skandinavischen Könige und Bischöfe nach dem Grad ihrer Anerkennung der Jurisdiktion der Bremer Erzbischöfe. Ebenso ist er wie sein Vorlagenautor der Ansicht, daß die Herrschenden im Reich, die Kaiser, die Könige, die Herzöge, die Fürsten, die Grafen und auch die Bischöfe nach dem Grad ihres Einsatzes und nach dem Ausmaß ihrer tätigen Unterstützung der Mission zu bewerten wären.

Auch stimmt Albert in den wesentlichsten Kritikpunkten mit Adam von Bremen überein, daß zum Beispiel die gegensätzlichen Interessen und Zielsetzungen von Herzog und Erzbischof (der Herzog strebe in seiner Habgier nur die Tributzahlungen an, der Bischof dagegen die Stärkung des christlichen Glaubens[944]) ebenso wie die im Jahresbericht 988 beschriebenen kriegerischen Auseinandersetzungen die auslösenden Ursachen für die Stagnation der Mission darstellten. Dennoch

---

939 Ebd., Adam von Bremen, III, 13 (12) - III, 14 (13)

940 vgl. Theuerkauf, Die Hamburgische Kirchengeschichte Adams von Bremen, S. 123

941 s. die Jahresberichte 858, 908, 948, 1046 (Scholie 60), 1051 und 1058

942 Ebd. und Anm. 10: Adam von Bremen I, 27, 49; II, 16

943 s. die Jahresbericht 888 und 896 sowie 908, 948 und 1039

944 s. Jahresbericht 1039

übernimmt er nicht Adams scharfe Kritik im Kapitel III, 22 (21) an den Beutezügen des Obodritenfürsten Gottschalk, des Herzogs Bernhard und des Dänenkönigs, bei denen nur vom Beutemachen, nicht aber vom Christentum die Rede wäre, ebenso prangert er nicht die Habsucht der Sachsen im Kapitel III, 23 (22) an, wodurch Adam den Fortschritt der Missionierung gefährdet sah.

Auch hütet sich Albert als Franziskaner vor jeder Art offener Kritik an der Institution Kirche. So vermeidet er zum Beispiel im Jahresbericht 1046, die um den apostolischen Stuhl streitenden Bischöfe, wie sein Quellenautor, als Schismatiker zu bezeichnen. Andererseits teilt der von benediktinischer Denkungsart geprägte Franziskaner im Jahresbericht 1022 offenbar Adams Ansicht, daß die Methode Erzbischof Unwans, sich die skandinavischen Könige mit Hilfe reicher Geschenke aus dem Kirchenbesitz gewogen zu machen, durchaus zu rechtfertigen sei.

Generell stimmte Albert von Stade in den allgemeinen christlichen Moral- und Wertvorstellungen mit Adam überein. So verurteilt er im Jahresbericht 1050 ebenso wie dieser die Ehe Sven Estridsons mit einer Blutsverwandten und dessen Frauengeschichten und begrüßt die diesbezüglichen energischen Gegenmaßnahmen des Erzbischofs und des Papstes. Das Vergehen der Simonie verurteilt Albert offenbar etwas strenger als sein Vorlagenauto.[945]

Wie Adam schätzte Albert als ehemaliger Benediktinerabt und als Reformeiferer die bei dem verheerenden Brand der Bremer Kirchengebäude (Jahresbericht 1042) entstandenen Sachverluste geringer ein als die nachfolgende Vernachlässigung der kanonischen Regel, wodurch auch er die Glaubensmoral der in größerer Ungebundenheit lebenden Mönche in hohem Maße gefährdet sah.

Darüber hinaus ist er wie Adam an der Überlieferung von Wunderlegenden[946] und Märtyrergeschichten[947] zur Stärkung des Glaubens interessiert.

Die wenigen reichsgeschichtlichen Beiträge Adams ersetzt und ergänzt Albert, die Kompilation über die nordische Mission und die Geschichte des Erzbistums Hamburg-Bremens jeweils abrupt unterbrechend, übergangslos durch wörtlich ausgeschriebene Jahresberichte reichsgeschichtlichen Inhalts aus der Chronik Ekkehards von Aura. Bereits ab 1058 erscheinen auch erste Auszüge aus der Slawenchronik Helmolds von Bosau zur Darstellung der Christianisierung

945 s. Jahresbericht 1010

946 s. die Jahresbericht 915 und 1051

947 s. Jahresbericht 840, 974, 1028 und 1066

der Westslawen im ostelbischen Raum, beginnend mit liber I, 22, deren erste beiden Bücher er ab 1066 nahezu vollständig ausschreibt.

Gelegentlich fügt Albert von Stade zusätzlich Jahreszahlen ein, um wichtige Ereignisse besonders hervorzuheben. Außerdem setzt er bei jedem Wechsel in der Erzbischofsfolge stereotyp: *„Isti"* beziehungsweise *„ei successit ..."* ein.

Von seinen wenigen in die Kompilation eingestreuten, kurzen selbständigen Beiträgen beziehen sich zwei auf die Reliquien der Bremer Kirche (Jahresbericht 961) und der Kirche der heiligen Jungfrau seiner Heimatstadt Stade (Jahresbericht 1066), zu denen er eine besonders innige Beziehung hatte. In einem dritten Beitrag deutet Albert von Stade den folgenschweren Sieg Wilhelm des Eroberers bei Hastings 1066 an[948] und umgeht damit den sehr viel ausführlicheren Bericht Adams.[949] Im vierten und, wie ich meine, wichtigsten eigenen Beitrag unterstreicht er im Jahresbericht 788 das große Ansehen und die Bedeutung der Bremer Kirche, indem er ihre Tradition direkt auf Karl den Großen zurückführt. Er hebt darin ganz besonders hervor, daß der Kaiser die Stiftungsurkunde der Bremer Kirche persönlich und eigenhändig erteilt hätte. Indem Albert von Stade dies durch seine eigene Aussage bezeugt, macht er die Kirchengeschichte Adams von Bremen zu seiner Geschichte des Erzbistums Bremen, dem er sich als ehemaliger Stader Benediktinerabt und zuvor Bremer Kanoniker, aber auch durch seine Bekanntschaft und mögliche Verwandtschaft mit dem Bremer Scholastiker Heinrich sehr eng verbunden fühlte.

---

948 Reiner Reineccius, Chronicon Alberti, Abbatis Stadensis, am Schluß des Jahresbericht 1066.

949 Adam von Bremen III, 52

2.) Die Kompilatorische Darstellung der Christianisierung der Westslawen im ost-elbischen Raum nach der Slawenchronik Helmolds von Bosau - Behandlung der Vorlage im Einzelnen.

Zur Darstellung der Christianisierung der Westslawen im ostelbischen Raum diente Albert von Stade in den Jahresberichten 1058 bis 1163 das erste Buch der *Slawenchronik Helmolds von Bosau* (1120-1176) als Vorlage, die er wörtlich und inhaltlich ausschnittsweise in längeren Passagen ausschrieb, die er selektiv benutzte, zuweilen aber auch sinngemäß mit eigenen Worten wiedergab. Am zweiten Buch orientierte er sich nur flüchtig.

Helmold war bereits um 1136 als junger Geistlicher bei seinem Aufenthalt im vom Missionsbischof Vizelin gegründeten Augustinerchorherrenstift in Bad Segeberg ganz nahe am Kriegsschauplatz christlicher Missionierung Augenzeuge der schweren Auseinandersetzungen mit den Slawen und mußte 1138 im Zusammenhang mit der Zerstörung von Suburbium und seines Stiftes durch Pribislaw nach Neumünster, danach nach Braunschweig fliehen. Hier erhielt er 1139-43 beim späteren Bischof Gerold von Lübeck seine theologische Ausbildung. 1143 nach Neumünster zurückgekehrt, war er Augenzeuge wichtiger Phasen der Slawenmission. Die Anregung zu seinem Werk erhielt Helmold von seinem Lehrer Gerold von Lübeck, dem Nachfolger des Wagrierapostels Vizelin. Mit Gerold blieb er weiterhin in Kontakt, wodurch er über die Probleme der Missionierung bestens unterrichtet war. Die „Chronica slavorum" entstand 1163-68.[950] Helmolds Hauptinteresse liegt in der Missionierung Wagriens. Politisch etwas unerfahren, läßt er in seiner reichsgeschichtlichen Berichterstattung Lücken erkennen, da er nur Ereignisse erwähnt, die

[950] Sie beinhaltet Darstellungen über die Sachsenkriege Karls des Großen, die Missionsbemühungen Ansgars, die Kriegszüge Heinrichs I. und Ottos I. gegen die Slawen, die vielen Rückschläge bei den Pazifizierungsversuchen, insbesondere während des Investiturstreites, die fruchtbare Förderung der Missionierung und anschließenden Kolonisierung der westelbischen Gebiete durch Lothar III. sowie Berichte über das Wirken der wichtigsten Missionsträger in Wagrien, der Bischöfe Vizelin und Gerold und der Fürsten Adolf und Heinrich, über die kriegerischen Auseinandersetzungen um ihre Herrschaftsraüme in den Missionsgebieten zwischen den Erzbischöfen von Bremen und Magdeburg und Herzog Heinrich dem Löwen und dem Markgrafen von Brandenburg, über die Kriege mit den Obrodriten und den Pommern, über die Reichspolitik Heinrichs des Löwen sowie über die Befriedung Rügens und Mecklenburgs.

ihm für die Missionierung bedeutsam erschienen. Dennoch werden in seiner Darstellung Tendenzen, zum Beispiel die „Geringschätzung der Dänen" (I, 65, 109), ein „betont sächsischer Standpunkt" bei der Schilderung der nordalbingischen Völkerschaften (I, 67) und eine „Antipathie gegenüber den Bremer Erzbischöfen" deutlich.[951] Auf die Bibliothek seiner Pfarrei in Bosau beschränkt, benutzte Helmold bis 1066 vor allem die „Historia ecclesiastica" Adams von Bremen, aber auch die Viten Anskars und Willehardis, die Annales Disibodi und die Frutolf-Ekkehard-Chronik als Vorlagen. Außerdem wird vermutet, daß er zahlreiche nordalbingische und sächsische Quellen aus dem Gedächtnis zitiert hat, zum Beispiel zur Darstellung Krutos oder der Legenden zur Person Heinrichs IV. Hinzu kommen Einflüsse antiker Klassiker und aus der Vulgata, der seine biblischen Redewendungen entstammen.

Helmolds Slawenchronik stellt die Hauptquelle für die Geschichte Nordalbingiens-Wagriens und der Slawenmission im 12. Jahrhundert, für den Verlauf der Ostkolonisation, für die skandinavische und die deutsche Reichsgeschichte des 12. Jahrhunderts sowie für die Geschichte der Stadt und des Bistums Lübeck dar.[952] Von Arnold von Lübeck fortgesetzt, fand das Werk bereits in den nächsten drei Jahrhunderten große Beachtung.[953]

Albert von Stade beginnt im Jahresbericht ***1106*** seine kompilatorische Darstellung der Christianisierung der Westslawen im ostelbischen Raum mit der Nachricht von den Überfällen und den Beutezügen Heinrichs von Lübeck, des Sohnes Gottschalks, der ehemals vom Slawenfürst Kruto nach Dänemark vertrieben worden war. Detaillgetreu nach der Vorlage schildert der Chronist, wie Heinrich mit diesen militärischen Einfällen in Oldenburg und im Gebiet des gesamten slawischen Küstenstreifens seine Rückkehr in die Heimat erzwungen hätte. Angestiftet durch die Gemahlin Krutos, der

---

951 D. Berg, Helmold von Bosau, in Wattenbach, Schmale, Deutschlands Geschichtsquellen im Mittelalter, S. 432 und Anmerkung 31: Die persönliche Voreingenommenheit des Autors könne aus der Situation der Zeit erklärt werden. Es handele sich in keinem Fall um Fälschung oder Erfindung von Tatsachen, die ihm einige Historiker aus jüngerer Vergangenheit anlasten wollten.

952 Ebd.

953 Ebd., S. 432 f: Sie wurde im 13. Jahrhundert außer von Albert von Stade vom Verfasser des Chronicon St. Michaelis Luneburgensis, im 14. Jh. und 15. Jahrhundert von Autoren wie Heinrich von Herford, Hermann von Lerbeke, Hermann Korner, dem Presbyter Bremensis, Johann Schiphower u. a. als Vorlage benutzt.

ihm nach dem Leben getrachtet hätte, hätte er diesen bei einem Gastmahl ermorden lassen, Land und Herrschaft des Getöteten eingenommen und seine Frau geheiratet. Albert berichtet weiter, daß Heinrich dem Herzog Magnus von Sachsen den Treueeid geschworen und mit diesem gemeinsam (bei Schmilau) den Slawenaufstand (der Obodriten) niedergeschlagen, die östlichen Slawen tributpflichtig gemacht und für Ruhe und Ordnung gesorgt hätte. Die vor den Kriegswirren geflohenen Nordelbinger hätte er angewiesen, in ihre Dörfer zurückzukehren und die durch den Krieg zerstörten Häuser und Kirchen wiederzuerrichten.

Albert beschreibt die derzeit insgesamt äußerst defizitäre Situation der Slawenmission mit Helmolds Bemerkung, daß es im gesamten Slawengebiet bis dahin außer in der von Heinrich von Lübeck zuweilen als Aufenthalt genutzten Burg „Alt Lübeck" (an der Mündung der Schwartau in die Trave) weder Kirchen noch Priester gegeben hätte. Nähere von Helmold detailliert beschriebene Einzelheiten der kriegerischen Auseinandersetzung bei der Niederschlagung des Slawenaufstandes bleiben unbeachtet. Ebenso läßt er die tapfer auf der Seite des Sachsenherzogs kämpfenden Stämme der Barden, Holsten, Stormarn und Dithmarschen unerwähnt. Die dramatische Schilderung Helmolds von der Enthauptung des Grafen der Holsten, Gottfried, durch slawische Straßenräuber,[954] faßt Albert in einem Satz zusammen.

Bezüglich seiner Leistungen für die Missionierung übernimmt Albert Helmolds außerordentlich positives Bild vom Grafen Lothar (von Süpplingenburg). Der Kaiser hätte Lothar nach dem Tode des Herzogs Magnus das Herzogtum Sachsen übertragen. Graf Lothar hätte maßvoll über Slawen und Sachsen regiert,[955] seine Grafschaft Adolf von Schaumburg übertragen und diesen mit dem Slawenfürsten Heinrich von Lübeck ausgesöhnt.[956]

Im Jahresbericht ***1133*** findet sich wiederholt eine bis zur Glorifizierung gesteigerte Äußerung Helmolds über Lothar und dessen glanzvolle Regierungszeit, während der innerhalb Sachsens und im ganzen Reich ruhige Zeiten angebrochen wären und Wohlstand und Frieden zwischen Königtum und Papst geherrscht hätte. Auch die Slawenvölker hätten sich während Lothars Regentschaft friedfertig

[954] Ebd., I, 35, S. 146, 12 - S. 148, 3
[955] Ebd., I, 35, S. 146, 5-11
[956] Ebd., I, 36, S. 148, 5-7

gezeigt.[957] Hier steht Alberts kompilatorische Darstellung jedoch im Widerspruch zu seiner eigenen negativen Einschätzung des Süpplingenburgers im selbständigen Teil der Chronik.

In nahezu wörtlicher Übereinstimmung mit der Textvorlage folgen die Berichte über den bedeutenden Missionsträger Vizelin, über sein Leben und sein intensives Wirken für die Slawenmission. Zusammen mit seinem jugendlichen Zögling Thetmar hätte Vizelin in Frankreich ein dreijähriges Studium absolviert. Durch den Erzbischof Albero von Hamburg/Bremen wäre ihm der Auftrag zur Slawenmission erteilt worden. Heinrich von Lübeck hätte ihm die Lübecker Kirche als Missionsstütz- und Ausgangspunkt übergeben. Dessen jäher Tod hätte sein Missionsvorhaben jedoch vorläufig zum Scheitern gebracht. Durch den Bruderzwist der Söhne Heinrichs Sventopolk und Knut wären Unruhen ausgelöst worden.[958]

Unter Umgehung informativer Ausführungen Helmolds über die drei Stämme der Nordelbinger setzt Albert den Bericht von der Reise Alberos und Vizelins nach Meldolf wortgetreu fort. Hier wäre Vizelin auf Wunsch der Bewohner von Faldera durch Albero zu deren Priester ernannt worden. Er hätte mit großem Erfolg und Zulauf gepredigt und die Nordelbinger zu Christus bekehrt. Auch hätten ihn (namentlich genannte) angesehene Geistliche aufgesucht. Unbeachtet bleiben nähere von Helmold detailliert beschriebene Einzelheiten des Missionierungsvorgangs, wie zum Beispiel die Auseinandersetzungen mit den Heiden, die Zurechtweisung von Zweiflern, die Versöhnung Uneiniger, das Verbot heidnischer Gebräuche sowie die Zerstörung von Gottheiten und der heiligen Haine.[959]

Ohne den von Helmold ausführlich beschriebenen Bruderkrieg zwischen Sventopolk und Knut, deren Aussöhnung und die nach dem Mord an Knut bestehende Alleinherrschaft Sventopolks zu erwähnen, berichtet der Chronist über dessen gemeinsam mit Graf Adolf, den Holsten und Stormarn unternommen Heerzug gegen die Obodriten. Er beschreibt die erfolgreiche Belagerung und die Einnahme der Burg Werle und der Hauptburg der Kessiner. Quellengleich schildert er, wie Vizelin, nachdem er Sventopolk für die Christianisierung hätte

---

957 Ebd., I, 41, S. 168, 19-24: „*Coepit in Lotharii Caesaris nova lux, non tam in Saxonia finibus, quam in universo regno, tranquillitas temporum, abundantia rerum, pax inter regnum et sacerdotium. Sed et Slavorum populi agebant ea, quae pacis sunt, eo quod Heinricus, Slavorum Rex, Comitem Adolfum, et continuos Nordalbingorum populus, omni benevolentia amplexatus fuerit.*"

958 Ebd., I, 46, S. 180. 2-28

959 Ebd., I, 47, S. 180, 30 - S. 184, 8

gewinnen können, die Geistlichen Ludolf und Volkward als Seelsorger nach Lübeck entsandt hätte.

Deutlich läßt er erkennen, wie nach dem Überfall der Ranen auf Lübeck und nach dem Auslöschen der Sippe Heinrichs von Lübeck durch die Morde an Sventopolk und an seinem Sohn die Christianisierung der Slawen erneut stagnierte.[960]

Wortgetreu folgt Albert dem Bericht Helmolds über Herkunft und Heranwachsen Knut Lawards. Dieser wäre zunächst von seinem Oheim Niels, dem jüngsten Sohn Sven Estridsens, erzogen worden. Danach sei seine Erziehung am Hofe König Lothars fortgesetzt worden. Anschließend wird über sein Wirken als Herzog von Dänemark berichtet.[961] Gegen „Gesindel" und Wegelagerer zwischen Schlei und Eider wäre er äußerst hart vorgegangen. Lothar III. hätte ihn mit dem Obodritenreich belehnt und ihn als König der Obodriten eingesetzt. Besonders hervorgehoben werden sein Einfall in Wagrien, wo er auf dem Alberg (dem Segeberger Kalkberg) eine Burg hätte errichten wollen, und sein gewaltsamer militärischer Überfall ins Slawengebiet, bei dem er Pribislaw und Niklot in Schleswig gefangengenommen hätte, bis sich diese mit Geld und Geiseln losgekauft hätten. Auch schildert der Chronist die Einweihung der Lübecker Kirche durch Knut und lobt dessen gutes Einvernehmen mit Vizelin und den anderen Missionsgeistlichen.[962]

Als Beitrag zur dänischen Geschichte schließt sich der ausführliche Bericht über die mit großer Brutalität ausgetragenen Familienkämpfe der dänischen Herrscher an. Diese hätten mit der Ermordung Knuts durch seinen Vetter Magnus ihren Anfang genommen.[963] Es wird beschrieben, wie Kaiser Lothar mit einem Heeresaufgebot am

---

[960] Ebd., I, 48, S. 186, 4-28

[961] Die Dänen übernahmen unter Herzog Knut Laward, einem Freund Vizelins, in Südjütland die Herrschaft über die Slawen. Am Hofe Lothars erzogen und von Lothar als Fürst der Obodriten eingesetzt, erkaufte sich dieser das Land der Obodriten. Er wurde Lehnsmann Lothars, besetzte Wagrien, überfiel mit den Holsten die Slawen, erschlug viele von ihnen und unterjochte sie und setzte die Slawenfürsten gefangen, bis diese sich freikauften. Inzwischen wurden in Lübeck Kirchen geweiht.

[962] I, 49, S. 186, 30 - S. 190, 8

[963] Die Ermordung Knuts durch seinen Vetter Magnus löste Wirren und Fehden in Dänemark aus. Magnus kaufte sich vom Rachefeldzug Lothars frei und leistete ihm den Lehnseid, wodurch Lothar sein erstes Ziel seiner Expansionspolitik im Nordosten des Reiches erreicht hatte: die Lehnsabhängigkeit Dänemarks, der noch die Böhmens, Polens und Ungarns nachfolgten.

Danewerk-Wall nahe Schleswig erschienen wäre, um den Tod Knuts zu rächen.[964] Beeindruckt führt Albert von Stade diesen Bericht mit eigenen Worten zuende: ***„Territi igitur reges, pater et filius, venerunt suppliciter ad presentiam imperatoris. Datoque sibi immenso auro, iusticiam faciendam de interfectione Kanuti promittunt."*** [965] *(Die bestürzten Könige, Vater und Sohn, treten flehend vor des Kaisers Antlitz. Und sie versprechen, nachdem sie eine immense Summe Goldes gezahlt hatten, wegen der Ermordung Knuts Genugtuung zu leisten.)*

Den Vorlagentext auf die wesentlichen Aussagen kürzend, zeichnet Albert den weiteren Verlauf der dänischen Thronkämpfe auf. Er erwähnt die vergeblichen Versuche des (Halb)bruders Knuts Erich, den Mord an Knut zu rächen, die jedoch alle stets mit dessen Niederlage und Flucht geendet hätten. Dies hätte ihm den Namen Erich Hasenfuß eingetragen. Anschließend hätte er in Schleswig Zuflucht gefunden. Es folgt die Schilderung der langanhaltenden Belagerung Schleswigs durch Niels und Magnus (1131/32). Ohne auf nähere Einzelheiten der kriegerischen Auseinandersetzungen einzugehen, erwähnt Albert lediglich den Ausgang des Kampfes um Schleswig. Dieser hätte zwar mit der Niederlage der von den Schleswigern um militärische Hilfe gebetenen Nordelbinger unter Graf Adolf geendet, Magnus aber nicht die Einnahme der Stadt eingebracht. Der Chronist berichtet weiter von der Flucht Erichs nach Schonen, wohin sich (für mehrere Jahre) der Kriegsschauplatz verlagert hätte.

Über die entscheidende Schlacht, deren Ausgang von mittelalterlichen Chronisten als untrügliches Zeichen eines Gottesurteils, eines Eingriffs Gottes in die Geschichte, bewertet wird, berichtet Albert im Jahresbeitrag ***1134.*** Magnus wäre gefallen und sein dänisches Heer von den Schonen besiegt und völlig aufgerieben worden, weil er trotz der eindringlichen Mahnung der Bischöfe die Schlacht am heiligen Pfingsttage eröffnet hätte. Erich Hasenfuß hätte den Beinamen Emmun, der Gefeierte, erhalten. Er wurde Herrscher über Dänemark. Der alte König Niels aber wäre auf der Flucht von Schleswiger Bürgern erschlagen worden. Die abschließenden Worte Helmolds von der vollzogenen Rache überspringt Albert. Unbeachtet läßt er auch dessen negatives Werturteil über die Dänen: *„...denn nur durch innere Kämpfe zeichnen sich die Dänen aus."*[966]

Unberücksichtigt bleibt auch das detaillierte Bild, das uns Helmold von den Heiden und von den religiösen Bräuchen der Slawen entwirft.

---

964 Ebd., I, 50, S. 190, 18 - S. 192, 24

965 Lappenberg, Ann. Stad., S. 323, 1-3

966 Helmold, I, 51, S. 192, 29 - S. 196, 12

Deren „angeborene Grausamkeit" hätte sich an Christen, zuweilen bis zu Christenopfern ausgewirkt. Albert von Stade vermittelt seinen Lesern weder Werturteile noch Kenntnisse über die Slawen. Er beschränkt sich nur auf die Aussage, daß die Knut Laward nachfolgenden Regenten, Pribislaw über Wagrien und Polabien und Niklot über das Obodritengebiet, erbitterte Feinde der Christen gewesen wären, so daß die Slawen wieder in Götzendienst und abergläubische Irrlehre zurückgefallen wären.[967]

Nachfolgend wird über die Errichtung der Festung Segeberg und über die Gründung einer Kirche am Fuße der Burg berichtet. Hiermit hätte Kaiser Lothar nicht nur der Bitte Vizelins entsprochen, sondern er hätte ihm auch die Verwaltung sowohl dieser als auch der Lübecker Kirche übertragen.

Albert übernimmt hier auszugsweise die von Helmold hervorragend dargestellte Sicht der Slawen, die dieser in einem Zwiegespräch zwischen zwei Slawenfürsten veranschaulicht. Diese hätten in bedrückender Voraussicht erkennen müssen, daß der Kaiser sie zum Bau ihrer eigenen Zwingfeste (Segeberg) beordert hätte, die ein Joch für ihr ganzes Land bedeuten würde.[968] Helmolds detaillierte Begründung der düstren Vorahnung der Slawenfürsten, daß man von dieser Feste aus zunächst Plön, Oldenburg und Lübeck erobern, danach die Trave überschreiten und Ratzeburg und Polabien sowie nachfolgend das Obodritenreich einnehmen würde, läßt Albert jedoch unbeachtet.

Im Jahresbericht ***1136*** erwähnt der Chronist die von Vizelin in den Kirchen von Lübeck und Segeberg eingesetzten Missionsgeistlichen namentlich und wertet das Missionsunternehmen im Slawengebiet als Verdienst Lothars.[969] Helmolds Bedauern über den „unzeitigen Tod" des Kaisers und die Würdigung der hervorragenden Verdienste Lothars in Italien sowie seines großen Einsatzes für die Christianisierung läßt er jedoch weitgehend unbeachtet,[970] vermerkt aber dennoch die Wende, die nach dem Tode Lothars eingetreten sei. Er nennt den Machtverlust der Sachsen und die Stagnierung der Mission, die Helmold zurecht als ursächliche Folgen des Kampfes zwischen Heinrich dem Stolzen und Albrecht dem Bären um die Herzogswürde in Sachsen interpretierte. Ebenso erwähnt er das Eintreten Konrads III. für Albrecht den Bären, dem die Feste Lüneburg mit den Städten

---

967 Ebd., I, 52, S. 196, 14-20

968 Ebd., I, 53, S. 198, 21 - S. 200, 26

969 Ebd., I, 54, S. 200, 31 - S. 202, 5

970 Ebd., I, 54, S. 202, 5-10

Bardowick und Bremen, ganz Westsachsen, das Gebiet der Nordelbinger sowie die Festung Segeberg zugefallen wären. Albrecht hätte den Grafen Adolf aus seiner Grafschaft vertrieben und diese Heinrich von Badwide verliehen.[971]

Der Jahresbericht ***1138*** handelt von der Zerstörung des Burgfleckens Segeberg und der umliegenden von Sachsen bewohnten Gebiete durch den Slawenfürsten Pribislaw. Weiter wird über die Zerstörung der Burg Lübeck und seiner Umgebung durch einen Erbfeind des Pribislaw und über die Flucht der angesichts grausamer Christenverfolgungen in Todesangst versetzten Lübecker Missionsgeistlichen nach Neumünster berichtet. Dorthin hätte sich betend und fastend, die Vernichtung seines Missionswerks vor Augen und von tiefer Trauer ergriffen der Missionsapostel Vizelin zurückgezogen.[972] Unberücksichtigt läßt Albert von Stade die unter Verwendung vieler Bibelzitate leicht übertriebene Dramatisierung des Rückschlags der Slawenmissionierung.[973] Detaillgetreu überträgt er dagegen die Beschreibung einer Dämonenaustreibung durch Vizelin.

Ohne auf nähere Einzelheiten der Vorlage einzugehen beschreibt Albert die kriegerischen Auseinandersetzungen. Er erwähnt den militärischen Gegenschlag der Holsten und Stormarn unter dem Grafen Heinrich im Winter 1138/39[974] und den Rachefeldzug der Holsten gegen die Slawen im Sommer darauf. Unter vielen Slawenopfern wäre bei diesem Rachefeldzug die Burg Plön erobert worden.[975] Unbeachtet läßt er jedoch Helmolds Kritik am Verhalten der Fürsten, von denen dieser behauptet, daß sie ihrer Einkünfte wegen die tributpflichtigen Slawen, zum Beispiel vor den Angriffen der Holsten, zu schützen pflegten.[976]

Im Jahresbericht ***1139*** wird über die Übergabe des Herzogtums Sachsen an Heinrich den Stolzen unter Mithilfe der Kaiserin Richenza informiert. Heinrich hätte zuvor seinen Vetter Albrecht vertrieben.

Die Burg Segeberg und die Festung Hamburg wäre von Heinrich von Badwide zerstört worden.[977]

Albert von Stade fügt als selbständige Ergänzung der Vorlage lokale und detaillierte Einzelnachrichten zur Reichsgeschichte ein. Er bringt

---

971 Ebd., I, 54, S. 202, 11-29

972 Ebd., I, 55, S. 204, 2 - S. 204, 24

973 Ebd., I, 55, S. 204, 24-31

974 Ebd., I, 56, S. 208, 7-11

975 Ebd., I, 56, S. 208, 16-21

976 Ebd., I, 56, S. 208, 22-25

977 Ebd., I, 56, S. 208, 26-34

darin den erheblichen Widerstand der sächsischen Fürsten gegenüber König Konrad III. zum Ausdruck. Heinrich der Stolze hätte zusammen mit dem Grafen Rudolf (von Stade) die Burg Lüneburg belagert und das kaiserliche Heer, das mit dem böhmischen Herzog (Sobieslaw I.) in Sachsen eingedrungen wäre, bei Kreuzburg zum Stillstand gezwungen und einen Waffenstillstand herbeiführt. Daraufhin hätte der König die sächsischen Fürsten zu einem Reichstag nach Worms eingeladen, bevor er Sachsen verlassen hätte. Albert hebt besonders die Verwüstung der Stadt Bremen durch den Grafen Rudolf von Stade und den Pfalzgrafen Friedrich (von Sommereschenburg) während eines Romaufenthalts des Erzbischofs Albero hervor. Den Tod Heinrichs des Stolzen datiert er mit dem 13. Oktober nicht auf den Tag genau.[978]

Im Wortlaut der Slawenchronik vermeldet der Chronist die Übergabe des Herzogtums Sachsen an den noch unmündigen Heinrich den Löwen und die unrechtmäßige Verleihung Wagriens an Heinrich von Badwide, die die Mutter Heinrichs des Löwen Gertrud gegen eine Summe Geldes vorgenommen hätte, um den ihr unliebsamen Grafen Adolf als Anwärter auf den Besitz dieses Landes auszuschalten. Dieser hätte nach ihrer Vermählung mit dem Bruder des Königs, Markgraf Heinrich (II. Jasomirgott) mit Heinrich von Badwide aufgrund größeren Rechts und größerer Geldangebote um Wagrien gestritten. Er hätte es schließlich zusammen mit Segeberg (nach dem Tod Gertruds 1143) erworben, während Heinrich mit Ratzeburg und Polabien entschädigt worden wäre.[979]

Aus Helmolds Kapitel über die Kolonisation und den Landesausbau Wagriens übernimmt der Chronist lediglich die Nachricht von der Wiedererrichtung und der Ummauerung der Burg Segeberg durch den Grafen Adolf.[980] Er berichtet jedoch nicht über die Anwerbung von Siedlern für Wagrien unter den Holsten und Stormarn sowie in Flandern, Holland, Utrecht, Westfalen und in Friesland. Ebenso läßt er die Beschreibung der Zuwanderung von Neusiedlern aus diesen Ländern unerwähnt. Vermissen läßt er ebenfalls wichtige Informationen der Vorlage über die Landesaufteilung und über die Umsiedlung der tributpflichtigen Slawen nach Oldenburg, Lütjenburg und in die

978 Lappenberg, Ann. Stad., S. 323, 33 - S. 324, 3 - Heinrich der Stolze starb fünfunddreißigjährig am 20. Oktober 1139.

979 Helmold, I, 56, S. 210, 1-15

980 Ebd., I. 57, S. 210, 17-18

Küstengegenden. Auch die Bemerkung über das friedliche Nebeneinanderleben der Neusiedler mit den Slawen läßt Albert unbeachtet.[981]

Ohne die ausführliche Landschaftsbeschreibung Helmolds schildert Albert wortgleich die Gründung der Stadt Lübeck durch den Grafen Adolf (II.). Er erwähnt dessen Freundschaftsbündnis mit dem Obodritenfürsten Niklot und dem Adel sowie dessen tatkräftige Unterstützung und Wiedereinweisung des Missionsapostels Vizelin in seine ehemaligen Güter nahe der Burg Segeberg. Hierdurch wären für Wagrien alle Voraussetzungen geschaffen worden, sich im Frieden zu einem blühenden Land mit wachsender Einwohnerzahl zu entwickeln, in dem die Mission gedeihen konnte.[982]

Vorlagengetreu berichtet Albert über den Klosterbau, den Vizelin fernab vom Lärm des Marktgetriebes der Burg (vielmehr aus Gründen einer erneuten Slawengefahr) in der nahegelegenen Ortschaft Högersdorf hätte durchführen lassen und über die Errichtung einer Markkirche am Fuße des Berges. Der ehemalige Schüler und Mitstudent Vizelins, Thetmar, wäre nun im neugegründeten Kloster Högersdorf eingesetzt worden. Vizelin hätte darüber hinaus an geeigneten Plätzen Kirchen errichtet,[983] für die er Geistliche aus Neumünster herbeigeholt hätte und die er ebendaher mit Altargeräten ausgestattet hätte. Die überschwenglichen Lobesworte, mit denen Helmold Thetmars Qualitäten als Geistlicher preist, läßt Albert unberücksichtigt.[984]

In einem zweiten eigenen Beitrag bringt der Chronist im Jahresbericht ***1140*** erneut den Widerstand der sächsischen Fürsten gegenüber dem König zum Ausdruck. Diese seien keineswegs auf einem der beiden Reichstage erschienen, zu denen Konrad III. sie vorgeladen hätte, weder zu Mariä Lichtmeß (am 2. Februar) noch am ersten Sonntag nach der Osteroktave (am 21. April), zum einen, weil der König ihnen kein freies Geleit hätte gewähren wollen, zum anderen, weil ihnen die im Vorfeld vereinbarten Vergünstigungen verweigert worden wären. Sie hätten den Markgrafen Albert (Albrecht den Bären) aus dem ihm vom König übertragenen Herzogtum vertrieben, das Graf Adolf nach Eroberung der Burgen besetzt hätte.[985]

Im Jahresbericht ***1141*** deutet der Chronist den Reichstag zu Frankfurt (1142) an, den er weder nennt, noch genau datiert. Er teilt

---

981 Ebd., I, 57, S. 210, 18 - S- 212, 7

982 Ebd., I, 57, S. 212, 8-24

983 Ebd., vgl. Anm. 15, S. 215: Außer Segeberg sind Bornhövede, Oldesloe, Lübeck und Bosau als Kirchengründungen Vizelins gesichert.

984 Helmold, I, 58, S. 212, 25 - S. 214, 14

985 Lappenberg, Ann. Stad., S. 324, 7-13

lediglich mit, daß „kurz darauf" die Kämpfe der sächsischen Fürsten gegen den König und den Markgrafen Albert (Albrecht den Bären) beigelegt worden wären: ***„... Et post paululum sedatae sunt concertationes principum Saxonae, quae fuerant contra regem et Albertum marchionem."***[986] Erst im Jahresbericht ***1142*** vervollständigt er seine Aussage und ergänzt, daß Margraf Albert die Gunst der sächsischen Fürsten wiedererworben und alle seine Besitztümer, die Grafschaft und die Mark zurückerlangt hätte.

Im Jahresbericht ***1147*** erwähnt Albert in Anlehnung an die Slawenchronik offensichtlich mißbilligend die Überfälle auf die Slawengebiete, die Zerstörung der Burgen und die verheerende Verwüstung des Landes durch die sächsischen Fürsten.[987]

In der gezielten Textauswahl und in den eigenen Aussagen des Chronisten wird andeutungsweise Helmolds Erkenntnis erkennbar, daß der Fortgang der Kolonisation und der Missionierung ganz entscheidend auch von der friedlichen Zusammenarbeit der weltlichen mit der geistlichen Macht im Reich abhängig war. Andererseits stand die Stagnation der Christianisierung in einem engen Zusammenhang mit den zwischen beiden Mächten ausgetragenen Konflikten, den Kämpfen der Erzbischöfe von Bremen und Magdeburg, Heinrichs des Löwen und des Markgrafen von Brandenburg um die Herrschaftsräume. Besonders deutlich wird dies in der Darstellung der Kämpfe im Obodritengebiet und Pommern sowie in der Beschreibung des Fürstenaufstandes gegen Heinrich den Löwen.[988]

Mit erheblicher Kürzung des ausführlichen Vorlagentextes hebt Albert die Kreuzzugspredigt Bernhards von Clairveaux hervor, die dieser in Gegenwart König Konrads III. und des Papstes Eugen (III.) auf dem Hoftag in Frankfurt (1146) gehalten hatte. In Anwesenheit des Grafen Adolf hätte der Heilige die Wunderheilung eines blinden und lahmen Knaben bewirkt. König Konrad (III. von Hohenstaufen), König Ludwig (VII.) von Frankreich, Herzog Friedrich von Schwaben, Herzog Welf und viele Fürsten Frankreichs und Deutschlands hätten das Kreuz genommen. Das Kreuzzugsheer sei in drei Teile aufgeteilt worden.[989]

---

986 Ebd., S. 324, 16-17

987 Lappenberg, Ann. Stad., S. 327, 7-8

988 s. D. Berg, Helmold, S. 430

989 Helmold, I, 59, S. 214, 17 - S- 216, 23 - Lex. des Mittelalters, Stichwort: Kreuzzüge: Fünf Heere waren für den Orient, vier Züge für Spanien und vier für den Wendenkreuzzug bestimmt.

Äußerst knapp und dürftig faßt der Chronist in eigenen Worten, nur Fakten präsentierend, Helmolds informative und detaillreiche, etwas dramatisierende Darstellung des Desasters des zweiten Kreuzzugs zusammen. Der größte Teil des Kreuzzugsheeres hätte mit den Königen Konrad und Ludwig unter vielen Gefahren Ungarn und Griechenland durchquert. In der Berggegend (in Antalya) wäre ein großer Teil des Heeres einer Naturkatastophe (einem Erdrutsch) zum Opfer gefallen und die Überlebenden wären durch Konstantinopel zum „Arm des Heiligen Georg" (eine Meeresbucht) gezogen. Daraufhin hätte sich König Ludwig in Richtung Jerusalem bewegt und hätte sein ganzes Heer gegen die Barbaren verloren. Die Leute König Konrads wären durch Hunger und Durst ungekommen, der König und „die Kräftigeren" wären nach Griechenland zurückgekehrt. Das andere Heer hätte auf dem Seeweg auf die Bitte des Königs von Galizien hin Lissabon eingenommen, das zuerst von den Heiden, danach von den Christen bewohnt worden sei.[990]

Ebenso unzureichend, vier Kapitel auf wenige Sätze reduzierend, gibt Albert Helmolds ausführliche Darstellung des Wendenkreuzzugs[991] wieder. Vor allem läßt er den erfolgreichen Widerstand der Slawen unter Niklot vermissen. Das dritte Heer, so berichtet Albert, hätte sich mit Erzbischof Albero und mit anderen sächsischen Bischöfen gegen die Slawen gerüstet. Darüber hinaus hätten der jugendliche Herzog Heinrich (der Löwe), Herzog Konrad von Zähringen, Markgraf Albert (Albrecht von Salzwedel), (Markgraf) Konrad von Wettin und viele andere das Kreuz gegen die Slawen genommen. Als Niklot dies bemerkt hätte, hätte er ein Heer gesammelt und als erster den Krieg eröffnet. Diese Nachricht hätte sich im Nu in Westfalen und Sachsen verbreitet und alle, die das Kreuz genommen hätten (***signati***), wären gegen die Slawen vorgerückt, um (die Festungen) Dubin und Demmin zu besetzen. Der Chronist beendet den Bericht über den Wendenkreuzzug mit den Worten: ***„Ad ultimu Slawi promiserunt fide Christianam recipere, & Danos captivos laxare, sed fallaciter servaverunt."*** (A.D. 1147 der Reineccius-Ausgabe). *(Schließlich versprachen die Slawen, treu zum Christentum zurückzukehren und die gefangenen Dänen freizulassen, aber sie verharrten in ihrer Verstocktheit.)* Diese Bemerkung verrät, daß Albert von Stade offensichtlich das Mißtrauen und die Feindseligkeit Helmolds gegenüber den Obodriten teilte.

---

[990] Ebd., I, 59, S. 216, 20 - I, 61, S. 220, 22

[991] Ebd., I, 62- I, 65

Im Jahresbericht ***1149*** wird die Wiederbesetzung der Bischofsstühle in Oldenburg, Ratzeburg und Mecklenburg durch den Erzbischof Hartwig von Bremen nach einer Vakanz von vierundachtzig Jahren hervorgehoben.[992]. Da dieser die Wiedergewinnung der Jurisdiktion über die unter seinem Vorgänger Adalbert ehemals der Hamburger Kirche zugehörigen Bischöfe Dänemarks, Norwegens und Schwedens bei Kaiser und Papst nicht hätte durchsetzen können, hätte er die durch die Slawenaufstände zerstörten Bistümer wieder hergestellt. In Oldenburg hätte er den bereits betagten Vizelin, in Mecklenburg Emmehard als Suffraganbischöfe eingesetzt.[993]

Der Chronist läßt aussagekräftige Passagen vermissen, in denen Helmold berichtet, wie Herzog Heinrich der Löwe Kaiserrecht in Anspruch genommen und Vizelin regelrecht erpresst hätte. Für die Gewährung des Kirchenzehnten, den Graf Adolf, gegen Kirchenrecht verstoßend, einbehalten hätte,[994] hätte Heinrich ihn genötigt, sich von ihm mit dem Bistum belehnen und neu investieren zu lassen. Auch fehlen Beiträge, in denen Helmold darlegt, wie wegen des Konfliktes Heinrichs mit dem Erzbischof von Bremen in den Fragen um das Landbesitz- und das Bischofsinvestiturrecht,[995] das dem Herzog sogar vom Papst verweigert worden wäre, letztendlich der Aufbau der kirchlichen Organisation behindert worden sei.[996] Ebenso berichtet Albert weder über erneute Unruhen durch Thronkämpfe in Dänemark noch über den gescheiterten Versuch des vertriebenen Dänenkönigs Knut, mit Hilfe eines sächsischen Söldnerheeres Dänemark zurückzuerobern.[997] Darüber hinaus verzichtet Albert auf die Darstellung der Niederschlagung der aufständischen, die Tributzahlung verweigernden Kessiner und Zirzipanen durch den Obodritenfürsten Niklot mit Unterstützung des Grafen Adolf, den Holsten und Stormarn. Überdies läßt Albert die Beschreibung der Jahre danach vermissen, in denen in einer Atmosphäre des Friedens und des Prosperierens eine Phase gedeihlicher Christianisierung eingetreten sei. Zudem verschweigt er Vizelins Umsiedelung nach Bosau[998] und läßt die Auseinandersetzung zwischen dem Erzbischof und dem Herzog bezüglich Vizelins

[992] vgl. Jahresbericht 1058, der komp. Darstellung der Gesch. des Erzbistums Hamburg Bremen nach Adam von Bremen, S. 75.

[993] Helmold, I, 69, S. 240, 6-31

[994] Ebd., liber I, 69 und 70

[995] Ebd., liber I, 75

[996] Ebd., liber I, 80

[997] Ebd., I, 70, S. 250, 1-14

[998] Ebd., I, 71

vermissen. Der Erzbischof hätte keineswegs zum „Nutzen der Kirche", sondern wegen seines Hasses auf den Herzog Vizelin geraten, die Belehnung nochmals aus der Hand des Königs zu empfangen. Dies hätte Vizelin jedoch wohlweislich abgelehnt.[999] Albert vermeidet jede Aussage, die ein schlechtes Licht auf den Erzbischof von Bremen werfen könnte.

Wortgetreu erwähnt er jedoch den schweren Konflikt zwischen den beiden Kontrahenten (Heinrich dem Löwen und dem Erzbischof), der (als Folgeerscheinung der Zugeständnisse Friedrich Barbarossas an den Herzog) bezüglich des Landbesitzes und der Bischofsinvestitur ausgebrochen war.[1000] Mit eigenen Worten ergänzt er: ***„... quod Bremenses omnino dissuaserunt. Fecit tamen, ne episcopatus periclitaretur."***[1001] Er verschweigt jedoch das durch diese Zugeständnisse bedingte Unvermögen Friedrich Barbarossas, sich auf dem Reichstag in Merseburg gegenüber den großen Reichsfürsten durchzusetzen und diesen Zwist beizulegen. Mit der Begründung, daß *„die Fürsten die Ermahnungen des eben erst gewählten Königs gering achteten"*, und auch mit der von Albert ebenso unberücksichtigten Bemerkung: *„ ... denn in unserem Land gilt allein des Herzogs Wille"* weist der Autor der Slawenchronik eindeutig auf das durch Konzessionen geschwächte Königtum Friedrich Barbarossas hin.[1002]

Als einzige Aussage über den Merseburger Hoftag stellt Albert lediglich die positiven Ergebnisse heraus: die Krönung Svens zum

---

999 Ebd., I, 73, S. 256, 1-5

1000 Ebd. I, 75, S. 260. 26-30

1001 Reineccius-Ausgabe, A. D. 1152

1002 Barbarossa hatte sich mit Zugeständnissen bezüglich des Herrschaftsraumes und der Privilegien an die mächtigen Reichsfürsten seine Position erkauft. Insbesondere Heinrich dem Löwen hatte er möglicherweise bereits im Vorfeld der Wahl, um ihn als möglichen Gegenkandidaten zum Thronverzicht zu bewegen, umfassende Zugeständnisse gemacht. Nach der Wahl hatte er ihm in seinem sächsischen Herzogtum quasi Königsrechte und eine königgleiche Stellung erteilt. Darüber hinaus hatte er ihm Herrschaftsrechte übertragen, die nur einem Monarchen zustanden. Er hatte ihm das weltliche Investiturrecht in den Slawenbistümern Altenburg und Schwerin erteilt und das Recht verliehen, in Ratzeburg ein neues Bistum zu gründen. Hierdurch war anders als unter Lothar III., der als Herzog von Sachsen in diesem Land stark engagiert war, nunmehr wie bereits unter den Saliern Heinrich IV. und Heinrich V. mit dem Regierungsantritt Barbarossas wiederum das Königtum aus dem Norden des Reiches verdrängt.

Dänenkönig, die vertragliche Aussöhnung der dänischen Fürsten und deren Unterwerfung unter Sven als Vasallen.[1003]

Helmolds Schilderung von Krankheit, Siechtum[1004], Sterben[1005] und Nachruf des großen Missionsapostels Vizelin[1006] und seines Schülers Thetmar[1007] überspringend, überbringt Albert im Jahresbericht ***1154*** kurz die Nachricht über Vizelins Tod und über die Nachfolge Gerolds als Kapellan des Herzogs. Im Jahresbericht ***1155*** überträgt er Helmolds historisch unrichtige Bemerkung, daß die Brüder von Faldera nach dem Tode Vizelins ihr Unterstellungsverhältnis gegenüber Oldenburg gelöst hätten.[1008]

Deutlich bringt Albert von Stade seine von Helmold stark abweichende Parteinahme im Konflikt Heinrichs des Löwen mit dem Erzbischof Hartwig von Bremen zum Ausdruck. Unberücksichtigt bleiben dagegen Helmolds Angaben über Herkunft und Person seines von ihm hochverehrten Lehrers, des für Oldenburg vom Herzog gewählten Bischofs Gerold, seine überaus lobenden Worte über dessen Gesinnung, Bildung und Qualitäten als Geistlicher und die Beteuerung von dessen einhelliger Wahl durch Klerus und Volk in Abwesenheit des Erzbischofs, der ihn eigentlich hätte weihen sollen.[1009] Insbesondere verschweigt Albert das negative Bild, das Helmold vom Erzbischof zeichnet, der, *„ein Feind des Herzogs von Anfang an,"* während des Italienaufenthaltes des Herzogs die bischöflichen Burgen zu Stade, Bremervörde, Harburg und Freiburg gegen ihn befestigt hätte. Sein eigener Bericht erweckt den Eindruck einer Gegendarstellung. Er betont darin die Ablehnung der Bischofsweihe Gerolds durch den Erzbischof, weil der Herzog sich die Besetzung der freien Bischofsitze vorbehalten hätte, zum Beispiel eben diesen Oldenburger Bischofssitz mit seinem Kaplan Gerold: ***„Siquidem Hartwicus Archiepiscopus ipsum noluit consecrare, quia quasi per Ducem & Ducissam electus erat. Nam Archiepiscopus & Dux minus sibi faventes***

1003 Helmold I, c. 73, S. 254, 26-28

1004 Ebd., I, 75

1005 Ebd., I, 78

1006 Ebd., I, 79

1007 Ebd., I, 73 und 74

1008 Ebd., I, 80, S. 272, 1-2 und S. 273, Anm. 1: Neumünster war nie dem Bistum Oldenburg unterstellt, nur unter Vizelin in Personalunion mit ihm verbunden gewesen.

1009 Ebd., I, 80, S. 272, 3-24

***erant ad iniucem, quia Dux bona Episcopalia ad libitum occupans, quasi pro capellano Archiepiscopum reputabat.*"**[1010]

Albert verschweigt, daß der Bremer Erzbischof nach seiner Rückkehr von einem Verschwörungstreffen einiger ostsächsischer und bayrischer Fürsten gegen Heinrich den Löwen von Herzoganhängern ein Jahr lang gefangen gehalten worden war. Ebenso wenig berichtet er über die Anfechtung der Wahl Gerolds und über die geplante Umbesetzung durch den Erzbischof.[1011] Wir erfahren dagegen, daß Heinrich der Löwe in Italien, die Gunst der Stunde nutzend, in Gegenwart Friedrich Barbarossas den Papst um Erlaubnis gebeten hätte, seinen Oldenburger Elekten Gerold weihen zu dürfen. Der durch den Erzbischof von Bremen vorinformierte Papst hätte dem Herzog die Bitte zunächst abgeschlagen,[1012] sie ihm jedoch nachdem Heinrich den Aufstand der stadtrömischen Opposition niedergeschlagen hätte, aus Dank darüber erfüllt.[1013]

Aus den Magdeburger Annalen gibt Albert die politische Situation in Dänemark wieder. Der Dänenkönig Sven wäre aus seinem Herrscheramt vertrieben worden, und die Herrschaft sei mit Knut und Waldemar besetzt worden.[1014]

In den Jahresberichten ***1156*** bis ***1158*** vermittelt Albert aus gleicher Quelle, Helmolds ausführliche Kapitel I, 83-90 überspringend, kurze Nachrichten über die politische Entwicklung in Dänemark und über das weitere Vorgehen Heinrichs des Löwen. Dieser hätte Sven wieder in sein Herrscheramt eingesetzt und seinen Einfall in Friesland unverrichteter Dinge wieder abgebrochen.[1015] König Knut wäre aus dem Hinterhalt von Sven ermordet worden, aber Waldemar hätte verletzt entkommen können. Nicht lange danach sei es zum Krieg zwischen Sven und Waldemar gekommen, bei dem Svens Heer aufgerieben und er selbst auf der Flucht gefangen und niedergemetzelt worden sei.[1016] Heinrich der Löwe wäre mit einem Heer ins Slawenland eingedrungen und hätte alles mit Feuer und Schwert verwüstet.[1017]

1010 Reinecciusausgabe der Chronik A. D. 1155

1011 Helmold, I, 80, S. 272, 29 - S. 274, 1-12

1012 Ebd. I, 81, S. 280, 4-8

1013 Ebd., I, 81, S. 280, 24-29

1014 Magdeburger Annalen, 1155, S. 191, 16-17

1015 Ebd., 1156, S. 191, 23-24 und 20-21

1016 Ebd., 1157, S. 191, 26-28

1017 Ebd., 1158, S. 191, 33-34

Im Jahresbericht ***1159*** schildert Albert in eigener Darstellung die Entstehung des Papstschismas und anschließend wortgleich aus der Slawenchronik dessen Auswirkungen.[1018]

Er meldet im Jahresbericht ***1160*** aus den Magdeburger Annalen den Einfall Heinrichs des Löwen ins Slawengebiet. Dieser hätte das Land mit Feuer und Schwert verwüstet, die Slawenfürsten Niklot und Nikolaus ermorden lassen und die Aufständischen unterworfen[1019] sowie die Bischöfe im Slawengebiet investiert, Gerold in Oldenburg, Evermod in Ratzeburg und Berno in Schwerin.[1020]

Der Jahresbericht ***1163*** enthält die kurze Mitteilung, daß Herzog Heinrich die Burg Werle eingenommen und die eben genannten Bischöfe Gerold, Evermod und Berno zu Verleihung ihrer Würden berufen hätte.[1021]

Albert verschweigt Helmolds kritische Darlegung der Machtposition Heinrichs des Löwen (im gesamten Norden des Reiches und im Slawengebiet), der auf seinen Antrag hin vom Kaiser die Vollmacht erhalten hätte, im gesamten Slawengebiet, soweit er es selbst oder seine Vorfahren es mit dem Schwert und nach Kriegsrecht unterworfen hätten, Bistümer zu gründen, zu verleihen und zu bestätigen.[1022] Ebenso läßt der Chronist die Bemerkung des Vorlagenautors vermissen, daß die Bischöfe dem Herzog durch den Lehnseid verpflichtet worden wären, den man (sonst nur) dem Kaiser zu leisten pflegte.[1023] Diese hätten es als sehr belastend angesehen, sich aber dreingefügt, damit die junge Kirche keinen Schaden erlitte.

Unerwähnt bleiben auch Helmolds Informationen über Slawenzehnt und Landesausbau durch Deutsche als Neusiedler.[1024]

Den Vorlagentext stark kürzend, berichtet Albert anschließend über die Verlegung des Bischofssitzes von Oldenburg nach Lübeck, die der Herzog auf Verlangen des Bischofs Gerold durchgeführt hätte. Darüber hinaus hätte der Herzog 12 Pfründe gestiftet; die 13. hätte dem Probst Athelo gehört.[1025] Aus den Magdeburger Annalen ergänzt

---

1018 Helmold, I, 91, S. 314, 27 - S. 316, 15 - s. oben

1019 Magdeburger Annalen, 1160, S. 191, 46-48

1020 Ebd., 1160, S. 192, 3-5

1021 Helmold. I, 88, S. 310, 26-28

1022 Ebd., I, 88, S. 310, 23-26

1023 Ebd., I, 88, 26-29

1024 Ebd., I, 88, S. 312, 1-10

1025 Ebd., I, 90

Albert, daß die Rügener das Wohlwollen des Herzogs erworben hätten.[1026]

Den detaillierten Bericht des Vorlagenautoren über das expansive Vorgehen Albrechts des Bären in Brandenburg, über seine Eroberungszüge, über die Unterjochung und die Vertreibung der Slawen nach der Niederschlagung der Aufstände und über die Neubesiedelung des Landes mit Rheinländern und Holländern[1027] faßt Albert knapp und dürftig in einem einzigen Satz zusammen: ***„Albertus Marchio, Slavis expulsis, terram suam occupavit Holleris, Selandis & Flamingis."*** *(Markgraf Albrecht vertrieb die Slawen und besetzte ihr Land mit Holländern, Seeländern und Flamen.)*. Auch läßt er Helmolds äußerst positive Wertung dieses gnadenlosen Vorgehens gegen die Slawen Albert unbeachtet. Der Chronist der Slawenchronik führt euphorisch Gottes Wirken in der Geschichte an.[1028] Im wirtschaftlichen Aufschwung des Landes mit dem Aufbau von Städten und Kirchen und in der gesicherten Position der Bistümer nach der Neubesiedelung des Landes mit Zuwanderern erkennt er die göttliche Fügung.[1029] Helmold wertet dieses Beispiel, das deutlich zeigt, wie die Missions- in eine Siedlungsbewegung überging, als gelungenes Missionunternehmen, das gottgewollt nach der biblischen Forderung der Ausbreitung des christlichen Glaubens erfolgt sei. Albert von Stade wird dieser Kernaussage seines Vorlagenautors keineswegs gerecht.

Im Jahresbeitrag ***1164*** berichtet Albert über die Weihe des Bischofs Konrad von Lübeck durch den Erzbischof Hartwig von Bremen.[1030] Er verschweigt jedoch Helmolds Bemerkung, daß Heinrich der Löwe die Weihe gegen den Willen des Erzbischofs und der Lübecker Bürger durchgesetzt hätte, und daß diese nicht gewagt hätten, Widerstand zu leisten. Ebenso läßt Albert die sehr negative Charakterisierung Konrads durch den Vorlagenautor vermissen.[1031]

1026 Magdeburger Annalen, 1163, S. 192, 15-16. Auch wird berichtet, daß die Fürsten der Insel Rügen zur Einweihung der Lübecker Kirche kamen.

1027 Helmold, I, 89, S. 312, 12-20

1028 Ebd., I, 89, S. 314, 1-3: *„Jetzt aber sind, weil Gott unserem Herzog und den anderen Fürsten Heil und Sieg so reichlich gespendet hat, die Slawen weit und breit gänzlich verjagt, ...".*

1029 Ebd., S. 314, 3-6: *„ ...unübersehbare mächtige Scharen sind vom Meeresstande herbeigeführt worden, haben das Gebiet der Slawen eingenommen, Städte und Kirchen aufgebaut und sind über alle Erwartung hinaus wohlhabend geworden."*

1030 Ebd., I, 97 (bzw., II, 1 der Lappenberg-Ausgabe), S. 338, 3-4

1031 Ebd., S. 338, 4-20

Im Wortlaut Helmolds schildert Albert anschließend die verheerende Sturmflut[1032] und ergänzt, daß auch der Stader Advokat Ricbert dabei ertrunken wäre, den er im Jahresbericht 1142 als einen der drei Gründer des Liebfrauenklosters in Stade erwähnt.

Ausführliche Berichte über die Eroberung Mecklenburgs durch den Slawenfürsten Pribislaw[1033] überspringend, berichtet Albert vom Rachefeldzug Heinrichs des Löwen, der mit der Erhängung des inhaftierten Wertislaw begonnen hätte.[1034]

Der Chronist beendet seine Kompilation mit dem detaillierten Bericht Helmolds über die Schlacht bei Verchen.[1035] Der Übergang zur eigenen Darstellung ist sprachstilistisch recht auffällig. Stark raffend faßt er die Schlacht unzureichend in einem einzigen Satz zusammen, dem er eigene genealogische Bemerkungen vorausschickt. Hierdurch wird die Mitteilung inhaltlich unterbrochen, erscheint zweitrangig und wirkt stilistisch ungeschickt: ***„Hic est pater Borewini, cui duc postea filiam suam naturalem in matrimonio copulavit, quae ei genuit Heinricum et Nikolaum. Et Dux Adolfum - (iste Adolphus erat avus fratris Adolfi et filius comitis Adolfi illius scilicet , cui a Ludero duce, postea imperatore, comitia Holtzaciae est concessa) - et Reinnoldum comites Dimin cum exercitu misit, ubi a Slavis per insidias cum pluribus sunt perempti".***[1036] *(„Pribislaw ist der Vater Borewins, mit dem der Herzog später seine natürliche Tochter verheiratete, die ihm Heinrich und Nikolaus gebar. Und der Herzog beorderte die Grafen Adolf - dieser Adolf war der Vorfahre des Bruders Adolf* [IV] *und der Sohn jenes Grafen Adolf, dem vom Herzog und späteren Kaiser Lothar die Grafschaft Holstein übergeben wurde - und Reinold mit einem Heer nach Demmin, wo sie von den Slawen aus dem Hinterhalt zusammen mit vielen Opfern getötet wurden.")*

Der Umgang des Chronisten mit der Vorlage

Alberts kompilatorische Darstellung beinhaltet die meisten wesentlichen Aussagen Helmolds, die abschnittsweise in großen Teilen wortgleich übertragen oder in wichtigen Kernsätzen zusammengefaßt, zuweilen aber auch sinngemäß in eigenen Sätzen des Chronisten wiedergegeben sind. Albert von Stade löst sich dort von der Vorlage,

---

1032 Ebd., S. 339, 21-30 und Anm. 3: 1164, Febr. 17, wie zahlreiche Quellen von Köln bis Magdeburg übereinstimmend bezeugen; bei dieser Sturmflut wurden die Zuiderzee und die ostfriesische Leybucht vergrößert.

1033 Ebd., I, 98 und I, 99 (II, 2 und II, 3 der Lappenberg-Ausgabe)

1034 Ebd., I, 100, S. S. 346, 16-18 (II, 4 der Lappenberg-Ausgabe)

1035 Ebd., I, 100 (II, 4 der Lappenberg-Ausgabe)

1036 Lappenberg, Ann. Stad., S. 345, 18-21

wo er mit Helmolds Parteinahme nicht übereinstimmt, zum Beispiel in der Darstellung des Konflikts zwischen dem Erzbischof Hartwig von Bremen und Heinrich dem Löwen, zu der er eine eigene Gegendarstellung bietet. Helmolds ausgedehnte Beschreibung der dänischen Thronkämpfe umgehend, wechselt er in den Jahresberichten 1155-58 und 1160 die Vorlage und benutzt die Magdeburger Annalen.

Lückenhaft exzerpiert sind die ausführlichen Berichte Helmolds über die Kreuzzüge, über die dänische Geschichte und über die Geschichte der Slawen mit ihren Lebensgewohnheiten, ihren Gebräuchen und ihrer Götterwelt.

Deutlich herausgestellt ist im Jahresbericht 1106 die noch defizitäre Situation der Christianisierung der Slawen unter dem christlichen Slawenfürsten Heinrich von Lübeck.

In den Jahresberichten 1133 und 1136 hebt Albert Helmolds positive Darstellung der Regierungszeit Lothars III. von Süpplingenburg[1037] deutlich hervor. Helmolds Bedauern über den „unzeitigen Tod" des Kaisers und seine euphorische Begeisterung für die hervorragenden Verdienste Lothars in Italien sowie für seinen großen Einsatz für die Christianisierung[1038] teilt Albert jedoch nicht. Dennoch vermerkt er die Wende nach Lothars Tod und erwähnt den Machtverlust der Sachsen, die Stagnation der Mission (1136) und die Missionsprobleme im Raum Segeberg/Neumünster.

Auch würdigt er die Persönlichkeit und das Wirken Vizelins (1138), jedoch ohne die seitenlange Schilderung von Krankheit, Siechtum und Sterben des Missionsapostels und auch ohne den glorifizierenden Nachruf des Vorlagenautors.

Auffällig ist, daß Albert Helmolds mißbilligende Kritik an den Fürsten, die ihrer Einkünfte wegen die tributpflichtigen Slawen vor den Angriffen der Holsten zu schützen pflegten, außer Acht läßt, obwohl er andererseits im Jahresbericht 1147 die Überfälle der sächsischen Fürsten auf die Slawengebiete mit deutlicher Mißbilligung selbst erwähnt.

Unzureichend ist im Jahresbericht 1139 der Auszug aus Helmolds Bericht über die Kolonisation, die Landesaufteilung und den Landesausbau Wagriens mit Hilfe angeworbener Neusiedler.

1037 Ebd., I, 41, S. 168, 19-24: „*Coepit in Lotharii Caesaris nova lux, non tam in Saxonia finibus, quam in universo regno, tranquillitas temporum, abundantia rerum, pax inter regnum et sacerdotium. Sed et Slavorum populi agebant ea, quae pacis sunt, eo quod Heinricus, Slavoru Rex, Comitem Adolfum, et continuos Nordalbingorum populus, omni benevolentia amplexatus fuerit.*"

1038 Ebd., I, 54, S. 202, 5-10

Indem Albert im Jahresbericht 1163 Helmolds ausführlichen Bericht über die Eroberung und die Neubesiedelung Brandenburgs durch Albrecht den Bären auf einen einzigen, dürftigen Satz (*„Markgraf Albrecht vertrieb die Slawen und besetzte ihr Land mit Holländern, Seländern und Flamen."*) reduziert, wird er dem Kernanliegen des Vorlagenautors keineswegs gerecht. Gerade in diesem Kapitel bringt Helmold, das gnadenlose Vorgehen gegen die Slawen rechtfertigend, beispielhaft seine positive Wertung des Missionsunternehmens zum Ausdruck, das mit Gottes Hilfe und getreu der biblischen Forderung der Ausbreitung des christlichen Glaubens erfolgreich gelungen sei.

Die ausführliche Darstellung der dänischen Herrscher und ihrer Thronkämpfe stark kürzend, beschränkt sich Albert in den Jahresberichten 1133 und 1134 auf die unmittelbar die Missionierung und die Kämpfe um Schleswig betreffenden Nachrichten. Er läßt Helmolds Charakterisierung und negative Einschätzung der Dänen ebenso wie dessen detailliert, kenntnisreich und relativ objektiv übermitteltes Bild von den Slawen und ihrer Götterwelt völlig unbeachtet.

Er verläßt in den Jahresberichten 1155-58 und 1160 die Vorlage und gibt, Helmolds ausführliche Kapitel I, 83-90 überspringend, den weiteren Verlauf der dänischen Thronkämpfe mit kurzen Informationen aus den Magdeburger Annalen wieder.

Aus gleicher Quelle erwähnt er in den Jahresberichten 1158 und 1160 die Überfälle und die Verwüstungen der Slawengebiete durch Heinrich den Löwen, der 1160 die Slawenfürsten hätte ermorden lassen, die aufständischen Slawen unterworfen und die Bischöfe investiert hätte. Er verschweigt Helmolds Darlegung der (königsgleichen) Machtposition Heinrichs des Löwen (im gesamten Norden des Reiches und im Slawengebiet), der auf seinen Antrag hin vom Kaiser die Vollmacht erhalten hätte, im gesamten Slawengebiet, soweit er selbst oder seine Vorfahren es mit dem Schwert und nach Kriegsrecht unterworfen hätten, Bistümer zu gründen, zu verleihen und zu bestätigen.[1039] Ebenso läßt er die Bemerkung des Vorlagenautors vermissen, daß die Bischöfe Heinrich den Löwen durch den Lehnseid verpflichtet worden wären, den man (sonst nur) dem Kaiser zu leisten pflegte,[1040] obwohl sie dies als große Belastung angesehen, sich aber dreingefügt hätten, damit die junge Kirche keinen Schaden erlitte. In seiner Antipathie gegenüber dem Herzog verschweigt Albert von Stade alle Aussagen, in denen Helmold auf die Legitimierung der

---

[1039] Ebd., I, 88, S. 310, 23-26
[1040] Ebd., I, 88, 26-29

Machtposition Heinrichs des Löwen durch Friedrich Barbarossa hinweist.

Unberücksichtigt läßt der Chronist auch Helmolds Informationen über den Slawenzehnt und den Landesausbau durch Deutsche als Neusiedler.[1041]

Äußerst knapp und dürftig faßt Albert im Jahresbericht 1147, nur Fakten präsentierend, Helmolds informative und detaillreiche, etwas dramatisierende Darstellung des Desasters des zweiten Kreuzzugs zusammen. Sehr unzureichend gibt er auch Helmolds ausführlichen Bericht über den Wendenkreuzzug wieder, in dem er vor allem den erfolgreichen Widerstand der Slawen unter Niklot vermissen läßt. Er beendet das Thema mit der Aussage, die seine negative Einstellung zu den Slawen offenbart: Den Slawen sei nicht zu trauen, weil sie trotz ihres Versprechens, treu zum Christentum zurückzukehren, in ihrer Verstockheit verharrten. Diese recht pessimistische Aussage verrät seine Übereinstimmung mit Helmolds Tendenz zur Feindseligkeit und zum Mißtrauen gegenüber den Obodriten.

Deutlich löst sich Albert jedoch im Jahresbericht 1155 in der Darstellung des Konflikts zwischen Herzog Heinrich dem Löwen und dem Erzbischof von Bremen von der Vorlage und bringt in einer Gegendarstellung seine von Helmold abweichende Stellungnahme zum Ausdruck. Er bekundet, daß er Helmolds Antipathie gegenüber den Bremer Erzbischöfen[1042] keineswegs teilt, indem er die Position des Erzbischofs herausstellt. Dieser hätte in seinen Augen die Bischofsweihe des vom Herzog gewählten Gerold zurecht abgelehnt. Auch das Verschweigen der für den Erzbischof schmählichen Gefangensetzung durch Herzoganhänger wegen seiner Teilnahme am Verschwörungstreffen gegen Heinrich den Löwen verrät unverkennbar die Parteinahme Alberts für der Erzbischof.

Bereits im Jahresbericht 1149 läßt Albert aussagekräftige Passagen Helmolds über die Behinderung des Aufbaus der kirchlichen Organisation als Folge des Konflikts um das Landbesitz- und das Bischofsinvestiturrecht zwischen dem Erzbischof von Bremen und Herzog Heinrich dem Löwen vermissen. Ebenso wenig erfahren wir von Helmolds kritischer Darstellung des Erzbischofs, der *„nicht zum Nutzen der Kirche, sondern wegen seines Hasses auf den Herzog"* dem vom Herzog belehnten Vizelin geraten hätte, sich ein zweites Mal vom König belehnen zu lassen.

[1041] Ebd., I, 88, S. 312, 1-10

[1042] s. D. Berg, Helmold, S. 432

Der Chronist vermeidet jede negative Darstellung der Bremer Erzbischöfe, zum Beispiel im Jahresbericht 1164, in dem er die Weihe des Bischofs Konrad von Lübeck durch den Erzbischof Hartwig von Bremen verkündet.[1043] So verschweigt er Helmolds Bemerkung, daß Heinrich der Löwe diese gegen den Willen des Erzbischofs und der Lübecker durchgesetzt hätte, und diese nicht gewagt hätten, dem Herzog Widerstand zu leisten.

Er läßt aber auch die sehr negative Charakterisierung des Bischofs Konrad durch den Vorlagenautor vermissen,[1044] wodurch Helmold seine unverhohlene Ablehnung der Fehlbesetzung des Lübecker Bischofsstuhls mit diesem Geistlichen durch den Herzog darlegt.

Als Stauferanhänger läßt Albert von Stade ebenso das durch Zugeständnisse an Heinrich den Löwen bedingte Unvermögen Friedrich Barbarossas unerwähnt, sich auf dem Reichstag in Merseburg gegenüber den großen Reichsfürsten durchzusetzen und den Konflikt zwischen dem Herzog und den Fürsten beizulegen. Er vermeidet damit Helmolds deutlichen Hinweis auf das durch Konzessionen geschwächte Königtum Friedrich Barbarossas.

Mit der gezielten Textauswahl und den eigenen Aussagen verweist Albert von Stade auf Helmolds Erkenntnis, der Fortgang der Kolonisation und der Missionierung setze ganz entscheidend eine friedliche Zusammenarbeit der weltlichen mit den geistlichen Machthabern voraus. Dagegen führten die zwischen den beiden Mächten ausgetragenen Konflikte und Kämpfe der Erzbischöfe von Bremen und Magdeburg, Heinrichs des Löwen und des Markgrafen von Brandenburg um die Herrschaftsräume sowie auch der Investiturstreit unweigerlich zur Stagnation von Christianisierung und Kolonisierung.[1045] Dennoch vermeidet der Chronist alle direkt oder indirekt geäußerten kritischen Bemerkungen Helmolds über geistliche oder weltliche Machtträger, wobei er besonders deutlich die Bremer Erzbischöfe, vor allem aber den Stauferkaiser Friedrich Barbarossa von Kritik freihält.

[1043] Helmold, I, 97 (bzw, II, 1 der Lappenberg-Ausgabe), S. 338, 3-4

[1044] Ebd., S. 338, 4-20

[1045] vgl. D. Berg, Helmold, S. 430

3.) Die Selbständige Fortführung der Geschichte des Erzbistums und der Erzbischöfe von Bremen

In Einzelnachrichten und Kurzberichten seiner selbständigen Darstellung der Geschichte des Erzbistums Bremen rückt Albert von Stade die Persönlichkeiten der Erzbischöfe, ihre Jurisdiktion über die skandinavischen, die livländischen und die estländischen Bistümer und ihre Rolle, die sie im Konflikt mit den Welfen bezüglich der deutsch-dänischen Auseinandersetzungen, im Stedingerkonflikt und im Erbschaftsstreit um die Grafschaft Stade spielten, sowie auch ihre Bedeutung für seine Heimatstadt Stade in den Vordergrund. Er läßt jeweils die politischen Hintergründe ihrer Investitur durchblicken. Darüber hinaus zeichnet er einige lokale Einzelnachrichten auf, die historisch weniger relevant sind.

Im Jahresbericht ***1072*** stellt er, die kompilatorische Darstellung der Geschichte des Erzbistums Bremen nach der „Gesta Hammaburgensis ecclesiae Pontificum" Adams von Bremen selbständig fortsetzend, *Erzbischof Liemar von Bremen* als Nachfolger Adalberts vor. Dieser wäre insgesamt dreißig Jahre im Amt gewesen. Respektvoll erwähnt Albert die Familienzugehörigkeit des gebürtigen Bayern zu den Ministerialen Heinrichs IV. Er hebt Liemars wissenschaftliche Bildung und Intelligenz hervor, lobt seinen Einsatz beim Wiederaufbau des Bremer Domes und betont, daß Liemar das Bistum „nach der Wahl der Bischöfe" vom Kaiser selbst empfangen hätte, der noch auf der Flucht (vor der sächsischen Fürstenopposition) gewesen wäre. Seine Weihe wäre durch die Diözesanbischöfe erfolgt, das Pallium hätte ihm Papst Alexander II. gesandt: ***„Liemarus nacione Bawarus, de ministerialibus Heinrici regis quarti originem trahens, vir litteratus et prudens, episcopatum suscepit ab ipso Heinrico, adhuc exulante, pontificum electione. Ordinatus est autem a suffraganeis; pallium misit ei papa Alexander."***[1046]

Im Jahresbericht ***1074*** stellt der Chronist die konsequente Kaisertreue Erzbischof Liemars heraus, an der dieser festgehalten hätte, obwohl die Erzbischöfe Anno von Köln, Siegfried von Mainz und Werner von Magdeburg sowie der Bischof Burchard II. von Halberstadt und alle sächsischen Fürsten auf der Seite des Papstes gestanden hätten.[1047] Die Tatsache, daß auch Erzbischof Liemar von Gregor VII.

1046 Lappenberg, Ann. Stad. S. 316, 6-8

1047 Franz Wachter, S. 5, Anm. 4: Diese Mitteilung kann nur auf die Zeit nach der Exkommunikation Heinrichs IV. im Jahr 1076 bezogen werden.

am 22. Februar 1075 suspendiert und exkommuniziert worden war,[1048] verschweigt Albert, hebt ihn dagegen im Jahresbericht ***1081*** als ersten Ratgeber und als Begleiter des Kaisers auf dessen Heerzug nach Rom hervor: ***„Heinricus Rex Romam profectus est, habens in comitu suo Liemarum, Bremensem archiepiscopum, penes quem tunc summa consilii erat."***[1049]

Im Jahresbericht ***1089*** beschreibt Albert die Gefangennahme Liemars durch den Herzog und späteren Kaiser Lothar von Süpplingenburg während der kaiserlichen Belagerung der Burg Gleichen in Thüringen. Er schildert, wie der Erzbischof durch die Überlassung der Vogtei Bremen und die Zahlung von 300 Mark Silber seine Freilassung erwirken und seine Rückkehr in sein Amt erkaufen konnte. Unpräzise berichtet er über die Leistungen der erzbischöflichen Vorgänger Bezelin und Adalbert für den Bremer Dombau und über die Zerstörung des Domes durch eine Feuersbrunst.[1050] Erzbischof Liemar hätte den Dom von Grund auf neu errichten lassen.[1051]

Trotz seiner negativen Einstellung zu Kaiser Heinrich IV. und seiner Stellungnahme im Investiturstreit und ungeachtet der Rolle, die Erzbischof Liemar darin spielte, würdigt Albert von Stade die Persönlichkeit und die Qualitäten des Erzbischofs, für den er Bewunderung, Hochachtung und große Sympathie empfand. Möglicherweise fühlte er sich ihm durch einige vorzügliche Gemeinsamkeiten verbunden, wie wissenschaftliche Bildung, Intelligenz und vielleicht auch Familienzugehörigkeit. Deshalb verschweigt er absichtlich die erwähnte Exkommunikation und die Amtsenthebung Liemars, obwohl ihm dies mit Sicherheit bekannt gewesen war. Kein Makel sollte auf den Erzbischof und das Erzbistum Bremen fallen. Das Todesdatum Liemars fügt der Chronist in den Jahresbericht ***1101*** ein.

Im Jahresbericht ***1142*** hebt der Chronist die vom Erzbischof Albero den Stiftern der Liebfrauenkirche in Stade erteilten außerordentlichen Vergünstigungen und Privilegien hervor. Diese drei Brüder und ihre Angehörigen sollten beständig die Sakramente der Kirche und ihre Bestattung empfangen, und alle Hörigen der Kirche sollten von allen Abgaben (Kirchenzehnt), von der Heeresfolge, von der Verpflichtung

---

1048 Ebd., Anm. 5

1049 Lappenberg, Ann. Stad., S. 316. 27-28

1050 s. Jahresbericht 1035, 1037, 1042, 1043 und 1049 der kompilatorischen Darstellung nach Adam von Bremen.

1051 Lappenberg, Ann. Stad., S. 316, 40-45

zur Befestigung des Fleckens und der Burg sowie von der ***„precaria liberos et immunes"*** (außergewöhnlichen Auflage) befreit sein.[1052]

Mit dem 9. Juli auf den Tag genau gibt Albert von Stade im Jahresbericht ***1147*** die Weihe des ersten Abtes Adalward seines Klosters zur Heiligen Maria in Stade und der zeitgleichen Weihe des Abtes des Klosters Rosenfeld (Hersefeld) durch den Erzbischof Albero von Bremen bekannt.[1053]

Auf den 26. September ***1165*** datiert er die Weihe seines Klosters, des Klosters der Heiligen Jungfrau bei Stade, durch den Erzbischof Hartwig I. von Bremen.[1054]

Im Jahresbericht ***1144*** setzt der Chronist die Geschichte des Erzbistums Bremens fort. Nach dem Tode des jüngeren Grafen Rudolf von Stade, der, nach Aussage der Bremer Annalen (als möglicher Beitrag aus der Originalchronik) die Kirche des Heiligen Georg in der Stader Burg gestiftet hätte,[1055] hätte sein Bruder Hartwig, dem Bremer Domprobst sein gesamtes Erbgut der Bremer Kirche unter der Voraussetzung übergeben, daß ihm dafür die Grafschaft Bremen zugestanden würde. Mit Nachdruck betont Albert, daß die Bremer Kirche nunmehr die Erbschaft der Fürsten von Stade, der Ida und des Friedrich, als ihr Eigentum empfangen hätte und daß sie durch eine „feierliche, gesetzmäßige Schenkung" Erbin der Eltern des Probstes Hartwig geworden wäre. Dieser sei (mit der Grafschaft Bremen) belehnt worden. Albert schildert anschließend, wie der junge Herzog Heinrich der Löwe mit aller Gewalt um die Grafschaft Stade (und um das Vogtrecht) kämpfte, wie seine Anhänger bei der Darlegung der Streitsache um die Erbschaft der Grafschaft Stade vor Gericht einen Aufstand entfachten, zu den Waffen griffen und den Erzbischof von Bremen in Lüneburg gefangensetzten, um ihn zu erpressen. Sie hätten ihn erst wieder freigelassen, als sie eingesehen hatten, daß sich dieser weder durch Peinigung noch durch Drohungen erpressbar zeigte.[1056]

Aus den Pöhlder Annalen informiert der Chronist im Jahresbericht ***1148*** über den Tod des Erzbischofs Albero von Bremen und über die Nachfolge Hartwigs I.

Im Jahresbeitrag ***1163*** berichtet Albert über die Ereignisse auf dem Konzil in Besançon [St. Jean de Losne]. Im Zusammenhang mit der

---

1052 Ebd., S. 324, 19-29

1053 Ebd., S. 327, 23-24

1054 Lappenberg, Ann. Stad., S. 345, 25-26

1055 Bremer Annalen, Jahresbericht 1144, S, 856, 28: *„Rodolphus marchio, qui ecclesiam sancti Georgii in urbe Stadensi fundavit."*

1056 Lappenberg, Ann. Stad., Jahresbericht 1144, S. 324, 35 - S. 325, 10

Übertragung der Königreiche Dänemark und Schweden an Waldemar durch Friedrich Barbarossa hätte Erzbischof Hartwig I. dem Kaiser seine Beschwerde vorgetragen. Die drei Königreiche Dänemark, Schweden und Norwegen hätten sich seiner Jurisdiktion gewaltsam entzogen: ***„Ibi Waldemarus duo regna, Daciae et Sweciae, ab imperatore suscepit. Venit Hardvicus Bremensis archiepiscopus, conquerens ibidem, quod tria regna, Daciae, Sweciae, Norwegiae, se de sua sede abstraxerint violenter, cum iure deberent suam sinodum observare."***[1057]

Möglicherweise aus mündlicher Quelle über den Bremer Scholastiker Heinrich erwähnt Albert im Jahresbericht ***1167*** den Aufstand der Bremer gegen Herzog Heinrich den Löwen unter der Führung des Grafen Christian I. von Oldenburg. Er schildert detailliert bis in die Einzelheiten der Kriegsführung und der Kriegsschauplätze seiner Heimatregion die Eroberung der Burg Weye (in der Grafschaft Hoya) durch den Grafen Christian I. von Oldenburg. Dieser hätte mit den Bremern, die arg unter dem Joch des Herzogs zu leiden hätten, einen Kampf gegen Heinrich den Löwen geführt und diesen mit seinem Heer, die Furth des Getheflusses besetzend, vier Tage lang mannhaft zum Stillstand gebracht. Am fünften Tage hätten sie den Herzog mit vier Schlachtreihen zum Abzug nötigt. Heinrich wäre jedoch mit einem großen Heer zurückgekehrt, während sich Christian nach Oldenburg zurückgezogen hätte und dort verstorben sei. Da aber Christians Vasallen seinen Tod geheim gehalten hätten, hätte sich das vom Überdruß ergriffene Heer des Herzogs aufgelöst.[1058]

Bemerkenswert ist, daß dieser Bericht wie eine Gegendarstellung von Helmolds Beschreibung desselben Aufstands aus der Sicht des Herzogs im Kapitel I, 104 der Slawenchronik abweicht. Hier heißt es, daß Heinrich der Löwe in Bremen eingefallen wäre, es eingenommen und geplündert hätte, daß die Bremer Bürger in die Marschen geflohen wären, der Herzog sie geächtet hätte, und daß sie sich erst durch die Vermittlung des Erzbischofs für mindestens 1000 Mark Silber den Frieden teuer hätten erkaufen müssen. Graf Christian sei wenige Tage danach verstorben.

Seine Parteinahme für den Erzbischof, die Bremer und den Grafen Christian I. von Oldenburg haben Albert von Stade ganz offensichtlich dazu bewogen, die Niederlage des Bremer Aufstandes zu verschweigen. Helmold dagegen stellte sie bei seiner leichten Tendenz zur Antipathie gegenüber den Bremer Erzbischöfen deutlich heraus.

1057 Ebd., Jahresbericht 1163, S. 345, 2-4

1058 Ebd., S. 346, 3-10

Mit dem 8. Oktober datiert Albert im Jahresbeitrag ***1168*** den Todestag des Erzbischofs Hartwig I. und gibt die nachfolgende Doppelwahl des (dritten) Sohns Albrechts (des Bären) Siegfried und des Dekans Otbert bekannt. Anschließend schildert er den unter der Leitung Gunzelins von Schwerin durch Anhänger Heinrichs des Löwen entfachten großen Aufstand in Bremen und berichtet von der Flucht des neugewählten Siegfried in Begleitung des Propstes nach Oldenburg sowie anderer Geistlicher nach Harburg.[1059] Die Art der Wortwahl bei der Mitteilung, daß der Kaiser nach dem Bamberger Hoftag zugunsten des Welfen den Bremer Erzbischof absetzt und den greisen Propst Balduin von Halberstadt,[1060] den Grafen von Holland, „hineinschiebt" ***„... et de voluntate ducis Baldewinus, Halverstadensis praepositus, est intrusus, ... Baldewinus licet senex bona ecclesiae duci concessit et suis ...",***[1061] verrät Alberts unverhohlene Mißbilligung. Mit scharfer Kritik prangert er die Machenschaften des Herzogs an, aus der Hand von ihm selbst investierter Bischöfe Kirchengut zu entfremden und zu Lehen zu nehmen. Auch die möglicherweise seiner Originalchronik zuzuordnende abfällige Bezeichnung Balduins als ***„capellanus ducis Henrici"***[1062] in den Bremer und den Hamburger Annalen läßt sein tiefes Mißfallen an der Bischofsinvestitur erkennen.

Mit seiner abschließenden Bemerkung: ***„Pallium a Paschali*** (vielmehr Calixtus III.) ***accepit, in scismate est consecratus vel potius execratus."*** äußert Albert deutlich seinen Zweifel an der Gültigkeit der Weihe Balduins im Schisma. Beispielhaft bringt er damit die allgemeine durch das Papsschisma ausgelöste tiefe Verunsicherung unter den Geistlichen zum Ausdruck, die zu dieser Zeit im gesamten Deutschen Reich herrschte. Nicht ohne Genugtuung berichtet er ***1178***, daß Erzbischof Balduin gerade an dem Tage verstorben sei, an dem er den Brief für seine Absetzung erhalten sollte.[1063]

[1059] Dieser Aufstand ist weder bei Helmold noch in den Bremer und den Hamburger Annalen erwähnt.

[1060] Es ging Heinrich dem Löwen um das Erbe der Stader Grafen, um die er seit 1144 gegen den Erzbischof von Bremen kämpfte. Nach dem Tode des Erzbischofs Hartwig 1168 setzte Heinrich mit kurzer Unterbrechung zwei welfenfreundliche Erzbischöfe ein, Balduin I., der bis 1179, und bereits 1184 Hartwig. II, der bis1214 welfische Territorialpolitik betrieb. - vgl. Faust, Harsefeld, S. 139-140

[1061] Lappenberg, Ann. Stad., S. 346, 33-36

[1062] Jaffé, Ph., Ann. Bremenses, MGH SS XVII, S. 856, 52

[1063] Er war von der allgemeinen Amnestie, die der Papst den im Schisma emporgekommenen Bischöfen gewährte, ausgenommen.

Ebenso kritisch äußert sich Albert von Stade im Jahresbericht ***1177*** zum gleichfalls nach dem Willen des Herzogs gewählten, „sehr einfältigen" Priors Godescal als Nachfolger des verstorbenen Abtes Alward von Stade.

Im Jahresbericht ***1178*** erwähnt er die Wahl des Magisters *Berthold* für das Amt des Erzbischofs von Bremen. Gegen diese Wahl hätte lediglich der Propst Otto Widerspruch eingelegt. Sie sei jedoch mit der Beendigung des Papstschismas hinfällig geworden, bemerkt Albert im Jahresbeitrag ***1179***.

Über das dritte Laterankonzils von 1179 berichtet Albert aus mündlicher Quelle vom Bremer Scholastiker Heinrich, der Augenzeuge dieses Ereignisses war. Papst Alexander III. hätte im 20. Jahr seines Pontifikats auf diesem von ihm einberufenen Laterankonzil folgende Dekrete erlassen. Die Anordnungen der vorherigen schismatischen Päpste wären aufgehoben und deren Weihen für ungültig erklärt worden. Calixtus (der Gegenpapst Friedrich Barbarossas) wäre vom Schisma zurückgetreten und zum Bischof von Benevent ernannt worden. Die Erzbischöfe hätten die von den Schismatikern erhaltenen Pallien abgelegt. Christian von Mainz und Philipp von Köln hätten aus der Hand des Kardinals Jacinctus neue Pallien empfangen. Auch hätten sie aller Ketzerei und dem Schisma insbesondere des Oktavian, des Wido und des Johannes entsagt, indem sie gelobt hätten: ***„Ego N. anathematizo et refuto omnem heresim, extollentem se adversus sanctam Romanam ecclesiam catholicam, praecipue vero scisma Octaviani, Widonis et Johannis, et ordinationes eorum irritas iudico, et eis contradico; et modo et in antea me obiditurum iuro, et promitto fidelitatem sanctae Romanae ecclesiae et domino meo Alexandro et successioribus eius iuste intrantibus ipsique serviam absque omni malo ingenio contra omnem hominem secundum voluntatem et ordinem meum. Consilia eius, quae mihi scripto certo mandaverit, vel ipse commiserit, nulli hominum prodam, nec etiam pro periculo corporis aut membrorum. Legatum ecclesiae Romanae honorabo, et ducam et reducam et iuvabo expensis. Sic me Deus adiuvet, et haec sancta evangelia."***[1064] (*„Ich N. verfluche und weise alle Ketzerei zurück, die sich gegen die heilige katholische Kirche erhebt, insbesondere das Schisma des Oktavian, des Wido und des Johannes, und erkläre deren Weihen für nichtig, und stelle mich ihnen entgegen; und ich schwöre gegenwärtig und in Zukunft Gehorsam und verspreche der heiligen römischen Kirche, meinem Herrn Alexander und seinen rechtmäßigen Nachfolgern Treue, und werde ihm dienen ohne jede Arglist gegen jeden Menschen nach bestem Wissen und*

1064 Lappenberg, Ann. Stad., S. 348, 20-32

wie es meinem Stande gebührt. Seine Ratschläge, die er mir schriftlich oder mündlich erteilen wird, werde ich bei Leib und Leben keinem Menschen verraten. Den Legaten der Römischen Kirche werde ich ehren, ihm freies Geleit auf seiner Hin- und Rückreise gewähren und ihn mit Geld unterstützen. So wahr mir Gott helfe, und diese heiligen Evangelien.")

Bertold war jedoch durch das Raster der neuen, streng hierarchischen kanonischen Bestimmungen des Papstes Alexander gefallen. In sicherer Erwartung der Bestätigung seiner Weihe hätte er großen Anstoß erregt, weil er am Vortage des Konzils neben Bischöfen gesessen hätte, obwohl er noch nicht einmal den Rang eines Presbyters innegehabt hätte. Nach den Aussagen seines Fürsprechers beim Papst, des Magisters Gerhard, hätte er jedoch alle Voraussetzungen für das Amt des Bremer Erzbischofs mitgebracht. Er wäre ein in jeder Beziehung würdiger und sittlich bewährter Mann von großem Ansehen, der alle Bildungsvoraussetzungen erfüllte, der in den artes liberales erfahren wäre, große Kenntnisse des Alten und des Neuen Testaments aufwiese, sich durch seinen Fleiß auch in den Dekretalien und den Gesetzen auskannte und der noch dazu kanonisch, einträchtig und einstimmig gewählt worden wäre. Der Magister Gerhard hätte für ihn vom Papst heute die Würde des Priesteramtes und morgen die Weihe zum Bischof erbeten. Der Papst hätte jedoch die Aussagen der Bremer Gesandten überprüfen lassen. Dabei hätte sich gezeigt, daß diese in ihren Aussagen voneinander abwichen. Schließlich hätte Papst Alexander Bertold die Bestätigung seiner Wahl mit der Begründung versagt, daß ihm die Art seiner Wahl mißfallen hätte, weil Bertold, ohne die heiligen Weihen empfangen zu haben, nicht einmal als Subdiacon, sondern als Akolut, gewählt worden wäre. Hierdurch wäre er nach Kirchenrecht noch zu einer Eheschließung befugt gewesen. Dies verletze die kanonischen Bestimmungen. Belastend käme noch hinzu, daß er *vor* den heiligen Weihen die Regalien aus der Hand des Kaisers empfangen hätte.[1065]

Als Erzbischof von Bremen wäre letztendlich der Sohn des Markgrafen Albert, Siegfried von Brandenburg (von Anhalt), gewählt worden,[1066] dessen Wahl ***1180*** vom Kaiser bestätigt worden sei.

Auch die Aussagen im Jahresbeitrag ***1183*** entstammen offenbar Augenzeugenberichten des persönlichen Informanten Alberts, des Bremer Scholastikers Heinrich. Sie haben Unterhaltungswert. Einige der dem Erzbischof Siegfried untergeordneten Geistlichen, die dieser selbst in ihre Ämter befördert hätte, hätten sich gegen ihn verschwo-

---

1065 Ebd., S. 348, 38 - S. 349, 8

1066 Ebd., S. 349, 39-40

ren. Mit dem Vorwurf der Prunksucht hätten sie ihn durch einen Kanoniker, der ein Würfelspieler gewesen wäre, bei der römischen Kurie anklagen lassen. Dieser Kanoniker hätte sich - dort unbekannt - mit einem Scheinheiligenschein umgeben. Der Bremer Scholastiker Heinrich wäre ihm jedoch entschlossen entgegengetreten. Er hätte die leeren Anschuldigungen gegen Erzbischof Siegfried, daß dieser zum Beispiel einen feinen Pelz getragen oder mit einem goldgeschmückten (Pferde)geschirr geprangt hätte, kräftig widerlegt und den Metropoliten gebührend verteidigt.[1067]

Mit der Nachricht im Jahresbericht 1184, daß der schwedische Bischof nach Bremen gereist sei, um dem Erzbischof Siegfried Gehorsam zu leisten, hebt Albert die Anerkennung der Jurisdiktion des Hamburg-Bremer Erzbistums durch Schweden hervor. Im gleichen Jahr sei Siegfried verstorben. Fünfzehn Jahre lang[1068] wäre er Bischof von Brandenburg gewesen.[1069] Erzbischof Hartwig (II. von Uthlede) sei zu seinem Nachfolger ernannt worden. Der Kaiser hätte Hartwig die Regalien verliehen. Papst Lucius hätte ihm die Weihe erteilt.[1070]

Der folgende Jahresbericht zeigt eine Lücke in der Berichterstattung auf. Dies läßt, wie oben erwähnt, die Schlußfolgerung zu, daß die Kurzfassung der Chronik einen Auszug aus der Originalchronik darstellt. Der Bemerkung im Jahresbericht ***1194***, daß die Bremer Kanoniker viel Unbill von den Bremer Bürgern hätten erleiden müssen, weil sie den Erzbischof Hartwig wieder aufgenommen hätten (von dessen Verlassen der Stadt zuvor nichts berichtet wird), fehlt jeglicher Bezug zu vorangegangenen Ereignissen, die das Verhalten der Bremer Bürger hätten erklären können.[1071]

Im Jahresbericht ***1195*** vermerkt Albert, daß ein gewisser Bertold[1072] vom grauen Orden vom Erzbischof Hartwig II. zum Bischof geweiht und nach Livland gesandt worden wäre.[1073] Dieser sei ***1198*** von Heiden ermordet worden. Zu seinem Nachfolger sei der Domherr Albert von Bremen gewählt worden,[1074] von dessen Eintreffen in

---

1067 Ebd., S. 350, 10-18

1068 Es waren nur 7 Jahre, von 1173-1180. Er war vielmehr der 15. Bischof von Brandenburg.

1069 Lappenberg, Ann. Stad., S. 350, 31-33

1070 Ebd., S. 350, 38-39

1071 Lappenberg, Ann. Stad., S. 352, 31-32

1072 Bertold, Abt von Loccum, kam 1198 nach Livland.

1073 Lappenberg, Ann. Stad., S. 352. 41-42

1074 Ebd., S. 353, 22-24

Begleitung von Pilgern Albert im Jahr ***1200*** berichtet.[1075] Im Jahre ***1203*** hätte der Bischof Albert von Livland die Stadt Riga erbaut.[1076]

Der Bericht ***1197*** enthält die Nachricht vom Aufbruch des Erzbischofs Hartwig II. und des Pfalzgrafen Heinrich ins Heilige Land. Hier hätte unter den ruhmbesessenen Fürsten große Uneinigkeit geherrscht. Der Bremer Erzbischof wäre vom Bischof von Lissabon ehrenvoll empfangen worden.[1077] Im Jahr ***1199*** wäre er über Venedig nach Bremen mit den Reliquien der heiligen Anna und dem Schwert des Petrus, womit dieser dem Malchus das Ohr abgeschlagen hätte, zurückgekehrt.[1078]

Über den dänischen Eroberungsversuch der Städte Hamburg und Stade berichtet Albert im Jahresbericht ***1199***. Hierzu hätte der Dänenkönig Knut seinen Bruder, den Herzog Waldemar, gesandt. Der Erzbischof Hartwig und der Graf Adolf (III. von Schaumburg) hätten sich ihm an der Eider jedoch entgegengestellt. Im Jahresbericht ***1201*** beschreibt der Chronist die Belagerung Hamburgs durch den Dänenkönig Knut. Dessen Bruder Waldemar wäre in die Elbe eingefahren, um den Grafen Adolf anzugreifen. Hamburg und Lübeck wären erobert und Graf Adolf von Waldemar als Geisel genommen, gefesselt und zum Bischof Waldemar zur Inhaftierung gebracht worden.[1079] Erst ***1203*** sei Graf Adolf III. von Schaumburg durch die Übergabe der Lauenburg an den dänischen König Waldemar wieder freigekommen.[1080]

Im Jahresbericht ***1202*** gewährt Albert einen Einblick in die welfisch-dänische Heiratspolitik König Ottos (IV.) in Hamburg. Dieser hätte die (siebenjährige) Tochter (Irmengard) seines Bruders Heinrich mit dem Herzog der Dänen sowie die Schwester des Herzogs Helena mit seinem Bruder Wilhelm verlobt. König Otto[1081] sei in Stade und in Bremen aufgenommen worden.

Im Jahresbeitrag ***1205*** erwähnt Albert den Besuch des Erzbischofs Hartwig in der Stadt Stade.[1082]

1075 Ebd., S. 353, 38-39

1076 Ebd., S. 354, 21-22

1077 Ebd., S. 353, 6-7

1078 Ebd., 353, 26-28

1079 Ebd., S.353, 40-44 - Hamburg und Holstein waren damit für 26 Jahre an Dänemark abgetreten worden.

1080 Ebd., S. 354, 19-21

1081 König Otto IV. befand sich im Thronstreit mit König Philipp.

1082 Ebd., S. 354, 10-11

Der Nachricht vom ersten bewaffneten Überfall auf die Stedinger, mit dem Erzbischof Gerhard I. von Bremen eine Geldzahlung erzwungen hätte, folgt im Jahresbericht ***1207*** die Meldung vom Rückzug des Metropoliten, nachdem die Stedinger eingelenkt hätten. Kurze Zeit darauf sei er verstorben.[1083]

Im folgenden berichtet Albert über die Entstehung des Schismas im Erzbistum Bremen durch die Doppelwahl (1208-1217). Im Jahre ***1208*** hätten die Bremer den Bischof Waldemar von Schleswig zum neuen Erzbischof gewählt, dem jedoch der Papst, weil er ohne seine Erlaubnis fortgereist sei, das Bistum wieder entzogen hätte. Waldemar hätte, von einigen dazu ermutigt, dennoch den Bremer Erzbischofssitz eingenommen.[1084] Im Jahre ***1211*** hätte Papst (Innozenz III.) den Bischof Gerhard von Osnabrück zum Erzbischof von Bremen bestätigt. Auf Geheiß des Kaisers hätte jedoch Gerhard den Waldemar nach Bremen zurückgeführt, woraufhin die Stadt seinetwegen mit dem Interdikt belegt worden sei.[1085]

Die Kooperation der Bremer Erzbischöfe mit den Stedingern während des Schismas im Bistum verschweigt der Chronist beharrlich. Auch läßt er die Teilnahme der Stedinger an der Eroberung seiner Heimatstadt im Jahre ***1208*** durch den Erzbischof Waldemar von Bremen unerwähnt. Dieser hätte Stade, deren Türme und Häuser kurz zuvor ein Unwetter zerstört hätte, an einem Sonntag, am Tag der Findung Stephans, völlig ausgeraubt.[1086] Die Vorstellung, daß es die Stedinger waren, die von der Doppelwahl im Erzbistum Bremen profitierten, muß für Albert von Stade unerträglich gewesen sein. Absichtlich verkennt er, daß sie sich zu einem politisch und wirtschaftlich mächtigen Bündnispartner entwickelt hatten, deren Gefolgschaft sich Waldemar von Schleswig nach der Doppelwahl von 1208 wegen seiner schwachen wirtschaftlichen und machtpolitischen Position zu sichern genötigt war.

Im Jahresbericht ***1213*** erwähnt der Chronist den Einsatz des Bischofs Gerhard bei der Errichtung zweier gegen die Stedinger errichteter Burgen.[1087]

1083 Ebd., S. 354, 40-41

1084 Ebd., S. 355, 2-5

1085 Ebd., S. 355, 18-21

1086 Ebd., S. 355, 8-9

1087 Ebd., S. 355, 44 - 356, 2 - Bischof Gerhard errichtete die Burg Schlutter (bei Delmenhorst) und Rheinpfalzgraf Heinrich erstellte die Burg Falkenberg (zwischen Delmenhorst und dem Fluß Berne).

Es folgen kurze Einzelnachrichten von dänischen Angriffen auf Stade und Hamburg. Der Versuch des dänischen Königs, ***1215*** mit Schiffen die Elbe kreuzend Stade zu erobern, wäre vom Pfalzgrafen vereitelt worden. ***1216*** hätte der dänische König die vereiste Elbe überschritten, um erneut Stade zu erobern. Er wäre aber noch bevor das Eis geschmolzen wäre, zurückgekehrt und hätte seine ganze Heeresmacht gegen Hamburg gerichtet. Sein Lager hätte er an der Elbe unterhalb der Stadt aufgeschlagen, während der Graf Albert (von Orlamünde) oberhalb gelagert hätte. Deshalb hätten sich die Hamburger resignierend ergeben.

Die im Jahresbericht ***1218*** nur kurz erwähnte Einnahme der (von den Welfen besetzten) Burg Vorde durch die Ministerialen der Bremer Kirche[1088] wird in den Hamburger Annalen als möglicher Auszug aus der Originalchronik sehr ausführlich beschrieben: *„Ferner wird die Burg Vorde von den Dienstmannen der Bremer Kirche gewonnen, und zwar in folgender Weise. Neben dieser Burg an einem Ort, der Bokele heißt, an dem Fluß Beverna* [Bokel an der Otter, Kirchspiel Bevern] *wohnte ein sehr einfältiger Bauer, welcher anfing, Kranke mit einigen bäurisch ausgedachten Worten zu segnen. Und zuletzt strömten die Kranken wie Pilger von verschiedenen Seiten zusammen, und fast jeden Tag erhob sich in der Menge Gesang und großes Geschrei, als ob einige von ihren Krankheiten befreit wären, und viele glaubten ihm. Der Herzog Heinrich aber beschützte ihn, und sein Vogt Hinrich von Ostenhusen und sie hatten ungeheuren Gewinn von den Opfergaben. Inzwischen kamen die Bremer Dienstmannen auf die Burg Vorde zu, und da man sie fragte, wohin sie zögen, antworteten sie, daß sie aus entfernten Gegenden kämen, um die Schwellen des heiligen Otbert* [anderswo Otbern] *zu besuchen, dessen Bad, wenn man es trinke, den Kranken wunderbar zur Gesundheit verhülfe. Sie steigen zur Burg Vorde hinan, und werfen die Leute des Herzogs hinaus. Der Bauer Otbert flieht nach Stade und so kam er später nach Lubeke, von da nach Riga, wo er starb."*[1089]

Im Jahr darauf, ***1219***, sei Erzbischof Gerhard (I.) von Bremen nahe Frankfurt verstorben, wohin er berufen worden wäre, um mit Herzog (Rheinpfalzgraf) Heinrich (einen wichtigen) Frieden(svertrag über die Grafschaft Stade) zu schließen.[1090] Im Jahre ***1227*** sei der Herzog

---

1088 Ebd., S. 357, 4-5

1089 Franz Wachter, S. 63, Anm. 1 (von Lappenberg nicht berücksichtigt) zitiert hier den wesentlich ausführlicheren, von L. Weiland (Weiland, Forsch. XIII, 166) in den Hamburger Jahrbüchern vermuteten Bericht des Urtextes.

1090 nach Weiland, ebd., S. 171 handelt es sich um den Vertrag über die Grafschaft Stade zwischen dem Erzbischof Gerhard von Bremen und dem

Heinrich und Pfalzgraf bei Rhein, ohne einen Sohn zu hinterlassen, verstorben und der Erzbischof von Bremen hätte die Grafschaft Stade endgültig erhalten.[1091] Zum neuen Erzbischof von Bremen sei der Probst von Paderborn, Gerhard (II.), Sohn Berhards (II) von der Lippe gewählt worden, der zuerst Graf, dann Abt und schließlich Bischof gewesen wäre.[1092]

Im Jahr ***1220*** sei der Bremer Abt von St. Pauli für das Bistum Dorpat bestimmt worden, nachdem der Bischof Thiderich von Estland von den Heiden erschlagen worden wäre.

Von der Teilnahme des Bremer Erzbischofs Gerhard (II.) an der Eroberung der ostelbischen Gebiete in Begleitung des Grafen Adolf (III. von Schauenburg), des Grafen Heinrich von Schwerin und Heinrichs von Werle berichtet Albert im Jahresbeitrag ***1225.***

Im Jahresbericht ***1227*** hebt Albert die Schlacht bei Bornhövede als bedeutenden Sieg über die Dänen hervor.[1093]. Als Sieger nennt er den Erzbischof Gerhard II. von Bremen, den Herzog Albrecht von Sachsen und die Grafen Heinrich von Schwerin und Adolf IV. von Schauenburg. Auch die Beteiligung eines Slawenheeres erwähnt er. Zwar hätte der dänische König entkommen können, jedoch wäre der „Herr von Lüneburg", wie er den Welfen Otto von Lüneburg abfällig nennt, durch den Grafen Heinrich gefangen genommen worden.[1094]

Es folgen Einzelnachrichten zur Burgenpolitik. Im Jahresbeitrag ***1228*** erwähnt Albert die Einnahme der ***1220*** zerstörten Burg Horburg durch den Bremer Erzbischof. Im Jahre ***1231*** hätte Graf Adolf IV. bei Hamburg (auf dem Sullenberg bei Blankenese) eine Burg an der Elbe erbaut.[1095] ***1236*** wären Otternberge und Harburg zerstört worden.[1096]

Im Jahresbericht ***1229*** beschreibt Albert, wie sich nach dem Tode des Bischofs Albert von Livland die livländische Kirche aus der Jurisdiktion der Bremer Kirche gelöst hätte. In Ausübung ihres Rechts hätte die Bremer Kirche den Magister Albert (Suerbeer), den Bremer Scholastiker, zum Bischof gewählt, der später Primas in Irland geworden sei. Später, im Jahre 1246, sei er von Papst Innozenz IV., der sich

---

Rheinpfalzgraf Heinrich (von Lappenberg übergangen). Dieser Vertrag ist als möglicher Teil der Originalchronik in der Sachsenchronik ausführlich erwähnt.

1091 Ebd., S. 359, 22-23

1092 Ebd., S. 357, 8-11

1093 Wachter, S. 71, Anm. 4: In der Schlacht bei Bornhövede wurden die Dänen für Jahrhunderte über die Eider zurückgeworfen.

1094 Lappenberg, Ann. Stad., S. 359, 27-30

1095 Ebd., S. 361, 14-15

1096 Ebd., S. 362, 45

gerade in Lyon aufgehalten hätte, als Legat nach Preußen und Livland entsandt worden. Im Jahr darauf hätte er die Nachfolge des verstorbenen Bischofs Johannes von Lübeck angetreten (1247-1254) und sei schließlich (1254) zum Bischof von Riga ernannt worden. Die Rigaer Domherren hätten jedoch einen anderen, nämlich Nikolaus (Kanoniker von Magdeburg) gewählt. Lange Zeit hätte der in Gegenwart der vom apostolischen Stuhl entsandten Richter von beiden Parteien ausgetragene Streit angedauert. Letztendlich jedoch hätte der Papst den Bremern nach seinem Willen, wie man sage, Stillschweigen auferlegt.[1097] (Damit hatte die livländische Kirche ihre Unabhängigkeit vom Erzbistum Bremen erreicht, und Riga wurde 1255 ihre Metropole.)

Im Jahresbeitrag ***1233*** berichtet Albert über die Verwüstung der Grafschaft Stade (während des Stedingeraufstands) durch den „Herrn von Braunschweig", wie der Chronist den Welfen erneut abfällig nennt. Deutlich stellt Albert heraus, daß der Herzog ein Gegner der Bremer Kirche sei.[1098]

Im Jahresbeitrag ***1236*** gibt er die Aussöhnung zwischen den beiden Kontrahenten bekannt. Der Erzbischof von Bremen und der Herzog von Braunschweig hätten sich versöhnt. Es sei ein beständiger Frieden zwischen der Kirche und dem Herzog versprochen worden. Nicht ohne Bitterkeit setzt er hinzu, daß dem Herzog gewisse Lehen übergeben worden wären.[1099]

Im Jahr ***1238*** hätte ein Priester namens Markward das Haus des Erzbischofs in diebischer Absicht betreten, die dort entdeckten Sachen heimlich entwendet und das Haus angesteckt. Er sei ergriffen und erhängt worden.[1100]

Warmherzig schildert Albert im Jahresbericht ***1239***, mit dem Tage des Ypolitus (am 13. August) genau datiert, den Eintritt seines Mitbruders, des Grafen Adolf (IV.) von Schaumburg in den Franziskanerorden in Hamburg. Seine Söhne Johann (I.), Gerhard (I.) und Lothar (der Mönch wurde) hätte er seinem Schwiegersohn Abel, dem Herzog (und späteren König) von Dänemark, als Vormund übergeben. Dessen jüngerer Bruder Erich (IV.), König von Dänemark, hätte am Tage des Dyonisius (9. Oktober) die Tochter des Herzogs von Anhalt geheiratet.[1101]

1097 Ebd., S. 360, 40 - S. 361, 4

1098 Ebd., S. 361, 22-23

1099 Ebd., S. 362, 43-44

1100 Ebd., S. 363, 27-29

1101 Ebd., S. 365, 26-29

Erzbischof Gerhard von Bremen hätte sich, wie Albert im Jahresbeitrag ***1241*** berichtet, besonders für eine Aussöhnung zwischen dem Herzog Abel (von Jütland) und dem Grafen Gunzelin von Schwerin (III.) eingesetzt. Der Herzog hätte den Grafen wieder in seine Gunst aufgenommen, dessen Todfeind er zuvor gewesen wäre, weil sein Vater den König gefangen genommen hätte. Gunzlin hätte jedoch schmählich die ihm erwiesene Gunst vergessen, indem er sich später nicht gescheut hätte, zusammen mit dem König von Dänemark Herzog Abel und den Grafen Johannes von Holstein mit aller Macht zu bekämpfen.

In Gegenwart des Erzbischofs Gerhard hätte Herzog Abel von Jütland in Hamburg die Vormundschaft über die Söhne des Bruders Adolf abgegeben, dessen Tochter Mathilde er geheiratet hätte.[1102]

Freudig berichtet Albert im gleichen Jahr, wie Graf Johannes von Holstein, der Sohn des (Minder)bruders Adolf, in Hamburg mit großem Jubel von Klerus und Volk empfangen worden sei. Auch sei ihm bei dieser Gelegenheit die Tochter (Elisabeth) des Herzogs (Albrecht I.) von Sachsen, die noch sehr jung gewesen sei, als Gemahlin versprochen worden.[1103]

Mit Hilfe des Erzbischofs von Bremen und seines Onkels, des Bischofs Simon von Paderborn, hätte Graf Johannes von Holstein, wie Albert im Jahresbeitrag ***1250*** berichtet, einen mächtigen Heereszug gegen Dänemark aufgestellt. Zuvor hätte er die Burg Rendsburg, die der (dänische) König hätte befestigen lassen und mit tüchtigen Männern besetzt gehalten hätte, belagert und bestürmt.

1102 Ebd., S. 367, 42- S. 368, 6

1103 Ebd., S. 368, 6-8

4.) Berichte zur Geschichte des Erbschaftsstreites um die Grafschaft und Einzelnachrichten zur Geschichte der Stadt Stade

In der Darstellung der lokalen Kirchengeschichte hebt Albert von Stade besonders die Bedeutung seiner eigenen Abtei, des Klosters zur heiligen Jungfrau bei Stade hervor. Er ergänzt im Jahresbericht ***1066*** den Bericht Adams von Bremen über das Martyrium des Bischofs von Ratzeburg, des heiligen Ansver, mit dem Hinweis darauf, daß dessen unversehrter Arm in der Kirche der heiligen Jungfrau in Stade aufbewahrt würde. Im Jahresbericht ***1142*** beschreibt er in einer für ihn ungewöhnlichen Ausführlichkeit mit feierlichen Worten und präziser Datierung die Entstehung der Liebfrauenkirche in der Vorstadt von Stade als Stiftung dreier Brüder, Dudo, Adeko und Richbert, deren Geist Gott erweckt hätte. Diese Brüder hätten eine Holzkapelle erbaut, die der Bremer Erzbischof Albero im 19. Jahr seines Pontifikats am 2. Juli in Gegenwart einiger (namentlich genannter) vom Abt Konrad von Hersfelde entsandter ehrwürdiger (Benediktiner)brüder im Namen der heiligen, unteilbaren Dreieinigkeit, der ewigen Jungfrau, der Apostel Petrus und Paulus und Johannes des Apostels und Evangelisten, sowie der Märtyrer Vitus, Cosmas und Damianus geweiht hätte. Albert erwähnt darüber hinaus die vom Erzbischof Albero aufgrund dieser Stiftung erteilten außerordentlichen Vergünstigungen und Privilegien. Diese drei Brüder sollten mit ihren Frauen, Söhnen und Töchtern, mit ihrer übrigen Nachkommenschaft und ihrem Haushalt beständig die Sakramente der Kirche sowie ihre Bestattung empfangen. Alle Hörigen der Kirche sollten von allen Abgaben, von der Heeresfolge, von der Verpflichtung zur Befestigung des Fleckens und der Burg sowie von der ***„precaria liberos et immunes“*** (außergewöhnlichen Auflage) befreit sein.[1104]

Mit dem 9. Juli auf den Tag genau datiert Albert von Stade im Jahresbericht ***1147*** die Weihe des ersten Abtes Adalward seines Klosters zur Heiligen Maria in Stade und die zeitgleiche Weihe des Abtes des Klosters Rosenfeld (Hersefeld) durch den Erzbischof Albero von Bremen.[1105] Mit dem 26. September gibt er im Jahresbericht ***1165*** auf den Tag genau die Weihe seiner Abtei, des Klosters der Heiligen Jungfrau bei Stade, durch den Erzbischof Hartwig von Bremen bekannt.[1106]

1104 Ebd., S. 324, 19-29

1105 Ebd., S. 327, 23-24

1106 Lappenberg, Ann. Stad., S. 345, 25-26

Seiner großen Freude über den Erwerb von Reliquien für seine Abtei verleiht er im Jahresbericht **1243** Ausdruck. Graf Bederich hätte in Belzig dem Abt von St. Maria in Stade Thiederich herrliche Reliquien für seine Kirche und seinen Konvent gesandt. Liebevoll und in aller Ausführlichkeit beschreibt Albert die Reliquien. Bischof Rudger von Brandenburg und der Abt von Sichem hätten mit einem Schreiben bezeugt und versichert, daß der Graf diese Reliquien vom Bischof von Caph, das zuvor Joppen genannt wurde, unter großen Anstrengungen und mit vielen Bitten erhalten und aus den überseeischen Ländern mit sich geführt hätte. Er schicke sie durch den Mönch Otto von Beserka, der diese Angelegenheit von Anfang an, wie es ja bekannt wäre, gefördert hätte. Diese ruhmreichen Reliquien wären an Mariae Himmelfahrt unter großem Jubel von Klerus und Volk in Stade in Empfang genommen worden.[1107]

Mit ähnlicher Begeisterung berichtet Albert von Stade von einer weiteren Stiftung für sein ehemaliges Kloster. Im Jahre **1255** wäre Herr Friedrich von Haselthorp aus dem Laienstand in den Stand der Geistlichen aufgestiegen und hätte, vom Abt desselben Ortes Theoderich dazu ermuntert, neben anderen frommen Taten das Dorf Worden bei Stade mit allem Zubehör der Kirche der heiligen Jungfrau bei Stade übergeben.[1108]

Zu den Wahlen seiner Vorgänger im Amt als Benediktinerabt fällt er ein teils kritisches, teils wohlwollendes Urteil. Mißbilligend äußert er sich im Jahresbericht **1177** zu der nach dem Willen Heinrichs des Löwen erfolgten Wahl des „sehr einfältigen" Priors Godescal als Nachfolger des verstorbenen Abtes Alward von Stade. Dieser wäre in Rosenfelde ausgebildet worden und hätte drei Jahre lang der Kirche vorgestanden.

Im Jahresbericht **1199** bekundet Albert seine Zustimmung für die Wahl seines unmittelbaren Vorgängers und Nachfolger des verstorbenen Abtes Elvers, des Abtes Christophorus.

Große Anteilnahme zeigt Albert von Stade auch an den Vorgängen im Mutterkloster seiner Abtei Rosenfelde (Hersefeld). So erwähnt er im Jahresbericht **1233** die dortige Abtsnachfolge[1109] sowie im Jahr **1236**, auf den Tag genau datiert, die völlige Zerstörung dieses Klosters durch eine Feuersbrunst.[1110] Im Jahr **1255** informiert er über die

---

[1107] Ebd., S. 368, 20-40

[1108] Ebd., S. 373, 47- 374, 2

[1109] Ebd., S. 361, 23-24

[1110] Ebd., S. 362, 45-46

Errichtung der Burg Harburg am Fluß Lu auf dem Boden der Hersefelder Kirche.[1111]

Im Jahresbericht ***1105*** führt Albert die drei Söhne Ottos von Northeim[1112], Heinrich den Dicken, Markgraf von Friesland (Vater der späteren Kaiserin Richenza), Cono, Graf von Bichelinc, und Siegfried von Bomeneburg als Hofbesitzer und Stifter von Klostergütern in der Grafschaft Stade[1113] auf und leitet in die Geschichte des Erbschaftsstreites um die Grafschaft Stade und die Geschichte der Klöster seiner Heimatregion über. Jeder dieser Brüder hätte in der Grafschaft Stade einen Hof besessen, Heinrich der Dicke den Hof Ahlerstedt (bei Harsefeld), Cono den Conigehove genannten in der Dorfmark Hersefeld und Siegfried einen Hof in Hitfeld (bei Harburg). Cono hätte Catlenburg (in Grubenhagen) gegründet und seinen Hof dem dortigen Kloster übereignet. Später hätte ihn Friedrich von Stade zunächst als Pfandbesitz erworben. Danach hätte er ihn gekauft und ihn an Hersefeld übergeben. Siegfrieds Hof in Hitfeld hätte sein gleichnamiger Sohn dem Kloster Amelungsborn (bei Holzminden) übereignet, den später Heinrich von Braunschweig von den Mönchen gekauft hätte. Es wäre ein abtrünniger Abt dieses Klosters gewesen, der dem Herzog ohne Wissen des Konvents den Hof verkauft hätte. Dies wäre bekannt geworden, als erst die Hälfte des Geldes bezahlt worden wäre. Der Abt wäre daraufhin geflohen, und der Herzog hätte sich des Hofes und aller zum Lehnshof zugehörigen Güter bemächtigt.[1114]

Fortgesetzt wird der Erbschaftsstreit um die Grafschaft Stade in den beiden ausführlichsten Jahresbeiträgen des selbständigen Teils der Chronik 1112 und 1144.

Im Jahresbericht ***1112*** fährt Albert fort, daß Graf Eilmar von Oldenburg, der Jüngere, Sohn des gleichnamigen Vaters und der

---

1111 Ebd., S. 373, 46

1112 Lappenberg, Ann. Stad., S. 317, 44-48: Kaiser Heinrich IV. hätte Otto des Herzogtums Bayern beraubt, um es dem Schwaben Welf I. zu übertragen.

1113 Karl Jordan, (S. 15) rechnet das Grafengeschlecht von Stade zu einem der mächtigsten weltlichen Dynasten, die in der Reichsgeschichte des 11. und frühen 12. Jahrhunderts eine wichtige Rolle gespielt haben. Die Grafen von Stade (Udonen) hatten seit der Mitte des 10. Jahrhunderts im unteren Elbe- und im Wesergebiet einen Herrschaftsbereich aufgebaut, der dem der Billunger durchaus ebenbürtig war. In der Mitte des 11. Jahrhunderts wurde die Grafschaft nicht nur durch den Erwerb von Dithmarschen über die Elbe nach Norden hin erheblich erweitert; der Graf von Stade erhielt auch gleichzeitig das Amt des Markgrafen von der Nordmark (der späteren Altmark).

1114 Lappenberg, Ann. Stad., S. 317,44 - S. 318, 18

Richenza, Tochter der Ida von Elsdorf (Zeven), Anspruch auf die Erbschaft gegen die Fürsten von Stade, den Markgrafen Udo und seinen Sohn Heinrich, erhoben hätte, die auf Lebenszeit im Besitz der Grafschaft gewesen wären. Graf Friedrich hätte jedoch ihren Anspruch angefochten. Diese Erbschaft, bis dato noch Erbschaft der Ida genannt, stünde der erwähnten Ida von Elsdorf zu, einer Dame aus dem schwäbischen Adel, und noch dazu einer Nichte Kaiser Heinrichs III., und auch einer Nichte (Tochter der Schwester) des Papstes Leo (IX. 1049-1054).[1115] Ida hätte den Sohn Lippold der Herrin Glismodis (Schwester des Paderborner Bischofs Meinwerk) geheiratet. Ihre Tochter Oda, die Nonne in Rinteln (Grafschaft Schaumburg) war, hätte sie für die Abgabe des Dorfes Stedetorp bei Heslingen aus dem Kloster freigekauft und sie dem König von Rußland (zur Frau) gegeben. Dieser Ehe sei der Sohn Warteslav entsprossen.

Nach dem Tode des Königs hätte Oda eine große Summe Geldes an dazu geeigneten Orten vergraben und sei anschließend mit ihrem Sohn und einem Teil des Geldes nach Sachsen zurückgekehrt. Die Arbeiter hätte sie töten lassen, damit sie nichts verraten konnten. In zweiter Ehe hätte sie eine Tochter Aliarina geboren, die spätere Mutter des Grafen Burghard von Lucken (Loccum im Calenbergischen). Warteslav wäre nach Rußland zurückgekehrt und hätte das Land regiert. Das Geld, das seine Mutter für ihn verborgen hätte, hätte er wiedererlangt. Der Sohn der Ida, der Graf Ecbert, wäre von Markgraf Udo (II., gest. 1087) in Wistede bei Elstorp getötet worden, obwohl er dessen Verwandter gewesen wäre. Ihrer Erben beraubt hätte Ida die Reise nach Rom zu ihrem Oheim, dem Papst Leo (IX) unternommen. Nach Elstorp zurückgekehrt hätte sie Udo die Schuld am Tode ihres Sohnes völlig vergeben und hätte ihn, um in Ruhe ihre Besitzungen genießen zu können, als Erben eingesetzt, indem sie ihn an Sohnes statt angenommen hätte. Udo hätte ihr von seiner Erbschaft 300 Hufe zum Nießbrauch, nämlich den Hof Tuschensen (Schwitschen im Rotenburgischen), den Hof Otfredhessen (Otersen bei Verden oder Othfresen zwischen Hildesheim und Goslar), den Hof Hulsinge (Hülsen im Lüneburgischen), den Hof Wasten (Westen in der Grafschaft Hoya), den Hof Binnen (bei Nienburg), den Hof Rotholvingenhusen (Rolfsen in der Grafschaft Hoya), den Hof Sclime und den Hof Ride (Riede und Schlieme in der Grafschaft Hoya)

1115 Franz Wachter, S. 9, Anm. 2: Wenn die Angaben Alberts richtig sind, wäre die Schwester Leos IX. identisch mit der Gräfin von Egisheim, verheiratet mit Herzog Ernst II. von Schwaben, oder aber mit dem Halbbruder Heinrichs III. Ludolf von Braunschweig.

übergeben sowie außerdem eine Summe Geldes. Für einen Teil dieses Geldes, nämlich 50 Mark, hätte Udo Frogersen (Freiersen) und Frankenburstold (Frankenbostel, beide im Kirchspiel Eltorf, Zeven) der Kirche in Heslingen verpfändet, in deren Besitz sich diese Ortschaften bis dato befänden.

Außer mit Lippold wäre Ida jedoch noch mit zwei weiteren Männern liiert gewesen, mit dem Grafen Dedo und dem Grafen Etheler, dem Weißen, die jedoch beide in ihrer Eigenschaft als Grafen von Dithmarschen in Dithmarschen getötet worden wären. Aus einer dieser Ehen ging die Tochter Rikenke hervor, die mit dem Grafen Eilmar von Oldenburg verheiratet war und die die Mutter Eilmars des Jüngeren wurde. Wie oben erwähnt, hätte Oda eine Tochter Alkarina (Aliarina, die spätere Mutter des Grafen Burghard von Lucken [Loccum im Calenbergischen] und einen Sohn Burchard, den Domprobst von Trier und späteren Erzbischof,[1116] geboren. Dieser hätte in Elstorf ein Gebäude aus Stein errichtet.

Nach dem Tode der Oda sei die Erbschaft an den bereits genannten ersten Markgrafen Udo (I.) gefallen, der auch deshalb ein Anrecht darauf gehabt hätte, weil lange Jahre hindurch niemand von ihrem Geschlecht einen Anspruch darauf erhoben hätte. Aufgrunddessen sei die Erbschaft in den Rechtsbereich der königlichen Gewalt geraten und so in den Besitz der Bremer Kirche gelangt. Ausdrücklich betont Albert von Stade, daß Markgraf Udo (I.) von der Bremer Kirche mit dieser Grafschaft, die diese Erbschaft umfaßte, belehnt worden sei. In aller Deutlichkeit wiederholt er die Namen der zuvor genannten Fürsten Udo I., Udo II. und dessen Sohn Heinrich, die ohne allen Widerspruch die rechtmäßigen Besitzer dieser Erbschaft, und zwar bis zum gegenwärtigen Jahr (1112) gewesen wären. In diesem Jahr hätte nämlich Eilmar der Jüngere von Oldenburg seinen Anspruch auf die Erbschaft geltend gemacht. Durch Friedrich jedoch, der von den erwähnten Fürsten mit der Verwaltung der Erbschaft Stade betraut worden wäre, wäre Eilmar nach einem Vergleich abgefunden worden.

Friedrich, der durch einen Schiffbruch seiner Großmutter und Mutter in der vom Bremer Erzbistum lehnsabhängigen Grafschaft Stade in Hörigkeit geraten wäre,[1117] hätte für den Markgrafen der Nordmark Udo mit großer Intelligenz, Tüchtigkeit und Geschicklichkeit die Verwaltung der Grafschaft Stade geführt. Dabei wäre er zu stattlichem Reichtum gelangt. Der Darstellung des Chronisten zufolge hätte Friedrich sich bereits in jungen Jahren zusammen mit seinem

---

1116 Nach Wachter ist dies eine irrtümliche Angabe des Chronisten.

1117 Lappenberg, Ann. Stad., S. 320,21-24

Bruder durch einen Raubmord an durchreisenden Bischöfen auf üble Weise bereichert.[1118] Bei einem Heerzug des Sachsenherzogs gegen die Grafschaft Stade hätte er sich diesem mutig kämpfend entgegengestellt.[1119] Lothar von Süpplingenburg hätte den Erzbischof von Bremen veranlaßt, den in der vom Erzbistum Bremen lehnsabhängigen Grafschaft Stade nach Freiheit strebenden Friedrich als Hörigen seiner Kirche anzunehmen.[1120] Als auf dem zur Schlichtung dieses Streitfalls vom Kaiser anberaumten Hoftag jener Graf Friedrich mit Bauern als Zeugen aufgetreten wäre, die ihm nach der Darstellung des Chronisten jeden Eid geschworen hätten: ***„... et Fridericus comes cum testibus, plebeis videlicet, quos ad quidlibet iurandum compellare poterat“,***[1121] wäre er vom Grafen Rudolf[1122] von Stade, der seine Erbschaft diesem leichtfertigen Zeugnis nicht hätte aussetzen wollen, in Salzwedel gefangengesetzt worden. Anschließend wäre Friedrich vom Kaiser jedoch wieder befreit worden. Dieser hätte ihm bis zu seiner Wiedereinsetzung in die Grafschaft Stade Zuflucht gewährt. Nachdem Friedrich von nun an unter Einsatz seiner Intelligenz, seines illegal erworbenen Reichtums und seines Einflusses dem Ansehen seiner Lehnsherren großen Schaden zugefügt hätte, wären Graf Rudolf und der jugendliche Markgraf gegen ihn zu Felde gezogen, so daß er sein Heil in der Flucht hätte suchen müssen.

Nun hätte sich, wie oben erwähnt, der Sachsenherzog Lothar von Süpplingenburg in den Erbschaftsstreit um die Grafschaft Stade eingeschaltet, indem er den Freikauf Friedrichs von Stade bei Heinrich V. durch Zahlung von vierzig Mark Gold zu verhindern versucht hätte. Alle Kräfte des Herzogtums hätte Lothar zur Wiedereinführung Friedrichs in die Grafschaft Stade aufgeboten. Diese wäre jedoch erst nach dem Tode des Markgrafen Rudolf erfolgt.[1123]

Im Jahresbericht ***1123*** ergänzt Albert von Stade, daß Friedrich, nachdem der Markgraf Heinrich durch Giftmord[1124] zu Tode gekommen wäre, die Grafschaft Stade beim Erzbischof Albero von Bremen als Lehen gekauft hätte.[1125] Auch betont der Chronist im Jahresbericht

---

1118 Ebd., S. 320, 33-36

1119 Ebd., S. 321, 16-17

1120 Ebd. 17-19

1121 Ebd., S. 321, 22-23

1122 dem Sohn des Markgrafen Udo II. von der Nordmark

1123 Lappenberg, Ann. Stad., S. 321, 34-37

1124 Rosenfeld A. D.1123

1125 Lappenberg, Ann. Stad., S. 322, 5-7

1126, daß Friedrich bei all seinen erfolgreichen Unternehmungen die besondere Unterstützung Lothars erfahren hätte.[1126]

Mit deutlicher Empörung schreibt Albert von Stade im Jahresbericht *1136*, daß Kaiser Lothar das dem Kloster Hersefeld vom Grafen Friedrich von Stade vererbte Geld vom Altar der heiligen Maria entwendet hätte: ***„...Lotharius imperator Hersevelde veniens pecuniam, quam Fridericus comes Stadensis eidem monasterio contulerat, scilicet 600 marcas argenti, de altari sancte Marie abstulit, ...“.***[1127] Verständlicherweise mußte diese „Untat“ Lothars den ehemaligen Benediktinerabt, der sich dem Mutterkloster seines Stader Marienklosters sehr verbunden fühlte, besonders schmerzlich treffen.

Als möglicher Beitrag aus der Originalchronik wird in den Bremer Annalen berichtet, daß der jüngere Graf Rudolf (II. von Stade) die Kirche des Heiligen Georg in der Stader Burg gestiftet hätte.[1128] Rudolf sei in seiner Grafschaft Dithmarschen getötet worden.[1129] Sein Bruder Hartwig, der Bremer Domprobst, hätte sein gesamtes Erbgut der Bremer Kirche unter der Voraussetzung übergeben, daß ihm dafür die Grafschaft Bremen zugestanden würde. Albert betont ausdrücklich, daß die Bremer Kirche damit die Erbschaft der Fürsten von Stade, der Ida und des Friedrich, als ihr Eigentum empfangen hätte, daß sie durch eine „feierliche, gesetzmäßige Schenkung“ Erbin der Eltern des Probstes Hartwig geworden wäre, der dafür (mit der Grafschaft Bremen) belehnt worden wäre. Es wäre verfügt worden, daß sein Schwager, der Pfalzgraf Friedrich,[1130] der den Blutbann[1131] vom König Konrad empfangen hätte, als sein Koadjutor[1132] im Grafending (nordöstlich von Lüneburg) für ihn Recht sprechen sollte.

1126 Ebd., S. 322, 33-34

1127 Lappenberg, Ann. Stad., S. 323, 11-13

1128 Bremer Annalen, Jahresbericht 1144, S, 856, 28: *„Rodophus marchio, qui ecclesiam sancti Georgii in urbe Stadensi fundavit.“*

1129 s. Karl Jordan, S. 31: Graf Rudolf II. von Stade hätte mit harter Hand seine Herrschaft durchgesetzt und wäre in Dithmarschen am 15. März 1144 von Bauern erschlagen worden. Kinderlos hinterließ er einen Herrschaftsbereich, der sich von der Unterweser bis zur Eider erstreckte. – Franz Wachter, S. 20, Anm. 8: Er wurde im Kloster Rosenfeld bei Stade beigesetzt.

1130 Pfalzgraf Friedrich von Sommereschenburg hatte die Tochter Liutgard Rudolfs I. von Stade geheiratet.

1131 Durch die Verleihung des Blutbannes (Blutgerichts) vom König auf den Landesherrn wurde diesem die Gerichtsbarkeit über Kapitalverbrechen übertragen.

1132 Katholischer Vikar, der den durch Alter oder Krankheit behinderten Stelleninhaber mit dem Recht der Nachfolge vertritt.

In die Erbschaftsgeschichte um die Grafschaft Stade schaltete sich 1144 der noch unmündige Herzog Heinrich der Löwe ein. Dieser (ging gegen die „gesetzmäßige Schenkung" der Grafschaft Stade an die Bremer Kirche vor und) hätte seinerseits Erbansprüche mit der Behauptung gestellt, daß Erzbischof Albero seiner Mutter ehemals versprochen hätte, daß die Grafschaft nach dem Tode des Grafen Rudolf ihm zufallen sollte.

Um den lang währenden Erbschaftsstreit endlich zu schlichten, wäre es auf Befehl des Königs in Ramesloh (nordöstlich von Lüneburg) zu einem Schiedsgericht gekommen, dem auf der einen Seite der (Bremer) Erzbischof, auf der anderen der jugendliche Herzog vorgestanden hätten. Als Sachverständige wären der Probst und der Pfalzgraf (Friedrich, dessen Schwager,) geladen worden. Als anwesende Zuhörer erwähnt der Chronist Bischof Thietmar von Verden, Markgraf Albert, Graf Hermann von Winceberch, dessen Bruder Heinrich von Asle sowie eine große Anzahl von Rittern. Er schildert, wie bei der Darlegung der Streitsache die Anhänger des Herzogs einen Aufstand entfacht hätten, wie sie zu den Waffen gegriffen und den Erzbischof in Lüneburg gefangengesetzt hätten, um ihn zu erpressen. Sie hätten ihn erst frei gelassen, als sie eingesehen hätten, daß sich dieser weder durch Peinigung noch durch Drohungen erpressbar zeigte.[1133]

Den Ausgang des Erbschaftsstreites um die Grafschaft Stade erfahren wir erst in den Jahresberichten 1219 und 1227. Um mit dem Herzog (Rheinpfalzgraf) Heinrich (einen wichtigen) Frieden(svertrag über die Grafschaft Stade) zu schließen, wäre Erzbischof Gerhard (I.) von Bremen im Jahr ***1219*** nach Frankfurt gereist und dort verstorben.[1134] Im Jahr ***1227*** hätte auch der Herzog Heinrich und Pfalzgraf bei Rhein, ohne einen Sohn zu hinterlassen, das Zeitliche gesegnet. Hiermit sei dem Erzbischof die Grafschaft Stade endgültig als Besitz des Erzbistums Bremen übergeben worden.[1135]

Bei der Berichterstattung der Eroberung seiner Heimatstadt durch den Erzbischof Waldemar von Bremen im Jahresbeitrag ***1208*** verschweigt Albert die Mitwirkung der Stedinger. Waldemar hätte Stade, deren Türme und Häuser kurz zuvor ein Unwetter zerstört hätte, an

---

[1133] Lappenberg, Ann. Stad., Jahresbericht 1144, S. 324, 35 - S. 325, 10

[1134] s. Weiland .S. 171: Der Vertrag über die Grafschaft Stade zwischen dem Erzbischof Gerhard von Bremen und dem Rheinpfalzgraf Heinrich wird nach Weiland hier (von Lappenberg übergangen), ist aber als möglicher Teil der Originalchronik in der Sachsenchronik ausführlich erwähnt.

[1135] Ebd., S. 359, 22-23

einem Sonntag, am Tag der Findung Stephans völlig ausgeraubt.[1136] Einen Versuch des dänischen Königs ***1215,*** mit Schiffen die Elbe kreuzend Stade zu erobern, wäre vom Pfalzgrafen vereitelt worden. Im Jahr ***1216*** hätte der dänische König die vereiste Elbe überschritten, um erneut Stade zu erobern. Er wäre aber zurückgekehrt noch bevor das Eis geschmolzen sei und hätte seine gesamte Heeresmacht gegen Hamburg gerichtet.

Seiner Antipathie gegenüber dem Welfenherzog verleiht Albert von Stade im Jahresbericht ***1233*** deutlichen Ausdruck. Der „Herr von Braunschweig", ein Gegner der Bremer Kirche, hätte die Grafschaft Stade (während des Stedingeraufstands) verwüstet.[1137]

1136 Ebd., S. 355, 8-9

1137 Ebd., S. 361, 22-23

V Einstellung und Hauptanliegen des Chronisten

Grundmentalität, didaktische Absicht und Tendenz des Chronisten

Bereits in der Vorrede verkündet der Chronist seine individuelle Absicht, die er mit seinem Geschichtswerk verfolgt. Durch die Verwendung des bei vielen mittelalterlichen Geschichtsschreibern gängigen Topos im Prolog läßt Albert von Stade in seiner Hinwendung zum Leser, der einzigen im ganzen Geschichtswerk, drei Klassifizierungsmerkmale erkennen. Er verrät zum ersten seine Grundmentalität, legt zweitens seine didaktische Absicht dar und bekennt sich drittens zu den älteren monastischen Geschichtsschreibern als seinen historiographischen Vorbildern. Als Didaktiker weist er darauf hin, daß Chroniken für das Leserpublikum durch Belehrung und Unterweisung eine moralische Funktion erfüllten, indem einerseits die in den menschlichen Taten dargestellte „Bosheit der Bösen" und deren Bestrafung als Warnung, andererseits die Tugenden der Guten als vorbildliches Beispiel dienten. Auch solle der Leser ungeachtet der Widersprüche in den Berichterstattungen der Alten, ungeachtet der Irrtümer oder der Nachlässigkeit der Geschichtsschreiber nicht am Wahrheitsgehalt der Chroniken zweifeln. Seine Überzeugung, daß der Nachwelt die bösen Taten zur Abschreckung und die guten zum Vorbild dienen mögen, entspricht der für das Mittelalter typischen Grundmentalität, die im Erkennen von Wertnormen, an denen menschliches Tun zu messen ist, und vor allem in der Erkenntnis besteht, daß Geschichte von Gott bestimmte Heilsgeschichte der Menschheit ist.

Im Prolog gibt der Autor seinem meist klerikalen Leser die Tradition bekannt, in der er mit seinem Geschichtswerk steht. Er verweist auf seine Prägung durch das Geschichtsbild des Orosius und durch die Weltchronik des Beda Venerabilis. Seine gezielte Auswahl von Vorlagenautoren, an denen er sich orientierte, die differenzierte Auswahl der Quellentexte und seine bevorzugte Thematik lassen, wie oben ausführlich beschrieben, seine historiographische Prägung durch die Tradition der älteren monastischen Geschichtsschreibung erkennen.

Gelegentlich lassen aber auch seine Schwäche für umlaufendes Gerede, seine Vorliebe für Gerüchte und seine Neigung zu Übertreibungen seine Absicht durchblicken, seine Leser zu unterhalten. Zuweilen eingestreute Hexameter verraten überdies, daß er sich nicht nur als Historiograph, sondern auch gern als Dichter gewürdigt wissen wollte. Darüber hinaus war es sein ganz persönliches Anliegen, mit seiner Weltchronik das Ansehen seiner ehemaligen Benediktinerabtei zu vermehren. Seine Freude über den Erwerb von kostbaren Reliquien durch seinen Nachfolger, den Abt Dietrich, verrät deutlich, daß ihn seine Zugehörigkeit zur Minoritengemeinschaft nicht verändert hatte und daß er emotional und seiner ganzen Mentalität nach der Benediktinerabt geblieben war, der ehrgeizig dafür eintrat, daß sein Heimatkloster immer mehr an Bedeutung und Reichtum gewann.

Während, wie oben erwähnt, in seiner Gegenwart andere Leitbilder des Glaubens, wie Dominikus, Franziskus und Elisabeth von Thüringen vorherrschten, blieb Albert von Stade ein großer Verehrer Hildegards von Bingen und ein Befürworter ihrer Schriften. Trotz seiner wenigen geschichtstheologischen Andeutungen, die auf das Ideengut franziskanischer Joachiten hinweisen, ist Albert von Stade stark seiner benediktischen Vergangenheit und historiographisch der Tradition der früh- und hochmittelalterlichen Weltchronistik verhaftet, die er in großen Passagen z. T. modifizierend und selektiv kompiliert und die er mit seiner bevorzugten Thematik, der Darstellung von politischen und kirchengeschichtlichen Ereignissen, insbesondere der Auseinandersetzungen zwischen den beiden Universalgewalten, aber auch mit der Darstellung der Regionalgeschichte der sächsischen Adelsgesellschaft fortsetzt. Politisch seiner Heimatregion verhaftet und mental durch seine benediktinische Laufbahn und vor allem durch seine weltliche Funktion als Benediktinerabt geprägt, läßt er ein ständisches, machtpolitisches Denken erkennen, das nicht nur den franziskanischen Grundprinzipien der „vita minorum", sondern auch den zentralen Gesichtspunkten der zeitgenössischen Mendikantengeschichtsschreibung in höchstem Maße widerspricht.

Ungeachtet seiner Zugehörigkeit zur Minoritengemeinschaft in den letzten beiden Jahrzehnten seines Lebens verzichtet er bis auf wenige Angaben aus dem Leben des Ordensgründers und einige Nachrichten aus der sächsischen Ordensprovinz auf eine weitere Beschreibung der franziskanischen Ordensgeschichte. So läßt er alle ordensinternen Ereignisse aber auch alle ordensexternen Geschehnisse und Konflikte seiner Gegenwart, wie Richtungstreitigkeiten um das rechte Verständnis der „vita minorum" und die harten Auseinandersetzungen seiner Mitbrüder mit Weltklerikern und Stauferanhängern sowie überhaupt franziskanisches Gedankengut nahezu völlig vermissen. Ohne Berührungspunkte mit der frühfranziskanischen Hagiographie der Gründerviten stellt er keinen Bezug zu den zeitgenössischen Mendikantenchronisten her und setzt völlig andere Schwerpunkte.

Deshalb kann die Zuordnung Alberts von Stade zu den franziskanischen Chronisten nur nominell verstanden werden.

Darüber hinaus nimmt er weder eine Charakterisierung des Ordensgründers vor, noch bezieht er Stellung zu zentralen Anliegen seines Ordens. Die Dürftigkeit der Zitate bezüglich der Prophetie Joachims von Fiore und der Bemerkung hinsichtlich des Apokalypsenkommentars sowie die fehlende eschatologische Interpretation der Herrschaft Friedrichs II. schließen zudem eine mögliche Zugehörigkeit Alberts von Stade zur joachitischen Gruppe innerhalb des Franziskanerordens mit Sicherheit aus. Dennoch bezeugt das hoffnungsvolle Zitat aus dem Apokalypsenkommentar Kenntnis und Nähe des Chronisten zur historisch-spirituellen Deutungstheorie Alexander Minoritas und die Gewißheit, daß Albert die Überzeugung Alexanders teilte, der zwar die Herrschaft Friedrichs II. als nahezu beendet, den Bestand der Kirche jedoch noch nicht für ernsthaft gefährdet ansah.

Aus einer tiefen Gläubigkeit heraus, gepaart mit politischer Engagiertheit für die Durchsetzung der regionalpolitischen Interessen seines Landesherrn, zur Unterstützung der macht- und wirtschaftspolitischen Herrschaftsinteressen des Bremer Erzbistums, aber auch zur Verteidigung seiner eigenen Familie, der erzstiftbremischen Ministerialen von Bexhövede in Stelle/Osterstade, entwickelt der Benediktinerabt einen starken Reformeifer für die Schaffung von Zisterzienserklöstern als machtpolitisches Instrument gegen die Stedinger Bauern zum Ausbau und zur Sicherung der Landesherrschaft. Bei seinen Ausführungen über die Stedinger handelt es sich um die tendenziöse Interpretation eines vom Konflikt selbst betroffenen regionalen Chronisten der sich, völlig papst- und kirchenkonform, wie ein von der Kurie beauftragter Kreuzzugsprediger der Ketzervorwürfe Gregors IX. bedient und den Häresieverdacht gegen die Stedinger durch die Verbindung mit dem Teufelskult zusätzlich verschärft. Unbelastet von der tiefgreifenden Orientierungskrise vieler seiner franziskanischen Mitbrüder bezüglich ihrer Lebensform und ihres Armutspostulats hatte Albert von Stade seinen politischen Kampf, den er als Benediktinerabt durch seinen Einsatz für die Schaffung von Zisterzienserklöstern als wirtschaftliches Machtinstrument gegen die Stedinger Bauern begonnen hatte, als Kreuzzugsprediger mit der ganzen Kraft seiner Überzeugung fortgesetzt und gewonnen. Seine detaillierte Kriegsdarstellung spiegelt darüber hinaus seine Tendenz zu machtpolitischem Denken wider und widerspricht in höchsten Maße dem zentralen franziskanischen Gebot der Gewaltlosigkeit und den Grundprinzipien der „vita minorum".

Indem er abschließend als Fazit nicht die Häresie, sondern den halsstarrigen Widerstand der Stedinger hervorhebt, weist er ihnen zum einen eigene Schuld für ihre Vernichtung zu, und verrät zum anderen deutlich, daß für ihn die Überwindung der gefürchteten machtpolitischen Gefahr, die von den Stedingern ausgegangen war, stets im Vordergrund gestanden hatte. Hierin lag vor allem seine überaus feindliche Einstellung gegenüber den Stedingern begründet.

Eine nahezu reaktionäre Denkweise bekundet Albert von Stade, indem er den Begriff *„insolentia"* sowohl für die Autonomiebestrebungen und das Widerstandsverhalten der Stedinger und der Drenter Friesen, als auch für das Oppositionsverhalten der römischen Bürger, der aufstrebenden Bürgerschicht gegen Friedrich Barbarossa verwendet. In allen drei Fällen hat dieser Begriff für Albert von Stade die übersteigerte Bedeutung von einem drohenden revolutionären Aufbegehren Aufständischer aus niederen sozialen Schichten gegen die bestehende feudale und kirchliche Herrschaftsstruktur. Er sah darin einen frevelhaften Verstoß gegen die festgefügte, gottgewollte, mittelalterliche Weltordnung. In seinen Augen war die Revolte der Stedinger gegen die „libertas", die Vorrechte der Bremer Erzbischöfe gerichtet, versuchten die Drenter Friesen ihre Privilegien gegenüber der Obrigkeit zu verteidigen und verstießen die Forderungen der stadtrömischen Opposition gegen die Rechte der staufischen Dynastie. Hierdurch sah er ein gewaltsames, restauratives Vorgehen gegen die Stedinger, die Drenter Friesen und gegen die aufstrebende Bürgerschicht gerechtfertigt.

Die Frage nach der Parteinahme des Chronisten für oder gegen die Stauferkaiser beziehungsweise für oder gegen die amtierenden Päpste ist nicht immer einfach zu beantworten. Eindeutige Stellungnahmen Alberts von Stade zu Personen und Ereignissen seiner Gegenwart zu erkennen und eindeutige Aussagen zu seiner Tendenz zu machen, ist wegen des fehlenden Urtextes nicht immer möglich. Angewiesen auf die meist kargen Angaben der Kurzfassung der Chronik, die häufig nur bloße Mitteilungen sind, kann man oft nur aus der Art der Darstellung die Einstellung des Chronisten zu Papst- und Kaisertum erkennen. Im Wechsel der Ereignisse verrät Albert von Stade sowohl eine prostaufische Gesinnung als auch eine Parteinahme für das Reformpapsttum und ist nicht einseitig auf eine Parteinahme festzulegen. Er macht keine parteiischen Aussagen. Dies ist als ein Bemühen um eine objektive Darstellung der Ereignisse zu werten. Zuweilen scheint er nahezu überparteilich in Abhängigkeit von den Ereignissen seinen Standpunkt mehrmals zu wechseln. Er enthält sich jeder eigenen wertenden Stellungnahme und bewahrt Distanz, indem er selbst nie direkte Kritik übt, sondern meistens nur die kritischen Äußerungen anderer wiedergibt. Diese Distanz kann aber auch als Ausdruck seiner Zweifel am Wahrheitsgehalt des durch Hörensagen Erfahrenen gedeutet werden.

Eine deutliche Parteinahme für das Reformpapsttum bezeugt Albert von Stade bereits in der Darstellung des Investiturstreites. Von der feindseligen Einstellung in der tendenziösen Darstellung des Salierkaisers Heinrich IV. durch Ekkehard von Aura beeinflußt, nimmt er alle Kritik aus der Vorlage auf und verschärft sie durch seine eigene einseitige Darstellung der vermeintlichen moralisch-sittlichen Verfehlungen des Kaisers. Darüber hinaus zitiert er den Brief des Kaisergegners und Bischofs Anselm von Cantuaria, der Heinrich IV. den „Nachfolger Neros und Julians, des Apostaten gegen den Stellvertreter Christi" nennt. Er fällt ein eindeutig negatives Urteil über die Salierkaiser, die ihrer Aufgabe, der „defensio ecclesiae", ihrer Verpflichtung als Schutzherren des Papsttums und der Kirche nicht mehr nachgekommen wären. In der kompilatorischen Darstellung aus Helmolds Slawenchronik hebt er dagegen die Rechtgläubigkeit der Reformpäpste Gregor VII., Desiderius, Urban und Paschalis hervor, die im Ausland bei den Königen von Frankreich, Sizilien und Spanien Zuflucht gefunden hätten, die die rechtgläubige Partei schützten. In der Darstellung Heinrichs V. folgt Albert dem Werturteil Ekkehards, der den Kaiser, solange er sich papstkonform verhielt, als Friedensbringer preist, ihn nach seinem Abfall vom Papsttum jedoch heftig kritisiert. Die Bestimmungen des Wormser Konkordats interpretiert er nach der Vorlage aus den Rosenfelder und den Magdeburger Annalen einseitig zugunsten der Reformpäpste. Die „auctoritas" der Kirche wäre wiederhergestellt und es wäre festgesetzt worden, daß in Zukunft die kaiserliche Gewalt nicht für die Investitur der Spiritualien mißbraucht würde, sondern daß dem Klerus freie und öffentliche Wahl gewährt würde, und daß die Geistlichen ihre Regalien durch die Übergabe des Zepters erhalten sollten.

Alberts Parteinahme für die Staufer zeichnet sich bereits in seiner tendenziösen und historiographisch unglaubwürdigen Darstellung Lothars III. ab, die, abgesehen von der Übernahme der Würdigung von dessen Missionsleistung aus der Slawenchronik Helmolds von Bosau, insgesamt recht negativ ausfällt. Deutlich stellt er im Jahresbericht 1126 in der Beschreibung der Königswahl Lothars III., in der er ein abgekartetes Ränkespiel einiger Fürsten gegen den Mitkandidaten und Stauferherzog Friedrich II. von Schwaben sah, die Legitimität des Herrschaftsantritts des Sachsenkönigs in Frage. Er offenbart damit seine vorbehaltlose Barbarossafreundlichkeit, die an die dynastische Geschichtsdarstellung in den "Gesta Friderici" erinnert. Otto von Freising hatte die Regentschaft Lothars als ungerechtfertigte Unterbrechung der Kontinuität der Staufischen Herrschaftsfolge darstellt, was historiographische Auswirkungen bis in die jüngere Sekundärliteratur ausgelöst hatte.

Eindeutig prostaufisch zeigt sich Albert von Stade in der Darstellung Friedrich Barbarossas, indem er das Widerstandsverhalten der stadtrömischen Opposition mit dem Begriff „insolentia", in der Bedeutung von revolutionärem Aufbegehren Aufständischer aus niederen sozialen Schichten gegen die staufische Dynastie kritisiert, indem er die Schuld an der Entstehung des Schismas von 1159 einseitig dem Papst Alexander zuweist und indem er sowohl die militärischen Rückschläge Friedrich Barbarossas bei dessen Kämpfen gegen die oberitalienischen Städte als auch die Tatsache beschönigt, daß es dem Kaiser während des achtzehn Jahre andauernden Schismas nicht gelungen war, die Obödienz seiner Päpste durchzusetzen. Unter dem Eindruck der Augenzeugenberichte seines Informanten Heinrich von Bremen gerät im Jahresbericht 1172 die Schilderung des Kampfeinsatzes des Kaiserkanzlers und Erzbischofs Christian von Mainz gegen Bologna zum Heldenepos und die Beschreibung seiner Person im Jahresbericht 1173 zur panegyrischen Darstellung. Dies ist bei der sonstigen lakonischen Kürze des Sprachstils im selbständigen Teil der Chronik nicht nur besonders auffällig. Die Kriegsverherrlichung und das Prahlen des Chronisten mit den unermeßlichen als Kriegsbeute erworbenen Reichtümern seines erzbischöflichen Helden vor dem Hintergrund der durch Belagerung völlig ausgehungerten Stadtbevölkerung Anconas stehen überdies in krassestem Widerspruch zum franziskanischen Gebot der Aufopferung für Hilfsbedürftige und der Gewaltlosigkeit.

Darüber hinaus verschweigt Albert von Stade in seinem Exzerpt aus der Slawenchronik das durch Zugeständnisse an Heinrich den Löwen bedingte Unvermögen Friedrich Barbarossas, sich auf dem Reichstag in Merseburg gegenüber den großen Reichsfürsten durchzusetzen und den Konflikt zwischen Heinrich dem Löwen und den Fürsten beizulegen. Er vermeidet damit Helmolds Hinweis auf das durch Konzessionen geschwächte Königtum Friedrich Barbarossas.

Parteiisch auf der Seite des Erzbischofs von Bremen zeichnet er ein recht negatives Bild von dessen Kontrahenten Heinrich dem Löwen. So offenbart er in der Darstellung der Geschichte um die Grafschaft Stade, wie gewalttätig und mit welcher Skrupellosigkeit der Welfe bereits als noch unmündiger Heranwachsender seinen Anspruch auf die Grafschaft Stade durchzusetzen versuchte, wie er unter Verletzung von Regionalrecht seine machtpolitischen Expansionsbestrebungen verfolgte und versuchte, angrenzende Regionalfürsten zu unterwerfen, um seinen territorialen Herrschaftsbereich auszudehnen. Mißbilligend berichtet Albert wiederholt über die Überfälle Heinrichs des Löwen in die Slawengebiete während der Wendenaufstände, über die Brandschatzungen und Verwüstungen, über die Morde an den Slawenfürsten Niklot und Nikolaus und über die Unterwerfung der Aufständischen sowie über die Art, wie der Herzog von seinem Investitionsrecht Gebrauch machte. Mit scharfen Worten kritisiert Albert, wie der Kaiser zugunsten des Welfen den Bremer Erzbischof absetzte und den greisen Propst Balduin von Halberstadt als *„Capellanus ducis Henrici"* investierte und prangert die Machenschaften des Herzogs an, aus der Hand von ihm selbst investierter Bischöfe Kirchengut zu entfremden und zu Lehen zu nehmen. Dagegen hält er alle Informationen aus der Slawenchronik zurück, die ein schlechtes Licht auf die Machtposition der Erzbischöfe von Bremen in ihrem Konflikt mit dem Herzog werfen, bzw. er widerlegt diese in eigener Gegendarstellung, zum Beispiel im Bericht über den Aufstand der Bremer gegen Heinrich den Löwen. Albert läßt durchblicken, daß er die allgemeine Kritik teilte, die der Welfe durch seine Herrschaftsgewalt im Reich ausgelöst hatte, und verleiht seiner tief empfundenen Mißbilligung des übersteigerten Herrschaftsbewußtseins und der Selbstüberschätzung des Welfenherzogs im Truchseßzitat deutlichen Ausdruck.

In der Darstellung des Kampfes zwischen Friedrichs II. und den Päpsten lassen sich zwei Phasen erkennen, deren erste von 1210 bis 1238 von einer eindeutig stauferfeindlichen Distanziertheit des Chronisten gekennzeichnet ist, der offenbar, wie die zunehmende Mehrheit der Mendikanten, von der Strömung der publizistischen Kampagne Gregors IX. gegen Friedrich II. erfaßt wurde. Davon zeugt die äußerst dürftig geführte Berichterstattung über alle wichtigen Ereignisse der Stauferfamilie. Der ungenau datierten kurzen Mitteilung von der Kaiserkrönung Friedrichs II. durch Papst Honorius III. im Jahresbericht 1220 folgt diskriminierend in ausführlicher Breite und durch weitere Entstellungen und Übertreibungen angereichert, die Schilderung dessen, was über Friedrichs Geburt in dieser Zeit an Gerede im Umlauf war. Der Chronist greift hier begierig einen Stoff auf, der seit den vierziger Jahren des 13. Jahrhunderts ein beliebtes Thema insbesondere von stauferfeindlichen Franziskanern war. Nicht frei von solchen Einflüssen schmückt er genüßlich die Mär von der simulierten Schwangerschaft einer bejahrten Konstanze aus, die den Sohn eines Arztes, eines Müllers oder eines Falkners für ihren eigenen ausgegeben hätte, den man in aller Heimlichkeit in ihren Palast gebracht hätte. Die nahezu boshaften Übertreibungen und Entstellungen in der Darstellung entlarven eine Vorliebe für Klatsch und Gerüchte sowie eine gewisse Sensationslust des Chronisten, der damit seine Leser unterhalten wollte und hierdurch zur Verbreitung des derzeit umlaufenden Geredes über Konstanze von Sizilien beitrug. Offenbar vom Strom des antikaiserlichen Propagandafeldzugs Gregors IX. erfaßt, läßt Albert von Stade in Umkehrung seiner oben erwähnten Barbarossafreundlichkeit gegenüber Friedrich II. und seiner Familie eine stauferfeindliche Tendenz erkennen.

Gleichzeitig offenbart sich seine noch ungetrübte Parteinahme für den Papst in den Berichten über die erste Bannung Friedrichs II., in der völligen Verkennung seines Erfolgs auf dem erstmalig auf Verhandlungsbasis geführten Kreuzzug und insbesondere durch das Beschönigen des päpstlichen Überfalls auf Apulien unter der maßgeblichen Beteiligung von Friedrichs Schwiegervater Johann von Brienne. Mit abfälligen Bemerkungen über die Nutzlosigkeit der kaiserlichen Bemühungen während der jahrelangen erbitterten militärischen Auseinandersetzungen Friedrichs II. mit der Liga lombarda verleiht Albert seiner extrem tendenziösen Stauferfeindlichkeit Ausdruck.

Mit seiner Zielsetzung der Einführung der Zisterzienser Regel für sein Kloster und mit seinem Einsatz für die Schaffung von Zisterzienserniederlassungen grundsätzlich im Einklang mit der Zielrichtung der Reformpäpste, nimmt Albert von Stade nach dem Scheitern seines Reformversuchs gegenüber den amtierenden Päpsten eine kritische Haltung ein. Dies geht mit einer toleranteren Einstellung gegenüber Friedrich II. in einer zweite Phase eines deutlichen Wandels zu einer objektiveren und positiveren Einstellung des Chronisten zum Stauferkaiser in den Jahresberichten 1239 und 1240 einher. Albert von Stade offenbart hier eine Papstdistanz, die für die große Mehrheit seiner Mitbrüder gerade in den Jahren 1239/40 untypisch ist, die für Gregor IX. nach der Absetzung des Elias von Cortona und nach der Eliminierung von Kaiseranhängern aus dem Orden in seiner publizistischen Kampagne gegen den Staufer engagiert waren. Dieser Wandel hängt zweifellos mit Alberts persönlichem Schicksal und mit seiner eigenen enttäuschenden Erfahrung mit Gregor IX. zusammen, der für ihn als Reformpapst versagt hatte. In dieser Phase nehmen die Beiträge mit einer klaren staufischen Tendenz zu. So gibt Albert den vollen Wortlaut des Briefes Friedrichs II. an die Kardinäle wieder mit dem eindringlichen kaiserlichen Appell an deren Mitverantwortung an den Papstentscheidungen und der Bitte, mäßigend auf Gregor einzuwirken. Auch hebt er die Wirkungslosigkeit der zweiten Exkommunikation Friedrichs im Reich hervor und betont die einmütig ablehnende Haltung der Bischöfe in Deutschland, die Gregor um Frieden zwischen Papst- und Kaisertum baten, um Schaden von der Kirche zu wenden. Mißbilligend schildert der Chronist die halsstarrige, unversöhnliche Haltung Gregors IX., der auf jede erdenkliche Art versuche, dem Kaiser Gegner zu schaffen, indem er das Kreuz gegen alle predigen ließe, die dem apostolischen Stuhl feindselig gegenüberstanden. Hinzu kommt seine im Jahresbericht 1240 unverhohlen geäußerte tiefe Mißbilligung der vom Papst sanktionierten Bischofsinvestitur des unehelich geborenen Schweriner Propstes, die sich ganz in seiner Nähe im Stader Franziskanerkonvent abspielte und die nach drei langen Jahren vergeblichen Wartens auf die Reform der letzte Auslöser für seinen persönlichen Entschluß gewesen war, sein Amt als Benediktinerabt endgültig niederzulegen. Zwischen den Zeilen läßt er hier durchblicken, daß der Papst in dieser Art Konzessionen gegenüber den deutschen Bischöfen machte, um die Durchsetzung der Exkommunikation des Stauferkaisers zu erwirken..

Wiederholt macht er auf die Überschreitung der päpstlichen Rechtsbefugnis aufmerksam, indem er zweimal den Appell der Fürsten herausstellt, es stehe dem Papst nicht zu, den Kaiser ein- oder abzusetzen, und dies mit dem Wahlrecht der Kurfürsten begründet. Unabhängig von der unter Gregor IX. zunehmenden antistaufischen Einstellung in seinem Orden verteidigt Albert in tendenzieller Gegenrichtung die Rechte der staufischen Dynastie.

Mit scharfer Kritik an der Boykottierung des 1241 in Rom von Gregor IX. einberufenen Konzils läßt er dagegen durchblicken, wie viele Anhänger der Kaiser europaweit durch diese Interaktion verloren hatte. Deutlich zeigt er die Spaltung in Kaisertreue und Papstanhänger auf, die sich durch das ganze Imperium zog. Er verschweigt jedoch die bedeutende Rolle, die die Mendikanten bei dieser Spaltung spielten, die mehrheitlich auf päpstlicher Seite in der antistaufischen Propagandakampagne agierten, von der er sich persönlich jedoch deutlich distanziert, indem er es vermeidet, Friedrich selbst einen Häretiker zu nennen. Mit der Bemerkung, daß es die Kaisergegner wären, die Friedrich als Gebannten und Ketzer bezeichnen, bekundet er zudem seinen persönlichen Abstand zur überwiegenden Mehrheit seiner Mitbrüder. Doch berichtet er ebensowenig über eine Minderheit einflußreicher kaiserfreundlicher Minoriten, die durch ihre Kritik am vorbehaltlosen Eintreten ihrer Ordensleitung gegen den Staufer zusätzlich für Unruhe im Orden sorgten, denen er offenbar tendenziell näher stand. Die „besorgte Sachlichkeit“ und die

Knappheit der Details in der Berichterstattung über die äußerst erbittert geführten Auseinandersetzungen zwischen den beiden Universalgewalten läßt auf eine Befangenheit des Chronisten schließen, der sich möglicherweise durch die bedrückenden Konflikte seiner Mitbrüder mit den Stauferanhängern innerhalb und außerhalb des Ordens in seinem historiographischen Schaffen eingeengt sah.

Indem Albert im Bericht vom Lyoner Konzil 1245 keinen einzigen päpstlichen Anklagepunkt gegen den Kaiser aufzeigt, läßt er die päpstlichen Entscheidungen wie persönliche, politische Willkürakte von Innozenz IV. gegen den Staufer erscheinen. Deutlich hebt er dagegen das positive Echo der Verteidigungsrede des Thaddäus von Suessa hervor. Die Art der Darstellung verrät, daß Alberts Sympathien keineswegs auf der Seite des amtierenden Papstes lagen. Kritisch erwähnt er die Kreuzzugsabgabe und mißbilligt die päpstliche Einmischung in die Reichspolitik, indem er auffällig betont, welch große Anstrengungen es Innozenz IV. kostete, einen deutschen Fürsten für die Krone zu gewinnen.

Doch macht auch das Bild, das er von den Gegenkönigen zeichnet, deutlich, daß Albert von Stade keinesfalls der überwiegenden Mehrheit der Mendikanten im Reich zuzuordnen ist, die sich in die ihnen vom Papst auferlegte Rolle fügten, die staufische Herrschaft zu destabilisieren und die Position der Gegenkönige zu stärken. Seine durchweg negative Darstellung der Gegenkönige verrät, daß er seine Hoffnung mit Sicherheit nicht auf sie setzte. Heinrich Raspe wird in den Jahresberichten 1245 und 1246 als Pfaffenkönig und als Marionette des Papstes dargestellt. Auch Wilhelm von Holland gewinnt wenig Herrscherprofil. Der Chronist rückt Wilhelms durch Geldmangel geschwächtes Königtum in den Vordergrund der Darstellung. Spöttisch nennt er ihn den „gekrönten Wilhelm". Aber auch die Söhne Friedrichs II., König Heinrich VII. und König Konrad IV. profilieren sich in der Darstellung Alberts wie ja auch in der Geschichte nicht als Hoffnungsträger.

Albert offenbart die rücksichtslose, auf totale Vernichtung des Stauferkaisers zielende päpstliche Hetzkampagne, indem er berichtet, der Papst fordere durch Legaten alle Fürsten des Reiches und sogar den mit dem Kaiser befreundeten ägyptischen Sultan Malek as Saleh Ejub auf, sich von Friedrich II. abzuwenden, der eindeutig ein Feind der Kirche sei. Deutlich hebt er die ablehnende Haltung im Antwortschreiben des Sultans hervor.

Der Bericht 1248 über das Auftreten der Wanderprediger in Schwäbisch Hall zur Unterstützung der staufischen, antipäpstlichen Gegenkampagne birgt sehr viel eigene, brisante Kirchenkritik des gescheiterten Reformers Albert von Stade in sich. Ungeachtet dessen, daß er sich als ehemaliger Benediktinerabt und gegenwärtiger Minorit mitangeprangert sehen mußte und daß er die Wanderprediger als Ketzer bezeichnet sowie ihre Aktion streng verurteilt, zeigt die vehemente Engagiertheit, mit der er in aller Ausführlichkeit die staufischen Kritikpunkte aufführt, wie sehr sie seiner eigenen Mißbilligung der kirchlichen Verhältnisse entsprachen. So gerät dieser Bericht zur Anklageschrift gegen den desolaten Zustand der Amtskirche seiner Zeit. Außerhalb jeder Parteinahme steht hier einzig und allein das Reformanliegen des Chronisten im Vordergrund. Schonungslos führt er seinem klerikalen Leserkreis, die Argumentation miteingeschlossen, die staufischen Anklagepunkte gegen die Person des Papstes sowie gegen den gesamten katholischen Klerus vor Augen. Dem Papst, in der Chronik als Ketzer, nicht aber als Antichrist bezeichnet, wird die Ermächtigung zur Sakramentsspende abgesprochen. Seine Unglaubwürdigkeit sei erwiesen, weil seine Lebensführung nicht der apostolischen Lebensform nach dem Vorbild der Urkirche entspräche. Auch die Brüder beider Bettelorden sowie die Zisterzienser seien unglaubwürdige, unwürdige Priester, weil sie den Glauben nicht im Sinne der Heiligen Schrift und nach dem Beispiel der urchristlichen Gemeinde in der Tat vorlebten, sondern die Kirche mit ihren lügenhaften Predigten verdürben. Auch sie seien deshalb nicht zur Sakramentsspende ermächtigt. Detalliert führt Albert die staufische Kritik an der Verhängung von Interdikten gegen von stauferfreundlichen Bischöfen verwaltete Diözesen auf, wodurch die Seelsorge großer Teile der Bevölkerung verhindert wurde. Darüber hinaus werden Ablaßhandel und Simonie angeprangert, die dem biblischen Auftrag widersprächen. Viele dieser Kritikpunkte entsprechen nicht nur der franziskanischen Armutsforderung und dem Christuspostulat, sondern auch kirchenreformerischen Forderungen der Armutsbewegungen seit dem 11. Jahrhundert, die bereits von der Pataria, durch Arnold von Brescia und durch Petrus Waldes erhoben worden waren.

Mit Sicherheit war die detaillierte Aufführung der staufischen Kritikpunkte dem Reformer Albert von Stade ein inneres Anliegen, da sie seiner eigenen Mißbilligung des desolaten Zustands der Kirche entsprachen. Vielen Kritikpunkten aus dem staufischen Reformplan hat er im Grunde seines Wesens zugestimmt. Gregor IX. hatte für ihn als Reformpapst versagt. Mühelos lassen sich deutliche Parallelen von der staufischen Kritik an einer dem weltlichen Machtdenken verfallenen, unermeßliche Reichtümer anhäufenden Kirche zu seiner eigenen Kritik an der Sittenlosigkeit und der mangelhaften Klosterdisziplin seiner Benediktinermönche ziehen, die für ihn so gravierend war, daß er nach dem Scheitern seines Reformplanes seine Abtswürde niederlegte. Doch hatte er mit seiner Amtsniederlegung und seinem Austritt aus dem Benediktinerorden keineswegs mit seiner Vergangenheit gebrochen. Denn auch als Minderbruder blieb er mental und emotional der benediktinisch geprägte monastische Chronist, der frei von der bedrückenden Einvernahme der überwiegenden Mehrheit seiner franziskanischen Mitbrüder für die antistaufische Kampagne der Päpste Gregor IX. und Innozenz IV. völlig eigenständig ein Bild von Friedrich II. zeichnet, das lediglich bis 1238 mit der derzeitig im Franziskanerorden dominierenden Tendenz weitgehend übereinstimmt. Ab 1239 läßt er dagegen trotz seiner berechtigten Kritik an der Boykottierung des Konzils von Rom durch seine kritische Offenlegung der päpstlichen Diffamierungskampagne und durch sein energisches Eintreten für die dynastischen Rechte der Staufer eine klare staufische Position erkennen.

Sein deutlicher Wechsel von einer papstkonformen zu einer staufischen Parteinahme ist die direkte Antwort des Chronisten auf die turbulenten Ereignisse seiner Gegenwart, auf die er in erster Linie als konsequenter Reformer reagierte, sich aber auch da prostaufisch zeigte, wo er die Rechte der staufischen Dynastie in Gefahr sah. Doch auch mit seinem Reformziel, der Wiedereinführung der strengsten monastischen Lebensweise, stand Albert von Stade als Außenseiter im franziskanischen Orden im direkten Gegensatz zum zentralen Anliegen der zeitgenössischen Mendikantenchronisten, die die Angleichung ihres Ordens an die Lebensweise und die Organisationsformen der alten monastischen Orden als Fehlentwicklung ihres Ordens erkannten, diese teilweise offen kritisierten und durch den Rückgriff auf die franziskanische Frühgeschichte eine Rückbesinnung auf die urfranziskanische „vita minorum“ bewirken wollten.

VI Die Wirkungsgeschichte des Geschichtswerkes Alberts von Stade auf die zeitgenössische, die spätmittelalterliche und die frühneuzeitliche Chronistik

A Textgeschichte, Überlieferungs- und Editionslage.

Als Ursache für die relativ geringe Beachtung, die die Weltchronik Alberts von Stade in der neuzeitlichen historischen Forschung fand, ist vor allem der Verlust des reichhaltigeren, weiterführenden Urtextes einer vermuteten, verlorengegangenen Originalchronik und die schlechte Überlieferungs- und Editionslage des erhaltenen Textes der Kurzfassung anzuführen, wodurch, wie bereits erwähnt, die Ermittlung exakter und alles umfassender Untersuchungsergebnisse über Autor und Geschichtswerk von vornherein in Frage steht.

Als einzige vollständige Textedition der Kurzfassung steht uns heute die *Reiner Reineccius*-Ausgabe mit dem Titel und Untertitel: *„Chronicon Alberti, Abbatis Stadensis, a condito orbe usque ad auctoris aetatem, id est, annum Iesu Christi 1256"* aus dem Jahre 1587 zur Verfügung. Die jüngste, 1895 in der MGH SS-Reihe unter dem Titel *„Annales Stadenses"* herausgegebene Ausgabe ist eine Teiledition.[1138] Der Herausgeber Johann Martin Lappenberg beschränkte sich darauf, im überdimensionalen kompilatorischen Teil der Chronik stichwortartig auf die überaus zahlreichen Vorlagentexte des Chronisten hinzuweisen, wodurch der Zugang zum Geschichtswerk durch einen erheblichen Arbeitsaufwand erschwert ist. Die Übersetzung des selbständigen Teils der Chronik ins Deutsche von *Franz Wachter*[1139] aus dem Jahre 1896 ist mit einem für genealogische Untersuchungen der Chronik unentbehrlichen, reichhaltigen Personenregister und mit wertvollen Angaben als Ergänzung der Kurzfassung mit möglichen Teilen der Originalchronik nach Vorgaben *von L. Weiland*[1140] recht hilfreich.

1138 Annales Stadenses, Lappenberg, Johann Martin, Hrsg., (Auswahl) in: MGH SS XVII, S. 271-379, Hannover2 1859, (ND Berlin 1990)

1139 Franz Wachter, Die Chronik des Albert von Stade, in: Geschichtsschreiber der deutschen Vorzeit, 2. Gesamtausgabe, 13. Jahrhundert; Bd. 4, Leipzig 1896

1140 Weiland, Ludwig, Zur Quellenkritik der Sachsenchronik, S. 157-196, in: Forschungen zur Deutschen Geschichte, Band 13, herausgegeben durch die Histor. Commission bei der Königl. Akademie der Wissenschaften, Osnabrück[2] 1873, (ND 1968)

Die Forschung geht von der Annahme aus, daß es eine verlorengegangene, größere bis möglicherweise 1264/65 reichende Fassung des Geschichtswerkes Alberts von Stade gegeben hat und daß die Kurzfassung entweder ein kürzerer Entwurf, ein Auszug oder eine eigenständige Redaktion der Originalchronik ist.[1141] Auf den Aussagen von *Philippus Jaffé* (1860) und *Karl Koppmann*[1142] (1871) basierend, hat *Ludwig Weiland* (1873) durch einen Textvergleich der Stader Annalen mit den Bremer, den Hamburger Annalen, der Sächsischen Weltchronik und der Lübischen Chronik Detmars Auszüge aus der verschollenen Originalfassung der Chronik nachgewiesen, die demzufolge diesen Werken als Vorlage gedient haben mußte.[1143]

Richard G. Hucke (1956) ordnet die Chronik Alberts von Stade als umfangreichsten Teil einer großen von Albert selbst verfaßten und über das Jahr 1256 hinausgeführten Weltchronik zu, die er „Annales Stadenses majores" nennt. Diese sind uns nur fragmentarisch als „Annales Hamburgenses" und als „Chronicon Rosenvaldense" erhalten.[1144]

Den Urtext in den Hamburger Annalen ließ Lappenberg in seiner Ausgabe der Annales Stadenses unberücksichtigt, weil er sie für einen „dürren Auszug" aus Alberts Chronik hielt, was nach Ansicht von *Friedrich Reuter* (1885) jedoch nur für den Zeitraum bis 1256 gilt. Darüber hinaus böten die Hamburger Annalen nach Reuter jedoch „in Ermangelung von Besserem" im Anschluß an die Stader Annalen für den Zeitraum von 1256 bis 1265 eine Ergänzung der Chronik Alberts mit dem „Wert der originalen Fortsetzung".[1145]

Verloren sind heute nicht nur die vermutete reichhaltigere und weiterführende Originalfassung der Weltchronik Alberts von Stade, sondern auch das einzige Überlieferungsexemplar der Kurzfassung des Geschichtswerkes, der Codex des *Heinrich Ranzovius*, einem

---

1141 L. Weiland, Quellenkritik zur Sachsenchronik, S. 157-196 in: Forschungen zur Deutschen Geschichte, Bd. 13, S. 159-188; vgl. D. Berg, Albert von Stade, S. 423 f

1142 K. Koppmann in: Hansische Geschichtsblätter 1871, S. 64, zitiert nach Friedrich Reuter, Annales Hamburgenses, S. 401 in: Quellensammlung der Gesellsch. f. Schleswig-Holstein-Lauenburgische Geschichte IV, 1885

1143 Weiland, Zur Quellenkritik, S. 163-188, vgl. Köhn, Die Stedinger in der Geschichtsschreibung, S. 157

1144 Hucke, Richard G., Die Grafen von Stade, S. 205-210; vgl. B. U. Hucker, S. 333 und Anm. 1486

1145 Friedrich Reuter, Annales Hamburgenses, S. 400

holsteinischen Ritter, in dessen Besitz sich 1585 die Handschrift befand.[1146] Auf diesem *Codex Rantzovianii* basieren alle der insgesamt fünf Texteditionen der Chronik:[1147]

1. Reiner Reineccius Helmstedt 1587,
2. wiederholt Wittenberg 1608,
3. I.G. Kulpsii Volum. rerum Germanicarum Argentorati 1685, mit Anmerkungen von I. H. Boecler versehen , fol. pag. 123-336, ohne die Dialoge zwischen Tirri und Firri;
4. Schilteri scriptoribus rerum Germanicarum Argentorati 1702 [1] sowie
5. Johann Martin Lappenberg, „Annales Stadenses" (Auswahl) in: MGH SS XVII, S. 271-379, Hannover 1859 als Teiledition.

B Stand der neuzeitlichen historischen Forschung über Albert von Stade und seine Weltchronik sowie über seine epischen Werke

Albert von Stade hat bisher in der neuzeitlichen historischen Forschung wenig Würdigung erfahren und seine Chronik als Gesamtwerk wenig Beachtung gefunden. *L. Weiland* (1873) sieht, wie zuvor *K. Böhmer,* die Bedeutung der Stader Annalen für die Geschichte des 13. Jahrhunderts bei aller Dürftigkeit im selbständigen Teil durch den Mangel an anderen Quellen begründet.[1148]

Das Ungleichgewicht zwischen dem mit fünf Sechsteln überaus großen rein kompilatorischen gegenüber dem geringen, eingangs auch noch reichlich kompilatorisch durchsetzten selbständigen Anteil der Chronik, läßt überdies *Heinz Stoob* (1973) das Werk als eine rein kompilatorische Weltchronik einstufen.[1149] Darüber hinaus erschweren der thematisch ungeordnete Aufbau und der recht schwache literarische Wert im selbständigen Teil der Chronik den Zugang zu diesem Werk. Insbesondere lassen die Dürftigkeit der Angaben und die vielfach nur bloßen Mitteilungen von Geschehnissen oft keine sicheren Aussagen zu. Dennoch wird Albert von Stade von der neuzeitlichen historischen Forschung als Zeitzeuge herangezogen und seiner Weltchronik ein gewisser historiographischer Wert zuerkannt.

In seiner Gesamtbeurteilung, der einzigen in der jüngeren Geschichtsforschung, stellt *Dieter Berg* (1976) das Geschichtswerk Alberts von Stade als wichtiges historiographisches Werk für den

1146 Karl Fiehn, Albertus Stadensis, S. 548
1147 Lappenberg, Alb. Stad., S. 283, 1-8:
1148 L. Weiland, Zur Quellenkritik der Sachsenchronik, S. 163
1149 Heinz Stoob, Einleitung z. Slawenchronik Helmolds von Bosau, S. 17 f

wegen der schwierigen politischen Verhältnisse sonst zahlenmäßig recht gering mit Quellen dokumentierten nördlichen Teil des Herzogtums Sachsen und die angrenzenden Gebiete bis zur Eidergrenze vor. Er hebt vor allem den großen Informationswert der vielen Nachrichten aus der Heimatregion des Chronisten, dem Niederweserraum, die Nachrichten über die Stadt und die Grafschaft Stade und ihre Stellung im Norden des Reiches sowie über Stadt und Erzbistum Bremen, ferner die biographischen Angaben über Heinrich den Löwen, insbesondere die Berichte über die Stedinger Aufstände und viele wertvolle Einzelbeiträge zur Geschichte und Genealogie Norddeutschlands hervor. Darüber hinaus weist er auf lesenswerte Aussagen über die Geschichte Estlands und Livlands hin, die sich vermutlich auf Angaben von Augenzeugenberichten von Teilnehmern am Livlandzug Adolfs von Holstein gründen. Er betont das Interesse des Autors an den Ereignissen an der Reichsgrenze zu Dänemark und an der Geschichte Dänemarks, die dieser mit vielen selbständigen Einzelnachrichten dokumentiert. Von zentraler Bedeutung ist für Dieter Berg jedoch die Kirchen-, insbesondere die Papstgeschichte. Erwähnenswert erscheinen ihm auch Alberts Ausführungen zur Ketzergeschichte als Spiegel der religiösen Situation der Zeit. Mit dem Hinweis auf die literarisch geringe Qualität des Werkes und die generelle Kürze der Angaben über Ereignisse zu Lebzeiten des Chronisten würdigt D. Berg dennoch den erheblichen Informationswert der Stader Weltchronik durch die zahlreichen nur hier überlieferten Einzelnachrichten auch für die Reichsgeschichte, besonders Norddeutschlands sowie für die Geschichte der Nachbarländer Dänemark und Livland.[1150] Darüber hinaus trifft D. Berg (1983) eine historiographische Zuordnung des Geschichtswerks zur früh- und hochmittelalterlichen Weltchronistik[1151] mit nur geringer innovatorischer Bedeutung für die Entstehung des Genus der spätmittelalterlichen „Mendikantenchronistik". Er vermerkt außerdem das Fehlen von Gesichtspunkten und Themen einer spezifisch franziskanischen Geschichtsschreibung,[1152] weist aber (1983) auf Alberts geschichtstheologische Bemerkungen hin, die dem Ideengut der franziska-

---

1150 D. Berg, Braunschweig und Albert von Stade, S. 425

1151 vgl. D. Berg, Studien zur Gesch. u. Historiographie der Franziskaner im fläm. u. norddeutschen Raum, S. 142

1152 vgl. hierzu D. Berg, Vita minorum, S. 184-185

nischen Joachiten entstammen,[1153] sowie auf Alberts mutmaßliche Mitwirkung an der Endfassung des Apokalypsenkommentars seines franziskanischen Mitbruders Alexander Minorita.[1154] An anderer Stelle (1982) hebt er hervor, daß Albert eine Charakterisierung der Lebensform und eine Würdigung der eschatologischen Bedeutung seines Ordens vermissen läßt, obwohl ihm die Lehre Joachims von Fiore und der joachitisch beeinflußte Apokalypsenkommentar Alexander Minoritas bekannt waren.[1155] Auch bemängelt er (1988) den Verzicht des Chronisten auf eine eschatologische Interpretation der Herrschaft Friedrichs II.[1156]

Auf *Alois Wachtel* (1955) und *Bernd Ulrich Hucker* (1978) basierend weist *Sabine Smolinsky* (1991) auf die historiographische Bedeutung hin, die Albert von Stade durch die Erwähnung des Namens Alexander Minoritas im Zusammenhang mit dem Zitat aus seinem Apokalypsenkommentar bei der Identifikation Alexander Minoritas beizumessen ist.[1157] Sie hebt mögliche Verbindungen und Kontakte zwischen Albert von Stade und Alexander Minorita hervor und sieht wie zuvor D. Berg (1983) und A. Wachtel (1955) in Albert von Stade den Vorlagenautor Alexander Minoritas und möglichen, aber fraglichen Redaktor der seiner Originalchronik entnommenen historischen Erweiterungen (mit datierten Ereignissen bis 1237) der Handschrift C des Apokalypsenkommentars.[1158]

Bernd Ulrich Hucker (1978) bringt auf der Grundlage der Untersuchungen von *Ulrich Faust* (1979), *Karl Fiehn*, (1931) und *Johann Martin Lappenberg* (1859) mit seinen genealogischen und sprachanalytischen Recherchen über Lebensdaten, Herkunft, Familien- und

---

[1153] D. Berg, Studien zur Geschichte und Historiographie der Franziskaner im flämischen und norddeutschen Raum im 13. und beginnenden 14. Jh, S. 142 und Anm. 198

[1154] Ebd., S. 128

[1155] D. Berg, Vita minorum, Zum Wandel des franziskanischen Selbstverständnisses im 13. Jh., S. 184 f

[1156] D. Berg, Stauf. Herrschaftsideologie, S. 198

[1157] Sabine Smolinsky, Der Apokalypsenkommentar Alexander Minoritas, S. 25-27 und Anm. 77 u. 82 - B. U. Hucker, Frühgeschichte des Minoritenklosters. S. 517 f - B. U. Hucker, Herrschaft u. Freiheit, S. 335 und Anm. 1694 - Wachtel, Alex. Min., Expositio in Apokalypsium, Einleitung, S. VIII-X - s. oben

[1158] Schmolinsky, Der Apokalypsenkommentar des Alexander Minorita, S. 32, S. 48 und S. 75 - D. Berg, Studien zur Geschichte und Historiographie der Franziskaner im fläm. u. norddtsch. Raum, S. 128 - Wachtel, Alexander Minorita, Expositio Apokalypsium, Einleitung, S. XXVII unten

Schichtenzugehörigkeit[1159] sowie über die religiöse und politische Motivation[1160] Alberts von Stade Licht ins Dunkel der Biographie des Chronisten.

Insbesondere wird Albert von Stade als Chronist der Stedingeraufstände erwähnt und zitiert.[1161] *B. U. Hucker* (1978) sieht in der Beteiligung des Chronisten an der Gründungswelle von Zisterzienserklöstern im Vorfeld der Stedingerkriege den ursächlichen Zusammenhang mit seiner Parteinahme gegen die Stedinger Bauern.[1162] *D. Berg* weist (1983) auf die einseitige Sichtweise des Chronisten bei der Darstellung der Stedinger Revolte hin. Der Bericht wäre nur unter dem Gesichtspunkt der Häresie und der Kirchenfeindschaft, nicht aber unter Berücksichtigung der politischen und ökonomischen Interessen der Stedinger verfaßt.[1163]

Rolf Köhn (1991) hebt Albert von Stade und den unbekannten Verfasser der „Sächsischen Weltchronik" als einzige Chronisten hervor, die die Ereignisse des Stedingeraufstands zwischen 1201 beziehungsweise 1204 bis zum ersten Heerzug des Bremer Erzbischofs Gerhard I. im Jahr 1230 aufgezeichnet haben. Beiden weist er deshalb eine Einzelstellung in der Geschichtsschreibung über die Stedinger zu. Albert von Stade komme jedoch die größere Bedeutung zu, weil seine Nachrichten zahlreicher und ausführlicher wären.[1164] Trotz weniger wörtlicher Entsprechungen fand er im Textvergleich weitgehende Parallelen in Inhalt und Anordnung und vermutet deshalb, daß die umfassendere, genauere und informativere Darstellung Alberts entweder als Originalfassung oder als Kurzfassung dem Autor der Sächsischen Weltchronik als Vorlage gedient hat.[1165] Darüber hinaus weise Albert als einziger Chronist auf den Bauernstatus der Stedinger hin, nenne sogar die Namen der Rädelsführer[1166] und bezeichne die Stedinger im Gegensatz zur überwiegenden Mehrheit der Chronisten

---

[1159] B. U. Hucker, Herrschaft und Freiheit, S. 333 f - Fiehn, Albertus Stadensis, S. 536 f - Lappenberg, Ann. Stad., S. 374, 9-10 - s. oben

[1160] B. U. Hucker, Herrschaft und Freiheit, S. 335, 337-338 - Faust, Die Benediktinerklöster in Niedersachsen, Schleswig Holstein und Bremen, S. 468

[1161] u. a. auch von Henry Charles Lea, Gesch. der Inquisition im Mittelalter, S. 213: Zur Schlacht bei Altenesch im Jahresbericht 1234: Die Quellen legen uns nahe zu glauben, Gottes Gnade habe sich darin bekundet, daß nur sieben Kreuzfahrer fielen.

[1162] B. U. Hucker, Herrschaft und Freiheit, S. 342 und S. 88f - s. oben

[1163] D. Berg, Studien z. Gesch. u. Historiographie der Franziskaner, S. 142

[1164] R. Köhn, Die Stedinger in der Geschichtsschreibung, S. 154 und 156

[1165] Ebd., S. 157

[1166] Ebd., S. 161

des 13. bis 16. Jahrhunderts nie direkt als Häretiker.[1167] Auch führe er als einziger mittelalterlicher Historiograph, ohne, wie bei den zeitgenössischen Geschichtsschreibern auch nicht üblich, die Verurteilung der Stedinger auf der Bremer Fastensynode zu erwähnen, dennoch die Anklagepunkte gegen die Bauern der Wesermarsch auf, die sonst nur aus den päpstlichen Kreuzzugsaufrufen bekannt sind. Dies gewinnt um so mehr an Bedeutung, als die beiden Abschriften des folgenschweren Urteils der Fastensynode heute verloren sind.[1168] Überdies greife Albert nicht die ganze „Härte und Bandbreite der Beschuldigungen" auf.[1169] Im Anhang zu seiner Arbeit „Die Stedinger in der Geschichtsschreibung" zeigt Rolf Köhn die nachhaltige Wirkungsgeschichte der Stedingerdarstellung Alberts von Stade bis in 16. Jahrhundert auf.[1170]

Ann Dorothee von der Brincken (1973) ordnet Albert von Stade nicht den bedeutenderen Autoren zu, reiht ihn jedoch in die Liste der Kreuzzugsautoren ein, die „eine Einordnung der Ostchristen in das Weltbild der Lateiner" vornahmen.[1171]

Eine Würdigung als „Reiseberichterstatter" erhält Albert von Stade durch *Herbert Krüger* (1956-58) in seinem Buch „Das Stader Itinerar des Abtes Albert". Ohne literarische Vorlage hätte Albert von Stade in bis dato nicht bekannter Genauigkeit ein Itinerar geschaffen, das erst- und einmalig in der mittelalterlichen Literatur „literarischer Selbstzweck" geworden wäre, in dem die Wege nach Rom und nach Jerusalem beschrieben werden, das zeitgenössischen Wanderern und Pilgern durch vielseitige, detaillierte Routenbeschreibungen Reiseorientierungshilfen bot und der Nachwelt wertvolle Einblicke in das Straßennetz und in die Reise- und Verkehrsverhältnisse im Mittelalter vermittelt.[1172]

1167 Ebd., S. 168

1168 Ebd., S. 167

1169 Ebd., S. 172

1170 Rolf Köhn, Die Stedinger in der Geschichtsschreibung, Anhang, S. 188-201, Nr. 3, 17, 19, 28, 35, 39, 44-45, 52 und 66-67

1171 Anna-Dorothee von den Brincken, Die „Nationes Christianorum Orientalium" im Verständnis der lateinischen Historiographie von der Mitte des 12. Jahrhunderts bis in die zweite Hälfte des 14. Jahrhunderts, S. 447 und 88 f: v. d. Brincken bezieht sich auf den Jahresbericht 1188, in dem Albert vom 3. Kreuzzug vermeldet, daß die Surianen (1187) Saladin das Grab des Herrn um 40 000 Goldstücke jährlich zurückkauften, und auf den 5. Kreuzzug Friedrichs II. im Jahresbericht 1229.

1172 Herbert Krüger, Das Stader Itinerar des Abtes Albert aus der Zeit um 1250, S. 81-83 - s. oben, S. 18-19

Markus Wesche (1988) bescheinigt Albert von Stade in seinen literarischen Studien über den „Troilus" gute astrologische,[1173] aber nur mäßige, nicht über die Allgemeinbildung hinausgehende medizinische Kenntnisse.[1174] Er hält Albert von Stade, der in Versen „die wichtigsten Bereiche der Medizin Revue passieren läßt", für einen „Polemiker gegen das Vordringen der medizinischen Wissenschaften in den Bereich der Artes".[1175] Über Alberts dichterische Qualitäten äußert sich Wesche recht abwertend. Geprägt von der Dichtersprache seiner Zeit, von der „platonisch inspirierten Dichtkunst," böte Albert von Stade „eine Auflösung und Übersteigerung dieser Sprache". Er lasse Fachtermini wie „Fremdkörper" aus den Bereichen der Rechtssprache, der scholastischen Begrifflichkeit und Situationen aus dem Schulunterricht in seine Dichtung einfließen.[1176] Die Verse des Troilus nennt Wesche einen „bunten Flickenteppich" ohne „stilistische Kohärenz". Es fänden sich darin viele Beispiele für „das naiv Kommentierende, das Pedantische und das ohne Witz Gesuchte"[1177]

C Die Wirkung des Geschichtswerks Alberts von Stade auf die mittelalterliche und die spätmittelalterliche Chronistik

1.) Rezeptionsgeschichte der Chronik Alberts von Stade im Überblick

Die Bedeutung der Weltchronik Alberts von Stade innerhalb der mittelalterlichen, der spätmittelalterlichen und der frühneuzeitlichen Chronistik läßt sich aus der Rezeptiongeschichte erschließen. Bei den Nachforschungen über die Rezeption in der Geschichtsschreibung der Heimatregion des Chronisten, dem niederdeutschen Sprachraum und geographisch dem nördlichen sächsischen Raum, stieß man auf Spuren des verlorenen Urtextes der Weltchronik Alberts von Stade. Auf der Aussage des *Philippus Jaffé* (1860) und *Karl Koppmanns*[1178] (1871) basierend hat *L. Weiland* (1873) durch Textvergleich der *Stader Annalen* mit den *Bremer* und den *Hamburger Annalen*, der *Sächsischen Weltchronik* und der *Lübischen Chronik Detmars* deutliche Rezeptionen

[1173] Markus Wesche, S. 77 ff - s. oben, S. 16-18

[1174] Ebd., S. 58

[1175] Ebd., S. 61

[1176] Ebd., S. 119

[1177] Ebd., S. 122

[1178] K. Koppmann, in: Hansische Geschichtsblätter 1871, S. 64, zitiert nach Friedrich Reuter, Annales Hamburgenses, S. 401 in: Quellensammlung d. Gesellsch. für Schleswig-Holstein-Lauenburgische Gesch. IV, 1885

aus der verschollenen Originalfassung der Chronik nachgewiesen, die demzufolge allen diesen Werken als Vorlage gedient haben muß.[1179]

Friedrich Reuter (1885) erkannte darüber hinaus in den *„Annales Hamburgenses brevissimi"*, dem verkürzten Auszug aus den Hamburger Annalen, in den Jahresberichten für den Zeitraum von 1256 bis 1265 eine Ergänzung der Chronik Alberts mit dem „Wert der originalen Fortsetzung". Dieses kleine Annalenwerk (Anhang I der Reuter-Ausgabe der „Annales Hamburgenses") stimmt bis auf wenige Ergänzungen und Erweiterungen in den Jahresberichten 810, 900, 1149 und 1162 mit den Hamburger Annalen überein, beinhaltet sonst aber hauptsächlich nur die Geschichte Hamburg-Bremens und Dänemarks.[1180] Lappenberg (1859) ließ es in seiner Ausgabe der Hamburger Annalen unberücksichtigt, weil er darin nur einen „dürren Auszug" aus Alberts Chronik sah, was nach Ansicht von Friedrich Reuter jedoch nur für den Zeitraum bis 1256 gilt. Möglicherweise basiert auch das niederdeutsche Erzählfragment, die *„Niederdeutsche Erzählung von der Ermordung der Könige Erich und Wenceslaus"*, das F. Reuter als Anhang II seiner Ausgabe veröffentlicht hat, auf der Originalchronik Alberts.[1181]

Parallelberichte zur Chronik Alberts von Stade entdeckte *Alois Wachtel* (1955) in der *Handschrift C des Apokalypsenkommentars des Alexander Minorita* und vermutet auch hier Exzerpte aus der Originalfassung. *Sabine Schmolinsky* (1991) bestätigt dies. Auch sie ist der Ansicht, daß die historischen Erweiterungen der Handschrift C des Apokalypsenkommentars, die mit dem Jahr 1242 datiert sind, der Chronik Alberts entstammen. Im Apokalypsenkommentar wären historische Angaben ebenso wie die Prophezeiungen Hildegards von Bingen daraus zitierend übernommen und bearbeitet worden.[1182]

1179 Weiland, Zur Quellenkritik, S. 163-188 - vgl. Köhn, Die Stedinger in der Geschichtsschreibung, S. 157 - D. Berg, Albert von Stade, S. 426-427

1180 F. Reuter, „Annales Hamburgenses", S. 399-430, darin als Anhang I.: „Annales Hamburgensis brevissimi", S. 430-434 und als Anhang 2. die „Niederdeutsche Erzählung von der Ermordung der Könige Erich und Wenceslaus", S. 435-441, in: Quellensammlung der Gesellschaft für Schleswig-Hosteinisch-Lauenburgische Geschichte 4 (1885)

1181 Ebd., S. 439-441

1182 Alois Wachtel, Hrsg., Alexander Minorita , Expositio in Apokalypsium, in: MGH Quellen zur Geistesgesch. des Mittelalters, Die Deutschen Geschichtsquellen des Mittelalters 500-1500, Band 1, München 1983 (ND Weimar 1955), Einleitung S. XXXVII-XXXVIII - vgl. Schmolinsky, Der Apokalypsenkommentar, S. 49 und Anm. 164

Nachweislich hat auch *Hermann von Lerbeck* für sein *„Chronicon comitatus Schawenburgensis"*[1183] neben den Hamburger Annalen und der Sächsischen Weltchronik die Weltchronik Alberts von Stade als Quelle benutzt.

Schließlich erfährt Alberts Weltchronik im Jahre 1325 in den *„Annales Lubicenses"* (1264-1324), der gleichfalls die verschollene größere Fassung der Chronik Alberts als Vorlage zugrunde gelegen hatte, durch einen anonymen Verfasser eine Fortsetzung, den man zunächst für einen lübischen Minoriten, dem Lübecker Ratsschreiber und späteren Ratsmann Alexander Hune hielt,[1184] den man jedoch nach neueren Forschungsergebnissen, von Lappenberg vermutet und von Klaus Wriedt bestätigt, mit einem Geistlichen aus dem Lübecker Katharinenkloster identifizierte.[1185]

2.) Exzerpte aus der Chronik Alberts von Stade in den Hamburger und Nachweise Ludwig Weilands in den Bremer Annalen

Der anonyme Verfasser der Hamburger Annalen hat bis 1252 Einzelnachrichten aus der Chronik Alberts von Stade exzerpiert und erst ab 1200 die Jahresberichte mit ausführlicheren Zusätzen versehen.[1186] Lappenberg hielt die Hamburger Annalen insgesamt für einen mit nur einzelnen (selbständigen) Beiträgen versehenen, bis 1265 fortgesetzten Auszug aus der Weltchronik Alberts von Stade, bei dem jedoch der Teil vor Christi Geburt unberücksichtigt blieb. Bedeutend erscheint Lappenberg, was in der Zeit zwischen 1149 und 1256, wo die Stader Annalen aufhören, aus der Weltchronik Alberts von Stade rezipiert wurde. Den historischen Wert der Aussagen in der vermuteten Fortsetzung der Chronik, in dem Zeitraum von 1256 bis 1265, schätzt er wegen der regionalen Beschränkung nur recht gering ein. Die historischen Nachrichten würden nicht über den Raum des Erzbistums Bremen und Holsteins hinausgehen, hauptsächlich über die Gemeinde und die Stadt Hamburg berichten und kaum überregionale Bereiche behandeln.[1187]

1183 Meibom. Scr rer Germ I, 1688, S. 479-521, zitiert nach Hans Patze, Geschichtsschreibung u. Geschichtsbewußtsein, S. 406, 417, 438.

1184 D. Berg, Albert von Stade, S. 426

1185 Klaus Wriedt, Geschichtsschreibung in den wendischen Handelsstädten, S. 406

1186 Lappenberg, Annales Hamburgenses, S. 381 - D. Berg, Albert von Stade, S. 426

1187 Lappenberg, Annales Hamburgenses, in: MGH SS XVI, S. 381 - L. Weiland, Zur Quellenkritik der Sachsenchronik, S. 165

Besondere Beachtung findet der ausführliche, ungewöhnlich lebendige Jahresbericht 1218 über den heiligen Otbern im Zusammenhang mit der Einnahme der Burg Vorde durch die Ministerialen der Bremer Kirche in den Hamburger Annalen. In seiner „wohlgeordneten Reichhaltigkeit" und Frische durchaus vergleichbar mit der Detmar-Chronik und der Sächsischen Weltchronik erwecke er den Eindruck der Originalität. Dieser Bericht wird von Ludwig Weiland zusammen mit vielen anderen einzeln aufgeführten Textbeispielen, etwa dem Truchseßzitat 1177 beim Zusammentreffen Friedrich Barbarossas mit Heinrich dem Löwen in Chiavenna, der Bezeichnung des im Erzbistum Bremen fehlinvestierten Bischofs Balduin als „capellanus ducis" (Heinrich des Löwen) 1168 und mit dem Vers über Petrus Lombardus 1162, als deutliches Zeichen der Rezeption aus der Originalchronik Alberts nachgewiesen.[1188]

In ähnlicher Weise und in gleichem Ausmaß wie die Hamburger Annalen haben die *Bremer Annalen* bis 1227 aus der Weltchronik Alberts von Stade geschöpft. *Philippus Jaffeé* (1860) kam in einer vergleichenden Studie der Stader mit den Hamburger und den Bremer Annalen zu der Annahme einer gemeinsamen Vorlage aller drei Werke, die ihre größte Gemeinsamkeit mit den Stader Annalen hätte.[1189] L. Weiland lieferte überzeugende Beweise dafür, daß es sich bei dieser Vorlage um die verlorene reichhaltigere Chronik Alberts von Stade handelt. Er führt hierzu vier Stellen an. Drei davon betreffen Alberts ureigenstes Gebiet, seinen Wohnort und das Liebfrauenkloster vor Stade, die vierte nennt ihn persönlich als Abt des Stader Marienklosters. Der Jahresbericht 1142 der Stader Annalen beschreibt ausführlich die Gründung des Liebfrauenklosters mit namentlicher Angabe und der Stifter Dudo, Adeko und Ricbert. Die Bremer Annalen geben diesen Bericht gekürzt und statt der Stifternamen deren Amt wieder: *„...ab advocatis eiusdem civitatis"*, das in den Stader Annalen im Jahresbericht 1164 als Amt des Gründers Ricbert erscheint, der bei der Sturmflut ertrank: ***„Submersus est etiam Ricbertus advocatus Stadensis ...*** " und das auch im Stammbaum der Gründerfamilie des St. Marienklosters erwähnt ist.[1190] Als zweites Beispiel wird die urkundlich bestätigte Nachricht der Bremer Annalen von der Gründung der St. Georgskirche in Stade im Jahr 1144 genannt,

---

1188 Weiland, Zur Quellenkritik d. Sachsenchronik, S. 166 - Franz Wachter, S. 63 und Anm. 1

1189 Ph. Jaffé, Annales Bremenses, S. 854 in:MGH SS XVII, (1860) - L. Weiland, Quellenkritik der Sachsenchronik, S. 165

1190 Lappenberg, Ann. Stad., S. 374

die nicht in den Stader Annalen aufgeführt ist. Albert von Stade müßte von dieser Gründung gewußt haben. Er hat sie mit Sicherheit in seiner Originalchronik erwähnt. Als drittes Beispiel enthalten die Hamburger Annalen im Wortlaut der Stader Annalen im Jahresbericht 1210 die Nachricht von der Nachfolge des Bischofs Berthold von Lübeck nach dem Tod Thiderichs: ***„Thidericus Lubicensis obiit, cui Bertholdus eiusdem ecclesiae canonicus succesit.“*** und fügen mit dem Bezug auf Alberts Wohnort hinzu: *„Quem Yso Verdensis episcopus in ecclesia b. Virginis apud Stadium consecravit.“* (den der Bischof Yso von Verden in der Kirche der Heiligen Jungfrau in Stade weihte.). Als viertes Beispiel führt Weiland überzeugend die Verse aus den Hamburger Annalen im Jahresbericht 1238 an, die den Abt Albert von Stade persönlich betreffen: *„Tres ubi crescit olus, nec erant tunc sidera, solus Abbas Albertus posuit radiantia quercus.“* Diese Verse werden von *Karl Fiehn* glaubwürdig als Selbstzeugnis des Autors und als poetische Form seiner vergeblichen Reformbemühungen gedeutet.[1191]

Soweit aus der Lappenbergausgabe der Hamburger Annalen erkennbar, beinhalten die Auszüge aus Alberts selbständigem Teil der Chronik vorwiegend Nachrichten zur welfischen, holsteinischen und dänischen Geschichte, zur Geschichte des Erzbistums Hamburg-Bremen und der regionalen Bistümer sowie zur Geschichte der Stadt Stade, zum Beispiel im Jahresbericht 1210 über die Weihe des Bischofs von Lübeck in der Kirche der Heiligen Jungfrau in Stade. Im Jahresbericht 1209 findet sich der Papstkatalog Alberts von Stade und die Nachricht von der Gründung des Franziskanerordens. Andere Exzerpte betreffen die deutsch-dänischen Auseinandersetzungen an der Reichsgrenze zu Dänemark, zum Beispiel die Meldung vom Sieg über die Dänen in der Schlacht bei Bornhoevede 1227. Über die Ermordung des dänischen Königs Erik durch friesische Bauern im Jahre 1252 wird in den Hamburger Annalen wesentlich ausführlicher berichtet, als in den Stader Annalen. Dies weist deutlich darauf hin, daß es sich hier ebenfalls um eine Rezeption aus dem Urtext der Chronik Alberts handeln kann. Thematisch läßt sich von hier aus eine Parallele zum niederdeutschen Erzählfragment von der Ermordung der Könige Erich und Wenceslaus ziehen,[1192] die möglicherweise auch auf der erweiterten Fassung der Chronik Alberts beruht.[1193]

Als Hinweis zur religiösen Bewegung seiner Zeit hat der anonyme Verfasser der Hamburger Annalen in einem Parallelbericht zum Jahr

---

1191 Fiehn, Alb. Stad., S. 543 f

1192 Friedrich Reuter, Annales Hamburgenses, Anhang II., S. 439-441

1193 D. Berg, Albert von Stade, S. 427

1251 den Beitrag Alberts von Stade zur Darstellung der staufischen Propagandakampagne gegen den Papst vom Jahresbericht 1248 aufgegriffen.

Die von Friedrich Reuter erkannte Fortsetzung der Stader Annalen beinhaltet außer der Geschichte Hamburg-Bremens und Dänemarks auch Beiträge zur englischen Geschichte, zum Beispiel im Jahresbericht ***1257*** über den Loskauf und den Lehnseid des Richard Löwenherz mit einer für Albert in den Stader Annalen ungewöhnlich offen, direkt und unverhohlen geäußerten Kritik: ***„Stulta Anglia, quae tot denariis sponte, est privata. Stulti principes Alimanniae, qui nobile ius suum pro pecunia vendiderunt!“***[1194] *(Dummes England, dem so viel Geld geraubt wurde. Törichte deutsche Fürsten, die das Königsrecht für Geld erkauften!)* ***1260*** berichtet Albert von der Rückkehr Richards und dessen Frau nach England, nachdem er dem Erzbischof von Köln die Bischofsinvestitur übergeben hatte.

Auch reichsgeschichtliche Nachrichten lassen sich in den Hamburger Annalen aus gleicher Vorlage erkennen, zum Beispiel im Bericht 1251 über den Sieg Wilhelms von Holland gegen Herzog Albrecht I. von Braunschweig sowie ebenfalls im Jahresbericht 1254 über den heftigen Streit zwischen dem Gegenkönig und dem Erzbischof von Köln wegen der Investitur des Paderborner Bischofs Simon in Neuß, bei dem Wilhelm von Holland knapp dem vom Erzbischof gelegten Feuer entkommen war. Hier trägt der im Gegensatz zu den Stader Annalen detailliertere Urtext der Chronik Alberts in den Hamburger Annalen zum besseren Verständnis der Ereignisse bei.

In weiteren Nachrichten vom Paderborner Bischof Simon im Bericht ***1257*** und von der Paderborner Kirche im Bericht ***1258*** der Hamburger Annalen läßt sich die Fortsetzung der Stader Annalen auch thematisch erkennen sowie auch in der Geschichte des Erzbistum Bremen, die hier kontinuierlich mit der Todesnachricht Gerhards von Bremen und der Wahl Hildebrands zum neuen Erzbischof im Jahresbericht ***1259*** weitergeführt wird. ***1260*** hätte Erzbischof Hildebrand bei Wildescarne Holstein im Sturm erobert. Auch die dänisch-holsteinische Geschichte läßt sich weiter verfolgen: ***1261*** hätte bei Loheide die dänische Königin Magarete mit ihrem Sohn und großem Gefolge die Herrschaft über die Grafen Holsteins angetreten. Aber die Grafen hätten dann doch mit Gottes Hilfe gesiegt, die Königin gefangengenommen und in Hamburg ehrenhaft inhaftiert. Sogleich wäre Herzog Albrecht von Braunschweig mit Hilfe der Lübecker in Holstein eingedrungen, hätte die Burg Plön eingenommen und Kiel belagert, die Stadt aber nicht

1194 Lappenberg, Ann. Hamb., S. 384, 8-9

erobert. ***1262*** hätten sich der Herzog, der Markgraf und die Grafen Johannes und Gerhard zuerst in Quedlinburg, danach in Salzwedel in Anwesenheit der Königin getroffen. Wieder in Hamburg hätte die Königin friedfertig die (vereinbarte) Lösung akzeptiert und wäre nach Dänemark zurückgekehrt, da die „gesetzesbrecherischen" Holsteiner, nachdem sie ihr Ziel erreicht hätten, sich mit den Fürsten ausgesöhnt hätten.

1263 sei der Graf Johann von Holstein verstorben und in Rheinfelden begraben worden.

Nach seiner Rückkehr aus Dänemark sei der Herzog von Lüneburg bei einem Überfall auf das Gebiet des Markgrafen von Misnensis mit einer großen Schar Grafen und Landherren für ein Jahr und sechs Wochen gefangen gehalten worden und ***1264*** wieder freigekommen.

Im gleichen Jahr wird mit sichtlichem Bedauern von der Zerstörung durch Brand eines gerade erst erbauten, wegen seiner Gastfreundschaft und als Kommunikationsstätte angesehenen Klosters in Holstein berichtet.

Die folgenden Nachrichten betreffen den Tod Papst Urbans (IV.), mit nachfolgender Sedisvakanz von 17 Wochen und die Nachfolge des Papstes Clemens (IV.).

Mit der Bekanntgabe der mit großem Pomp in Hamburg begangenen Vermählung der Tochter des Herzogs Johannes von Braunschweig mit dem Grafen Gerhard im Jahr ***1265*** schließt der in den Hamburger Annalen mutmaßlich aus der Originalchronik kompilierte Bericht, der als Fortsetzung der Stader Annalen gilt.

Insgesamt gesehen stellt die hier überlieferte Fortsetzung der Annales Stadenses aus der vermuteten Originalchronik nur eine Fortführung der Berichterstattung über lokale hamburgische und regionale holsteinisch-dänische und dänische Ereignisse dar. Sie geht über den regionalen Themenkreis nicht hinaus.

3.) Die Exzerpte in den Bremer Annalen

Die Bremer Annalen[1195] beginnen mit der Nachricht vom Martyrium des Heiligen Bonifazius 750.[1196] Sie reichen nicht über 1227 hinaus und erfassen darüber hinaus nur noch den Katalog der Erzbischöfe bis 1307. Dennoch sind sie reichhaltiger als die Hamburger Annalen und haben die Chronik Alberts ausführlicher als diese ausgeschöpft. Der anonyme Verfasser der Bremer Annalen hat außer den oben erwähnten Auszügen vorwiegend regional- und lokalgeschichtliche Ereignisse, welfische und dänische, vor allem aber die lokale und regionale Kirchengeschichte, wie Kloster- und Kirchengründungen, vor allem die Geschichte des Erzbistums Bremen mit dem Katalog der Bremer Erzbischöfe aus dem kompilatorischen und dem selbständigen Teil der Chronik Alberts exstirpiert, und erst ab 1051 diesen Text mit sehr wenigen eigenen Zusätzen angereichert, die sich meistens auf genauere geographische Angaben beziehen. Oft hat er mehrere Jahre übersprungen. Besonders deutlich erkennbar sind die wörtlichen Übereinstimmungen mit den Stader Annalen im Jahresbericht 1164 über die Überschwemmungskatastrophe an der Elbe, der der Advokat Ricbertus, einer der Gründer des Marienklosters in Stade, zum Opfer gefallen war, ferner im Jahresbericht 1173 über den Brand im Umland von Bremen mit dem Reiterzitat sowie, wie auch in den Hamburger Annalen, im Jahresbericht 1177 über den Kniefall in Chiavenna mit dem Truchseßzitat. Darüber hinaus überträgt der unbekannte Verfasser im Jahresbericht 1189 die geschichtstheologischen Andeutungen Alberts von Stade im Wortlaut (in den Stader Annalen 1188) mit dem Satz aus dem Danielkommentar des Hieronymus, der den Zug des Antichrist zum Ölberg und den Antichristvers: *„Cum fuerint expleti1260 anni, nascetur antichristus."* beinhaltet.

Beachtung fanden auch die Angaben Alberts über die welfische Ehepolitik, wie 1197 die Vermählung der Tochter des Rheinpfalzgrafen mit dem Sohn Heinrichs des Löwen und 1202 die Verehelichung der (siebenjährigen) Nichte (Elmengard) König Ottos IV. mit dem dänischen Herzog in Hamburg und der Schwester des Herzogs mit Ottos Bruder Wilhelm. Interesse fand ebenso der Wechsel Herzog Heinrichs im Thronstreit von der Partei seines Bruders Otto zu Philipp. Alle Ereignisse der Stedingeraufstände werden von 1204 bis

---

[1195] Annales Bremenses in: Jaffe´, Philippus, Hrsg., MGH SS XVII, S. 854-858, Berlin² 1860, (ND 1990)

[1196] Bonifaz wird 754 bei Dokkum von heidnischen Friesen erschlagen.

1216 übertragen. Genau notiert werden auch die deutsch-dänischen Auseinandersetzungen in Hamburg, Stade und Lübeck, 1199 der dänische Einfall in Hamburg und Stade, aufgehalten durch den Erzbischof von Bremen und Graf Adolf III. an der Eider, 1201 die Eroberung Hamburgs und Lübecks durch den dänischen König Waldemar und die Gefangennahme Graf Adolfs, ferner 1203 dessen Befreiung durch Abtreten der Lauenburg an den Dänenkönig, 1208 die Eroberung und Plünderung der Stade Stade durch den Dänenkönig, 1216 der Eroberungsversuch des Dänenkönigs von Stade über die zugefrorene Elbe und die Einnahme Hamburgs, 1223 die Gefangennahme des dänischen Königs 1223, 1225 sein Loskauf und 1227 der Sieg über die Dänen in der Schlacht bei Bornhoevede. Dieser entscheidende Sieg wird selbständig mit dem 22. Juli, dem Tag der Maria Magdalena, genau datiert.

Im Mittelpunkt der Ereignisse stehen für den Verfasser der Bremer Annalen jedoch Alberts Einzelnachrichten über die Bremer Erzbischöfe, wie der Kreuzzugsaufbruch Erzbischof Hartwigs 1197 und seine Rückkehr mit Reliquien im Gepäck 1198 (bei Albert 1199); ferner der Tod des Erzbischofs und die Nachfolge des Bischofs Waldemar von Schleswig 1207 sowie der nachfolgende Streit um die Investitur des Erzbischofs von Bremen zwischen Papst Innozenz III. und Kaiser Ottos IV. im Jahre 1211 (Innozenz weiht den Bischof Gerhard von Osnabrück, aber nach dem Willen des Kaisers wird Waldemar ins Amt zurückgeführt und Bremen vom Papst mit dem Interdikt belegt). Der Annalist setzt die Einzelnachrichten aus gleicher Vorlage fort: 1213 erbaut Bischof Gerhard die Burg Slutter; 1215 belagern Kaiser Otto, sein Bruder, der Markgraf und Erzbischof Waldemar Hamburg und nehmen es in Frieden ein; 1216 verbünden sich die Stedinger zum Schaden der Bremer mit Bischof Gerhard, gegen deren Einfälle die Bremer Unterstützung vom Herzog Heinrich erhalten. Die von Bischof Gerhard erbaute Burg bei Schwinge wird bald danach vom Herzog zerstört. 1217 weisen die Bremer den Erzbischof Waldemar zurück und wählen Gerhard zu ihrem Erzbischof. Deshalb plündern Kaiser Otto und sein Bruder das Bremer Land und zerstören es durch Brand. 1218 wird die Burg Vorde unter dem Vorwand, den Heiligen Otbern aufzusuchen, eingenommen. 1219 stirbt Erzbischof Gerhard in Frankfurt. Ihm folgt Gerhard von Paderborn, der Sohn Berhards von der Lippe. 1221 wird die Ottersburg von Erzbischof Gerhard belagert und eingenommen. 1225 werden ostelbische Gebiete durch den Grafen Adolf III. mit Unterstützung des Erzbischofs Gerhard von Bremen, des Herzogs Heinrich von Schwerin und Heinrichs von Werle erobert. Mit zwei frohen Botschaften schließen die Bremer Annalen im Jahresbericht 1227, zum einen mit der Nachricht über den Sieg über die Dänen in Bornhoevede, bei dem die Teilnahme des Bremer Erzbischofs an erster Stelle genannt wird, und mit der Meldung von der endgültigen Übergabe der Grafschaft Stade nach dem Tode des Herzogs und Rheinpfalzgrafen Heinrich, der keinen männlichen Nachkommen hinterlassen hatte. Den Verlauf des Erbschaftstreits um die Grafschaft Stade hat der Verfasser bereits ab 1123 im Wortlaut Alberts übertragen.

4.) Exzerpte in der Schaumburger Chronik Hermanns von Lerbeck

Nachweislich hat auch *Hermann von Lerbeck* an der mittleren Weser bei Minden für sein *„Chronicon comitatus Schowenburgensis“*[1197] neben den Hamburger Annalen und der Sächsischen Weltchronik die Weltchronik Alberts von Stade als Quelle benutzt, wie es im einzelnen *Paul Hasse*[1198] nachgewiesen hat. Das Hauptinteresse Hermanns galt vor allem der Rolle, die die Schaumburger Grafen Adolf II. bis IV. in der vorwiegend lokalen und regionalen Geschichte im Norden des Reiches und bei den deutsch-dänischen Auseinandersetzungen gepielt haben. Die kargen Angaben aus den erwähnten Quellen hat Lerbeck durch Kommentare und Herausstellen der Verdienste und Charaktereigenschaften der Schaumburger Grafen erweitert.[1199] *Hans Patze* erkennt in seinem Werk Ansätze einer territorialgeschichtlichen Darstellung, die, „über das Prosopographische hinausgehend“, annalistisch und wenig reflektiert eine Fülle von Nachrichten zur schaumburgischen Geschichte bietet.[1200]

1197 Lerbeck, Hermann von, Chronik der Grafen von Schaumburg, Meibom, Heinrich, Hrsg. Rerum Germanicarum tomi tres, Bd. 1 Helmstedt 1688, S. 489-548 (Chronica comitum de Schowenburg); Übersetzung: Rausch, Hans, Hermann von Lerbecks Chronik der Grafen von Schaumburg, in: Die schaumburgisch-lippische Heimat, Heft 11, S. 5-89, Bückeburg 1951 - vgl. Hans Patze, Geschichtsschreibung u. Geschichtsbewußtsein, S. 406, 417, 438.

1198 Paul Hasse, Zur Kritik d. Schaumburger Grafenchronik Hermann von Lerbecks in: Zeitschrift der Gesellschaft für die Geschichte der Herzogthümer Schleswig, Holstein und Lauenburg, Band 4, S. 225-250, Archiv der Gesellschaft für Schleswig-Holstein-Lauenburgische Geschichte, Bd. XXV, 4. Folge, Jahrbücher für Landeskunde, Band XIV, Kiel 1873 - Dieter Brosius, Der „Catalogus episcoporum Mindensium“ und die „Chronica comitum de Schowenburg“ des Hermann von Lerbeck in: Vorträge und Forschungen Band 31, Hans Patze, Hrsg., Geschichtsschreibung und Geschichtsbewußtsein im Späten Mittelalter, S. 438

1199 D. Brosius, S. 441

1200 Hans Patze, Geschichtsschreibung und Geschichtsbewußtsein, S. 828

Aus den genauen Angaben *Heinrich Meiboms*, des Herausgebers der Chronik Lerbecks, von Vorlagenautoren und Quellentexten ist ersichtlich, daß Hermann von Lerbeck nicht nur Nachrichten über die Grafen von Schaumburg Adolf II. bis IV und ihre Rolle in der Geschichte der deutsch-dänischen Auseinandersetzungen, sondern auch viele Informationen über die Stedingerzüge und über die welfische Geschichte aus der Weltchronik Alberts von Stade für sein „Chronicon Schowenburgenses“ verwertete. Über die Familiengeschichte der Schauenburger Grafen konnte Albert von Stade über seinen Mitbruder, den Franziskaner und ehemaligen Grafen Adolf IV., aus mündlicher Quelle Hermann von Lerbeck glaubwürdige Informationen bieten, zum Beispiel über den Tod Adolfs II. 1164 in der Schlacht bei Demmin (1164 bei Verchen), in der dieser das Heer Heinrichs des Löwen angeführt hatte; über den Grafen Adolf III., der zusammen mit dem Bremer Erzbischof Hartwig 1199 den dänischen Eroberungsversuch Hamburgs und Stades an der Eider vereitelt hatte; über den Einsatz des Grafen Adolfs III. bei einem erneuten dänischen Angriff über die Elbe und über seine Gefangennahme durch den dänischen Herzog Waldemar 1201 sowie über seinen Freikauf durch Abtreten der Lauenburg an den Herzog 1203; ferner über seine Teilnahme an der Eroberung der ostelbischen Gebiete (bei Mölln) 1225 mit der Gefangennahme des dänischen Königs und des Grafen von Orlamünde und dem Freikauf des dänischen Königs sowie, im gleichen Jahresbericht über die Teilnahme Graf Adolfs IV. an der Schlacht bei Bornhoevede (1227); über die Errichtung einer Burg bei Hamburg 1231 an der Elbe durch Graf Adolf IV.; über die Vermählung seiner Tochter mit dem dänischen König Abel und über seinen Eintritt in den Franziskanerorden 1237, nachdem er seine hinterlassenen Söhne Johann (I.), Gerhard (I.) und Lothar seinem Schwiegersohn Abel als Vormund anvertraut hatte. Dieser, als Herzog von Jütland vorgestellt, hätte jedoch 1241 diese Vormundschaft aufgegeben. Im gleichen Jahresbericht wird die Vermählung (erst 1261) der Tochter Mathilde des Bruders Adolf mit dem Herzog von Schweden (Birger Jarl) in Gegenwart des Bremer Erzbischofs Gerhard II. erwähnt. 1241 sei der Sohn des Bruders Adolf Johannes mit großer Freude von der Geistlichkeit und dem Volk in Hamburg empfangen worden, dem zur gleichen Zeit die noch sehr junge Tochter (Elisabeth Albrechts I.) des Herzogs von Sachsen zur Ehe versprochen worden sei. 1246 wären die Söhne des Bruders Adolf nach zweijährigem Studienaufenthalt aus Paris zurückgekehrt und mit großer Freude in Hamburg empfangen worden. Mit diesen Informationen aus dem Leben seines Mitbruders und dessen Familie bot Albert von Stade Hermann von Lerbeck wertvolles Material für den historischen Hintergrund seiner territorialgeschichtlichen Darstellung der Schaumburger Grafen. Darüber hinaus beruhen auch seine Ausführungen zum Stedingerkonflikt auf Exzerpten aus der Weltchronik Alberts, aber auch auf Auszügen aus der von dieser abhängigen Rezension B der Sächsischen Weltchronik. Lerbeck nennt die Stedinger nicht direkt Häretiker, sondern berichtet, daß gegen sie wie gegen Ketzer und „in Bosheit verhärtete Menschen“ das Kreuz gepredigt worden wäre.[1201]

Über die Hamburger Annalen, mit denen das Werk von 1177 bis 1199 Berührungspunkte und danach bis 1265 eine sichere Grundlage hatte,[1202] beinhaltet die Chronik Lerbecks zu einem großen Anteil Auszüge aus der Weltchronik Alberts von Stade.

5.) Exzerpte aus den Annales Stadenses bzw. aus der Originalchronik Alberts von Stade in der „Sächsischen Weltchronik“

Am genauesten ist die Rezeption aus der Weltchronik Alberts von Stade in der „Sächsischen Weltchronik“ untersucht worden. Als Beweis für die Benutzung des Originalwerkes Alberts von Stade durch den anonymen Verfasser der Sächsischen Weltchronik führt Ludwig Weiland den im Jahr 1219 geschlossenen Friedensvertrag über die Grafschaft Stade zwischen dem Rheinpfalzgraf Heinrich und dem Erzbischof Gerhard von Bremen an, der in den Stader Annalen fehlt.[1203] Ebenfalls ein Zusatz daraus wäre mit Sicherheit die Nachricht vom Zug Ottos von Lüneburg vor Bremen im Jahresbericht 1233.[1204]

Rolf Köhn bestätigt die Rezeptionen der Sächsischen Chronik aus der Original- oder der Kurzfassung und interpretiert sie im Textvergleich der Darstellungen beider Werke über die Stedingeraufstände.[1205] Alberts Ausführungen der Stedingerrevolte stehen von Beginn an für den unbekannten Verfasser der Sächsischen Weltchronik im Mittelpunkt des Interesses, der bezüglich der Reichsgeschichte

---

1201 Hans Rausch, Übersetzer, Hermann von Lerbecks Chronik der Grafen von Schaumburg, in: Die schaumburg.-lippische Heimat, Heft 11, (1951), S. 36 f

1202 Paul Hasse, Zur Kritik der Schaumburger Grafenchronik Hermann Lerbecks in: Z. Ges. G. Schlesw.-Holst. 4, 1873, S. 229-242

1203 L. Weiland, Zur Quellenkritik der Sachsenchronik, S. 171: Der Vertrag über die Grafschaft Stade zwischen EB Gerhard von Bremen und dem Rheinpfalzgraf Heinrich wird nach Weiland hier übergangen, wird aber als möglicher Teil der Originalchronik in der Sachsenchronik ausführlich erwähnt. Sächsische Weltchronik, c. 360, S. 242, 20-23

1204 Sächsische Weltchronik, c. 377, S. 249, 13-16

1205 Rolf Köhn, Die Stedinger in der Geschichtsschreibung, S. 157

anderen Quellen folgt. Besondere Beachtung fand die Darstellung der Kreuzzugsvorgeschichte vom ersten Widerstand der Stedinger gegen ihre Lehnsherren 1204 und der Bericht vom ersten Einfall des Erzbischofs Hartwig von Bremen 1207 ins Stedinger Land mit allen Phasen der stufenweisen Eskalation des regionalen Konflikts zwischen den Territorialherren im Unterweserraum mit den Stedinger Bauern, von deren Abgabenverweigerung bis zu Kampf und Krieg. Die Mitwirkung der Stedinger an der Eroberung der Stadt Stade im Jahre 1208 wird nur aus einem Zusatz in der Sächsischen Chronik deutlich, der nach Weiland[1206] der Originalchronik Alberts entstammt, in der Stader Chronik aber fehlt.

Die Hauptaussage Alberts von Stade, die Verketzerung der Stedinger in den Jahresberichten 1233 und 1234 und die Rechtfertigung ihrer Verurteilung, verfehlt jedoch beim Verfasser der Sächsischen Weltchronik völlig seine Wirkung. In dessen gesamter Darstellung der Bauernrevolte findet sich nicht die geringste Spur eines Häresievorwurfs gegen die Stedinger. Der Verfasser folgt den kirchenkonformen Ausführungen Alberts nicht und schweigt zu diesem Thema, wie außer ihm nur noch wenige andere zeitgenössische Geschichtsschreiber,[1207] die mit großer Wahrscheinlichkeit den Häresievorwurf ablehnten. Dennoch bekundet der unbekannte Verfasser im Kapitel 378, daß das Ende der Stedinger zurecht und nach Gottes Wille geschehen sei, weil sie länger als dreiunddreißig Jahre große Gewalt ausgeübt, Unrecht getan und damit gegen die gottgewollte Ordnung verstoßen hätten.: *„Alsus namen de Stedinge eren ende, de grote gewalt unde unrecht hadden gedan mer dan dre unde drittich jar; do sloch se unse herre got mit siner gewalt."*[1208]

Über die Däneneinfälle in Alberts Heimatregion fand Weiland weitgehende Übereinstimmungen beziehungsweise Spuren von Zusätzen aus der Originalchronik im Jahresbericht 1199 über den dänischen Eroberungsversuch der Städte Hamburg und Stade, dem durch den Bremer Erzbischof und den Grafen Adolf III. von Schauenburg an der Eider Einhalt geboten wurde, im Jahresbericht 1200 über den Feldzug und die Auslieferung Rendsburgs an die Dänen, im Jahresbericht 1201 über die Belagerung und die Eroberung Hamburgs durch den dänischen König Knut und die Gefangennahme Graf Adolfs, ferner über die dänische Thronfolge und den Kampf zwischen den Grafen Simon von Teklenburg und Hermann mit dessen Sohn

---

1206 Weiland, Zur Quellenkritik der Sachsenchronik, S. 171

1207 R. Köhn, S. 167

1208 Sächsische Weltchronik, c. 378, S. 250, 15-17

Otto im Jahresbericht 1202 sowie über die Befreiung Graf Adolfs durch die Übergabe der Burg Lauenburg an den dänischen König Waldemar im gleichen Jahresbeitrag.

Reichs- und papstgeschichtliche Parallelen fand Weiland im Bericht 1211 über die Papstbestätigung der Wahl des Bischofs Gerhard von Osnabrück zum Erzbischof von Bremen und über die Rückführung Waldemars von Schleswig auf den Bremer Erzbischofssitz durch Herzog Bernhard auf Geheiß Kaiser Ottos IV. sowie über das sich anschließende vom Papst über Bremen verhängte Interdikt.

Entsprechungen in der Darstellung des Stedingerkonflikts finden sich 1211 (1213 bei Albert) im Bericht über die Unterwerfung der Stedinger durch den Grafen Heinrich von Hoya und über die Errichtung der Burg Schlutter. Weitere Ähnlichkeiten findet Weiland auch im Jahresbericht 1215 bei der Beschreibung des Zuges Ottos IV. über die Elbe, im Jahresbericht 1216 mit der Nachricht vom erneuten dänischen Angriff auf Hamburg und Stade und von der Errichtung und Zerstörung der Burg bei Schwinge sowie im Jahresbericht 1221 über die Belagerung und die Einnahme der Ottersburg. Gleichheiten in der Darstellung der deutsch-dänischen Auseinandersetzungen finden sich ebenfalls in den Jahresberichten 1223 bis 1227, in der Darstellung der Gefangennahme Waldemars II. von Dänemark 1223 und in der Verhandlung über seine Befreiung in Bardowick 1224, ferner in den Berichten über die Schlacht bei Mölln und den Loskauf des Dänenkönigs (1225), über die Schlacht bei Bornhövede, vom Tod des Pfalzgrafen Heinrich, der Einnahme Braunschweigs durch Otto das Kind (1227) sowie im Bericht über den Friesenaufstand im gleichen Jahr mit der Nachricht über die Tötung des Bischofs Otto von Utrecht und 400 (bei Albert nur 200) Rittern. Diese Übereinstimmungen lassen nach Weiland auf eine weitgehende Orientierung des Verfassers der Sächsischen Weltchronik am Geschichtswerk Alberts schließen.[1209] Ebenso entstamme die Nachricht von 1228 von der Befreiung Ottos von Lüneburg im Zusammenhang mit der Übergabe von Hitzacker an den Grafen Albrecht von Orlamünde der Chronik Alberts sowie auch der Bericht vom Stedingerzug im Winter 1229/30. Weitere Entsprechungen enthielten die Nachrichten im Jahr 1234 (c. 378) über die Belagerung Lübecks durch den dänischen König und den Grafen von Holstein, 1235 (c. 380) die Meldung vom Zug Ottos des Kindes vor Bremen, 1237 (c. 382) die Nachricht von der Niederlage der Kreuzfahrer durch die Littauer sowie 1236 (c. 384) der Vermerk

---

[1209] Sächsische Weltchronik, c. 370-372, S. 246-247

über die Stiftung des Ordens der Barfüsserinnen durch die Schwester des böhmischen Königs Mathilde.

Bis auf die Nachricht von der Übergabe der Reichsinsignien durch Pfalzgraf Heinrich in Goslar an Friedrich II. im Jahresbericht 1219 folge der Verfasser der Sächsischen Weltchronik bezüglich der Reichsberichtserstattung anderen Quellen. Insgesamt gesehen handele es sich bei den meisten Auszügen der Sachsenchronik aus der verschollenen Originalchronik vor allem um lokalhistorische Berichte zu norddeutschen, Bremer und holsteinisch-dänischen Verhältnissen.[1210] Interesse zeigte der Verfasser aber auch an Einzelnachrichten zur Geschichte Livlands, zum Beispiel an der Erbauung der Stadt Riga durch den Bischof Albert von Livland im Jahre 1203.

Weiland erkannte darüber hinaus an Alberts Umgang mit der Vorlage, daß der Verfasser der Sächsischen Weltchronik sogar die Exzerpte Alberts aus der Beda-Chronik und der „Imago mundi des Honorius von Autum" benutzt hat. Sehr deutlich wäre auch die Übernahme des Papstkatalogs zu erkennen, den Albert aus dem Pseudoliutprand und der Gilbert-Chronik zusammengestellt hat. Zur Ergänzung seines ursprünglich kürzeren Werkes hätte er zu den norddeutschen und dänischen Nachrichten auch den Katalog der Bremer Erzbischöfe herangezogen und Einzelnachrichten, zum Beispiel 1170 von der Ermordung des Thomas von Canterbury oder 1168-71 von der Bekehrung Rügens als Zusätze nachträglich aus Alberts Chronik eingefügt. Dies hätte er alles in stilistisch freier Übertragung übernommen. Eine Benutzung der Chronik über 1237 hinaus hält Weiland für unwahrscheinlich.[1211]

6.) Exzerpte aus der Chronik Alberts von Stade in der Lübischen Chronik Detmars

Auch in der Lübischen Chronik Detmars hat Ludwig Weiland Auszüge aus der verschollenen Originalfassung der Chronik Alberts von Stade nachgewiesen, die demzufolge auch diesem Werk als Vorlage gedient haben mußte.[1212] Nach den Angaben Weilands hätte Detmar, der sich als Lesemeister aus dem Franziskanerorden bezeich-

---

[1210] L.Weiland, Zur Quellenkritik der Sachsenchronik, S. 171

[1211] L.Weiland, Sächsische Weltchronik, Einleitung, S. 26-30, in: MGH Deutsche Chroniken, Band 2

[1212] L. Weiland, Zur Quellenkritik, S. 163-188 - vgl. Köhn, Die Stedinger in der Geschichtsschreibung, S. 157

net,[1213] die Sachsenchronik und die Originalchronik Alberts kombiniert benutzt, die Sachsenchronik jedoch nur bis zum Jahr 1238. Detmar stehe in einigen Jahresberichten dem Text der Stader Annalen näher und führe mehr auf den Urtext hinweisende Einzelheiten auf, zum Beispiel 1217 im Bericht über den heiligen Otbern und die Einnahme der Burg Vorda in Bremervörde. Wörtliche Übereinstimmungen in Datierung und manchmal historisch irrelevanten Details mit den Stader Annalen zeigten sich im Jahresbericht 1180 über den Würzburger Hoftag, im Jahresbericht 1183 über einen Erforder Hoftag mit dem tödlichen Rittersturz in die Abtrittsgrube (1184), dem König Heinrich, an einem Fensterkreuz hangelnd, nur mit Mühe entkommen wäre; ferner über die Gefangennahme des Bischofs Waldemar und 1241 über den Tod König Waldemars II. und die Nachfolge Erichs sowie über die Schlacht bei Bornhoevede 1227. Dem Jahresbericht 1216 über den Versuch des dänischen Königs, bei zugefrorener Elbe Stade zu erobern, und über die anschließende Belagerung und die Aufgabe Hamburgs setzt Detmar als Begründung der Bestrafung Hamburgs ergänzend hinzu: „ *...umme dat se de kaiser Otten des Jahres davor hadden laten kommen in de stat.*"

Nach Verlassen der Sachsenchronik als Vorlage hätte Detmar ab 1238 und insbesondere in dem für original gehaltene Abschnitt von 1257 bis 1265 Alberts Chronik ausführlicher, genauer und vorlagengetreuer exstirpiert als der Verfasser der Hamburger Annalen. Dies zeige sich besonders darin, daß in den Berichten 1261 über die Schlacht auf der Loheide und den darauf folgenden Zug Alberts von Braunschweig, über das Treffen in Quedlinburg 1262 und insbesondere 1263 über den Kampf des Herzogs von Braunschweig (nicht des Herzogs von Lüneburg, wie in den Hamburger Annalen angegeben) nach seiner Rückkehr aus Dänemark mit dem Markgrafen von Meißen viel eingehender und verständlicher berichtet würde als in den Hamburger Annalen.[1214]

[1213] Klaus Wriedt, Geschichtsschreibung in den wendischen Hansestädten, S. 406 in: Vorträge und Forschungen, Bd. XXXI, Hans Patze , Hrsg., Geschichtsschreibung und Geschichtsbewußtsein, S. 403 - Lappenberg, Annales Lubicenses in MGH SS XVI, S. 412, 38

[1214] L. Weiland, Zur Quellenkritik der Sachsenchronik, S. 177-187

7.) Die Lübischen Annalen

In den *„Annales Lubicenses"*[1215] (1264-1324), der gleichfalls die verschollene größere Fassung der Chronik Alberts als Vorlage zugrunde gelegen hatte, erfährt Alberts Weltchronik im Jahre 1325 durch einen anonymen Verfasser eine Fortsetzung. Man identifizierte ihn zunächst mit einem lübischen Minoriten, dem Lübecker Ratsschreiber und späteren *Ratsmann Alexander Hune,*[1216] hält ihn jedoch nach neueren Forschungsergebnissen, von Lappenberg[1217] bereits zuvor vermutet und von Klaus Wriedt bestätigt, für einen Minoriten aus dem Lübecker Katharinenkloster.[1218] Die Lübecker Annalen berichten über die Jahre 1264 bis 1364. Sie sind in lateinischer Sprache abgefaßt.[1219] Indem der Verfasser der Lübecker Annalen das Chronicon Alberti als welt- und reichsgeschichtlichen Vorspann voranstellt, gewinnt Albert von Stade für die Lübecker Annalen die Funktion als Weltchronist wie andernorts Martin von Troppau.[1220] Diese Funktion besteht darin, dem Leser durch einen innerhalb einer mehr lokal- und regional begrenzten Geschichtsdarstellung Geschichtskenntnisse und Geschichtsbewußtsein zu vermitteln.[1221]

Die inhaltlichen und wörtlichen Übereinstimmungen bezüglich der Papstnachfolge 1264 und der Hochzeit der Tochter des Herzogs Johannes von Lüneburg 1265 mit den entsprechenden Jahresberichten aus der Fortsetzung der Annales Stadenses in den Hamburger Annalen belegen den Anschluß an das Geschichtswerk Alberts von Stade. Auch thematisch ist das Interesse des Autors der Lübischen

---

[1215] s. D. Berg Albert von Stade, S. 426, Anm. 22: Das Werk ist überliefert im Anschluß an den Text der Cronica Alberts in der HS. Wolfenbüttel, Helmst. Nr. 466, 14. Jh.; erstm. hrsg. vor allem Hojer 1720, jetzt in der Ausg. v. J. M. Lappenberg, in MG. SS. 16 (1859) 411-429 zu benutzen. Eine dänische Übersetzung v. E. Jorgensen, Erik Klipping og hans sonner (1927), S. 229-239. Vgl. F. Bruns, Der Verfasser der Lübecker Annalen, in: Lübische Forschung, Jahrhundertausgabe des Vereins für Lübische Gesch. u. Altertumskunde (1921), S. 255-266; K. Wriedt, Die Annales Lubicenses und ihre Stellung in der Lübecker Geschichtsschreibung des 14. Jhs., DA. 22 556-586.

[1216] D. Berg, Albert von Stade, S. 426

[1217] MGH SS XVI, S. 412, 38

[1218] Klaus Wriedt, Geschichtsschreibung in den wendischen Hansestädten, S. 406 in: Vorträge und Forschungen, Bd. XXXI, Hans Patze , Hrsg., Geschichtsschreibung und Geschichtsbewußtsein

[1219] Ebd.

[1220] Hans Patze, Geschichtsschreibung und Geschichtsbewußtsein, S. 832

[1221] Ebd., S. 827

Annalen an einer Fortsetzung der Weltchronik Alberts erkennbar. Neben der lokalen und regionalen Kirchen- und Adelsgeschichte führt er bevorzugt die deutsch-skandinavische, die sächsische und die holsteinische Geschichte sowie auch die Einzelnachrichten der Papst- und der Reichsgeschichte und darüber hinaus die Kreuzzugsnachrichten ganz im Sinne Alberts von Stade fort.

8.) Exzerpte aus der Chronik Alberts von Stade im Apokalypsenkommentar Alexander Minoritas

Parallelberichte zur Chronik Alberts von Stade entdeckte *Alois Wachtel* (1955) in der *Handschrift C des Apokalypsenkommentars des Alexander Minorita* und vermutete auch hier Exzerpte aus der Originalfassung.[1222] Wachtel führt dafür mehrere Gründe an: Albert kannte den Kommentar, da er einige Sätze daraus in seiner Chronik zitierte.[1223] Der Stil dieser Ausführungen sei flüssiger, der Wortschatz reicher, der Satzbau geschulter als im übrigen Kommentar, der wie diese Erweiterungen auch keine Kenntnisse über antike Autoren und andere mittelalterliche Dichter sowie „ganze Gedankengänge in biblischer Redeweise" aufweise. Auch die Hervorhebung der Benediktiner- und der Zisterzienserregel und vor allem der strengen klösterlichen Lebensführung, deren strikte Einhaltung die Vorbereitung auf die Endzeit bedeute, weise auf den Benediktinerabt Albert von Stade als Verfasser hin. Überhaupt entspräche der Bildungsstand des Autors der Erweiterungen den literarischen, theologischen und historischen Kenntnissen Alberts von Stade. Hinzu käme die dem Prosatext im Troilus entsprechende Ausdrucksweise und die Vorliebe für das Abstrakte.[1224]

Auch *Sabine Schmolinsky* (1991) ist der Ansicht, daß die historischen Erweiterungen der Handschrift C des Apokalypsenkommentars der Chronik Alberts entstammen. Sie hält es für sicher, daß Alexander Albert als Vorlagenautor für seine historischen Ausführungen benutzt und zitierend Textteile aus seinem Geschichtswerk übernommen oder bearbeitet hat, die datierte Ereignisse bis 1237 erfassen. Außerdem hätte Alexander Prophezeiungen Hildegards von Bingen und einige

---

1222 Alois Wachtel, Hrsg., Alexander Minorita , Expositio in Apokalypsium, in: MGH Quellen zur Geistesgesch. des Mittelalters, Die Deutschen Geschichtsquellen des Mittelalters 500-1500, Band 1, München 1983 (ND Weimar 1955), Einleitung S. XXXVII-XXXVIII - vgl. Schmolinsky, D. Apokalypsenkommentar d. Alex. Minorita, S. 49 und Anm. 164

1223 Lappenberg, Ann. Stad., S. 330, 13-15

1224 Wachtel, Einleitung , S. XXVIII-XXIX

Ereignisse aus dem Jahrzehnt vor dem Stedinger Aufstand 1234 größtenteils zitierend aus gleicher Quelle übertragen und bearbeitet.[1225] Darüber hinaus zitiere Alexander zu Apoc. 20,4 innerhalb einer Erweiterung in C den Joachim von Fiore zugeschriebenen Antichristvers aus dem Jahresbericht 1188 Alberts. Dieser Satz entstamme dem Danielkommentar des Hieronymus und beinhalte den Zug des Antichrist zum Ölberg: *„Cum fuerint expleti 1260 anni, nascetur antichristus."*[1226] Fraglich sei, ob Albert von Stade eventuell selbst Redaktor der seiner Originalchronik entnommenen historischen Erweiterungen der Handschrift C des Apokalypsenkommentars gewesen ist, wofür der begrenzte Berichtzeitraum spräche.[1227] Ebenso könnte die Verarbeitung der Zitate durch eine andere Person geschehen sein, die die Werke beider Autoren kannte. Möglich wäre aber auch ein geistiger Austausch zwischen beiden Autoren, der vielleicht innerhalb einer von den Bettelorden im 13. Jahrhundert sehr geschätzten societas, einer geistlichen Arbeitsgruppe, stattgefunden haben könnte, oder alle Gemeinsamkeit zwischen beiden Autoren basiere lediglich auf der Benutzung einer gemeinsamen Bibliothek.[1228] Alle diese spekulativen Vermutungen können jedoch nicht erhellen, ob es überhaupt eine Bekanntschaft zwischen Albert von Stade und Alexander Minorita gegeben hat, und wenn ja, ob ein persönlicher wechselseitiger literarischer Austausch zwischen beiden stattgefunden hatte.

9.) Die Wirkungsgeschichte der Stedingerdarstellung

Die breiteste und effektivste Nachwirkung auf die mittelalterliche und spätmittelalterliche Historiographie erzielte Albert von Stade mit seinen Ausführungen zur Verketzerung und zur Verteufelung der Stedinger. Persönlich in der Rolle eines moralisierenden Glaubenseiferers, eines fanatischen Parteigängers und päpstlichen Handlangers gegen die Stedinger vermittelt Albert von Stade vom nahen Schauplatz des Geschehens aus der Nachwelt einen erschütternden Eindruck von der harten Realität der überaus turbulenten religiösen Situation seiner Zeit.

Durch ständiges Ausschreiben aus seinem Werk, wie auch aus den Parallelberichten der von seiner Originalchronik abhängigen *„Sächsi-*

[1225] Sabine Schmolinsky, S. 48

[1226] Ebd., S. 76 und 84-85

[1227] Ebd., S. 48 und S. 75 . D. Berg, Studien zur Geschichte und Historiographie der Franziskaner im fläm. u. norddtsch. Raum, S. 128

[1228] S. Schmolinsky, S. 49-51

schen Weltchronik" wurde die Erinnerung an die Stedinger in der spätmittelalterlichen Historiographie wachgehalten. Rolf Köhn wies Exzerpte der Stedingerdarstellung Alberts von Stade in zehn historiographischen Werken bis ins 16. Jahrhundert nach.[1229] Trotz seiner offensichtlichen Abhängigkeit von den Ausführungen Alberts von Stade bezeichnet der Verfasser der Sächsischen Weltchronik, wie bereits erwähnt, die Stedinger nicht als Häretiker, sondern verurteilt ihre Revolte lediglich als Verstoß gegen die Obrigkeit und die gottgewollte Ordnung.[1230] In den *Bremer Annalen* sind im späten 13. Jahrhundert alle Ereignisse der Stedingeraufstände von 1204 bis 1216 kompiliert worden.[1231] *Die Geschichte der Erzbischöfe von Bremen* enthalten fast wörtliche Exzerpte aus der Weltchronik Alberts.[1232] Auch *Johann Rode/Ruffus* (gest. 1349) stützt sich in seinen *Lübecker Chroniken* stellenweise auf seine Berichte, insbesondere aber auch auf die von diesen abhängigen in der Rezension B der Sächsischen Weltchronik.[1233] Ebenso beinhaltet die *Chronik der Grafen von Schaumburg* des *Hermann von Lerbeck* (gest. nach 1407), wie oben berichtet, in freier Textgestaltung Auszüge aus Alberts Darstellung. Auch Lerbeck nennt die Stedinger nicht direkt Häretiker, sondern berichtet, daß gegen sie wie gegen Ketzer und „in Bosheit verhärtete Menschen" das Kreuz gepredigt worden wäre.[1234] Ebenso nutzte *Hermann Korner* (gest. 1438) die Berichte Alberts für seine fehlerhafte und mit Erfindungen angereicherte *Weltchronik.*[1235] Mit ähnlichen Veränderungen und unglaubwürdigen Erweiterungen verfälschte *Heinrich Wolters* (gest. nach 1451?) die Berichte Alberts von Stade in seiner *Chronik der Bremer Erzbischöfe beziehungsweise der Chronik von*

1229 Rolf Köhn, Die Stedinger in der Geschichtsschreibung, Anhang Nr. 3, 17, 19, 28, 35, 39, 44-45, 52 und 66-67

1230 Sächs. Weltchronik, c. 378, S. 250, 15-17 – Köhn, Anhang, Nr. 3, S. 189

1231 Ph. Jaffé, Annales Bremenses, S. 857-858 - R. Köhn, Anhang Nr. 17

1232 R. Köhn, Anhang Nr. 19, Geschichte der Erzbischöfe von Bremen (zunächst bis 1306 reichend) in: Scriptores rerum Germanicarum septemtrionalium vicinorumque populorum veteres diversi. Ed. Erpold Lindenbrogh, Hamburg 3 1706, S. 95-98

1233 Köhn, Anhang Nr.28, Johann Rode/Ruffus, Lübecker Chroniken, in: Die Chroniken der niedersächs. Städte: Lübeck, Bd. 1, ed. Karl Koppmann, Die Chroniken d. dtsch. Städte vom 14. bis ins 16. Jh., Bd. 19, Leipzig, 1884, S. 1-114

1234 Hans Rausch, Übersetzer, Hermann von Lerbecks Chronik der Grafen von Schaumburg, in: Die schaumburg.-lippische Heimat, Heft 11, (1951), S. 36 f

1235 Köhn, Anhang Nr.39, Hermann, Korner, Weltchronik, Die Chronica Novella des Hermann Korner, ed. Jacob Schwalm, Göttingen 1895, S. 6, 14 f

Rastede.[1236] Darüber hinaus wies Rolf Köhn in der *Weltchronik* des *Cornelius Menghers beziehungsweise von Zahntfliet* (gest. nach 1479) Exzerpte aus Alberts Stedingerdarstellung nach.[1237] Schließlich lassen sich in der *„Saxonia" beziehungsweise „Metropolis"* des *Albert Krantz* (gest. 1517), durch teilweise ungenaues Ausschreiben etwas entstellt, die Stedingerberichte Alberts von Stade erkennen,[1238] deren breite historiographische Wirkungsgeschichte Rolf Köhn mit seinen sorgfältigen Recherchen bis ins 16. Jahrhundert aufgezeigt hat.

Zusammenfassung

In seiner Bedeutung als Weltchronik initiierte das Geschichtswerk Alberts von Stade keine überregionale und auch keine breitere regionale mittelalterliche und spätmittelalterliche Chronistik. Die Nachwirkung blieb im wesentlichen auf den von Albert bevorzugt behandelten territorialen Bereich begrenzt. Als Hauptquelle im sonst wenig mit schriftlichen Zeugnissen dokumentierten Norden des Reiches bietet das Geschichtswerk mit seiner Fülle informativer Nachrichten zur regionalen Kirchen- und Adelsgeschichte, zur Darstellung der deutsch-dänischen Auseinandersetzungen an der Grenze im Norden des Reiches, zur holsteinischen und skandinavischen Geschichte, zu den Bauernaufständen der Friesen und der Stedinger, aber auch mit seinen Einzelnachrichten zur Reichs-, Kaiser-, Papst- und auch zur Kreuzzugsgeschichte regionalen Annalenwerken die historiographische Grundlage. Ohne diese Grundlage wären zumindest die Hamburger und die Bremer Annalen nicht denkbar. Obwohl sie thematisch und zeitlich eingeschränkter sind, haben sie bis auf wenige selbständige Beiträge ihre Inhalte fast vollständig aus der Weltchronik Alberts von Stade kompiliert.

In sehr viel geringerem Ausmaße konnte Hermann Lerbeck die verhältnismäßig unergiebigen Nachrichten und Kurzberichte über die

---

[1236] Köhn, Anhang Nr.44-45, Heinrich Wolters, Chronik der Bremer Erzbischöfe beziehungsweise Chronik von Rastede, Rerum Germanicarum tomi tres, ed. Heinrich Meibom, Jr.,Bd. 2, Helmstedt 1688, (Chronicon archiepicoporum Bremensium) S. 55-59, bzw. Chronicon Rasetedense S.98-102

[1237] Köhn, Anhang Nr. 52, Veterum scriptorum et monumentorum historicum, dogmaticum, moralium amplissima collectio, ed. Edmond Martène u. Ursin Durand, Bd. 5, Paris 1724, Sp. 67-69

[1238] Köhn, Anhang Nr. 66-67, Alberti Krantzii (...) Saxonia, 2, erw. u. verb. Aufl., Frankfurt 1580, S. 198 (Buch VII, Kap. 36); Alberti Krantzii (...) ecclesiastica historia sive metropolis, 2, erw. u. verb. Aufl., Frankfurt/M.. 1590, S. 173, 185, 187, 188 f. u. 195 f.

Familiengeschichte und über die Rolle der Schaumburger Grafen Adolf II. bis IV. in der Geschichte der deutsch-dänischen Auseinandersetzungen (1194, 1199, 1201 und 1227) sowie bei der Eroberung der ostelbischen Gebiete (1225) für seine territorialgeschichtliche Darstellung dieses Adelsgeschlechts nutzen. Alberts Informationen darüber, die er aus mündlicher Quelle über seinen franziskanischen Mitbruder, den ehemaligen Grafen Adolf IV. von Schaumburg erhalten hatte, boten Hermann von Lerbeck wertvolles Material für den historischen Hintergrund seines Werkes.

Auch die älteste Prosadarstellung der Weltgeschichte in deutscher Sprache beinhaltet Rezeptionen aus der Weltchronik Alberts von Stade. Unter Umgehung des Häresievorwurfs nutzte der anonyme Verfasser der „Sächsischen Weltchronik" insbesondere Alberts Angaben über die Kreuzzugsvorgeschichte der Stedinger. Er ergänzte sein ursprünglich kürzeres Werk, meist in stilistisch freier Übertragung, vor allem mit lokalhistorischen Kurzberichten und Nachrichten bis 1237 zu norddeutschen, Bremer und holsteinisch-dänischen Verhältnissen, darüber hinaus aber auch mit dem Papstkatalog und dem Katalog der Erzbischöfe und sogar mit Exzerpten aus der Beda-Chronik und der „Imago mundi des Honorius von Autum" durch nachträglich eingefügte Zusätze aus der Weltchronik Alberts.

Eine deutliche Nachwirkung hatte Albert von Stade auf die Detmar-Chronik, die als Hauptwerk der Lübecker Geschichtsschreibung gilt.[1239] Detmar steht mit einigen Jahresberichten seiner in niederdeutscher Sprache verfaßten Lübischen Chronik den Stader Annalen sehr nahe und weist viele auf den Urtext hinweisende, historiographisch aber irrelevante Einzelheiten auf. Er hat auch die für original gehaltenen Jahresberichte von 1257 bis 1265 ausführlicher und vorlagengetreuer als der Verfasser der Hamburger Annalen exstirpiert. Doch gehen auch seine Auszüge über den oben genannten regionalen norddeutschen, allenfalls welfischen Themenkreis nicht hinaus.

Durch die in lateinischer Sprache abgefaßten Lübecker Annalen (1264 - 1324) erfährt die Weltchronik Alberts von Stade eine mehr lokal- und regional- als welthistorisch orientierte Fortsetzung. Die Aussage von Klaus Wriedt, daß der unbekannte franziskanische Verfasser des Lübecker Katharinenklosters mit diesem universalhistorischen Vorspann zu seinem Annalenwerk in der historiographischen Tradition der Minoriten steht,[1240] gilt nur sehr einge-

---

1239 Klaus Wriedt, Geschichtschr. in den wendischen Hansestädten, S. 403

1240 Ebd., S. 406 - Klaus Wriedt (1987)

schränkt, da Albert von Stade Gesichtspunkte und Themen einer spezifisch franziskanischen Geschichtsschreibung vermissen läßt, so daß er, wie oben erwähnt, vielmehr der Tradition der früh- und hochmittelalterlichen Weltchronistik zuzuordnen ist und nur geringe Bedeutung für die Entstehung der spätmittelalterlichen Minoritenchronistik hat.[1241] Indem der Verfasser diesen welt- und reichsgeschichtlichen Vorspann der eigenen Darstellung voranstellt, gewinnt Albert von Stade jedoch für die Lübecker Annalen eine Funktion als Weltchronist wie an anderer Stelle Martin von Troppau.[1242] Diese Funktion besteht darin, dem Leser durch einen innerhalb einer mehr lokal- und regional begrenzten Geschichtsdarstellung Geschichtskenntnisse und Geschichtsbewußtsein zu vermitteln.[1243]

Unabhängig davon, ob Albert selbst als möglicher Redaktor der historischen Erweiterungen der Handschrift C des Apokalypsenkommentars in Frage kommt, erscheint gesichert, daß Alexander Minorita Albert von Stade als Vorlagenautor für seine historischen Ausführungen benutzt und zitierend Textteile aus seinem Geschichtswerk übernommen und bearbeitet hat, die datierte Ereignisse bis 1237 und darüber hinaus Prophezeiungen Hildegards von Bingen, Ereignisse vom Stedingeraufstand und sogar den Joachim von Fiore zugeschriebenen Antechristvers erfassen. Unbestritten ist vor allem die historiographische Bedeutung, die Albert von Stade bei der Identifizierung seines Mitbruders Alexander Minorita als Autor des Apokalypsenkommentars beizumessen ist. Dennoch konnte er zur Verbreitung joachimitischen Ideengutes trotz seiner äußerlichen Nähe zu Alexander Minorita kaum etwas beitragen, da er, der Vorstellungswelt der Benediktiner verhaftet und weitgehend von den Vorgaben älterer früh- und hochmittelalterlicher monastischer Weltchronisten geleitet,[1244] die eschatologischen Gedanken Joachims und Alexanders aus einer kritischen Distanziertheit heraus und völlig unreflektiert lediglich in zwei kurzen Zitaten andeutet. Diese dürftigen geschichtstheologischen Bemerkungen und seine kargen Angaben zur franziskanischen Ordensgeschichte lassen seine Zuordnung zur Mendikantenhistoriographie fragwürdig erscheinen.

1241 D. Berg, Studien zur Gesch. u. Historiographie d. Franziskaner, S. 142 und D. Berg, Stauf. Herrschaftsideologie, S. 197

1242 Hans Patze, Geschichtsschreibung und Geschichtsbewußtsein, S. 832

1243 Ebd., S. 827

1244 D. Berg, Studien z. Gesch. und Historiographie d. Franziskaner, S. 142

Mit seinen Ausführungen zur Verketzerung und insbesondere zur Verteufelung der Stedinger dagegen, die ihn in die Nähe eines vom Papst mit der Kreuzzugspredigt beauftragten Bettelordensangehörigen rücken, erzielte Albert von Stade eine breite und effektive Nachwirkung auf die spätmittelalterliche und die frühneuzeitliche Historiographie. Durch ständiges Ausschreiben aus seinem Werk wie auch aus den Parallelberichten der „Sächsischen Weltchronik" wurde die Erinnerung an die Stedinger Bauern wachgehalten.

Obwohl Albert von Stade trotz seiner Zugehörigkeit zur Minoritengemeinschaft während der letzten zehn bis fünfzehn Jahre seines Lebens außer einiger weniger, oben angeführter Ausnahmen franziskanische Anliegen, die Geschichte und die zeitgenössische Entwicklung seines Ordens weitgehend unbeachtet läßt, und seine Zuordnung zu den franziskanischen Historiographen nur nominell verstanden werden kann, weil er der Tradition der älteren monastischen Geschichtsschreiber eng verhaftet ist und diese in seinem Geschichtswerk fortsetzt, hinterläßt er dennoch als Beitrag sowohl für die franziskanische als auch für die allgemeine monastische Historiographie ein stattliches Kompendium der Universalgeschichte.

Quellen- und Literaturverzeichnis

Quellen

Adam von Bremen, Gesta Hammaburgensis ecclesiae pontificum, in: BUCHNER, Rolf/ SCHMALE, Franz-Josef (Hrsg.): Quellen des 9. und 11. Jahrhunderts zur Geschichte der Hamburger Kirche und des Reiches, neu übertragen von Werner TRILLMICH, Darmstadt [5] 1917 (ND Darmstadt 1978), (Freiherr vom Stein-Gedächtnisausgabe. A, 11), S. 137-496

BÖHMER, Johann Friedrich (Hrsg.): Die Regesten des Kaiserreiches unter Philipp, Otto IV., Friedrich II., Heinrich VII., Conrad IV., Heinrich Raspe, Wilhelm und Richard. 1198-1272, nach der Neubearb. und dem Nachlasse neu hrsg. und ergänzt von Julius FICKER, 3 Bde. Innsbruck 1881-1901 (Regesta Imperii, 5/1-3)

Ekkehard von Aura, Chronicon universale, in: PERTZ, Georg Heinrich (Hrsg.): Chronica et annales aevi Salici [I]. (Hannover 1844) ND Hildesheim 1985 (MGH SS, 6), S. 193-265

FRANZ, Günther (Hrsg.), Quellen zur Geschichte des Deutschen Bauernstandes im Mittelalter, Darmstadt[2] 1974 (Freiherr vom Stein-Gedächtnisausgabe, A: Ausgewählte Quellen zur Deutschen Geschichte des Mittelalters, 31), Nr. 117, S. 311-316

HEINISCH, Klaus, (Hrsg.) und dtsch. Übersetzung, Kaiser Friedrich II. in Briefen und Berichten seiner Zeit, 5. Kap.: Der Hammer der Erde, S. 417 ff. Darmstadt 1968 in: HUILLARD-BRÉHOLLES, Jean Louis Alphons, Historia diplomatica Friderici II. sive constitutiones, Privilegia, Mandata, instrumenta quae supersunt iustus imperatoris et filiorum eius. Accedunt epistolae paparum et documenta varia, 6 Bde., Paris 1852-1860, hier Bd. 5, Paris 1857 (=HBV), S. 286-289

Helmold von Bosau, Slawenchronik, in BUCHNER, Rudolf (Hrsg.): Ausgewählte Quellen zur Deutschen Geschichte des Mittelalters, neu übertragen und herausgegeben von Heinz STOOB (Darmstadt [2] 1963) ND Darmstadt 1973 (Freiherr vom Stein-Gedächtnisausgabe. A, 19)

HUILLARD-BRÉHOLLES, Jean Louis Alphons, Historia diplomatica Friderici II. sive constitutiones, Privilegia, Mandata, instrumenta quae supersunt iustus imperatoris et filiorum eius. Accedunt epistolae paparum et documenta varia, 6 Bde., Paris 1852-1860, hier Bd. 5, Paris 1857 (=HBV), S. 286-289, dtsch. Übersetzung HEINISCH, Klaus, (Hrsg), Kaiser Friedrich II. in Briefen und Berichten seiner Zeit, 5. Kap.: Der Hammer der Erde, S. 417 ff. Darmstadt 1968

JAFFE´, Philippus, (Hrsg.) Annales Bremenses, in: PERZ, Georg Heinrich (Hrsg.), Annales aevi Suevici [II.] (Hannover [2] 1859) ND Berlin 1990 (MGH SS XVII), S. 854-858, Berlin [2] 1860, (ND 1990)

LAPPENBERG, Johann Martin (Hrsg.), Annales Stadenses [Auswahl] in: PERZ, Georg Heinrich (Hrsg.), Annales aevi Suevici [II.] (Hannover [2] 1859) ND Berlin 1990 MGH SS XVII, S. 271-379; Übersetzung (des selbständigen Teils) von WACHTER, Franz, Die Chronik des Albert von Stade, in: Geschichtsschreiber der deutschen Vorzeit, 2. Gesamtausgabe, 13. Jahrhundert; Bd. 4, 13. Jahrhundert, 2. Gesamtausgabe, Leipzig 1896

Annales Stadenses majores bis 1265, vermutete größere Fassung von Alberts Chronicon

(s. dort) Teile:

Annales Bremenses, in: MGH SS 17, S. 854-858

Annales Hamburgenses (s. dort)

Chronicon Rosenfeldense in: Vogt, Johann, Hrsg., Monumenta inedita rerum Germanicarum

praecipue Bremensium, Band 1, Bremen 1740-175

Annales Magdeburgenses in: MGH SS XVI, S. 105-193

Annales Pegavenses et Bosovienses, in: MGH SS XVI, S. 232- 257

Annales Rosenveldenses, in: MGH SS XVI, S. 99-104

LAPPENBERG, Johann Martin (Hrsg.): Annales Hamburgenses in: PERTZ, Georg Heinrich (Hrsg.): Annales aevi Suevici [I] (Stuttgart[2] 1859) ND Berlin 1994 (MGH SS XVI), S. 380-385

LERBECK, Hermann von, Chronik der Grafen von Schaumburg, in: MEIBOM, Heinrich, (Hrsg.) Rerum Germanicarum tomi tres, Bd. 1 Helmstedt 1688, S. 489-548 (Chronica comitum de Schowenburg); Übersetzung: RAUSCH, Hans, Hermann von Lerbecks Chronik der Grafen von Schaumburg, in: Die schaumburgisch-lippische Heimat, Heft 11, S. 5-89, Bückeburg 1951

MOMMSEN, Theodor, (Hrsg.), Bedae chronica, De Temporum Ratione. LXVI. De sex huius saeculi aetatibus, in: MGH AA XIII, Berlin 1961 S. 247-327

REINECCIUS, Reiner (Hrsg.), Chronicon Alberti, Abbatis Stadensis, a conditio orbe usque ad auctoris aetatem, ed., Helmstedt 1587 (einziger vollständiger Text); - LAPPENBERG, Johann Martin (Hrsg.), Annales Stadenses [Auswahl] in: PERZ, Georg Heinrich (Hrsg.), Annales aevi Suevici [II.] (Hannover [2] 1859) ND Berlin 1990 MGH SS XVII, S. 271-379; Übersetzung (des selbständigen Teils) von WACHTER, Franz, Die Chronik des Albert von Stade, in: Geschichtsschreiber der deutschen Vorzeit, 2. Gesamtausgabe, 13. Jahrhundert; Bd. 4,13. Jahrhundert, 2. Gesamtausgabe, Leipzig 1896

REUTER, Friedrich, (Hrsg.), „Annales Hamburgenses", S. 399-430, darin als Anhang I.: „Annales Hamburgensis brevissimi", S. 430-434 und als Anhang 2. die „Niederdeutsche Erzählung von der Ermordung der Könige Erich und Wenceslaus", S. 435-441, in: Quellensammlung der Gesellschaft für Schleswig-Holstein-Lauenburgische Geschichte IV, Kiel 1875, S. 397-441

RODENBERG, Karl (Hrsg.): Epistolae saeculi e regesti pontificium Romanorum selectae, Band 1 (Berlin 1883) ND München 1982 (MGH Epistolae selectae XIII, Band 1), Nr. 489 vom 29. Oktober 1232, S. 393-394 und Nr. 539, S. 436-437

SCHMALE, Franz Joseph und SCHMALE-OTT, Irene (Hrsg.), Frutolfi et Ekkehardi Chronica necnon Anonymi Chronika imperatorum, e codicibus, in: BUCHNER, Rudolf (Hrsg.), Ausgewählte Quellen zur Deutschen Geschichte des Mittelalters, Freiherr vom Stein-Gedächtnisausgabe, Band. XV, Darmstadt 1972

SCHNEIDMÜLLER, B., Stemma in der Chronik Alberts von Stade, in: LUCKARDT, Jochen/NIEHOFF, Franz (Hrsg.), Heinrich der Löwe und seine Zeit, Herrschaft und Repräsentation der Welfen, 1125-1235. Katalog der Ausstellung Braunschweig 1995 im Herzog Anton Ulrich Museum, Bd. I, München 1995, S. 74, B6

SPITZBART, Günther (Hrsg. und Übersetzer), Beda der Ehrwürdige, Kirchengeschichte des englischen Volkes, Bd. I, in: Texte zur Forschung, Band 34, Darmstadt 1982

WACHTER, Franz, Die Chronik des Albert von Stade, Übersetzung (des selbständigen Teils), in: Geschichtsschreiber der deutschen Vorzeit, 2. Gesamtausgabe, 13. Jahrhundert; Bd. 4, Leipzig 1896

WEILAND, Ludwig, (Hrsg.), Sächsische Weltchronik. (Zürich [2]1877) ND München 1980 (MGH Deutsche Chroniken und andere Geschichtsbücher des Mittelalters, Band 2) S. 65-279

Literatur

BERG, Dieter, Armut und Wissenschaft, Beiträge zur Geschichte des Studienwesens der Bettelorden im 13. Jahrhundert, Düsseldorf 1977 (Gesch. und Gesellschaft, 15)

BERG, Dieter, Nördliches Sachsen und Missionsgebiete, Albert von Stade, in: WATTENBACH, Wilhelm/SCHMALE, Franz Joseph, (Hrsg.), Deutschlands Geschichtsquellen im Mittelalter, Vom Tode Kaiser Heinrichs V. bis zum Ende des Interregnums, Band I, Darmstadt 1976, Kapitel 20, § 71, S. 423-427

BERG, Dieter, Nördliches Sachsen und Missionsgebiete, Helmold und Arnold, in: WATTENBACH, Wilhelm/SCHMALE, Franz Joseph, (Hrsg.), Deutschlands Geschichtsquellen im Mittelalter, Vom Tode Kaiser Heinrichs V. bis zum Ende des Interregnums, Band I, Darmstadt 1976, Kapitel 20, § 72 S., 427-433

BERG, Dieter, Papst Innozenz IV. und die Bettelorden in ihren Beziehungen zu Kaiser Friedrich II., in: FELTEN, Franz J./JASPERT, Nikolas (Hrsg.), Vita Religiosa im Mittelalter, Festschrift für Kaspar Elm zum 70. Geburtstag, Berlin 1999, Berliner Historische Studien, 31; Ordensstudien XIII), S. 461-481

BERG, Dieter, Staufische Herrschaftsideologie und Mendikantenspiritualität, Studien zum Verhältnis Kaiser Friedrichs II. zu den Bettelorden, in: GERKEN, Alexander OFM (Hrsg.), Wissenschaft und Weisheit, Zeitschrift für Augustinisch-Franziskanische Theologie und Philosophie, Heft 51, Mönchengladbach 1988, S. 26-51, und S. 185-209

BERG, Dieter, Studien zur Geschichte und Historiographie der Franziskaner im flämischen und norddeutschen Raum im 13. und beginnenden 14. Jahrhundert, in: Franziskanische Studien 65, 1983, Heft 2-3, S. 113-155

BERG, Dieter, Vita Minorum, Zum Wandel des franziskanischen Selbstverständnisses im 13. Jahrhundert, in: Alexander Gerken OFM (Hrsg.), Wissenschaft und Weisheit, Zeitschrift für Augustinisch-Franziskanische Theologie u. Philosophie, Heft 45, Mönchengladbach, 1982, S. 157-196

BERNHEIM, Ernst, Die Sage von den treuen Weibern zu Weinsberg und der Zusammenhang sächsischer Annalen, in: Forschungen zur Deutschen Geschichte, Band 15, hg. durch die hist. Commission bei d. Königl. Akademie der Wissensch., Neudruck u. Ausgabe 1875, Osnabrück 1968, S. 241-288

BOSHOF, Egon, Heinrich IV., Herrscher an einer Zeitenwende, Göttingen[2] 1979 (ND 1990)

BRINCKEN, Anna-Dorothee von den, Die „Nationes Christianorum Orientalium“ im Verständnis der lateinischen Historiographie von der Mitte des 12. Jahrhunderts bis in die zweite Hälfte des 14. Jahrhunderts. Köln und Wien 1973

BRINCKEN, Anna-Dorothee von den, Die lateinische Weltchronistik, in: Randa, A. (Hrsg.), Mensch und Weltgeschichte, Zur Geschichte der Universalgeschichtsschreibung, Salzburg und München 1969, S. 43-58

BROSIUS, Dieter, Der „Catalogus episcoporum Mindensium“ und die „Chronica comitum de Schowenburg“ des Hermann Lerbeck“, in: PATZE, Hans, (Hrsg.), Geschichtsschreibung und Geschichtsbewußtsein im Späten Mittelalter, in: Vorträge und Forschungen, herausgegeb. vom Konstanzer Arbeitskreis für mittelalterliche Gesch., Band XXXI, Sigmaringen 1987, S. 427-445,

ENGELS, Odilo, Die Staufer, Stuttgart [6] 1994

FAUST, Ulrich (Hrsg.), Die Benediktinerklöster in Niedersachsen, Schleswig-Holstein und Bremen. St. Ottilien 1979 (Germania Benedictina, Band 6: Norddeutschland), S. 463-482

FIEHN, Karl, Die Geschichte der Marienklöster Harsefelde (Rosenfelde) und Stade, in: BRANDENBURG, Erich, (Hrsg.), Vierteljahresschrift, Zeitschrift für Geschichtswissensch. und latein. Philologie des Mittelalters, Jahrgang XXX, Dresden 1935, S. 233-304

FIEHN, Karl, Albertus Stadensis, Sein Leben und seine Werke, in: Historische Vierteljahresschrift, Zeitschrift für Geschichtswissenschaft u. für latein. Philologie des Mittelalters, 26, Dresden 1931, S. 536-572

FRANZ, Günther, Hrsg., Quellen zur Gesch. des Dtsch. Bauernstandes im Mittelalter, in: BUCHNER, Rudolf (Hrsg.), Ausgewählte Quellen zur Dtsch. Gesch. des Mittelalters, Freiherr vom Stein-Gedächtnisausg., Band XXI, Darmstadt 1974, Nr. 117, S. 311-316

GOETZ, Hans-Werner; Das Bild des Abtes in allemannischen Klosterchroniken des hohen Mittelalters in: BERG, Dieter u. GOETZ, Hans-Werner (Hrsg.); Ecclesia et Regnum, Beiträge zur Geschichte von Kirche, Recht und Staat im Mittelalter, Festschrift für Franz-Joseph Schmale zu seinem 65. Geburtstag, Bochum 1989, S. 139-150

GRUNDMANN, Herbert, Geschichtsschreibung im Mittelalter, Gattungen, Epochen, Eigenart, Göttingen 1966

GRUNDMANN, Herbert, Über den Apokalypsenkommentar des Minoriten Alexander, in: Ausgewählte Aufsätze Teil 2, Schriften der Monumenta Germaniae Historica, Band 25,2, Stuttgart 1977, S. 58-69

GUENÉE, Bernard, Histoire et Culture historique dans l`Occident médiéval, Collection historique dirigée par Maurice Agulhon et Paul Lemerle, Paris 1980

HASSE, Paul, Zur Kritik der Schaumburger Grafenchronik Hermann von Lerbecks in: Zeitschrift der Gesellschaft für die Geschichte der Herzogthümer Schleswig, Holstein und Lauenburg, Band 4, Archiv der Gesellschaft für Schleswig-Holstein-Lauenburgische Geschichte, Bd. XXV, 4. Folge, Jahrbücher für Landeskunde, Band XIV, Kiel 1873, S. 225-250

HORST, Eberhard, Friedrich der Staufer. Eine Biographie, Düsseldorf 1976

HUCKE, Richard G. Die Grafen von Stade 900-1144, Genealogie, politische Stellung, Comitat und Allodialbesitz der sächsischen Udonen, Stade 1956 (Einzelschriften des Stader Geschichts- und Heimatvereins Nr. 8)

HUCKER, Bernd Ulrich, Das Problem von Herrschaft und Freiheit in den Landgemeinden und Adelsherrschaften des Mittelalters im Niederweserraum. (Diss.) Münster 1978

HUCKER, Bernd Ulrich, Zur Frühgeschichte des Minoritenklosters zu Stade. Mit dem Text eines Nekrologfragments, in: Archivum Franziscanum Historicum 74 (1981), S. 509-518

JACOBS, Hermann, Kirchenreform und Investiturstreit, in: BLEICKEN, Jochen (Hrsg.), Kirchenreform und Hochmittelalter, Grundriß der Geschichte Band 7, München, Wien 1984

JORDAN, Karl, Heinrich der Löwe, Eine Biographie, München⁴ 1979 (ND München 1996)

KELLER, Hagen, Zwischen regionaler Begrenzung und universalem Horizont. Deutschland im Imperium der Salier und Staufer, 1024-1250. Berlin 1986 (Propyläen Geschichte Deutschlands, 2)

KÖHN, Rolf, Die Stedinger in der Geschichtsschreibung, in: Niedersächs. Jahrbuch für Landesgeschichte 63 (1991), S. 139-202

KOPPMANN, KARL, Zur Geschichtsschreibung der Hansestädte in: Hansische Geschichtsblätter 1 (1871), S. 57-86 hier S. 64, zitiert nach REUTER, Friedrich, Annales Hamburgenses, S. 401 in: Quellensammlung der Gesellschaft für Schleswig-Holstein-Lauenburgische Geschichte, Band 4: Scriptores minores rerum Slesvico-Holtsatensium, Kiel 1875, S. 3397-441, hier S. 401

KRÜGER, Herbert, Das Stader Itinerar des Abtes Albert aus der Zeit um 1250, Sonderdruck aus den Stader Jahrbüchern 1956/57/58

KRÜGER, Karl Heinrich, Die Universalchroniken, Turnhout (Belgien) 1976

LEA, Henry Charles, Geschichte der Inquisition im Mittelalter, Band 1 (Bonn 1905) ND Nördlingen 1987

MINDERMANN, Arend: Zur Geschichte des Stader Franziskanerklosters St. Johannis, in: BAUMEISTER, Theofried, und FREYER, Johannes Baptist (Hrsg.), Wissenschaft und Weisheit, Franziskanische Studien zu Theologie, Philosophie und Geschichte, Band 63, 1, Werl/Westfalen 2000, S. 61-85

NETTE, Herbert, Friedrich II. von Hohenstaufen, KUSENBERG, Kurt (Hrsg.), rowohlts monographien, Hamburg[9] 1975 (ND 1992)

PATZE, Hans (Hrsg.), Geschichtsschreibung und Geschichtsbewußsein im Späten Mittelalter, Sigmaringen 1987 (Vorträge und Forschungen, herausgegeb. vom Konstanzer Arbeitskreis für mittelalterliche Gesch., Band XXXI)

SCHMALE, Franz Joseph, Funktionen und Formen mittelalterlicher Geschichtsschreibung, Eine Einführung, Darmstadt 1985

SCHMALE, Franz Joseph, Mentalität und Berichtshorizont, Absicht und Situation hochmittelalterlicher Geschichtsschreiber in: SCHIEDER, Theodor, GALL, Lothar und BOSHOF, Egon (Hrsg.), Historische Zeitschrift, Band 226, München 1978, S. 1-16

SCHMOLINSKY, Sabine, Der Apokalypsenkommentar des Alexander Minorita, Zur frühen Rezeption Joachims von Fiore in Deutschland (MGH, Studien und Texte 3) Hannover 1991

SCHNEIDMÜLLER, B., Stemma in der Chronik Alberts von Stade in: LUCKARDT, Jochen und NIEHOFF, Franz, Hrsg., Heinrich der Löwe und seine Zeit, Herrschaft und Repräsentation der Welfen 1125-1235, Katalog der Ausstellung Braunschweig 1995 im Herzog Anton Ulrich Museum, Band I, München 1995, S. 74, B 6

SCHULZE, Heinz-Joachim: Stade, in: Faust, Ulrich (Hrsg.): Die Benediktinerklöster in Niedersachsen, Schleswig-Holstein und Bremen. St. Ottilien 1979 (Germania Benedictina, 6: Norddeutschland), S. 463-482

SCHULZE, Heinz-Joachim, Zisterzienserinnen im Kloster Midlum? Auch ein Beitrag zur Geschichte des Abtes Albert von Stade, in: Kultur-Geschichte-Strukturen, Beiträge des Landkreises Stade zu regionalen Themen, Band 5, Beiträge zum Bilde der Landschaft zwischen Weser und Elbe, Festschrift für Thassilo von der Decken, Stade 1986, S. 153-172

STÜRNER; WOLFGANG, Friedrich II, Teil 1, Die Königsherrschaft in Sizilien und Deutschland 1194-1220, in: HERDE, Peter (Hrsg.), (Gestalten des Mittelalters und der Renaissance), Darmstadt 1992

THEUERKAUF, Gerhard, Die Hamburgische Kirchengeschichte Adams von Bremen, Über Gesellschaftsformen und Weltbilder im 11. Jahrhundert in: BERG, Dieter u. GOETZ, Werner, (Hrsg.), Historiographia Mediaevalis, Studien zur Geschichtsschreibung und Quellenkunde des Mittelalters, Festschrift für Franz-Joseph Schmale zum 65. Geburtstag, Darmstadt 1988, S. 118-138

WACHTEL, Alois (Hrsg.), Alexander Minorita, Expositio in Apokalysium, (Weimar 1955) ND München 1983 (MGH, Quellen zur Geistesgeschichte des Mittelalters,1) S. VII-LIX

WATTENBACH, Wilhelm, SCHMALE, Franz Joseph (Hrsg.), Deutschlands Geschichtsquellen im Mittelalter, Vom Tode Kaiser Heinrichs V. bis zum Ende des Interregnums, Band I, Darmstadt 1976

WEILAND, Ludwig, Zur Quellenkritik der Sachsenchronik, in: Forschungen zur Deutschen Geschichte, Band 13, herausgegeben durch die Histor. Commission bei der Königl. Akademie der Wissenschaften, Osnabrück[2] 1873, (ND Osnabrück 1968), S. 157-196

WESCHE, Markus, Studien zu Albert von Stade, Frankfurt/Main 1988 (Europäische Hochschulschriften, Reihe 1: Deutsche Sprache und Literatur, Band 1059)

WRIEDT, Klaus, Geschichtsschreibung in den wendischen Hansestädten, in: PATZE, Hans, Hrsg., Geschichtsschreibung und Geschichtsbewußsein im Späten Mittelalter, Sigmaringen 1987 (Vorträge und Forschungen, herausgegeb. vom Konstanzer Arbeitskreis für mittelalterliche Gesch., Band XXXI) , S. 401-426

- Lexikon des Mittelalters
- RUH, Kurt (Hrsg.), Die deutsche Literatur des Mittelalters, Verfasserlexikon, Band 1, Berlin-New York [2] 1978
- Theologische Realenzyklopädie